소비자심리학

김재휘 · 이병관 · 김지호 · 강정석 · 성용준 · 부수현 · 임혜빈 · 김은실 공저

CONSUMER PSYCHOLOGY

학지사

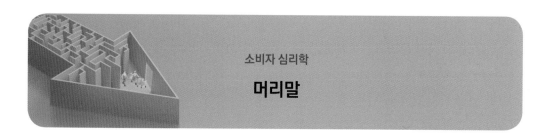

소비자 심리학
머리말

사람들의 소비 행동이 빠르게 변화하고 있다. 사람들이 주로 사용하는 매체가 변화하고 있고, 메시지의 설득 방법이 변화한다. 광고 방식이 변화하고 있고, 구매 수단이나 방식도 변화한다. 제품의 속성도, 구전의 전파방식도 변화한다. 인구 구성도 변화하고, 사회적 가치와 문화도 변화한다.

이러한 시대적 흐름 속에서 우리는 오랜 시간 소비자 심리학과 관련된 실무와 연구, 교육을 통해 새로운 소비 현상에 대한 나름의 설명을 시도하여 왔다. 이는 학자들의 개인적 호기심을 채우기 위해서이기도 하고, 변화의 방향과 속도에 대한 설명을 원하는 사회적인 요구에 부응하기 위해서이기도 하다. 그러나 그러한 관심의 가장 큰 이유는 학생들이 급격한 변화의 흐름 속에서 길을 잃지 않고 지식과 통찰을 지닌 사회인으로 성장하는 데 도움을 주고 싶어서다.

과거에 안주하는 지식으로는 새로운 소비 현상을 설명하기에 한계가 있기에 소비자 심리학자들은 끊임없이 사회적 변화에 관심을 가진다. 그래서 소비자 심리학은 다른 분야에 비해 소비자와 트렌드의 변화에 민감하게 반응하는 경향이 있다.

돌이켜 보면, 이러한 큰 변화의 흐름이 본격적으로 구체화된 것은 인터넷이 본격적으로 활용되기 시작한 2000년대 초반과 스마트폰이 본격적으로 보급되기 시작한 2010년 초반 이후라고 느낀다. 그 이전에는 대체로 TV, 라디오, 신문, 잡지와 같은 레거시 미디어의 효과와 이미 잘 체계화된 고전적 이론들을 중심으로 소비자에 대한 설명이 충분히 이루어질 수 있었다. 그러나 기술적 혁신을 통한 변화의 계기 이후 단순한 용어나 개념으로 묶이기 어려운 서로 다른 속성을 가진 수많은 매체가 등장하였고, 이에 감응한 소비자들의 욕구와 동기, 행동 패턴이 끊임없이 분화하고 진화하면서 소비의 양상이 훨씬 복합적인 양상을 띠게 되었다.

사실 오래전부터 소비자 심리학자들은 이러한 새로운 현상에 대해 어떠한 체계와 내용으로 학생들을 교육시켜야 하는지에 대한 고민이 있었으며, 비교적 잘 검증된 목차와 내용으로 구성된 교재가 이미 출판되어 있다고도 볼 수 있다. 하지만 지금까지 새로이 누적된 많은 연구와 지식체계들로부터 발전, 확장되어 등장한 새롭고 정교한 이론들도 살펴봐야 할 필요가 있었다.

이에 이 분야를 오랜 시간 공부하고 교육하며 연구 경험도 풍부한 소비자 심리학자들이 모여 새 책을 구성하였다. 교육 기간이 한정된 교재의 특성상 기존의 전통적 내용에 충실하면 새로운 현상을 설명할 수 있는 내용이 제한될 수밖에 없고, 새로운 내용을 많이 추가하면 기존의 필수적 인간 심리에 대한 설명이 줄어들 수밖에 없는 딜레마 속에서, 새로운 교재의 필요성에 공감한 연구자들이 의기투합하여 오랫동안 책의 구성에 대해 고민하고 논의하였다. 그렇게 책의 구성이 결정되었고, 저자들이 각자의 특기 분야를 맡아 저술을 진행하였다. 그리고 기획부터 완성까지 꽤 긴 시간이 걸려 책이 완성되었다.

이런 배경에서 출간된 이 책은 기존 책에 비해 매체 및 기술의 변화와 전파, 확산 과정 등을 설명하는 데 많은 부분을 할애하였다. 또한 사회적 소비의 주요 배경인 집단과 가치, 브랜드에 대한 내용을 강조하였다. 물론 전통적 소비자 심리의 설명도 충실하게 진행하여 소비자 행동의 근본적인 설명도 놓치지 않고자 하였다. 이로써 이 책을 공부하는 학생들이 기본적 인간 심리부터 현재의 현상까지 포괄하여 설명하고 나아가 미래를 예측할 수 있는 유용한 지식을 익혔으면 하는 것이 저자들의 공통된 바람이다.

이 책의 집필에 참여해 주신 교수님들께 감사를 표한다. 마감이 있는 작업이다 보니, 원고의 완성과 취합 과정에서 저자들께 결례했을지도 모르겠다. 부디 너른 마음으로 양해해 주시기를 바란다. 또한 원고의 관리와 편집, 체계 구성에 시간과 노력을 아끼지 않은 경북대학교 최정현 박사님과 경북대학교 소비자심리 연구실 구성원에게 특별히 감사를 표하고자 한다.

언제나 가장 고마운 사람은 이 책으로 공부하게 될 학생들이다. 소비자 심리학 수업을 선택하고 열심히 들어 주는 여러분과 함께하는 시간은 언제나 즐겁고 참 고맙다. 여담이지만, 소비자 심리학 분야의 학문적 진보와 변화를 가장 손쉽게 살펴볼 수 있는 곳은 학회이다. 그래서 소비자 심리학 분야에 관심이 있는 학생들은 관련 학회, 특히 이 책의 모든 저자가 소속되어 있는 소비자광고심리학회의 학술발표대회에 참관해 보기를 권유한다. 설명하는 사례도 오래된 것 같고 믿도 전혀 이해하지 못할 것만 같은 교수님들의 연구 주제가 얼마나 트렌디한지, 또 발표가 얼마나 흥미로운지를 직접 살펴볼 수 있는 좋은 기회가 될 것이다. 이런 학습과 활동을 통해 여러분이 의미 있는 학문적 지식을 쌓기를 바라며, 사회인으로 발전하는 과정에서 이 책이 좋은 영향을 줄 수 있기를 바란다. 그 마음이 저자들의 가장 큰 동기이다.

2025년 2월

저자 대표 김재휘

소비자 심리학

차례

제1부

개관

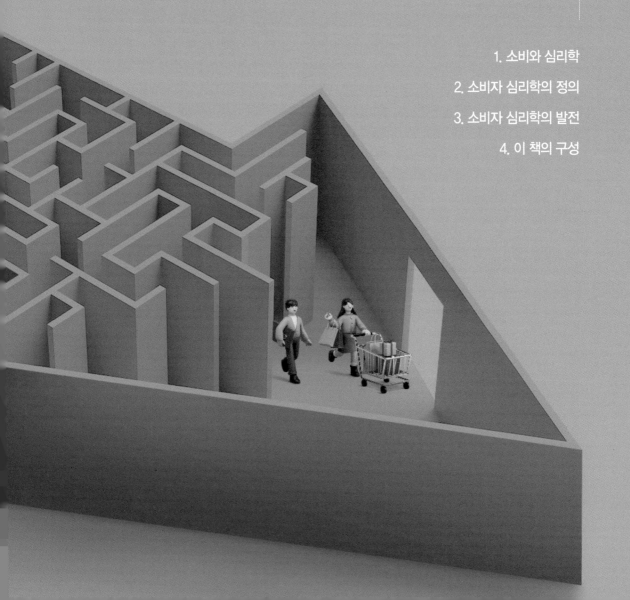

제1장

소비자 심리학 소개

유명 브랜드의 스니커즈가 패션디자이너라 할지 아티스트라 할지는 애매하지만, 아무튼 세계적으로 유명한 셀럽과의 컬래버레이션을 통해 판매 수량을 제한한 한정판으로 출시되었다. 가격이 많이 비싸다는 생각은 들지만, 아르바이트를 조금 더 하면 그 돈은 마련할 수 있다. 게다가 응모를 통해 구매 기회에 당첨이 되어야 하기에 돈이 있다고 살 수 있는 것도 아니다. 응모를 했지만 낙첨되었다. 그래도 너무 아쉬워서 한정판 제품 거래 플랫폼을 꾸준히 검색하면서 그 제품이 뜨기를 기다린다. 운 좋게도 해당 제품이 거래 대상으로 올라온 걸 발견하고 사용감이나 가격, 진위 여부 등을 꼼꼼히 따진 후 어렵사리 구매를 한다. 이 귀한 걸 신고 다닐 생각은 단 한 번도 해 보지 않았지만, 남들에게 내가 이 제품의 소유자라는 것을 알려 주기 위해 SNS에서 한참 유명한 카페의 전경이 잘 드러날 수 있는 곳을 찾아 넌지시 스니커즈를 신고 있는 나의 모습을 프로필 사진에 게시하였다. 이런 명품 스니커즈를 아무 곳에나 둘 수는 없으니 그 명성에 어울리는 신발함도 필요한 법이다. 이 또한 가격이 저렴하지는 않으나 슈키퍼도 추가하여 자외선 변색이나 형태 변형, 가수분해를 방지하기 위해서라도 기꺼이 구매를 하였고, 전면이 투명한 신발함을 눈에 잘 보이는 곳에 진열하여 애지중지 아낀다. 신지도 않는 운동화는 왜 사냐는 엄마의 질문에 운동화가 아니고 스니커즈이며, 요즘은 다들 그런다고 답해 주었다. 이 세계적인 한정판 제품의 소유자가 된 나는, 나도 그 제품 정도의 가치를 가진 사람이 된 것 같아 흐뭇하고 뿌듯하다. 사실 한정판은 아이템을 잘 선택하면 시간이 지나 찾는 사람이 더 많아지고 희소성이 높아져서 가격이 더 올라가기에 재테크의 수단이 된다는 건 알고 있다. 요즘 중고 시세가 예전 같지 않다는 말을 들어서 조금 신경 쓰이기는 하지만, 이 제품은 워낙 인기가 좋았기에 그렇지 않을 것이라고 기대한다. 적당한 때에 나도 리셀을 하면 생각 외의 부수입도 얻을 수 있을 것 같다. 이래저래 이 제품은 잘 샀다.

위의 있을 법은 하지만 가상적인 '스니커즈 소비'의 사례에는 현대사회에서 소비를 통해 얻을 수 있는 매우 다양한 편익을 찾아볼 수 있다. 또한 해당 소비가 이루어지는 과정에 여러 유형의 매체가 등장하며, 과거에는 없었던 새로운 소비의 현상과 개념들 또한 다양하게 소개된다. 무엇보다 소비자들의 복합적인 심리적 기대 및 행동을 살펴볼 수 있다. 이 책에서는 우리가 살아가고 있는 현재의 현상을 이해할 수 있는 다양한 소비자 심리를 살펴볼 것이다.

1 소비와 심리학

우리는 예외 없이 모두 다 소비자다. 세대, 성, 사회경제적 위치, 종교, 지역, 문화와 무관하게 현대사회를 사는 사람은 모두 소비를 한다. 소비가 생존을 위한 불가피한 선택으로서 작용하는 시대는 아득히 지났으며, 사람마다 나름대로의 의미를 가지고 구매를 한다. 소비자 심리학은 소비의 주체인 개개인의 심리에 초점을 맞춰 일련의 소비 과정에서 나타나는 복잡다단한 현상을 이해하고자 하는 학문이다. 소비를 이해하는 데 있어서 소비자 심리학은 어떠한 역할을 할 수 있을까. 사람들이 소비를 하는 과정을 살펴봄으로써 이를 알아볼 수 있을 것이다.

소비는 경제적(economic) 의미를 갖는다(Holbrook, 2006). 이는 서로에게 필요한 것을 판매자와 구매자 모두 이익이 될 수 있도록 교환하는 방식으로 발전된, 가장 오래되고 기초적인 소비의 양상이다. 그러나 시대적 변화에 따라 오늘날에는 경제성의 개념을 교환 과정에 따르는 경제적 효용뿐 아니라 무형적인 신체적, 정신적 효용까지 확장하여 이해한다(Mathwick, 2001). 결국 경제성은 자신이 유무형의 이득을 얻는다고 지각하는 정도이며, 현재에도 여전히 유효한 소비의 원칙이다. 특히 가격을 중심으로 하는 의사결정, 예컨대 동일한 품목의 상품 간에도 가격의 차이가 큰 상황이나 고관여의 상품을 구매하는 등의 가성비를 따지는 상황에서는 매우 중요하게 작용한다. 한정된 예산 내에서 최적의 상품을 구매하기 위해 들이는 시간과 노력은 결코 적지 않으며, 사람들의 이러한 행동 양상은 소비의 경제성을 잘 보여 준다.

또 다른 관점은 소비가 쾌락적(hedonic)이라는 견해다. 어떤 경우에는 소비 그 자체가 즐겁거나 또는 그 소비의 결과물이 쾌락적이다. 대체로 쾌락적 소비는 감각적인 자극의 구매를 통해 정서적 경험을 추구하는 소비 행태라고 할 수 있다(Hirshman & Morris, 1982). 특히 감정적 반응을 추구하는 소비의 경우, 재미나 즐거움과 같은 감정이 더욱 강할수록 구매 만족도나 브랜드 충성도에 긍정적인 영향을 미친다. 그러나 때로는 쾌락적 소비는 후회나 죄책감을 유발하기도 하고(Kivetz & Simonson, 2002), 해당 소비를 정당화하기가 어렵다는 한계가 있다(Prelec & Loewenstein, 1998). 칼로리가 높은 야식 등의 충동구매는 쾌락적 가치는 높지만 후회가 유발되는 대표적 소비 행태다.

상징성(Symbolic) 또한 소비의 중요한 기준이다. 일반적으로 제품들은 상징적인 의미를 수반하며, 제품으로 무엇을 할 수 있는지가 아니라 제품이 의미하는 것 때문에 제품을 구매하는데(Levy, 1959), 이때 제품이 의미하는 것이 상징성이다. 즉, 특정 제품이나 브랜드가 가지는 어떤 사회문화적 의미가 자아개념을 반영하고 향상시킬 수 있을 때, 소비자는 그 브랜드에 대한 호의적인 감정을 형성하게 되고 그 브랜드를 사용하게 된다(성영신, 한민경, 박은아, 2004). 다시 말해, 상징적 소비를 통해 대상을 자아 개념의 일부로 흡수하거나 확장 또는 재정립하도록 해 준다. 이는 개인의 독특성이나 자아 식별, 가치관의 표현에 중요한 기능을 한다. 프린팅된 명품의 로고가 돋보이는 의류 제품 구매나, 젊어 보이기 위해 또는 성숙해 보이기 위해 액세서리를 구매하는 것은 제품의 상징성을 내재화하려는 시도다.

마지막으로 살펴볼 것은 구매의 사회적(social) 가치이다. 사람들은 사회적 연계를 강화하고자 하는 욕구를 가진다(LeBel & Dube, 1998). 이런 관점에서 소비는 사회적 의미를 지닌다. 소비는 타인과의 교류 속에서 드러나기 때문에 사회적 영향이 제품에 대한 태도나 선호에 매우 큰 영향을 미친다(Raghunathan, Naylor, & Hoyer, 2006). 또한 소비 경험 그 자체가 집단속에서 의사소통의 중요한 주제가 되기도 하며, 소비를 통해 다른 사람들과의 관계를 유지하거나 강화할 수 있게 된다. 흥미롭게도 오늘날 사람들은 개인화되어 가지만 상품 선택에 대한 사회적 동조압력은 다양한 방식으로 더욱 강하게 소비자에게 전달되는 것으로 보인다. 청소년들은 가상적 준거집단에 속하기 위해 특정 상품을 구매하거나 브랜드를 선택한다. 학교나 학과명이 눈에 띄게 적혀 있는 옷을 함께 입는다든지 SNS에 게시하기 위해 유명한 식당에 가서 인증샷을 찍는 행위들은 소비의 사회적 의미를 잘 보여 준다.

이처럼 소비에는 매우 복합적인 가치와 동기, 욕구와 의도가 존재한다. 경제적 의사결정을 추구하는 동시에 기분이나 분위기에 의한 감정적 소비가 발생하기도 한다. 또한 배고픔과 같은 생리적 동기와 함께 우월성을 추구하는 고도의 사회적 동기가 함께 작용하기도 한다. 때로는 이타적이고 착한 제품이어서 호감을 느끼지만, 선정적이고 눈에 띄는 브랜드에도 매력을 느끼는 모순되어 보이는 행동을 하기도 한다. 이처럼 복잡한 소비 행위를 설명하기 위해서는 소비의 주체인 개개인에 대한 이해가 큰 도움이 된다. 따라서 다양한 인간관과 이론을 축적하여 온 심리학은 소비자를 설명하는 유용한 지식체계가 될 수 있다.

2 소비자 심리학의 정의

소비자 심리학은 자극(stimuli)-반응(response)의 기본적 틀로 설명된다. 자극-반응 패러다임은 심리학에서 많이 활용된 오래된 심리학적 개념으로, 자극은 유기체(organism)에게 전달되고, 유기체는 자극에 따른 반응을 하는 것을 의미한다. 소비자 관점에서 자극은 메시지로 이해할 수 있다. 자극은 TV, 라디오, 인쇄물, 옥외 등의 전통적 매체를 포함하여, 배너광고, SNS, 애플리케이션, PPL, 구매시점 광고(POP) 등의 매체를 통해 소비자에게 제시된다. 매체는 정보, 감정, 구전, 인플루언서 홍보, 바이럴, 서비스 접점(service encounter) 등의 다양한 형태로 구성된 메시지가 포함되어 소비자에게 전달되며, 이러한 자극들을 흔히 마케팅 자극이라고 부른다.

　반응은 자극에 의해 유발된 욕구의 변화로 유기체가 일으키는 행동 및 잠재력의 변화를 의미한다. 마케팅 자극에 의한 최종적인 반응은 구매 행동이다. 이는 소비 상황에서 가장 필수적인 변화 반응일뿐더러, 관찰이 가능하고 측정이 용이하다는 점에서 널리 사용된다. 그러나 태도나 인지도, 선호도의 변화, 구매 의도, 구매고려가격(Willing to Pay: WTP)의 변화 등과 같이 즉각적으로 관찰되지 않지만 장기적으로 구매를 유발할 수 있는 잠재적 행동경향성의 변화도 중요하게 고려한다.

　소비자 심리학은 이처럼 소비자의 외부에서 들어온 마케팅 자극이 어떠한 반응행동을 일으켜 내는지에 관심을 가지고 있으며, 마케팅 자극과 구매 행동 사이에는 수많은 심리적 변인이 영향을 미친다. 그 변인의 영향력을 탐색하고, 이를 체계화시켜 분류하여 소비자에게 나타나는 자극—반응의 관련성 및 이에 영향을 주는 다양한 개인 내적·외적 효과에 대한 학문이 소비자 심리학이다.

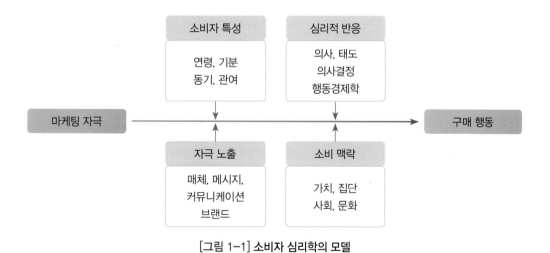

[그림 1-1] 소비자 심리학의 모델

3 소비자 심리학의 발전

소비자 심리학은 심리학, 경영학, 경제학, 소비자학, 의상학, 디자인 등의 다양한 학문 분야의 이론과 연구 결과를 통합하여 발전해 왔다. 현대 사회에는 마케팅 목적의 매우 다양한 활동이 존재하므로, 관련 학문들은 끊임없이 서로 영향을 주고받으며 더욱 효과적인 방법을 찾기 위해 노력하고 있다.

심리학 영역내로 국한하여 살펴보아도 소비자 심리학은 오랜 기간 발전하고 변화하였다. 사실 소비자 심리학의 발전은 심리학의 역사와 함께한다. 이러한 배경에서, 어떠한 과정을 통해 소비자 심리학으로 정체성이 확립되었는지, 그 과정에서 활약한 심리학자들은 어떠한 주장을 했는지를 살펴봄으로써 소비자 심리학의 체계화 과정에 대해 상세하게 알아보도록 하자.

1) 심리학 태동기

심리학자들은 1879년 독일의 심리학자 빌헬름 분트(Wilhelm Wundt)가 라이프치히 대학교에 심리학 실험실을 개설한 것을 심리학의 시작으로 본다. 이후 인간에 대한 깊이 있는 이해를 위해 다양한 분야로 빠르게 확장되어 왔다. 미국에 심리학과를 최초로 개설한 윌리엄 제임스(William James)는 그의 저서 『심리학의 원리』(1890)에서 자아는 물질적 · 정신적 · 사회적으로 구성된다고 주장하였다. 즉, 이미 그 당시 자아가 물질적 소유와 소비에 영향을 받는다는 사실을 명확하게 인식하였음을 알 수 있다.

20세기 초반의 생산력의 확대와 소비의 촉진이라는 시대적 흐름 속에서 당시 확장하고 있던 광고 산업의 발전에 관심을 가지고 있던 심리학자들은 광고 효과에 심리적 요인이 큰 영향을 끼칠 수 있음을 깨달았다. 빌헬름 분트의 제자인 월터 스콧(Walter Scott)도 그중 한 명이었다. 스승인 분트가 지각 과정에 큰 영향을 미치는 주의에 관심을 가지고 있었는데, 이에 영향을 받아 그의 저서 『광고의 이론(The Theory of Advertising』(1917)에서는 광고의 목적이 소비자의 주의를 끄는 것이라고 주장하였다(양병화, 김재휘, 이병관, 2014). 또 다른 저서 『광고심리학(The Psychology of Advertising)』(1908)에서는 심리학적인 지식을 광고에 활용했을 때 가장 효과적이므로 광고와 심리학이 결합되어야 한다고 주장하기도 하였다. 또한 스콧은 감성, 정서, 공감 등이 중요한 설득요소라고 믿었는데(Schultz & Schultz, 2004),

이러한 감정적 접근은 스콧의 주장의 특징이기도 하다.

분트의 또 다른 제자인 할로우 게일(Harlow Gale)은 최초로 광고 효과에 대한 실험을 수행하였는데(Eighmey & Sar, 2007), 기억과 망각에 대한 실험과 서베이를 통해 광고 효과를 측정하고자 하였다. 비슷한 시기에 애덤스(Henry Adams)는 『광고와 정신법칙(Advertising and Mental Law)』(1916)이라는 책을 출간하였는데, 이미 여기서도 통계를 활용하여 성차, 주의, 기억, 미학 등에 대한 소비자의 반응을 알아보고자 하였다. 이외에도 광고와 심리학의 융합이라는 관점에서 많은 작업들이 이루어졌다. 발전 초기부터 분트의 제자들을 포함한 많은 심리학자들이 이 분야에 관심을 가졌다는 점은, 당시의 사회적 환경에서 심리학의 확장성과 적용성이 소비 현상을 잘 설명할 수 있으리라는 통찰이 있었을 것으로 보인다.

2) 관심의 다양화

1920년대 이후, 심리학이 어느 정도 자리를 잡으면서 심리학자들은 매우 다양한 접근을 통해 소비자 행동을 이해하고자 하였다. 심리학 개론을 공부한 사람이라면 누구나 들어 보았을 존 왓슨(John Watson) 역시 이 분야에 관심을 가지고 있었다. 그는 유명한 행동주의자이다. 특히 그는 학습 과정을 통해 사람들의 행동을 잘 통제할 수 있다는 확고한 믿음을 가지고 있었다. 그러한 믿음을 너무 과신한 탓인지, '어린 알버트 실험'과 같은 다소 과격한 연구와 도전적인 주장을 하여 사람들의 비판을 받기도 하였다. 개인적 사정에 의해 학계를 떠난 이후 그는 오늘날에도 존속하고 있는 유명한 광고회사 제이월터톰슨(J. Walter Thomson)에 입사하였다. 해당 업계에서는 고전적 조건화나 조작적 조건화를 통해 사람들의 행동을 유발할 수 있다는 신선한 사고를 매우 반겼다고 한다. 이후 왓슨은 증언 광고 등의 새로운 광고 형식을 개발하여 업계의 발전을 가져왔다는 평을 받았다(Buckley, 1989).

행동주의는 오늘날에도 널리 활용되는 마케팅 전략이다. 행동주의는 소비자가 제품이나 브랜드에 대한 태도나 선호를 어떻게 학습하는지에 대한 통찰을 제공한다. 강화 이론, 관찰학습 이론, 조건화 등은 소비자의 구매 행동을 이해하고 설명하는 데 널리 사용된다. 특히 소비자 장면에서 많이 활용하는 마일리지 및 할인 제도 등은 소비자에게 피드백을 제공함으로써 원하는 행동을 보상하여 소비자의 행동을 조절하고 유도한다. 오래전의 행동주의자들이 제안한 아이디어가 오늘날에도 활발히 사용되고 있는 것이다.

그러나 당시에 소비자 심리학을 위한 별도의 커리큘럼이나 교육과정을 갖추고 있었다고 보기에는 무리가 있다. 따라서 연구자 개인의 관심이나 사회적 요구에 따라 각자의 심리학적 지식을 배경으로 소비자 현상을 설명하려는 시도가 주로 이루어졌기에, 오늘날 보기에는 무척 다양한 분야의 학문적 배경을 갖춘 심리학자들이 소비자 심리학을 탐구한 것으로 비춰진다. 알버트 포펜버거(Albert Poffenberger)도 그중의 하나였다.

1920년 중반, 알버트 포펜버거는 『광고의 심리학(Psychology in Advertising』(1925)을 출판하였다. 또한 1930년 『사회심리학 저널(Journal of Social Psychology)』의 출간에 큰 기여를 하였으며, 미각과 관련한 책을 출판하기도 하였다. 이러한 다양한 활동에 힘입어 1934년 미국 심리학회 회장을 역임하였다(Wenzel, 1979). 그의 활동 분야에서 알 수 있듯, 포펜버거는 다양한 분야의 학술적 · 실무적 기여를 하였으며, 전공이나 전문 분야에 국한되지 않고 다양한 심리학적 지식을 활용하는 응용심리학자로서 정체성을 실천한 인물로 이해될 수 있다.

당시의 또 다른 흥미로운 소비자 심리학적 접근은 닉슨(Howard Nixon)의 연구에서 확인된다. 그는 흑백과 컬러로 인쇄된 광고들의 효과를 비교하기 위해 안구운동 추적법을 활용하였다(Nixon, 1924). 물론 오늘날과 같이 정교한 장비와 분석을 이용한 연구는 아니었으며, 커튼 뒤에서 사람들이 광고물을 읽는 모습을 관찰하는 것으로 안구운동을 측정한 것이기는 하지만, 광고 효과 파악에 대한 문제의식과 창의적 방법론의 도입은 당시 소비자 심리학자들의 적극적 분위기를 잘 반영하는 것으로 이해할 수 있다.

흥미롭게도, 초기 심리학 분야에서 빼 놓을 수 없는 프로이트(Sigmund Freud)도 소비자 심리학 장면에 간접적으로 등장한다. 그가 직접 등장하는 대신, 에드워드 버네이스(Edward Bernays)의 삼촌으로서 여러 영향을 미친다. 버네이스는 오늘날에도 PR의 아버지, 홍보의 선구자로 인정받는 인물이다. 그는 농학 전공자였으나, 대중을 설득하는 자신의 적성을 발견하고 이를 널리 활용하여 홍보 전문가가 되었다.

그는 1920년에 미국 내 프로이트의 『정신분석학 입문(Introductory Lectures on Psychoanalysis)』의 출판 대리인을 맡았으며, 거절되기는 하였으나 프로이트에게 거액의 강연료를 제안하며 대중 강연이나 신문 기고를 통한 홍보 활동 등을 부탁하기도 하였다(Spiegel, 2005). 이 둘은 유럽과 미국에 떨어져 살기는 했으나 삼촌-조카의 관계는 상당히 친밀하였고, 프로이트의 정신분석학적 아이디어에 많은 영향을 받았으며, 여러 캠페인이 프로이트의 아이디어를 활용한 것이라고 밝힌 바 있다(Tye, 1998)

그의 대표적인 업적으로는, 베이컨을 미국인의 대표적인 아침 식사 메뉴로 자리 잡게 만든 캠페인이나 수요가 한정된 담배 시장의 소비자를 여성으로까지 넓히고자 진행하였던 '자유의 횃불' 캠페인 등이 있다. 당시 버네이스는 프로이트의 제자였던 정신분석학자인 브릴(Abraham Brill)과의 컨설팅을 실시하였는데, 브릴은 구강기 고착 관점에서 여성도 흡연을 하는 것이 이상한 것이 아니며, 여성들의 흡연을 금기시하는 것이 여성적 욕망을 억압하는 것이라고 해석하였다. 이어 '자유의 횃불'이라는 캠페인 명칭을 제안하며 여성의 흡연은 여성의 권리 혹은 해방이라고 제안하였고, 공개적인 흡연이 남성과 여성의 동일한 권리의 상징이라고 주장하였다. 캠페인의 결과는 성공적이었다(Brandt, 2007). 이처럼 버네이스는 겉으로 드러나지 않으면서 사람들의 행동을 자연스럽게 변화시킬 수 있는 내재적 동기와 집단 역동에 대한 변화를 이끌어 내는 방식을 시도하였으며, 이러한 부분에서 정신분석학적 동기 접근법의 영향력을 확인할 수 있다.

1920년대 이후 제2차 세계대전기까지 심리학자들은 본격적으로 소비자를 이해하고자 하였다. 심층 인터뷰, 투사 기법, 주제통각검사 등의 질적·양적 연구 방법을 포함하는 다양한 소비자 분석 기법들이 이 시기부터 시도되었으며(Fullerton, 2013), 꾸준히 그 효과를 검증하는 작업이 이루어졌다. 이 당시의 여러 관련 출판물들은 오늘날에 비해 정교함이나 과학적 엄격성의 기준이 현대와는 다를 수 있지만, 관심을 가지고 있던 변인들은 현대의 소비자 심리학에서 다루고 있는 주제와 크게 다르지 않아서, 이후 학문적 발전의 토대가 되었다(Jansson-Boyd & Marlow, 2016).

3) 학문적 정체성 확립

이후 세계사적으로 중요한 의미가 있는 제2차 세계대전이 발발하였다. 국가적인 총력전의 과정에서 사람들을 전쟁에 참전시키고 사기를 진작하며 소속감을 고취시켜야 하는 필요성이 생겼고, 사람들을 설득하고 태도를 변화시키는 것과 관련된 다양한 이론들이 개발되고 정리되었던 시기이기도 하다. 이러한 국가적 프로젝트에 당연히 심리학자들도 참여하였다. 접근-회피 갈등 이론으로 유명한 쿠르트 레빈(Kurt Levin)은 심리학 이론이 행동을 이끌어 내는 최선의 도구라는 확신을 가지고 있었다(Lewin, 1944). 사회심리학, 산업조직심리학 등의 다양한 이론적 배경을 활용하여 다양한 외부 활동에 적극적으로 참여한 것으로 널리 알려져 있다.

레빈은 제2차 세계대전 중 부족한 식량문제를 해결하기 위해, 소비자들이 과거에는 버려졌던 부위의 고기를 먹게 하는 방안을 모색하는 미국 농림부의 연구에 참여하였다. 레빈은 주부들을 강의와 토론의 두 가지 과정에 참여시킨 후, 실제로 식단에 인기가 없던 부위, 예컨대 내장과 같은 음식을 식사로 대접하여 비교한 결과, 참여식 토론을 통해 관여를 높이는 것이 설득의 효과를 높인다는 것을 확인하였다(Lewin, 1947). 설득과 태도 변화는 소비자 심리학에서 오늘날까지 중요한 주제다. 레빈을 비롯한 여러 심리학자는 해당 분야에 대해 깊이 있는 관련 연구를 진행하였다. 그 결과 세계대전 이후 설득, 태도, 미디어 효과에 대한 많은 후속 연구가 진행되었고, 오늘날까지 활용되는 다양한 커뮤니케이션 이론들도 이 시기에 고안되었다.

경제적 설명 및 예측을 위한 여러 지표가 고안된 것도 이 시기다. 이 중 지금까지도 유명한 것이 MCSI(Michigan Consumer Sentiment Index)인데, 이는 실험심리학 전공자인 조지 칸토나(George Kantona)에 의해 1964년에 개발된 것이다. 이후 여러 번의 개정을 거쳐 현재까지도 미국의 영향력 있는 경제지표로도 활용되고 있다. 이 지표는 미국 소비자들이 최근 경기를 어떻게 느끼고 있으며 앞으로 어떻게 변화할 것인가를 수치로 나타낸 것이다. 이 지표는 칸토나의 경제적 인간관을 잘 반영하고 있다. 그는 시장경제에 영향을 미치는 인간의 행동과 정서, 의사결정과 합리성의 한계를 명확히 인식하였으며 이를 보완하기 위해 개개인의 낙관성/비관성 등의 개인차를 고려한 경제적 기대를 중시하였다. 칸토나는 이러한 믿음에서 거시경제학에 심리학 원리를 적용하였고, 나아가 심리학과 경제학의 융합학문으로서 경제심리학(economic psychology)의 필요성을 주장하였다(Wärneryd, 1982).

이후 소득수준이 높아짐에 따라 소비자에 대한 이해를 핵심 목적으로 하는 다양한 관련 학문이 크게 융성하였다. 또한 다양한 미디어의 생성과 변화로 인해 현장의 실무적 경험이 중요하게 작용을 하였기에, 마케팅, 소비자학, 광고학, 미디어, 커뮤니케이션 등 여러 유관 학문으로 분화하고 융합하며 발전을 이루어 왔다. 반면, 심리학자들은 인간 이해에 대한 방향과 목표를 다양하게 확장하였기에 소비자 심리학은 여러 심리학 내에서 주류의 위치를 유지하기는 어려웠다. 그럼에도 불구하고 열정 넘치는 여러 소비자 심리학자들은 학문의 연속성을 유지하며 발전해 왔고, 1960년 미국심리학회의 23번째 분과로 소비자심리학 분과가 설립되어 학문적 정체성을 이어 가고 있다.

4) 현대 소비자 심리학

1970년대 이후 소비자 심리 연구에 적용되는 새로운 이론들이 등장했다. 예를 들어, 피시바인(Fishbein Martin)은 태도의 형성 과정에 대해 꾸준히 연구하였으며, 태도의 고전적 이론인 다속성 모형이 이 시기에 고안되었다. 이를 더욱 정교화시켜 계획된 행동 이론(theory of planned behavior), 합리적 행위 이론(theory of reasoned action), 기대 이론(expectancy theory) 등의 다양한 관점의 태도 이론이 발표되던 시기다. 이러한 이론들은 개인의 행동에 미치는 사회적 영향력을 규명하고, 태도와 행동의 일치 혹은 불일치를 예측, 설명하고, 나아가 변화시키기 위한 유효한 개념적 틀을 제공한 것으로 평가받고 있다(Ajzen, 2012).

또한 인접 학문과의 융합을 통해 탁월한 성과를 이루기도 하였다. 이러한 학문적 분화와 융합의 좋은 모범으로 다니엘 카네먼(Daniel Kahneman)을 꼽을 수 있다. 그는 심리학자이자 경제학자로 큰 업적을 이룬 학자다. 그는 인지심리학 연구자로서의 커리어를 시작하였으며, 프린스턴 대학교의 심리학과 교수로 은퇴하였다. 판단과 의사결정 주제에 관심을 가지고 1970년대 작은수의 법칙이나 휴리스틱을 주제로 하는 논문을 잇달아 출판하였으며, 그 당시 발표한 전망 이론으로 2002년 노벨 경제학상을 수상하였다. 2007년 미국심리학회에서 종신업적상을 수상하였으며, 행동경제학(behavioural economics)의 창시자로 인정받고 있다. 행동경제학은 소비자 이해를 위한 심리학과 경제학의 가교라는 평가를 받으며 각광받았고, 참신한 측정 및 방법론을 활용하여 현재에도 마케팅 분야에서 널리 활용되고 있다.

이후 소비자 심리학은 연구주제의 확장, 소비현상의 다양화, 소비집단의 분화, 방법론 및 측정기술의 발달 등으로 매우 빠르고 광범위하게 발전하여 왔다. 우리 책의 대부분은 이 시기에 고안된 이론을 중심으로 설명하고 있다. 국내에서도 관련 연구자 및 실무자들이 증가함에 따라 1999년 한국심리학회의 10번째 분과로 소비자광고심리학회가 설립되었다. 소비자광고심리학회는 소비자와 광고에 연관된 학계 및 업계 관련자 모두가 함께 지식을 나누고 연구하는 공유의 장 역할을 하고 있다. 현재까지 마케팅, 신문방송학, 광고학, 사회학, 소비자학과 더불어 의상학, 관광학에 이르기까지 소비자심리학이나 광고심리학과 관련 있는 다양한 전공의 학자들과 기업 및 연구소의 현장전문가들이 소비자광고심리학회에 참여하고 있다(염한결 외, 2018).

2000년대 이후, 인터넷과 디지털 기술의 발전으로 소비자의 행동과 의사 결정 프로세스가 변화하고 있다. 이에 따라 소비자 심리학 분야에서도 온라인 상황에서의 소비자 행동에 대한 연구가 증가하고 있고, 소셜 미디어를 통한 마케팅과 소비자 경험에 대한 연구도 활발히 이루어지고 있으며, 다양한 학문 및 실무 분야와의 상호작용을 통해 지속적으로 발전하고 있다. 이는 소비자의 행동 및 의사 결정에 대한 이해를 높이고, 기업과 조직이 소비자의 요구를 충족시켜 최적의 서비스를 제공하는 데 도움이 될 것이다.

4 이 책의 구성

소비자 심리학은 심리학의 태동과 함께 등장하여 긴 시간 동안 독자적 설명체계를 구축하며 현재에 이르렀다. 특히 우리의 책은 누적되어 온 소비자 심리학의 지식을 정리하고 설명하면서, 동시에 시대적 변화의 흐름도 함께 살펴볼 수 있는 구성을 갖추고자 하였다. 이 책을 공부함으로써 독자들은 여러 가지 지식을 습득할 수 있을 것이다.

1) 심리의 이해

시대를 막론하고 인간의 기본적인 행동원리는 크게 변화하지는 않을 것이다. 따라서 오늘날과 같이 사람들을 둘러싼 사회 · 문화적 환경과 미디어 등이 크게 변화하였다 할지라도, 인간의 행동원리를 알고 있다면 급변하는 소비 환경에서도 소비자를 이해하는 데 큰 도움이 될 수 있다. 특히 이 책의 '제2부 소비자 심리'에서는 지각이나 기억, 동기, 태도 등의 기초적 심리를 이해하는 데 도움이 되는 내용을 집중적으로 살펴볼 것이다. 이러한 지식은 경쟁력 있는 설득 메시지나 마케팅 전략의 개발에 도움이 될 것이다. 나아가 소비자의 욕구와 선호도 등을 파악하여 제품 및 서비스 개선에 기여할 수 있는 통찰을 얻을 수 있을 것이다.

2) 학문적 발전의 최신화

학문적 성과가 사람들에게 전파되는 과정에서, 대체로 책이나 교재 등은 학문적 변화를 신속하게 반영하기가 쉽지 않다. 가설의 검증, 이론으로 인정받기까지 소요되는 과정, 새로운 방법론이나 측정방법의 유효성 확인 등에 필요한 오랜 시간을 거쳐 교재로 만들어지기 때문이다. 이 책에서는 2000년대 이후의 학문적 변화의 흐름을 정리하여 기존의 교재에는 없는 새로운 내용들을 추가하였다. 특히 제3부의 커뮤니케이션 부분이나 행동경제학 등은 최근의 연구를 통해 밝혀낸 새로운 설명 체계를 많이 추가하였으며, 이를 통해 소비자의 의사결정과정을 보다 잘 이해할 수 있을 것이다.

3) 소비 환경 변화의 반영

온라인 쇼핑, 소셜 미디어의 출현과 같은 디지털 매체 및 기술의 발전으로 인해, 소비자의 심리와 행동을 설명하기 위해 새로운 지식체계를 필요로 하게 되었다. 이는 소비자의 정보 획득 방식, 의사 결정 프로세스, 상호 작용 방식에 변화를 가져오며, 이러한 현상을 더 잘 설명할 수 있는 적절한 지식이 필요하다. 이러한 내용은 특히 제4부 부분에서 상세하게 설명하고 있다. 또한 해당 파트에는 오늘날의 소비에 큰 영향을 미치는 브랜드에 대한 내용을 추가하여 설명의 폭을 넓히고자 하였다.

요약

1. 현대사회에서 소비는 매우 다양한 의미를 가진다. 따라서 소비를 이해하기 위해서는 소비의 주체인 소비자의 심리를 명확하게 이해할 필요가 있다.

2. 소비자 심리학은 소비자의 입장에서 마케팅 자극과 구매 행동 간의 관련성 및 이에 영향을 주는 다양한 개인 내적 · 외적 효과를 이해하고자 하는 학문이다.

3. 심리학이 학문적으로 정립되는 시기부터 소비자 심리학적 현상에 관심을 가지는 초기 심리학자들이 있었다. 이들은 20세기 초반부터 광고 및 소비자 심리학적 연구와 저술을 시도하였다.

4. 자료수집 과정이나 실험 방법, 데이터 분석의 엄격성 등은 현대적 기준과는 다소 다른 부분이 있었으나, 과거의 심리학자들이 관심을 가지고 있었던 문제의식만큼은 오늘날의 소비자심리학 연구자들과 큰 차이가 없었으며, 의미 있는 성과를 얻었다.

5. 오늘날과 같이 소비자 심리학의 명확한 정체성이 정립되지 않았을 무렵부터 사회심리학, 인지심리학, 감각심리학, 실험심리학 등의 심리학 지식을 배경으로 경제학, 마케팅 분야에서 활약한 몇몇 심리학자들은 매우 우수한 학문적 성과를 얻었다. 이들의 융합적이고 학제적인 문제해결 방식은 현대의 소비자심리학 연구자들에게도 큰 통찰을 제공한다.

6. 오늘날은 매체의 변화, IT 기술의 발전, 경제 및 소득 수준의 변화 등에 따라 소비 환경이 급변하고 있다. 이럴수록 소비자 심리에 대한 깊이 있는 이해를 통해 시대적 흐름에 적응하고 발전해 나갈 수 있을 것이다.

참고문헌

성영신, 한민경, 박은아(2004). 브랜드 성격이 브랜드 애착에 미치는 영향: 커뮤니티 몰입도에 따른 차이 비교. 한국심리학회지: 소비자 · 광고, 5(3), 15-34.

양병화, 김재휘, 이병관 역(2014). 소비자심리학(Cathrine V. Jansson-Boyd 저). 시그마프레스. (원저는 2010년에 출판)

염한결, 조민하, 김아연, 정영주, 이욱진, 안정용, 성영신(2018). 한국의 소비자 · 광고 심리 연구: 내용분석으로 미래를 조망하다. 한국심리학회지: 소비자 · 광고, 19(2), 235-257.

Adams, H. F. (1916). *Advertising and its mental laws*. Macmillan.

Ajzen, I. (2012). Martin Fishbein's legacy: The reasoned action approach. *The Annals of the American Academy of Political and Social Science, 640*(1), 11-27.

Ajzen, Icek (February 10, 2012). Martin Fishbein's Legacy: The Reasoned Action Approach. *The Annals of the American Academy of Political and Social Science, 640*(1), 11-27. doi:10.1177/0002716211423363. S2CID 146571042. Retrieved 19 May 2021.

Brandt, A. M. (2007). *The Cigarette Century*. Basic Books, pp. 84-85.

Buckley, K. W. (1989). *Mechanical man: John Broadus Watson and the beginnings of behaviorism*. Guilford Press.

Eighmey, J., & Sar, S. (2007). Harlow Gale and the origins of the psychology of advertising. *Journal of Advertising, 36*(4), 147-158.

Fullerton, R. A. (2021). The Birth of Consumer Behavior: Motivation Research in the 1950s. *Journal of Historical Research in Marketing, Vol. 5*, No. 2, 2013, pp. 212-222

Hirschman, E. C., & Morris B. H. (1982). Hedonic Consumption Emerging Concepts, Methods and Propositions. *Journal of Marketing, vol. 46*, pp 92-101

Hirschman, E. C., & Morris B. H. (1982). Hedonic Consumption: Emerging Concepts, Methods and Propositions. *Journal of Marketing, 46*(3), 92-101.

Holbrook, M. B. (2006). Consumption experience, customer value, and subjective personal introspection: An illustrative photographic essay. *Journal of Business Research, 59*(6), 714-725.

Hothersall, D. (1984). *History of psychology*. Mc-Graw Hill.

Jansson-Boyd, C. V., & Marlow, N. (2016). The history of consumer psychology. In *Routledge International Handbook of Consumer Psychology* (pp. 21-35). Routledge.

Kivetz, R., & Simonson, I. (2002). Earning the right to indulge: Effort as a determinant of customer preferences toward frequency program rewards. *Journal of Marketing Research, 39*(2), 155-170.

Le Bel, J. L., & Dube, L. (1998). Understanding Pleasures: Source, Experience, and Remembrances. *Advances in Consumer Research, 25*(1).

Levy, Sidney J. (1959). Symbols for Sale. *Harvard Business Review, 37*(July-August), 117-124.

Lewin, K. (1947). Group decision and social change. *Readings in Social Psychology, 3*(1), 197-211.

Lewin, K., Dembo, T., Festinger, L., & Sears, P. S. (1944). *Level of aspiration.*

Mathwick, C., Malhotra, N., & Rigdon, E. (2001). Experiential value: conceptualization, measurement and application in the catalog and Internet shopping environment. *Journal of Retailing, 77*(1), 39-56.

Nixon, H. K. (1924). Attention and interest in advertising. *Archives of Psychology, No. 72*, 5-67.

Poffenberger, A. T. (1925). *Psychology in advertising.* AW Shaw Company.

Prelec, D., & Loewenstein, G. (1998). The red and the black: Mental accounting of savings and debt. *Marketing Science, 17*(1), 4-28.

Raghunathan, R., Naylor, R. W., & Hoyer, W. D. (2006). The unhealthy tasty intuition and its effects on taste inferences, enjoyment, and choice of food products. *Journal of Marketing, 70*(4), 170-184.

Schultz, D. P., & Schultz, S. E. (2004). *A history of modern psychology.* Wadsworth.

Scott, W. D. (1907). *The theory of advertising: A simple exposition of the principles of psychology in their relation to successful advertising.* Small Maynard.

Scott, W. D. (1917). *The psychology of advertising: A simple exposition of the principles of psychology in their relation to successful advertising.* Small, Maynard.

Spiegel, A. (2005). "Freud's Nephew and the Origins of Public Relations" Archived 2018-04-21 at the Wayback Machine, Morning Edition, 2005-04-22.

Tye, Larry. The Father of Spin: Edward L. Bernays and the Birth of Public Relations. New York: Crown, 1998. ISBN 0-8050-6789-2

Wärneryd, K.-E. (1982). The life and work of George Katona. *Journal of Economic Psychology, 2*, 1-31.

Wenzel, B. M. (1979). Obituary: Albert Theodore Poffenberger (1885-1977).

제2부

소비자 심리

길을 걷다가 갓 구운 고소한 빵 냄새를 맡게 된다면, 우리는 자연스럽게 빵을 떠올리고, 냄새에 이끌려 빵이 진열된 매장으로 발걸음을 돌릴 가능성이 있다. 이처럼 우리가 느끼는 감각은 단순히 세상을 보고 경험하는 것을 넘어서 생각과 판단과 행동에 중요한 영향을 미치게 된다. 감각을 통해 유입된 새로운 정보는 우리가 이미 가지고 있는 지식·경험을 바탕으로 처리되는 인지적 과정을 거쳐 지각된다. 이러한 우리의 감각과 지각 과정은 실제로 다양한 소비 상황에서 발생하게 된다. 기업들은 꽤 오래전부터 소비자의 관심과 소비 행동을 유도하기 위해 소비자의 감각을 활성화할 수 있는 다양한 마케팅을 시도해 왔다. 예를 들어, 커피 브랜드 스타벅스(starbucks)는 매장 운영에 있어 커피 향기를 적극적으로 활용하고 있다. 소비자가 커피 향을 맡는 것을 해치지 않기 위하여 스타벅스 점원은 향이 강한 화장품을 사용하지 않으며, 향이 강하지 않은 스콘, 베이글, 샌드위치 등의 베이커리 메뉴만을 구비한다. 이처럼 의도적으로 조성한 환경 내에서 소비자는 온전한 커피 향을 느낄 수 있게 되고 기업은 자연스럽게 소비자의 커피 구매를 증가시키는 효과를 기대할 수 있다. 즉, 오감(시각, 청각, 후각, 미각, 촉각)을 자극하는 마케팅은 소비자의 관심과 주의를 이끌며 판단과 의사결정에 영향을 주고, 궁극적으로 기업의 수익 창출에 기여한다.

이번 장에서는 소비자 심리를 형성하는 주축 중 하나인 감각에 대해서 살펴볼 것이다. 인간의 감각 유형과 그 특성을 살펴본 후, 우리가 자극에 노출됨으로써 유입하는 정보들을 선별적으로 걸러 내는 주의과정을 소비자 심리학 관점에서 논할 것이다. 자극에 노출되어 감각 체계를 통해 얻어진 정보들은 인간의 인지적 처리를 통해 해석되고 저장되어 이후의 판단과 행동에 중요한 영향을 주는데, 이러한 지각 과정에 대해서도 살펴볼 것이다.

오늘날 소비자는 매일 수많은 마케팅 정보에 노출되어 살아가고 있다. 현대인은 하루 평균 3,000개에서 많게는 1만 개의 광고 메시지를 접한다(Simpson, 2017). 또한 대도시에 거주하는 소비자는 하루에 평균 약 5,000개의 브랜드를 접촉한다. 디지털 환경에서 소비자는 유튜브, 인스타그램, 틱톡 등 소셜 미디어 서비스에 제공되는 수많은 마케팅 자극에 노출되어 있다. 제품, 브랜드, 광고, 기업 홍보를 포함하는 마케팅 자극은 소비자의 감각 기관인 시각, 청각, 후각, 미각, 촉각을 통해 소비자에게 전달되어 정보처리 과정을 거쳐 소비자의 기억, 판단, 구매 행동에 영향을 미친다. 제품, 광고, 패키지, 로고송 등 다양한 마케팅 자극이 우리의 감각 기관에 노출된다. 이 자극 중 일부가 우리의 주의를 받게 되면 후속 정보처리가 일어나서 정보가 해석되고 범주화되어 기억 속에 저장된다. 이 정보는 이후 다른 자극을 해석하고 이해하는 데 이용된다. 이러한 감각과 지각은 소비자의 정보처리와 행동을 이해하는 초기 단계의 중요한 과정이라고 할 수 있다. 이번 장에서는 소비자의 감각과 지각 과정을 살펴보도록 하자.

1 소비자의 감각 체계

시각, 청각, 후각, 미각, 촉각으로 구성된 우리의 감각 수용기는 용량과 정보처리가 제한적이어서 수많은 마케팅 정보 중 극히 일부가 우리의 감각 기관에 수용된다. 예를 들어, 우리의 시각 수용기인 눈에 노출된 자극은 주의를 기울여서 처리하지 않으면 0.5초 정도면 사라진다. 우리가 주의를 둔 마케팅 자극은 우리의 관련 지식, 경험, 동기와 욕구에 따라 주관적으로 해석되고 범주화되어 기억에 저장되고 후속 행동과 정보처리에 영향을 미친다. 감각(sensation)은 외부의 물리적 자극이 우리의 감각 기관에 노출된 상태를 말하며 지각(perception)은 우리의 감각 기관에서 받아들인 정보를 처리하는 과정을 말한다([그림 2-1] 참조). [그림 2-1]에서 보듯이 감각과 지각 과정은 감각, 노출, 주의, 해석의 과정을 거쳐서 나타난다.

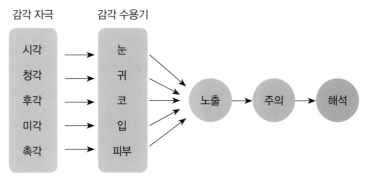

[그림 2-1] **감각과 지각 과정**

1) 감각의 특성

소비자는 오감을 통해 다양한 외부 자극을 받아들인다. 소비자는 시각을 통해 제품과 광고를 보고 청각을 사용하여 제품의 로고송을 듣는다. 또한 후각을 통해 새로 나온 향수를 테스트하고 미각을 동원해 와인을 음미하며, 촉각을 사용해 신제품 의류의 표면 질감을 느낀다. 이러한 감각 과정은 소비자가 제품을 처음 마주하는 단계인데 마케터는 소비자가 자사제품의 긍정적인 인상을 갖도록 하기 위해 다양하고 차별화된 감각 경험을 제공하고자 한다. 코카콜라는 빨간색 로고로 소비자의 눈길을 끌며, 스타벅스는 공통된 브랜드 글씨체와 매장 분위기, 그리고 동일한 매장 음악으로 세계 어디에서나 스타벅스만의 느낌을 체험할 수 있다. 스마트폰에 탑재된 햅틱(haptic) 기술은 화면을 누를 때 느껴지는 진동을 통해 소비자의 촉감을 자극하여 긍정적인 제품 경험을 유도한다.

인간의 감각은 눈, 코, 입, 귀, 피부의 다섯 가지 감각 수용기를 통해 받아들여진 외부 자극이 감각 기억 또는 감각 등록기에 입력되는 과정을 일컫는다. 시각, 청각, 후각, 미각, 촉각으로 구성된 인간의 오감은 다음과 같은 특성을 지닌다. 첫째, 우리의 감각 기관을 통해 입력된 정보는 감각 기억에 매우 짧게 저장된다. 눈을 통해 들어 온 시각 자극은 길어야 0.5초, 청각 자극은 2~3초 정도만 저장되어 있는데 더 이상 의식적인 처리가 일어나지 않으면 곧바로 사라진다. 우리의 감각 기관에 노출되어 감각기억에 입력된 정보에 주의를 기울이면 다음 단계의 정보처리인 지각 과정으로 넘어간다.

둘째, 감각 기관을 통해 감각기억에 입력되는 정보는 가공되지 않은 물리적 상태 그대로 저장된다. 잔상 기억(iconic memory)은 가공되지 않은 시각 정보가 감각 기억에 머물러 있는 것을 말하며, 잔향 기억(echoic memory)은 청각 자극이 가공되지 않은 상태로 감각 기억에 잠시 동안 저장되어 있는 것을 말한다.

셋째, 우리의 감각 경험은 후속되는 판단과 행동에 영향을 미칠 수 있다. 체화된 인지(embodied cognition)는 인간의 감각 체계의 경험이 사고와 정서, 행동에 미치는 영향을 의미하는 개념이다. 면접 평가 전에 따뜻한 커피를 들었던 면접관이 면접대상자를 우호적으로 평가하지만 차가운 커피를 들었던 면접관은 냉정하게 평가한다(Williams & Bargh, 2008). 무거운 클립보드에 끼워진 지원자의 서류를 받은 면접관이 가벼운 클립보드를 받은 면접관보다 지원자를 더 진중하다고 평가한다(Ackerman, Nocera, & Bargh, 2010). 이러한 체화된 인지 현상은 마케팅 전략으로 활용될 수 있다. 음식점에서 웨이트리스가 고객의 신체를 가볍게 만지면 팁이 더 많아지는 것으로 나타났는데 이는 가벼운 신체 접촉이 상대에 대한 호의적인 태도를 유발하기 때문이다. 특정한 향기를 맡으면 그 대상에 대한 우호적 태도와 긍정적 행동이 유발되는데 이는 2015년 책 향을 개발한 교보문고의 사례처럼 향기를 활용한 마케팅으로 매출 증대 효과를 거두고 있다.

2) 감각의 유형

인간의 감각 기관은 시각, 청각, 후각, 미각, 촉각의 다섯 가지로 구성되어 있다. 각 감각 정보는 우리의 눈, 귀, 코, 입, 피부의 감각 수용기에 노출되어 감각 기억에 잠시 저장되어 있다가 선택적으로 주의를 받은 일부 정보가 평가와 해석을 거쳐 우리의 장기 기억에 저장된다. 다섯 가지 감각 유형과 그 특성을 살펴보면 다음과 같다.

(1) 시각

사람들은 시각을 통해 모양, 크기, 색깔, 음영, 움직임 등의 정보를 찾아낸다. 인간의 시각 수용기인 눈의 망막을 통해 들어온 시각 정보는 0.25에서 0.5초 사이의 매우 짧은 시간 동안 물리적인 상태로 감각기억에 저장된다. 대부분의 마케팅 정보가 우리의 시각 기관을 통해 처리되기 때문에 기업들은 제품, 포장, 광고, 로고, 캐릭터, 홍보물 등 다양한 기업 정보를 이용해 소비자의 관심과 반응을 유도하고자 노력을 경주하고 있다.

예를 들어, 온라인 식료품 배송업체인 마켓컬리는 고급스러움과 부귀의 이미지를 나타내기 위해 보라색을 브랜드 색채로 활용해 각광을 받고 있다([그림 2-2] 참조). 마켓컬리는 유기농 식재료로 연상되는 녹색이나 식욕을 상징하는 빨간색과 같은 진부한 색을 피함으로써 경쟁 업체와 차별화하고 고급 이미지로 주 고객층인 여성 소비자에게 더 어필하여 매출 증진을 이루었다. 또한 하이트진로는 진로 소주의 두꺼비 캐릭터를 광고모델과 캐릭터 상품화 등에 활용하고 있다. 하이트진로는 진로를 새롭게 출시하면서 과거의 주 고객층인 50대 이상에게 친숙한 두꺼비 캐릭터를 MZ세대도 동시에 공략할 수 있도록 캐릭터화하여 광고 등 다양한 마케팅 활동에 이용하여 매출과 인지도를 높이고 있다([그림 2-2] 참조).

[그림 2-2] 시각 광고 사례

모양, 색, 디자인, 크기 등 다양한 시각적 요소 중 특히 색은 브랜드 이미지와 제품의 내용을 추론하는 데 매우 중요한 역할을 하기 때문에 많은 기업들이 브랜드 전략에 활용하고 있다. 미국의 컬러리서치연구소(ICR)의 연구에서는 어떤 대상에 대한 판단의 준거로 60~92%가 색채를 이용한다고 한다(대신증권블로그, 2015. 09. 14.). 브랜드와 색채에 관한 국내의 조사에서도 94.4%가 브랜드 이미지에 색채가 중요하다고 답했고, 응답자의 86.4%가 특정 색깔에 대해 생각나는 브랜드가 있다고 답했다(소비자평가, 2022. 03. 29.). 이같이 시각적 요소 중 색깔은 브랜드에 대한 평가와 브랜드 이미지 구축에 매우 중요한 요소로 활용될 수 있기 때문에 마케터들은 브랜드 고유의 차별화된 색채 정보를 이용해 소비자의 주의와 반응을 이끌고자 노력한다. 많은 기업은 상징 색채를 이용해 브랜드 이미지를 구축하고 소비자의 구매 욕구를 자극하는 컬러 마케팅을 전략적으로 전개하고 있다. 컬러 마케팅은 특정한 색깔을 떠올리면 특정한 브랜드가 생각나고 경쟁 브랜드와 차별화된 이미지와 가치를 부각시켜 차별화와 브랜드 이미지 및 판매 제고에 유용하다.

컬러마케팅의 대표적인 사례로 코카콜라는 빨강을 로고와 제품 디자인에 사용하여 욕구를 자극하였고, 카카오와 맥도날드는 눈에 띄는 컬러

[그림 2-3] 컬러를 이용한 브랜드 로고 사례

인 노랑을 사용하여 소비자의 주목도를 높였으며, 스타벅스와 네이버는 녹색을 사용해 친근감과 조화의 이미지를 제고하였다. 한국암웨이와 포카리스웨트는 파랑을 활용하여 신뢰와 청량감을 강조하였다([그림 2-3] 참조).

색채심리학의 연구에 따르면 색은 인간의 심리와 정서와 직접적으로 관련이 있다. 예를 들어, 빨강은 욕망이나 식욕을 상징하고 녹색은 자연, 균형, 조화를, 파란색은 안정감을 나타낸다. 2019년 테라(TERRA)를 출시한 하이트진로는 기존의 맥주병이 맥주의 맛을 유지하기 위해 갈색을 선호하던 것과 달리 녹색 병을 사용했는데 이는 맥주의 원료인 맥아의 천연 성분과 청정함을 보여 주기 위한 전략이다. 커피빈은 고귀함과 우아함을 상징하는 보라색을 사용하여 고급스러운 이미지로 경쟁 커피전문점과의 차별화를 꾀하고 있다([그림 2-4] 참조).

[그림 2-4] 색채심리를 이용한 광고 사례

한편, 색상에 대한 기존의 고정관념을 바꿈으로써 소비자의 주의를 끈 제품들도 있다. 예를 들어, 기존의 빨간색 수박이 아니라 노란색 수박은 소비자의 호기심과 관심을 유발할 수 있다. 매일유업의 '바나나는 원래 하얗다' 우유도 바나나는 노란색이라는 고정관념에 도전하는 광고를 유머스럽게 소구해서 성공한 사례에 해당된다([그림 2-5] 참조).

[그림 2-5] 색상과 고정관념 사례

그러나 컬러 마케팅 전략을 사용할 때 고정관념에서 지나치게 벗어나 색채가 주는 심리적 연상을 무시한 경우 역효과가 있다는 점을 고려해야 한다. 미국의 케첩 제조사인 하인즈는 2000년 기존의 빨간색 포장의 케첩 대신 녹색 케첩을 출시했으나, 케첩은 빨간색이라는 강한 연상과 녹색은 상한 음식을 연상시킨다는 점을 간과해 실패로 끝났다. 또한 해태음료가 2001년 출시했던 '옐로 콜라'도 콜라의 고유한 색채인 검은색의 강력한 효과를 넘어서지 못한 채 소비자의 공감을 얻지 못해 실패한 사례다([그림 2-6] 참조).

[그림 2-6] 색상 활용의 실패 사례

제품의 모양과 브랜드 디자인은 제품과 브랜드에 대한 소비자의 인식과 평가에 영향을 준다. 형태 지각의 기본적인 요소는 둥근(circular) 모양과 각진(angular) 모양이다. 각각의 모양은 사람들에게 서로 다른 이미지로 지각되는데, 예를 들어, 둥근 모양은 따뜻한 느낌을, 각진 모양은 유능한 느낌과 더 관련이 있다. 이와 관련한 연구(Jiang, Gorn, Galli & Chattopadhyay, 2016)에서 소비자는 둥근 브랜드의 로고를 더 부드럽고 편안하게 지각한 반면, 각진 브랜드 로고는 내구성이 좋고 단단한 느낌을 보고하였다. 또한 가구 디자인 연구에서도 소비자는 각진 디자인보다 둥근 디자인에서 온정의 느낌을 더 많이 느낀 것으로 나타났다. 기업의 CI 서체의 경우도 알파벳의 대문자는 딱딱하고 무거운 느낌을 주지만 소문자는 부드럽고 친근한 느낌을 준다. 이를 활용하여

[그림 2-7] 기업의 CI 사례

기업의 CI도 변화를 추구하고 있는데 국민은행의 CI는 별 모양의 로고에 부드러운 서체의 소문자 'b'를 넣어 친근함을 더했으며 포스코는 딱딱하고 강한 철강의 이미지를 탈피하고자 알파벳 소문자로 로고를 변경한 바 있다([그림 2-7] 참조).

(2) 청각

인간의 청각 기관을 통해 입력된 청각 자극은 약 2~3초간 잔향 기억의 형태로 감각 기억에 잠시 저장된다. 소비자 정보처리의 90% 이상이 시각과 청각 정보처리를 통해 일어나기 때문에 시각뿐 아니라 청각 자극도 마케터에게 매우 중요한 요인이다. 청각 자극을 활용한 마케팅 전략은 광고의 배경음악, 로고송이나 징글(jingle), 제품의 특성을 극대화한 소리, 제품 소비 행동에서의 배경음악, ASMR 등 다양한 형태로 나타난다. 예를 들어, 인텔의 광고 마지막에 등장하는 로고 사운드, 코카콜라의 병 따는 소리, BMW의 엔진음 등은 제품의 특징을 나타내는 청각 효과를 잘 사용한 경우다. 브랜드의 이름을 각인시키기 위해 광고나 로고송에서 청각적으로 반복하기도 하는데, 에스오일은 로고송을 이용해 에스오일을 알리고 SK텔레콤의 되고 송과 생각대로 T도 소비자가 소리만 들어도 특정 기업이나 제품의 이미지를 떠올릴 수 있도록 하였다([그림 2-8] 참조).

청각 자극은 단순히 제품 이미지를 떠올리게 할 뿐 아니라 소비자의 구매 행동에도 영향을 준다. 와인 매장에서 이탈리아 음악이 흐르면 많은 경우 소비자가 이탈리아산 와인을 더 많이 구매하며, 프랑스 음악이 연주되면 프랑스산 와인을 더 많이 구매한다. 또한 음악의 템포나 음량을 조절함으로써 소비자의 구매 행동에 직접적으로 영향을 미친다. 고객이 많은 주말에는 백화점의 배경음악의 템포를 빠르게, 한산한 주중 시간에는 템포를 느리게 조절해서 고객의 움직임을 조절함으로써 혼잡을 줄이고 매출 증대를 꾀할 수 있다. 고급 레스토랑의 경우 배경음악의 템포를 느리게 해서 고객이 와인을 더 많이 주문하게 함으로써 매출량을 증가시킬 수 있다.

[그림 2-8] **청각 활용 사례**

(3) 후각

후각 자극은 인간의 정서와 기억에 여러 영향을 미치는 데, 이는 후각 정보가 기억과 감정을 담당하는 대뇌의 변연계에 직접 연결되어 있기 때문이다. 따라서 많은 기업들이 후각 자극을 마케팅 전략에 적극적으로 활용하고 있다. 향기 마케팅은 후각을 이용한 마케팅 전략으로 매출 증대 효과를 가져오는 중요한 방법 중 하나다. 좋은 향기는 긍정적인 정서를 유발할 뿐 아니라 기억에 작용하여 소비자의 구매와 재방문율을 높이는 효과가 있다.

예를 들어, 교보문고는 2015년 책 향기를 개발하여 매장을 방문하는 고객에게 긍정적인 인상을 심어 주었고 '더 센트 오브 페이지'라는 이 향기는 그 자체로 제품으로도 판매되고 있다. 던킨 도넛은 시내버스에 던킨의 커피 향을 분사하는 방향제를 버스에 설치해서 라디오에서 던킨 광고가 나오면 커피 향이 자동으로 분사되도록 함으로써 던킨 도넛이 연상되도록하였다. 이 캠페인으로 3개월간 매장 방문율이 16%, 커피 판매가 29% 증가한 것으로 나타났다([그림 2-9] 참조).

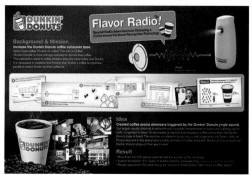

[그림 2-9] 후각 마케팅 사례

또한 향기 마케팅은 브랜드 태도뿐만 아니라 소비자의 행동에도 영향을 미친다. 한 연구에서 향기가 있는 매장 방문 고객이 그렇지 않은 고객보다 더 매장에 오래 머물며, 더 많은 돈을 지출한 것으로 나타났다.

(4) 미각

미각 자극은 기억 및 정서와 관련된 대뇌의 변연계에 즉각적이고 직접적으로 전달되어 우리의 기억과 감정 경험을 유발한다. 따라서 음식이나 식품 광고에 시각적으로 노출되더라도 우리는 뇌에서 미각을 느낄 수 있는 것이다.

　미각은 또한 제품의 평가와 구매에 직접적인 영향을 미친다. 주말이나 저녁 시간에 대형 마트나 백화점에서 음식을 맛볼 수 있는 코너를 많이 운영하는데 이는 시식을 한 소비자가 그렇지 않은 소비자보다 제품을 구매할 가능성이 훨씬 크기 때문이다. 따라서 많은 마트와 백화점 음식 매장에서는 오전 11시부터 1시 사이, 오후 4시부터 폐점시간까지 시식코너를 운영하여 매출 증대를 유도하고 있다.

(5) 촉각

　촉각은 사람이 피부에서 느끼는 긍정적인 감촉을 자극함으로써 대상에 대한 호의적인 태도와 반응을 유도하도록 한다. 예를 들어, 자동차 시트의 감촉과 안락함을 피부와의 접촉을 통해 표현하는 것이다. 부드러운 촉감의 대명사인 테디베어는 촉각을 잘 활용한 제품이다([그림 2-10] 참조). 어린아이뿐만 아니라 성인에게도 위안과 따뜻함을 주는 역할을 한다.

　촉각을 활용한 마케팅 기법 중 대표적인 것이 햅틱 기능이다. 햅틱은 주로 컴퓨터나 스마트폰의 입력 장치에 촉각 기술을 접목하여 진동, 힘, 운동감을 느끼게 만든 기술을 의미한다. 최근에는 다양한 방면에 적용되어 소비자의 촉각 체험을 더 풍부하게 만든다. 예를 들어, 영화관의 의자가 영화 화면이 움직이는 대로 따라 움직여서 마치 관객이 그 장면 속에 실제로 있는 듯한 착각을 불러일으킨다. 삼성 갤럭시폰은 사진을 찍을 때 화면의 버튼을 누르지 않고도 화면 앞에서 손을 움직이는 것을 감지하여 카메라 셔터가 작동되도록 하는 기술을 접목해서 편리함을 더했다. 화장품 브랜드의 '러쉬(LUSH)'는 제품들을 포장이 되어 있지 않은 상태로 진열해서 고객 누구나 제품을 직접 만져 보고 살 수 있도록 하였다([그림 2-10] 참조).

[그림 2-10] 촉각을 활용한 제품 사례

2 노출과 주의

마케팅 자극이 인간의 다섯 가지 감각 기관의 수용 범위 내에 들어오면 노출 과정이 일어나고, 그 정보를 이해하고 해석하는 지각 과정으로 넘어가기 위해서는 정보를 주목하는 주의의 단계가 필요하다. 노출은 물리적인 외부 자극이 감각 수용기에 입력되어 감각 수용기가 활성화된 상태를 말하며, 주의는 감각 수용기에 노출된 수많은 자극 중에서 필요한 정보를 선별적으로 걸러 내는 작용을 말한다. 노출과 주의의 정의와 특성을 자세히 살펴보면 다음과 같다.

1) 노출

노출(exposure)은 물리적 자극이 인간의 감각 기관의 수용 범위 내에 들어올 때 나타나는 것으로 소비자가 외부의 마케팅 자극과 접촉하여 감각 기관이 활성화된 단계를 말한다. 기업의 제품, 광고, 브랜드 로고, 홍보, 옥외 전시물 등 수많은 마케팅 자극이 소비자에게 영향을 미치려면 우선적으로 소비자가 그 정보에 노출되어야 한다. 소비자는 아침에 눈을 떠서 잠들 때까지 일상에서 의도하든 의도하지 않든 다양한 마케팅 정보를 접하고 있다. 정보의 홍수 속에서 기업들은 소비자에게 자사의 마케팅 정보를 노출시키고 소비자의 관심과 주의를 이끌기 위해 전략적 노력을 기울여야 한다. 노출의 유형에는 선택적 노출, 의도적 노출, 우연적 노출이 있으며, 노출이 후속 정보처리에 미치는 영향을 다룬 개념으로 단순노출 효과가 있다.

(1) 선택적 노출

인간의 정보처리 용량에는 한계가 있기 때문에 제시된 모든 마케팅 자극을 수용하지 못한다. 또한 소비자는 기존에 알고 있는 정보나 자신에게 필요하지 않은 정보는 노출을 피한다. 따라서 소비자는 자신의 목적과 필요에 따라 선별적으로 마케팅 정보를 받아들인다. 선택적 노출의 대표적인 예로 지핑과 재핑이 있다. 지핑(zipping)은 유튜브나 동영상에서 불필요한 광고를 피하거나 빠른 속도로 영상물을 돌려 보는 행위를 말하며 재핑(zapping)은 리모컨 등을 이용하여 동영상 채널을 바꾸는 행위를 말한다. 일부 플랫폼에서는 광고 회피를 막기 위해 5초간 광고를 강제적으로 시청해야 동영상을 시청할 수 있도록 하여 선택적 노출을 줄이고자 한다.

(2) 의도적 노출

의도적 노출은 소비자가 자신의 목표나 동기에 맞는 정보를 적극적으로 찾는 과정에서 나타나는 노출을 의미한다. 예를 들어, 사용중인 노트북 컴퓨터가 고장이 나서 새 노트북 컴퓨터를 구입해야 하는 상황에서 제품 사양과 브랜드를 탐색할 때 관련 정보에 의도적으로 노출된다. 마케터는 소비자의 구매 동기와 목적을 자극하여 의도적 노출을 높이는 다양한 전략을 활용하는 것이 좋다. 여기에는 광고나 문자 메시지에 구매의 필요성과 동기를 제시하거나 광고를 클릭하면 일정 포인트나 이벤트를 제공하는 방법 등이 있다.

(3) 우연적 노출

소비자는 대부분의 마케팅 정보에 수동적으로 마주치게 되는데 이를 우연적 노출이라고 한다. 일상에서 습관적으로 노출되는 광고, 홍보물, 옥외 전시물, 간판, 브랜드 진열 등이 우연적 노출에 해당된다.

(4) 단순노출 효과

단순노출 효과(mere exposure effect)는 소비자가 광고를 의식적으로 지각하지 못하더라도 광고를 반복 제시하면 소비자가 친숙성을 가지게 되며, 그 결과 제품에 대한 호의적인 반응을 높일 수 있다는 것이다. 이에 관한 한 연구(Zajonc, 1980)에서 참가자가 인지하지 못하도록 자극을 빠르게 제시한 결과 여러 번 제시한 조건의 참가자가 적게 노출된 참가자보다 자극을 더 긍정적으로 평가한 것으로 나타났다. 이 연구에서는 미국 대학생들에게 한자 자극을 50m/초보다 짧게 제시하였고 기억 검사에서도 자극을 본 적이 없다는 반응 후에 나타난 결과다. 지나친 반복 노출은 소비자의 습관화와 싫증을 가져올 수 있으므로 반복의 정도를 적절히 고려할 필요가 있다.

2) 주의

인간의 처리 용량은 제한적이기 때문에 소비자의 감각수용기에 노출된 마케팅 자극은 짧은 순간에 사라지게 되는데, 후속적인 정보처리를 위해서는 수많은 자극 중에 꼭 필요한 정보를 선택적으로 처리하는 과정이 있어야 한다. 이 과정에서 필요한 것이 주의(attention)인데 주의는 특정한 자극에 선별적으로 초점을 맞추는 과정이다. 주의 용량은 제한적이어서 정보를 선택적으로 처리하고 선택된 정보에 용량을 적절히 할당하는 과정을 거쳐 정보처리가 지각 단계로 넘어간다.

(1) 주의의 특성

첫째, 주의 용량은 제한적이다(Kahneman, 1973). 인간의 주의 용량은 제한되어 있어서 자동적으로 처리할 수 있는 자극이나 친숙한 자극이 아니면 두 가지 이상의 자극에 주의를 할당하는 것이 어려워진다. 예를 들어, 드라마를 보면서 가족과 대화를 하는 상황에서 드라마의 내용이 긴박해지면 드라마에 집중하게 되어 가족의 대화 내용이 귀에 들어오지 않는다. 또한 소비자는 낯선 매장에서는 익숙한 매장에서보다 더 많은 주의를 기울여야 하기 때문에 원하는 브랜드나 제품을 잘 찾지 못한다.

둘째, 용량의 제한 때문에 주의는 선택성(selectivity)이 있다. 주의의 선택성은 주어진 여러 자극 중에 특정한 자극에 우선적으로 초점을 맞추는 것을 말한다. 우리는 우리의 감각 기관에 수용된 수많은 정보 중에 그 시점에서 정보의 우선순위에 따라 더 중요한 정보에 먼저 주의를 기울이게 된다. 예를 들면, 칵테일 파티 현상처럼 시끄러운 상황에서도 상대방에 집중하여 대화를 이어 나갈 수 있다(Cherry, 1953). 우리는 혼잡스러운 분위기에서 자신의 이름이나 대기 번호를 선택적으로 식별할 수 있다.

셋째, 주의에는 강도(intensity)가 다르다. 주의의 강도는 두 가지 이상의 정보에 주의 용량을 할당한 정도를 말하며, 주어진 정보나 상황에 따라 주의의 용량이 다르게 배치된다. 처리가 어렵거나 익숙하지 않은 정보일수록 더 많은 주의의 용량이 요구된다. 또한 우리는 친숙한 자극이나 자주 하는 행위에는 주의를 덜 기울이고 필요한 정보에 주의 용량을 더 많이 할당할 수 있다. 예를 들어, 초보 운전 때에는 운전에 주의를 집중해서 옆 사람과 대화하기 어렵지만 운전이 익숙해지면 운전 중에 다른 사람과 대화하는 것이 가능하다.

(2) 주의의 결정 요인

기업들은 수많은 경쟁 마케팅 정보로부터 소비자의 주의를 이끌어 내기 위해 소비자 주의에 영향을 미치는 다양한 요인들을 고려하여 효과적인 전략을 세워야 한다. 소비자 주의에 영향을 미치는 소비자 요인과 자극 요인은 다음과 같다.

① 소비자 요인

주의에 영향을 주는 소비자 요인에는 욕구, 동기와 관여, 지식과 신념, 감정, 습관화 또는 적응이 있다.

- 욕구: 소비자는 배고픔, 갈증과 같은 생리적 욕구로부터 자아실현과 같은 상위 욕구까지 다양한 욕구에 따라 행동한다. 소비자는 배가 고프면 음식과 식당 정보에 더 주의를 기울인다. 성능이 향상된 갤럭시의 새로운 버전이 출시되면 구매욕구가 자극되어 해당 정보에 더 눈이 간다. 따라서 기업들은 소비자의 욕구를 잘 이해하고 이에 소구하는 광고와 마케팅 전략을 적절히 활용할 필요가 있다.
- 동기와 관여: 소비자는 자신에게 중요하거나 관계가 있는 정보에 더 주의를 기울인다. 기업들은 가치나 동기, 라이프스타일 조사 등을 통해 소비자의 내재적인 기호나 가치, 선호를 잘 파악하여 그에 맞는 제품을 개발하거나 광고 전략에 사용하는 것이 바람직하다. 또한 기업들은 소비자의 구매 동기와 관여를 높임으로써 자사 정보에 관심을 가지고 처리할 수 있게 만드는 것이 필요하다. 여행이나 골프와 같은 레저에 대한 MZ세대의 관심을 파악함으로써 젊은 세대에 맞는 골프나 차박 제품을 선보이거나 소비자 상황을 잘 보여 줄 수 있는 소비자의 경험을 광고에 묘사함으로써 상황적 관여를 높이는 것이 이에 해당된다.
- 지식과 신념: 소비자의 지식과 신념은 다양한 마케팅 정보와 제품 경험 등을 통해 얻어진다. 이렇게 습득된 지식과 신념은 소비자의 향후 지각과 정보처리에 영향을 준다. 사람들은 자신의 지식과 신념에 일치하는 자극일수록 주의를 덜 기울이고도 쉽게 처리할 수 있다. 게맛살은 게로 만든다고 생각할 수 있으나 주원료는 명태다. 바나나 우유의 포장이나 색상을 노란색으로 만든 제품은 바나나는 노랗다는 신념을 이용한 것이다. '바나나는 원래 하얗다'는 광고는 이러한 신념에 반박하면서 주의를 끌기 위한 전략을 활용하고 있다.
- 감정: 소비자는 감정 상태에 따라 처리하는 정보가 다르다. 기분일치 가설에 의하면 긍정적 감정 상태일 때 사람들은 긍정적 정보의 더 주의를 기울인다. 이는 사람들이 감정이 긍정적일 때 그 감정을 유지하기 위해서 긍정적인 정보에 더 초점을 맞추기 때문이다. 따라서 마케터는 소비자의 정서 상태를 잘 이해하거나 유머나 노스탤지어 광고와 같은 긍정적인 감정을 담은 광고를 통해 소비자의 긍정적인 감정을 유도하는 것이 바람직하다.

• **습관화와 적응**: 습관화 또는 적응은 소비자가 동일한 자극에 여러 번 또는 장시간 노출되면 더 이상 그 자극에 주의를 두지 않게 되는 현상을 말한다. 습관화에 영향을 주는 요인은 자극의 강도와 지속성, 변별성, 관련성, 노출빈도가 있다. 습관화는 자극이 약하고 오래 지속될수록, 변별성과 관련성이 낮을수록, 지나치게 오래 반복될수록 더 빨리 나타난다. 마케팅 자극에 대해 지나친 노출로 인해 습관화가 발생되면 소비자가 더 이상 동일한 자극에 대해 주의를 기울이지 않게 되므로 습관화를 극복할 수 있는 전략이 필요하다.

시리즈 광고는 동일한 제품에 대해 같은 주제의 광고를 연속적으로 집행하는 것으로 소비자의 습관화를 줄이고 확고한 제품 이미지를 심어 주기 위한 광고 전략이다. 예를 들어, SK텔레콤은 프로야구 한국 시리즈에 맞춰 '야구팬의 생각대로' 캠페인을 시리즈 광고로 제작하였다. 플라이 아웃, 헛스윙, 견제구, 더블플레이, 데드볼, 번트, 스트라이크 등의 7가지 소재를 통해 야구를 좋아하는 직장인들이 경기를 즐기는 모습을 표현하였다. 또 다른 형태로 멀티 스팟 광고가 있는데 이는 동일한 제품 광고에 여러 명의 모델을 각각 등장시켜 여러 편의 광고를 만들어 보여 줌으로써 습관화를 줄일 수 있다([그림 2-11] 참조).

[그림 2-11] 오뚜기는 다양한 취향의 즉석밥 제품을 출시하면서 멀티스팟 광고인 '맛있는 밥' 시리즈 광고 (사진)를 집행하였다. 일반 제품인 '맛있는 밥'과 덮밥인 '맛있는 덮밥'과 리조또 제품인 '맛있는 리조또'의 세 가지 제품 각각에 맞는 세 편의 광고로 소비자의 관심을 끌었다.

② 자극 요인

기업은 앞에서 제시한 소비자의 내적 요인 외에도 주의에 영향을 미치는 외부 자극 요인도 고려해야 한다. 소비자의 내적 요인은 기업이 통제하기 어려운 변인인 반면, 자극 요인은 비교적 통제가 쉬운 특성이란 점에서 차이가 있다.

- **즐거운 자극**: 사람들은 부정적인 정서를 유발하는 자극보다는 긍정적이고 즐거운 느낌을 주는 자극에 더 이끌리고 더 선호한다. 따라서 쾌락적 느낌을 주는 자극으로 소비자의 주의를 유도하는 것이 바람직하다. 이를 위해서 즐거운 느낌을 주는 유머 광고, 매력적인 모델을 등장시키는 광고, 친숙하거나 빠른 리듬의 광고로 소비자의 주의를 끌 수 있다.

- **신기한 자극**: 소비자는 호기심을 유발하거나 기대하지 않았거나 새로운 자극에 더 주의를 두기 쉽다. 이를 위해서는, 첫째, 신기함(novelty)을 유발하는 자극을 이용한다. 소비자의 신념이나 기대와 어긋나서 호기심을 유발하거나 불완전한 자극을 사용하면 소비자의 주의를 끄는 데 효과적이다. 둘째, 예상하지 못한 위치나 방식으로 자극을 제시하여 소비자의 눈길을 끈다. 예를 들면, 일부 플랫폼에서 집행하는 소비자의 행태 정보에 기반한 맞춤형 광고는 기대하지 않은 광고 유형으로 이목을 집중시키는 효과가 있다.

- **현저한 자극**: 현저한 자극이란 소비자의 눈에 쉽게 띄어 처리가 용이한 자극을 말한다. 현저성은 표적 자극과 주변 자극이 대비되어 현저하게 주의를 끌 수 있는 대비 원리(contrast principle)로 설명되는데 이 원리에 따르면 자극들 간의 대비 효과로 인해 표적 자극이 더 주의를 집중시킨다. 예를 들어, 주위 자극보다 크기가 크면 더 주의를 끄는데 광고의 크기가 44배로 커지면 주의량도 2배 커진다. 색상의 경우 대비 효과가 큰 보색 간에 더 변별이 크며, 흑백 광고보다는 컬러 광고가 더 눈길을 끈다. 또한 움직임이 없는 광고보다 움직임이 있는 광고가 더 주의를 끈다. 광고의 위치도 주의를 끄는 정도가 다른데 프로그램 앞뒤보다는 중간 광고가 더 주목률이 높다.

- **선명한 자극**: 추상적인 자극보다는 구체적인 자극일수록 소비자의 주의를 끌기 쉽다. 이는 구체적인 자극에 대해서는 더 많고 선명한 감각 이미지를 떠올리는 것이 쉽기 때문이다. 예를 들어, 제품의 크기를 표현할 때 막연히 경쟁 제품보다 크다고 할 때보다 숫자 정보를 사용할 때 더 선명하고 구체적인 이미지를 떠올릴 수 있다. 또한 소비자가 직접 경험했거나 보거나 들은 자극이 그렇지 않은 자극보다 더 소비자의 주의를 끌 수 있다.

3 지각

감각 수용기에 노출되어 감각 기억에 전달된 외부 자극 중 선택적인 주의를 거친 정보만
이 우리의 지각 단계에 수용된다. 지각은 선별된 정보를 이해하고 판단하는 과정으로 기존
의 경험과 지식을 바탕으로 입력 정보를 이해하고 분류하고 해석하는 인지적인 처리 과정을
포함한다. 선별적인 주의 과정을 통과한 외부 정보를 해석하고 판단하는 과정에서 소비자
의 기존 지식과 경험에 의해 의미가 달라지기도 하고 소비자의 동기와 기대에 의해 정보가
왜곡되기도 한다. 이러한 과정을 거친 정보는 새로운 지식과 경험을 구성하고 향후 지각 과
정과 행동에 활용된다.

1) 지각의 특성

인간의 지각은 동일한 대상에 대해서 개인의 지식과 경험에 따라 다르게 나타나며, 기대
나 욕구에 의해 왜곡되기도 하고, 처리 용량이 제한적이어서 선택적으로 이루어진다. 소비
자의 지각은 다음과 같은 특성이 있다.

(1) 지각의 주관성

소비자의 제품 지식과 경험에 따라서 평가의 기준이나 원하는 사양이 다를 수 있다. 이는
소비자의 연령, 성, 라이프스타일, 가치관, 지식, 신념 등이 모두 다르기 때문이다. 따라서
동일한 제품과 광고 등의 마케팅 정보를 서로 다르게 지각할 수 있다. 예를 들면, 제품의 성
능보다 디자인이나 색상을 더 가치 있게 생각하는 소비자는 제품 사양 정보보다는 디자인과
색상 정보에 더 주의를 기울여 처리할 것이다.

(2) 지각의 선택성

처리 용량과 시간의 제한 때문에 사람들은 일정 시간에 지각할 수 있는 정보가 한정되어 있
다. 따라서 주어진 정보의 중요도와 관심, 기대와 욕구에 따라서 지각이 선택적으로 일어난
다. 소비자를 둘러싼 마케팅 정보 중 선택적 주의를 거쳐 선택적으로 처리되어 저장된 정보
는 이후 소비자의 의사결정과 행동에 중요하게 영향을 미친다. 지각의 선택성은 지각적 경계
와 지각적 방어로 나타난다. 사람들은 자신의 가치와 욕구에 부합하는 정보를 더 잘 지각한

다. 이같이 가치가 높은 정보를 더 잘 인식하고 주의를 기울이는 것을 지각적 경계(perceptual vigilance)라고 한다. 예를 들면, 가난한 사람은 그렇지 않은 사람에 비해 똑같은 동전을 더 크게 지각하며 배고픈 사람은 그렇지 않은 사람보다 음식 관련 단어를 더 잘 지각한다.

또한 소비자는 자신이 선호하는 브랜드를 그렇지 않은 브랜드보다 더 빨리 인식한다. 반면에 사람들은 자신의 신념과 태도에 부합하지 않은 정보는 주의를 덜 두거나 자신의 가치와 신념에 맞도록 변형하는데 이를 지각적 방어(perceptual defense)라고 한다. 지각적 방어에 따르면 사람들은 자기개념이나 정체성에 맞지 않은 정보나 대상은 지각을 회피하거나 자신의 정체성을 보호하고 부합하도록 왜곡한다. 예를 들어, 과체중인 사람은 체중관리 광고를 회피하려 하고 흡연자는 금연 캠페인을 피하거나 흡연을 긍정적으로 왜곡시켜 지각할 수 있다.

(3) 지각의 통합성

소비자는 지각 대상을 개별적으로 쪼개서 지각하지 않는다. 그보다는 자극이 다른 요소나 자극과 맺는 관계를 파악하고 통합한다. 게슈탈트 심리학에서는 전체는 부분의 합 이상이라고 주장한다. 지각 대상은 개별 요소의 총합으로 구성되어 있으며, 소비자는 이러한 자극을 부분 요소의 합 이상의 의미 있는 덩어리로 파악한다.

2) 지각의 현상

위에서 설명한 바와 같이 인간의 지각은 주관적이고 선택적이다. 또한 인간의 지각적 용량은 제한되어 있다. 이러한 인간의 지각 특성을 반영한 지각적 현상은 다음과 같다.

(1) 절대역과 차이역

인간의 감각 기관은 외부의 모든 자극을 감지하는 데 한계가 있다. 인간은 일정 수준 이상의 파장이 있어야 사물을 식별할 수 있고 일정한 크기 이상의 소리만을 들을 수 있다. 정신물리학에서는 이러한 인간 지각의 한계를 절대역과 상대역으로 개념화하였다.

① 절대역

절대역(absolute threshold)은 인간이 지각할 수 있는 최소한의 자극의 크기를 말한다. 〈표 2-1〉에 제시된 것처럼 사람은 맑은 날 밤에 50km 떨어진 곳에 있는 촛불을 지각할 수 있다. 또한 8리터의 물에 들어 있는 설탕 한 숟갈의 맛을 느낄 수 있다. 그러나 사람은 절대역을 넘어서는 자극은 지각하지 못한다. 예를 들면, 사람은 가시광선(380~700nm) 이외의 파장은 지각할 수 없다. 따라서 기업들이 마케팅 자극을 소비자에게 노출하려면 적어도 절대역보다 큰 지각의 범위 내에 자극을 제시해야 한다.

〈표 2-1〉 감각의 절대역

감각의 유형	절대역
시각	맑은 날 밤에 50km 떨어진 곳의 촛불
청각	조용한 분위기에 6m 떨어진 곳에서의 손목시계 소리
미각	8리터의 물에 들어 있는 설탕 한 숟갈의 맛
후각	방이 3개 있는 아파트 안에서의 향수 한 방울의 냄새
촉각	1cm의 높이에서 뺨 위에 떨어진 벌의 날개의 무게

출처: Galanter (1982, p. 97).

② 차이역

차이역(differential threshold)은 두 개의 자극 간의 차이를 변별할 수 있는 감각 수용기의 능력 한계를 말한다. 최소 가지 차이(Just Noticeable Difference: JND)는 차이역의 정도를 말하는데 이는 두 개의 자극이 서로 다름을 알 수 있는 최소한의 자극 강도의 차이 또는 변화를 나타낸다. 기업들은 품질 증진이나 가격 할인과 같은 제품의 긍정적 변화는 차이역 이상으로 보여 주어야 하고, 반면에 가격 인상이나 용량 감소와 같은 부정적인 변화는 감지하지 못하도록 하는 전략을 사용해야 한다.

(2) 웨버의 법칙

정신물리학자인 웨버(Weber)는 사람이 감지할 수 있는 두 대상 간의 차이를 정리하였는데 이것이 웨버의 법칙(Weber's law)이다. 이에 따르면, 사람이 두 자극간의 차이를 지각하는 데 필요한 변화의 양은 원래 자극의 크기에 비례한다는 것이다.

$$k = \Delta I / I$$
k = 상수; ΔI = 차이를 감지하는 데 필요한 최소한의 변화량; I = 기준 자극의 크기

예를 들어, 5,000만 원짜리 자동차의 가격을 50만 원 할인하면 그 값(k = 0.01)은 매우 작아서 잘 지각되지 않지만, 200만 원짜리 가구를 50만 원 할인하면 그 값(k= 0.25)은 매우 크

게 지각된다. 즉, 두 제품 모두 동일하게 50만 원의 할인이지만 원래 가격과 비교했을 때 자동차는 할인율이 1%인 반면, 가구의 할인율은 25%여서 소비자에게 가구의 할인 가격이 더 매력적으로 지각될 수 있다.

(3) 역하지각

일반적으로 지각은 절대역 이상의 자극에 노출될 때 발생한다. 절대역 이하의 크기로 제시되는 정보도 인간의 태도와 행동에 영향을 미치는데 이를 역하지각이라고 한다. 역하지각은 소비자가 의식적으로 인지하지 못하는 메시지나 이미지에 노출되더라도 소비자가 그 정보에 의해 영향을 받는다고 주장한다. 그러나 많은 연구자들이 부정적인 메시지에 무의식적으로 노출되어 나타날 수 있는 부정적 효과에 따른 사회 윤리적인 위험성을 우려하고 있다. 역하지각의 효과가 실증 연구에서 잘 밝혀지지 않았지만 그 효과에 대한 논의는 여전히 이루어지고 있다.

3) 지각적 조직화

소비자는 마케팅 자극에 노출되면 이를 기억에 저장되어 있는 지식, 경험 등의 정보와 연결시켜 처리하는데, 이를 지각적 조직화라고 한다. 지각적 조직화에는 지각적 부호화와 지각적 통합의 두 과정이 있다. 지각적 부호화는 주어진 자극을 소비자가 이해할 수 있는 언어, 이미지, 숫자와 같은 심리적 부호로 바꾸는 것으로 즉각적이고 자동적으로 이루어진다. 이

[그림 2-12] 지각적 통합을 보여 주는 공익 광고

이 광고는 호랑이를 보여 주지만 자세히 들여다보면 호랑이의 줄무늬가 각각 다른 동물들을 표현하고 있다. 동물 보호 단체의 공익 광고로 지각적 통합을 재치 있게 활용한 광고다.

는 오감을 통해 들어온 자극의 세부 특징을 분석하고 이를 기존 정보와 결합하여 자극에 대한 기초적인 이해를 돕는 과정이다. 지각적 통합(integration)은 지각적 부호로 변환된 정보를 개별 자극이 아니라 조직된 전체의 덩어리로 지각하는 과정을 말한다([그림 2-12] 참조).

게슈탈트 심리학(Gestalt psychology)의 원리에 따르면 사람들은 대상의 개별 요소가 아닌 대상 전체를 지각하고 그 의미를 해석하고자 한다. 지각적 조직화에 관한 게슈탈트 심리학의 원리는 다음과 같다.

(1) 집단화 원리

집단화(grouping)는 대상을 전체의 덩어리로 지각하고 개별 정보를 조직화된 전체로 통합하여 해석하는 것을 말한다. 집단화의 원리로는 완결성, 유사성, 근접성, 연속성이 있다([그림 2-13] [그림 2-14] 참조).

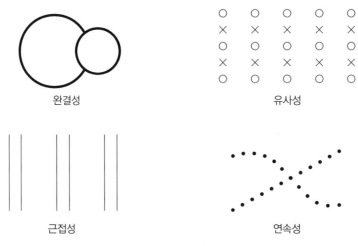

완결성   유사성

근접성   연속성

[그림 2-13] 게슈탈트 심리학의 집단화 원리

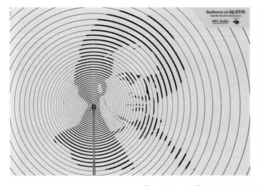

[그림 2-14] 연속성과 완결성을 활용한 광고 사례

- **완결성(closure):** 사람들은 불완전한 자극에 노출되면 이를 채우거나 완성하고자 하는 경향이 있다. 불완전한 자극은 완전한 자극보다 더 주의를 유도하고 더 잘 기억된다. 이 같이 불완전한 정보나 완성되지 않은 과제가 완전한 정보나 과제보다 더 잘 기억되는 것을 자이가닉(Zeigarnik) 효과라고 부른다. 한 연구에 따르면, 일부분을 없앤 불완전한 광고가 완전한 광고보다 34% 더 주의를 끈 것으로 나타났다. 완결성 원리를 적용한 광고로 티저 광고나 드라마식 광고가 있다. 이는 제품과 제품의 핵심 정보를 보여 주지 않거나 광고의 결말을 제시하지 않음으로써 소비자에게 결핍된 내용에 대한 호기심을 자극하여 완성하도록 동기를 부여하는 전략이다.
- **연속성:** 연속성은 대상을 연속적인 형태로 지각하는 것이다. 어떤 자극의 일부가 가려지거나 보이지 않아도 그 대상이 연속되어 있다고 지각한다. 유사성은 서로 비슷한 특징을 가진 대상을 하나로 묶어 지각하는 것을 말한다. 근접성은 물리적으로 가까운 대상들을 하나로 통합해서 지각하려는 원리다.

(2) 전경-배경 원리

전경-배경(figure-ground) 원리란 중점이 되는 정보는 전경으로, 나머지 정보는 배경으로 지각하는 현상을 말한다([그림 2-15] 참조). 이 원리에 따르면 중심이 되는 정보가 배경 정보보다 더 중요하므로 사람들의 주의와 관심을 더 많이 받아 더 잘 지각된다. 따라서 기업들은 마케팅 메시지나 광고를 구성할 때 소비자로 하여금 중심이 되는 제품 정보와 이미지를 전경으로, 나머지 정보를 배경으로 처리하도록 해야 한다. 광고에 등장하는 매력적인 모델이나 아름다운 배경이 소비자의 눈에 더 두드러져 보일 경우 소비자가 정작 전경 자극인 제품에 주의를 덜 둘 것이다. 이럴 경우 광고의 모델이나 배경은 기억에 남지만 제품 이미지나 브랜드는 기억나지 않아 기업이 의도하는 광고의 효과를 보장하기 어렵다.

[그림 2-15] 전경-배경 원리를 이용한 코카콜라 광고로 전경 배경 원리를 이용하여 음식을 먹을 때는 코카콜라를 함께 마시라는 것을 강조하고 있다.

(3) 맥락 효과

어떤 대상과 그 대상이 속한 맥락 간의 연관성이 대상의 지각과 정보처리에 영향을 미치는데, 이를 맥락 효과(context effect)라고 한다. 다시 말해서, 대상과 맥락의 부합성이 높을수록 대상의 평가와 행동에 더 긍정적인 효과가 있다. 예를 들어, PPL(Product Placement) 광고의 경우, 드라마, 영화, 게임 장면에서 제품과 자연스럽게 잘 어울리는 맥락에 제품을 위치시킴으로써 제품의 지각과 평가에 긍정적으로 효과를 줄 뿐 아니라 맥락 장면이 제품의 기억에 유용한 단서로 활용될 수 있다.

4) 지각적 해석

사람들이 주어진 대상이나 상황을 이해하고 해석하는 데에는 개인적 경험, 지식, 신념, 욕구나 기대에 따라 다르다. 마찬가지로 소비자가 제품이나 광고 정보를 처리하는 데에는 소비자의 욕구와 필요, 제품 관련 경험과 상황에 따라 달라질 수 있다. 이러한 지각적 해석에는 지각적 추론과 지각적 범주화가 있다.

(1) 지각적 추론

지각적 추론(perceptual inference)은 소비자가 지각 대상인 마케팅 자극을 기존의 제품 도식과 신념, 기대를 바탕으로 평가하고 판단하는 것을 말한다. 지각적 추론은 브랜드, 제품 속성과 디자인 정보, 제품 가격, 디스플레이 방식 등 다양한 단서를 통해 나타난다.

첫째, 브랜드는 제품의 품질이나 특성의 지각에 중요한 단서다. 대기업들은 아파트에 고급 이미지를 부여하기 위해 힐스테이트, 롯데캐슬, 센트레빌 등의 브랜드명을 사용한다. 미국 제품인 하겐다즈, 미국산 보드카인 스미노프도 각각 유럽의 고급 이미지와 러시아 보드카의 이미지를 유도하기 위해 이를 연상시키는 브랜드명을 사용하고 있다.

둘째, 제품 속성과 패키지 디자인도 제품을 추론하는 데 영향을 준다. 잇몸 치료 성분이 들어 있는 치약인 '잇치', 잇몸 치료제인 '이가탄'은 제품 속성과 기능을 추론하기 쉽게 해 준다.

셋째, 제품의 가격은 제품의 품질을 추론하는 데 중요한 요인으로 자주 사용된다([그림 2-16] 참조). 최근 2만 5천 원이 넘는 해외 유명 셰프의 햄버거가 잘 팔리는 것은 이러한 추론을 반영한다.

넷째, 제품의 디스플레이 방식도 제품에 대한 지각에 영향을 준다. 고급 브랜드의 제품은 일반적으로 유리 진열장에 개별 전시하며, 대형 마트에서는 제품을 무더기처럼 쌓아 진열함으로써 가격이 저렴하다는 추론을 하게 만들어 매출을 유도한다. 이러한 단서들을 사용하는 소비자의 추론은 다음과 같은 방식으로 나타난다.

[그림 2-16] 지각적 추론을 활용한 브랜드명 사례

① 평가에 기반한 추론

이는 소비자가 특정 기업이나 브랜드에 대해 호의적이거나 비호의적인 태도를 가지고 있다면 그 제품과 관련된 정보에 대해서도 호의적 또는 비호의적으로 평가하고 판단하게 되는 것을 말한다. 이는 사회심리학의 인상 형성에 관한 후광 효과(halo effect)의 근거가 된다. 예를 들어, 소비자가 벤츠 자동차의 품질이 우수하고 내구성이 좋다고 평가한다면 벤츠에서 만든 공구 세트에 대해서도 품질이 좋을 것이라고 평가할 것이다.

② 유사성에 기반한 추론

이는 한 대상을 평가할 때 다른 대상과의 유사성을 비교하여 추론하는 것으로 잘 알지 못하는 제품이나 새로운 유형의 제품을 평가할 경우 소비자가 이미 알고 있는 제품 범주와의 유사성에 의해 대상 제품을 추론한다.

③ 상관관계에 기반한 추론

이는 소비자가 제품이 가지고 있는 특성 간의 관계에 의해 그 제품을 평가하는 것이다. 예를 들어, 제품이 고가이면 품질도 우수하다, 제품의 워런티 기간이 길면 품질이 우수하다(그만큼 품질에 자신이 있음을 보여 주는 것)와 같이 제품의 한 가지 속성으로 다른 속성을 추론하는 것이 이에 해당된다.

(2) 지각적 범주화

소비자는 마케팅 자극을 자신이 가지고 있는 지식이나 경험, 기대를 근거로 평가하고 받아들인다. 지각적 범주화(perceptual categorization)는 지각적 추론 과정을 통해 지각 대상을 기존 도식에 맞춰 분류 또는 포함시키거나 기존 도식을 변형시키고 새로운 대상에 대해서는 새로운 범주를 만드는 과정을 말한다. 이 과정은 외부 자극과 기존 도식의 비교를 통해 정보를 효율적으로 분류하는 것인데 여기에는 위계 구조, 전형성, 범주화 유형, 연상, 일반화가 준거로 사용된다.

① 위계 구조

인간의 기억은 상위수준(예: 가구), 기초수준(예: 의자), 하위수준(예: 흔들의자, 안락의자 등)의 위계적인 구조로 구성되어 있다. 소비자의 제품 지식도 이와 유사하게 상위의 제품 범주(컴퓨터), 제품 유형(노트북), 상표(LG, 삼성, 애플, 델 등)로 구성된다.

② 전형성

범주별로 해당 범주를 가장 잘 대표하는 정도를 나타내는 지표가 있는데 이를 전형성이라고 한다. 제품 범주에서도 그 범주를 잘 나타내는 제품이 있는데 대체로 그 범주의 선두 브랜드(market leader)가 전형성이 가장 높다. 예를 들어, 복사기는 제록스, 콜라 음료는 코카콜라가 전형적인 브랜드로 떠오른다. 기업들은 제품 범주의 대표 브랜드로 인식되도록 하거나, 선두 브랜드가 아니라면 선두 브랜드와 차별화되는 자사 브랜드의 속성을 강조하거나, 새로운 범주의 전형적인 제품으로 소비자의 분류 체계를 바꾸는 노력을 해야 할 것이다.

③ 범주화 유형

제품은 품질, 크기, 가격 등 분류의 유형에 따라 다양하게 범주화할 수 있다. 예를 들어, 자동차를 크기에 따라 대형차, 중형차, 준중형차, 소형차로 구분할 수 있으며, 음식을 국가와 지역에 따라 한식, 중식, 일식, 프랑스식, 지중해식 등으로 다양하게 범주화한다.

④ 연상

소비자는 색상, 디자인, 로고, 이미지 등 제품과 연상되어 떠오르는 여러 요소로도 제품을 범주화할 수 있다. 예를 들어, 카카오 하면 노란색, 스타벅스 하면 녹색, 코카콜라 하면 빨간색 등 제품을 연상시키는 색상으로 제품이 범주화될 수 있다.

⑤ 일반화

사람들은 새로운 대상을 접하면 기존 범주 도식에 있는 이와 유사한 정보를 참조하여 범

주화한다. 예를 들어, 디지털카메라는 필름카메라와 구조와 요소는 다르지만 기능이 유사
하므로 처음 출시되었을 때 카메라 범주에 포함시킨다.

5) 소비자 지각의 활용

앞에서 인간의 감각 및 지각 과정과 관련 현상들을 살펴보았다. 기업들은 이를 이해함으
로써 소비자에게 마케팅 자극을 효과적으로 노출시켜 정보를 처리하도록 전략적으로 활용
할 수 있을 것이다.

첫째, 마케팅 정보는 넘쳐 나지만 소비자의 감각기관의 처리 용량은 제한적이어서 소비
자의 노출을 이끌기 어렵다. 따라서 감각기관의 절대역을 넘는 자극을 제시하는 것이 필수
적이다. 이를 위해서는 소비자가 마케팅 정보를 쉽게 접할 수 있는 매체, 시간, 위치를 잘 파
악하여 정보를 제공해야 한다.

둘째, 소비자는 자신의 동기와 필요에 맞지 않으면 대부분의 마케팅 정보를 관심 있게 처
리하지 않는다. 따라서 타겟 소비자의 구매 동기와 관심, 라이프스타일, 미디어 사용 등을
분석하여 소비자의 필요에 맞추어 정보를 제공하는 전략을 사용하는 것이 효과적일 것이
다. 이는 소비자의 현재 관심과 상황에 적절한 정보를 제공함으로써 노출 가능성을 높이고
소비자가 필요한 제품을 구매하도록 유도하는 전략이다. 예를 들어, 타겟 소비자의 가족 행
사나 기념일에 맞춰 선물 정보를 제공하거나 기존 사용 제품의 교체나 업그레이드 시기에
맞춰 관련 정보를 보여 주는 경우를 들 수 있다.

셋째, 소비자의 주의는 선택적이고 용량이 제한되어 있다. 따라서 기업들은 소비자의 주
의를 끌기 위해 패키지, 홍보, 디자인, 광고 등을 통해 제품의 차별화 요소를 강조해야 한다.

넷째, 소비자에게 제품의 긍정적인 변화나 타 제품에 비해 우수한 점을 지각하도록 하려
면 차이역 이상의 정보를 제공해야 한다. 반면에 가격 인상과 같은 자사 제품의 부정적인 변
화는 가능하면 소비자가 주의 깊게 처리하지 않도록 차이역 이하의 수준으로 제공하는 것이
바람직하다.

요약

1. 현대의 소비자는 수많은 마케팅 정보를 접하는 환경에 둘러싸여 있다. 정보는 오감(시각, 청각, 후각, 미각, 촉각)에 대한 노출, 주의, 해석 과정을 거쳐 소비자의 기억, 판단 등에 영향을 미친다.

2. 외부 마케팅 자극에 대한 노출로 감각 체계가 활성화되며, 노출 상황에 따라 선택적 노출, 의도적 노출, 우연적 노출로 구분한다. 노출의 영향은 반복적 제시를 통해 긍정적 효과를 가져오기도 한다.

3. 감각 정보는 마케팅 자극의 노출로 인해 소비자의 감각 수용기를 거쳐 형성된 정보다. 가공되지 않은 상태로 아주 짧게 저장되며, 의식적인 처리 과정을 거쳐 소비자의 판단과 행동에 영향을 준다.

4. 주의는 감각 수용기에 노출된 많은 자극 중 필요한 정보만을 선택적으로 걸러 내는 과정이다. 짧은 시간 내에 소멸되기 때문에, 감각 정보를 지속적으로 유지하기 위해 주의 과정이 활성화된다.

5. 주의 용량은 제한적이고 선택적인 경향이 있으며, 자극마다 할당된 주의의 강도는 유동적이다. 이는 소비자의 내적 요인 외에도 외적 요인의 영향을 받아 변화한다.

6. 지각은 정보의 인지적 처리 과정으로, 개인의 지식과 경험을 바탕으로 정보를 이해하고 해석하는 것을 의미한다. 소비자의 특성에 따라 다르게 발생하고, 자극 간 관계를 파악하여 통합하는 경향이 있다.

7. 지각의 특성으로 인간이 자극을 감지할 수 있는 한계인 절대역, 차이역, 역하지각과 같은 현상이 발생한다. 인간이 두 대상 간의 차이를 지각하기 위해서는, 변화의 양이 원래 자극 크기에 비례해야 한다(웨버의 법칙).

8. 지각적 조직화는 개인이 가지고 있는 지식과 신념 등을 관련 지어 정보를 이해하는 과정이다. 유입 자극을 자신만의 의미, 기호 등으로 변환하는 지각적 부호화와 대상을 조직된 하나의 덩어리로 지각하는 지각적 통합 과정으로 구성된다.

9. 지각적 해석은 소비자의 내적 특성과 상황에 따라 다르게 정보를 해석하는 과정이다. 이는 소비자가 기존의 가지고 있는 제품의 지식, 기대 등에 빗대어 유입 정보를 판단하고(지각적 추론), 이를 거쳐 소비자의 기존 도식 혹은 범주를 확장하거나 변형시킨다(지각적 범주화).

10. 다양한 마케팅에서 소비자의 관심과 주의를 가져오고자 한다면, 기업들은 소비자의 감각과 지각의 특성을 고려한 차별화된 전략을 계획해야 할 필요성이 있다.

참고문헌

김완석(2000). 광고심리학. 학지사.

김재휘, 박은아, 손영화, 우석봉, 유승엽, 이병관(2009). 광고심리학. 커뮤니케이션북스.

대신증권블로그(2015.09.14.). 컬러마케팅이란? 컬러마케팅의 의미와 사례 알아보기. https://daishinblog.tistory.com/2265

동아일보(2013.09.26). 만지면 중독된다…촉각 마케팅의 힘.

비즈한국(2021.07.22.). 빙그레우스 · 진로 두꺼비 · 아기상어…'캐릭터 마케팅' 성공의 조건.

서울경제 (2020.07.13). 마음을 사로잡는 향기 마케팅.

소비자평가(2022.03.29.). 사람들의 마음을 움직이는 '컬러 마케팅'. http://www.iconsumer.or.kr/news/articleView.html?idxno=23870

이문규, 홍성태(2001). 소비자 행동의 이해. 법문사.

인터비즈(2017.03.22). 촉각은 우리를 어떻게 움직이는가?

임종원, 김재일, 홍성태, 이유재 (2006). 소비자 행동(3판). 경문사.

한경비지니스(2020.07.21). 향기에 취해 지갑 여는 소비자들…향기 마케팅의 세계.

Ackerman, J. M., Nocera, C. C., & Bargh, J. A. (2010) Incidental haptic sensations influence social judgments. *Science, 328*, 1712-1715.

Hoyer, W. D., & MacInnis, D. J. (2004). *Consumer Behavior* (3rd ed.). Houghton Mifflin.

Jiang, Y., Gorn, G. J., Galli, M., & Chattopadhyay, A. (2016). Does your company have the right logo? How and why circular-and angular-logo shapes influence brand attribute judgments. *Journal of Consumer Research, 42*(5), 709-726.

Liu, S. Q., Bogicevic, V., & Mattila, A. S. (2018). Circular vs. angular servicescape: "Shaping" customer response to a fast service encounter pace. *Journal of Business Research, 89*, 47-56.

Liu, S. Q., Choi, S., & Mattila, A. S. (2019). Love is in the menu: Leveraging healthy restaurant brands with handwritten typeface. *Journal of Business Research, 98*, 289-298.

Simpson, J. (2017.08.25). Finding Brand Success in the Digital World.

Solomon, M. R. (2004). *Consumer behavior: Buying, having, and being* (6th ed.). Prentice Hall.

Williams, L. E., & Bargh, J. A. (2008) Experiencing physical warmth promotes interpersonal warmth. *Science, 322*, 606-607.

Zajonc, R. B. (1980). Feeling and thinking: Preferences need no inferences. *American Psychologist, 35*(2), 151-175.

제3장

학습과 기억

'라라라라라라라라라라~ 날 좋아한다고~ 라라라라라라라라라라~ 날 사랑한다고~.' 이 노래를 들으면 무슨 생각이 나는가? 필자는 아주 맑고 무더운 여름, 푸르른 바닷가에서 푸른 소녀가 동양오츠카의 '포카리스웨트'를 들고 있는 장면이 떠오른다. 이뿐만 아니라 단순히 푸르른 색, 맑고 순수한 느낌도 포카리스웨트를 연상시킬 수 있다.

왜 사람들은 이러한 자극들을 통해 특정 제품을 연상할 수 있을까? 심리학에서는 이를 고전적 조건화에 따른 학습의 효과라고 설명한다. 사람들은 무조건적으로 반응하는 자극이 존재하고 이러한 자극과 중성 자극이 함께 제시될 때, 중성 자극에도 무조건 자극과 같은 반응을 보이게 된다. 즉, 긍정적인 느낌을 주는 맑고 무더운 여름의 푸르른 바닷가의 푸른 소녀와 포카리스웨트를 함께 제시하는 광고를 반복적으로 시청함으로써, 소비자들은 포카리스웨트에 대해 긍정적인 느낌을 가지게 되고 호의적인 태도를 보이게 된다. 동시에 제품과 함께 제시된 배경에 따른 맑고 순수한 느낌도 함께 제품으로 전이된다.

마케터들은 제품을 고전적 조건화뿐만 아니라 다양한 학습의 원리를 소비 맥락에 적용함으로써 소비자들의 제품 선택을 유도하고자 한다. 이번 장에서는 고전적 조건화와 조작적 조건화를 비롯한 학습의 원리에 대해 알아보고 이들이 어떻게 소비 환경에서 사용되고 있는지를 확인할 것이다. 또한 학습이 발생하기 위한 기저로써 소비자들은 이를 기억할 수 있어야 한다. 따라서 이 장에서 기억의 구조와 어떻게 이루어지는지에 대해서도 함께 알아봄으로써, 여러분의 학습에 대한 이해를 돕고자 한다.

1 학습

일상생활 속에서 사용하는 제품이나 구매한 서비스 혹은 다른 사람이 사용하는 제품에 대한 관찰은 모두 일종의 학습 과정이다. 소비자는 관찰을 통해 어떤 제품이 더 좋은지, 그 제품의 장단점은 무엇인지에 대해 학습한다. 학습은 인터넷의 제품 후기, 리뷰 동영상, 소셜 미디어 광고 등 여러 직간접적인 경로를 통해 이루어질 수 있다. 이를 통해 소비자는 태도, 신념, 가치, 경험 등을 지식으로 쌓아 간다. 학습을 통해 얻은 지식은 새로운 제품이나 서비스의 선택 상황에서 사용되며 지식이 많을수록 더 많은 것을 고려한다.

학습은 소비자의 장기적인 행동에 영향을 미치며 지속해서 발생한다. 소비자의 구매 의사결정 상황에서 학습의 다양한 원리가 활용된다. 따라서 소비자의 학습에 영향을 미치는 다양한 요인에 대하여 학습하는 것이 소비자 행동 파악에 중요하다. 이 장에서는 학습의 개념과 이론에 대하여 살펴보고 이를 소비자 행동에 어떻게 적용하고 활용할 수 있는지 알아보고자 한다.

1) 학습의 원리

학습(learning)이란 소비자의 경험이나 정보 습득 등으로 인해 발생하는 행동의 변화를 의미한다. 소비자는 의사결정 상황이나 주어진 환경, 또는 달성하고자 하는 목표에 대하여 학습을 토대로 행동을 결정하고 적응한다. 학습은 외현적인 행동(구매, 처분, 선택 등의 의사결정 행동)뿐만 아니라 내현적인 과정(태도, 신념, 경험 등의 획득과정)을 모두 포괄한다. 따라서 학습은 지각과 기억 과정을 포괄한 제품에 대한 지식의 형성과정이라고 할 수 있다.

학습은 소비자의 지식에 영향을 미치며, 소비자는 구매 의사결정 상황에서 자신이 보유한 지식을 활용하기 때문에 광고와 마케팅 측면에서 이를 이해하는 것이 매우 중요하다. 왜냐하면 광고와 마케팅을 통해 소비자에게 제품이나 서비스에 대한 지식을 전달하고 행동을 유도하는 것이 학습으로 이어질 수 있기 때문이다.

(1) 행동학습

행동학습은 학습의 가장 기본적인 형태다. 행동학습에서는 학습 과정을 외부 자극에 대한 소비자의 반응으로 가정한다. 외부 자극에 대한 소비자의 반응을 연결하는 것을 연합이라고 한다. 연합 과정은 고전적 조건화와 조작적 조건화를 통해 이루어진다.

고전적 조건화는 자동으로 특정한 반응을 유발하는 무조건 자극이 특정한 반응을 유발하지 않는 중성적인 자극과 반복적으로 제시되어 중성적인 자극만으로도 특정한 반응을 유발하는 현상을 의미한다. 중성적인 자극은 특정한 반응을 유발하지 않지만, 이 자극이 무조건 자극과 연합되면 무조건 자극이 갖는 효과를 획득하기 때문에 발생한다. 대표적인 예시로는 광고의 매력적인 모델이나 유명한 음악, 특정한 브랜드 이름을 떠올리는 것만으로도 제품이나 서비스에 대한 긍정적인 태도가 나타나는 것을 들 수 있다.

조작적 조건화는 소비자의 여러 행동 중에서 긍정적인 결과를 유발하는 행동이 강화될 때 반복적으로 나타나는 현상을 의미한다. 여기서 강화란 보상이나 처벌과 같은 피드백을 통해 특정한 행동을 늘리거나 줄이는 현상을 의미한다. 예를 들어, 소비자가 특정한 상품을 구매하고 사용한 뒤 만족감을 얻으면 소비자는 다음에도 이 소비 행동을 지속해서 반복하게 된다. 왜냐하면 제품 소비를 통해 긍정적인 만족감이라는 강화를 받았기 때문이다. 반대로 제품의 품질에 불만족한 경우 소비자는 그 제품을 다시는 구매하지 않을 가능성이 커진다. 이는 불만족이라는 강화가 행동을 줄이는 현상이다.

(2) 인지학습

인지학습은 학습 과정에서 소비자가 처리하는 정보가 어떠한 내재적인 인지적 처리 과정을 거치게 되는지를 설명한다. 인지학습에서 소비자는 기존 지식과 신념에 새로운 정보나 경험, 지식을 통합하는 능동적인 학습자로 정의된다. 따라서 인지학습은 소비자를 주어진 자극에 대하여 수동적으로 반응하는 존재가 아니라 스스로 정보를 찾고 활용하며 주변 환경에 대한 통제력을 추구하는 능동적인 존재로 가정한다. 따라서 인지학습은 능동적인 행동을 통한 소비자의 기대와 통찰을 강조한다.

인지학습은 소비자가 제품이나 서비스를 직접 사용하는 과정에서 주로 발생한다. 또한 다른 사람의 행동을 관찰하거나, 인터넷 등을 통해 접하는 여러 정보원을 통해서도 발생할 수 있다. 인지학습은 즉각적인 반응보다는 잠재적인 소비자의 기대와 동기를 강조한다. 따라서 소비자가 장기적으로 광고에 노출될 경우 광고를 통해 접한 정보와 이를 통해 형성된 기대를 통해 학습이 발생할 수 있다. 대표적인 예시로 특정한 브랜드나 제품에 대해 다른 사람이 칭찬하는 것을 관찰한 소비자가 자신도 그 브랜드를 소비하여 타인으로부터 칭찬을 받을 수 있을 것이라는 기대가 형성되는 것을 들 수 있다. 소비자는 타인의 칭찬을 받기 위해 제품을 구매할 가능성이 커진다.

(3) 사회학습

사회학습은 다른 사람의 행동을 모방하거나 관찰하는 간접적인 경험의 결과다. 소비자는 자신이 관찰한 내용을 기억하여 유사한 상황이 발생했을 때 이를 활용한다. 어른의 행동을 관찰했다가 이를 따라 하는 아이들의 행동을 그 예로 들 수 있다.

2) 고전적 조건화

파블로프의 이름을 알린 유명한 개 실험을 통해 고전적 조건화(classical conditioning)가 처음 세상에 알려졌다. 파블로프의 개 실험은 세 단계를 통해 진행된다. 1단계에서는 개에게 음식을 보여 준다. 이때 음식을 본 개는 자동으로 침을 흘리는 반응이 나타난다. 여기서 음식은 무조건 자극(unconditioned stimulus), 침은 무조건 반응(unconditioned response)이라고 한다. 2단계에서는 개에게 음식을 줄 때 종소리를 함께 들려준다. 종소리는 특정한 반응을 유발하지 않는 중성적인 자극이다. 하지만 음식을 줄 때마다 종소리를 들려주면 종소리는 특정한 반응을 유발하게 된다. 이는 중성 자극인 종소리가 무조건 자극인 음식과 연합되기 때문에 발생한다. 여기서 연합은 종소리가 개에게 침을 흘리게 만드는 관련성을 가지는 현상을 의미한다. 음식과 연합된 종소리는 조건 자극(conditioned stimulus)이 된다. 끝으로 3단계에서는 음식과 연합된 조건 자극인 종소리만을 들려주더라도 개는 음식이 없이도 침을 흘리게 된다. 음식을 주지 않았어도 개가 침을 흘린다면 이것을 조건이 형성된 것으로 간주한다. 개가 종소리만을 듣고 침을 흘릴 때 이 반응(침)을 조건 반응(conditioned response)이라고 한다.

[그림 3-1] 고전적 조건화 실험 단계의 적용 예시

고전적 조건화는 동물 실험에서만 나타나는 현상이 아니라 소비자 행동에서도 확인할 수 있다. 소비자에게 긍정적인 평가를 받는 광고 모델이나 배경음악을 광고하는 제품이나 브랜드, 슬로건 등과 함께 반복적으로 제시할 경우 사람들은 모델이나 배경음악의 긍정적인 평가를 제품이나 브랜드, 슬로건에 대해서도 가지게 된다. 따라서 모델이나 배경음악이 없더라도 고전적 조건화를 통해 연합이 발생할 때 소비자는 제품이나 브랜드를 보는 것만으로도 긍정적인 태도나 정서 반응이 나타난다.

평창 동계 올림픽에서 뛰어난 성적을 거두고 국민의 관심을 끈 컬링 대표팀을 광고 모델로 선정한 LG 코드제로 광고를 예로 들 수 있다. 사람들에게 호감을 주는 컬링 대표팀을 제품과 반복적으로 연합하여 제시한 광고는 소비자에게 긍정적인 반응을 유발하게 될 수 있다. 컬링을 하는 모습과 청소하는 모습이 서로 관련된 점 또한 연합이 쉽게 이루어질 수 있도록 하는 긍정적인 역할을 한다.

[그림 3-2] 고전적 조건화 예시

(1) 고전적 조건화의 발생 조건

① 자극 특성

고전적 조건화는 여섯 가지 특성을 가진다. 첫째, 무조건 자극이 강할수록 성공적인 조건화가 가능하다. 무조건 자극이 강하다는 것은 무조건 반응 또한 강하다는 것을 의미한다. 예를 들어, 좋아하는 음식을 본 개는 타액 분비가 매우 강하게 나타난다. 이를 소비자 맥락에서 적용한다면 광고에 소비자가 선호하는 광고 모델을 선정하는 것을 들 수 있다. 소비자는 자신이 선호하는 모델을 내세운 광고를 접할 때 광고 제품에 대한 긍정적인 태도가 더욱 효과적으로 나타날 수 있다.

둘째, 무조건 자극과 조건 자극이 서로 관련성이 높을수록 성공적인 조건화가 가능하다. 컬링 대표팀을 광고 모델로 내세운 LG 청소기 광고처럼 제품과 모델의 관련성이 높을수록 조건화가 쉽게 발생한다. 이는 무조건 자극과 조건 자극이 서로 관련되는 경우 연합이 쉽게 발생하는 현상과 관련된다. 따라서 광고 모델을 선정할 때 무조건 자극과 조건 자극이 공통적인 의미를 갖는지 고려하는 것이 필요하다.

셋째, 고전적 조건화를 위해서는 반복적인 노출이 필수적이다. 사람들은 동일한 현상에 반복될수록 그에 대한 반응이 강하게 나타난다. 이는 고전적 조건화의 연합에서도 동일하게 적용된다. 사람들은 조건 자극과 무조건 자극이 반복적으로 함께 제시될수록 연합이 더욱더 강하게 형성된다. 광고에서 슬로건이나 로고송을 통해서 제품명을 반복적으로 제시하거나 특정한 단어를 강조하는 것은 소비자에게 연합이 강하게 발생하도록 하는 장치다. 하지만 반복 노출을 너무 자극적으로 반복할 경우 소비자가 싫증을 느낄 수 있으므로 이를 활용함에서는 주의가 필요하다.

넷째, 고전적 조건화의 효과가 제거되는 소거(extinction)를 주의해야 한다. 조건 자극의 제시 없이 무조건 자극만을 반복적으로 제시할 경우 조건화가 사라지기도 한다. 이를 소거라고 한다. 특정한 모델이나 배경음악으로 인해 조건화된 브랜드가 이 자극을 제거하고 브랜드만 제시할 경우 모델이나 배경음악으로 인해 연합된 긍정적인 반응이 서서히 사라지게 된다.

다섯째, 조건 자극과 무조건 자극의 제시 간격은 짧을수록 효과적이다. 두 자극의 제시 간격이 1초 이내로 짧을수록 조건화가 강하게 형성된다. 제시 간격이 길면 길수록 소비자는 두 자극을 연합하는 것을 어려워하므로 제품 광고 시 자극의 제시 간격에 주의해야 한다.

여섯째, 소비자의 사전 경험이 많을수록 조건 형성이 어렵다. 고전적 조건화의 경우 사전 지식이 높을수록 새로운 자극을 연합하는 것이 어렵다. 사전에 소비자에게 형성된 지식이 새로운 연합을 방해하는 잠재적 억제(latent inhibition) 현상이 나타나기 때문이다. 따라서 고전적 조건화를 활용하기 위해서는 기존 제품보다는 신제품이 효과적이다.

② 소비자 특성

효과적인 고전적 조건화를 위한 소비자 특성은 다음과 같다. 첫째, 소비자의 욕구와 무조건 자극의 관련성이 높을수록 효과적이다. 특정 연예인을 선호하는 팬들에게는 자신이 선호하는 연예인을 모델로 내세우는 전략이 매우 효과적이다. 하지만 그 연예인을 선호하지 않는 사람들에게는 큰 효과를 기대하기 어렵다.

둘째, 인지적 처리 과정보다는 감정적 조건화가 더욱 빈번하게 발생한다. 광고를 통한 고전적 조건화는 소비자의 의도와 상관없이 발생한다. 소비자는 광고에 노출되어 광고 속 모델이나 배경음악을 상표와 연합하며 이는 자동으로 발생한다.

셋째, 소비자 관여가 낮은 제품일수록 고전적 조건화가 효과적이다. 제품에 대한 관여 수준이 높을수록 소비자는 더 많은 정보를 고려하여 태도를 형성한다. 따라서 광고를 통해 반복 노출되는 정보만으로 고전적 조건화가 형성되기 어렵다. 반면, 저관여 제품에 대해서는 많은 정보를 고려하지 않으므로 광고에서 제시되는 모델이나 배경음악에 의해 연합이 쉽게 나타날 수 있다.

(2) 고전적 조건화의 주요 특징과 현상

① 일반화

연합을 통해 조건 반응을 유발하는 조건 자극과 유사한 자극에 대해서도 조건 반응이 나타나는 현상을 일반화(generalization)라고 한다. 종소리와 유사한 악기 소리에도 개가 침을 흘리는 현상을 예로 들 수 있다. 이 현상은 경쟁 제품에도 적용될 수 있다. 상표명을 만들 때 발음이나 디자인이 기존 제품과 유사하게 모방하는 경우가 대표적인 실사례다. 오리온의 꼬북칩과 유사한 거북칩의 출시, 비타500과 유사한 비타1000이나 비타파워 등의 제품, 신라면의 매운맛을 표방한 다양한 라면 제품 등 또한 일반화 현상을 활용한 마케팅 전략이다. 모방 전략은 원래 제품과 유사하게 만들어 소비자가 이를 변별하기 어렵게 하는 것을 목표로

[그림 3-3] 농심 육개장과 유사한 삼양 육개장 제품

한다. 즉, 기존 제품이 가진 명성과 소비자 태도를 이용하여 쉽게 이득을 취하기 위한 목적을 가진다.

② 변별

변별(discrimination)은 조건 자극이 아닌 다른 자극에 대해서는 반응하지 않는 현상을 의미한다. 소비자는 조건 자극 간의 차이를 알아보고 조건 자극에만 조건 반응이 나타난다. 이를 위해 기업은 유사 상표와 구별되는 단서를 광고에서 제공하기도 한다. 가장 대표적인 예시는 소화제 제품은 까스활명수다. 부채표를 강조한 활명수 광고는 부채표가 없는 상품은 자사 제품이 아님을 강조한다. 이를 통해 기존 제품을 판매하는 기업은 자사의 제품을 강조할 수 있는 광고 전략을 수립하고 시장 점유율을 지켜 낼 수 있다.

[그림 3-4] 변별 자극 예시

3) 조작적 조건화

조작적 조건화(operant conditioning)는 소비자가 어떤 결과를 얻기 위해 환경에 영향을 미치는 행동을 취하고, 그 행위에 대한 보상이 주어질 때 행동을 지속하는 현상을 의미한다. 즉, 조작적 조건화가 나타나는 이유는 원하는 결과를 얻기 위해 특정 행동을 도구로써 활용하기 때문이다. 좋은 성적을 거둬 부모님께 칭찬을 받은 아이가 더 열심히 공부하는 현상을 조작적 조건화의 대표적인 예로 들 수 있다. 원하는 결과를 얻기 위해 특정한 행동을 취하는 것이 일종의 환경에 대한 조작을 가하는 것이기 때문에 조작적 조건화라는 이름이 붙여졌다. 행동을 도구로써 활용하기 때문에 도구 조건화(instrumental conditioning)라고도 불린다.

조작적 조건화는 스키너(B. F. Skinner)의 스키너 상자 실험을 통해 제안되었다. 스키너는 상자 속에 지렛대를 설치했다. 상자 속에는 한 마리의 쥐가 있는데, 배고픈 쥐가 여러 가지 행동을 취하다가 지렛대를 누르면 먹이가 나온다. 먹이를 먹은 쥐는 여러 가지 다른 행동을 취하다가 또 지렛대를 누르게 되고 다시 먹이를 먹을 수 있다. 이 행동이 여러 번 반복될 경우 쥐는 지렛대를 누를 때 먹이가 나온다는 것을 학습하여 먹이를 먹으려고 일부러 지렛대를 누른다. 즉, 자신이 원하는 결과(먹이)를 위해 의도적으로 특정한 행동(지렛대 누르기)을 도구로 활용하는 것이다.

(1) 조작적 조건화의 발생 조건

조작적 조건화가 발생하기 위한 요건은 다음과 같다. 첫째, 여러 행동 중에서 긍정적인 결과를 유발하는 행동이어야 유사한 상황에서 다시 나타날 수 있다. 행동의 결과가 긍정적인 보상을 받을 때 소비자는 동일한 행동을 반복하게 된다. 이를 효과의 법칙이라고 한다. 더운 여름날 갈증을 느낀 사람이 이온 음료를 마시고 갈증을 해소하면 이 사람은 나중에도 갈증을 느낄 때 다른 음료보다는 이온 음료를 마시려는 경향이 높을 것이다.

둘째, 긍정적인 결과를 얻기 위해서 특정한 단서나 신호에 주의해야 하면 소비자는 이 단서까지도 학습이 되어야 한다. 스키너 상자 실험에서, 지렛대를 누르면 먹이가 나오는 상황이 빨간불과 파란불 중 빨간불이 들어왔을 때만 발생한다면, 빨간불은 일종의 변별 단서가 된다. 쥐는 변별 단서(빨간불)를 확인했을 때 행동을 취하며 긍정적인 보상을 얻게 된다. 세일 행사를 알리는 광고 자극을 본 소비자가 구매를 통해 만족을 얻는 것 또한 세일 행사라는 변별 단서를 지각하여 발생하는 현상이다.

셋째, 소비자의 행동은 욕구 충족을 위해 나타난다. 소비자는 욕구 충족을 위해 제품 구매나 서비스 소비 행동을 취한다. 따라서 긍정적인 결과는 욕구를 충족할 수 있을 때 효과적인 강화 자극으로 활용될 수 있다.

(2) 고전적 조건화와 조작적 조건화의 비교

고전적 조건화는 소비자를 주어진 자극에 대한 반응의 존재로 가정한다. 따라서 마케터는 광고를 통해 제품이나 브랜드를 긍정적인 반응을 유도하는 자극과 연합시키는 것을 목표로 한다. 반면, 조작적 조건화는 특정한 행동에 대하여 강화를 위한 보상을 제공하는 것을 통해 유사한 상황에서 동일한 행동을 유도하는 것을 목표로 한다.

두 조건화는 다음의 세 가지 요소를 통해 비교된다. 첫째, 고전적 조건화는 소비자를 수동적인 존재로 간주한다. 고전적 조건화에서 소비자는 외부 자극에 대해 반응하는 수동적인 존재다. 반면, 조작적 조건화는 결과를 얻기 위해 특정 행동을 수행하는 능동적인 학습자로 간주한다. 둘째, 고전적 조건화는 조건 자극과 무조건 자극의 연합을 통해 학습되며 조작적 조건화는 반응과 강화의 반복적인 연합을 통해 학습된다. 셋째, 고전적 조건화에서는 반응을 유발하는 자극이 매우 중요하지만, 조작적 조건화에서는 반응에 따르는 강화가 더욱 중요하다.

(3) 강화의 유형

소비자의 반응에 대하여 적절한 보상(강화)이 제공되지 않으면 소비자의 반응(행동)은 더는 나타나지 않는다. 따라서 소비자의 행동을 유도하기 위해서는 적절한 강화를 제공해야 한다. 이때 조작적 조건화의 강화 방법은 네 가지로 구분된다. 정적 강화, 부적 강화, 처벌 그리고 소거다.

① 정적 강화

정적 강화란 소비자의 행동에 대하여 긍정적인 보상을 제공하는 것을 의미한다. 사은품, 할인 쿠폰, 마일리지, 멤버십 카드 등을 예로 들 수 있다. 구매 행동에 대하여 사은품이나 할인 쿠폰 등을 제공받은 소비자는 유사한 구매 상황에서 동일한 제품을 구매할 가능성이 커진다.

② 부적 강화

부적 강화는 부정적인 상태나 자극을 제거하여 반응이 나타날 가능성을 높이는 것을 의미한다. 행동을 취하지 않는다면 원하는 결과를 얻지 못할 것이라는 메시지를 활용하여 행동을 유도한다. 대표적인 제품으로는 진통제, 탈모 방지 샴푸, 생명 보험 등을 들 수 있다. 두통이 심한 소비자가 두통약을 소비하여 두통이 사라지게 되었다면 이 소비자는 다시 두통을 겪을 때 동일한 두통약을 소비할 가능성이 크다.

③ 처벌

처벌은 바람직하지 않은 행동을 줄이기 위해 제공되는 벌의 성격을 가진다. 주차 위반 딱지나 불법 행위에 대한 범칙금 등을 예로 들 수 있다. 부정적인 것을 주어서 행동을 줄이는 것이 목표이기 때문에 벌의 성격을 가진다.

④ 소거

소거는 긍정적인 자극을 제거하는 것으로 맛집의 대표 메뉴가 사라지거나, 이전처럼 맛있지 않은 상황 등을 예로 들 수 있다. 소비자는 이전에 자주 찾던 가게에서 자신이 선호하던 메뉴가 사라지거나 이전과 같은 만족을 얻을 수 없게 되는 경우 다른 가게에서 소비하려 할 것이다. 긍정적인 보상이 제거되어 행동이 감소하는 현상이라고 할 수 있다.

(4) 강화 계획

소비자의 반응에 대하여 제공되는 강화는 반응이 발생할 가능성을 높인다. 따라서 반응마다 강화를 제공할 경우 효과적인 학습이 가능하다. 하지만 지속해서 강화를 제공할 경우 어느 시점에서 강화를 중단할 때 반응이 즉각적으로 사라질 수 있다. 따라서 효과적으로 강화를 제공하는 계획을 세워 지속적인 반응이 나타나도록 하는 것이 중요하다. 이에 관한 연구에서는 강화의 유형을 네 가지로 나누어 살핀다.

고정 간격(fixed interval)은 이전 반응이 나타난 이후 일정 시간이 지난 뒤에 나타난 반응에 대하여 강화하는 것을 의미한다. 월급, 정기 세일 등과 같이 간격이 정해진 강화가 이에 해당한다. 고정 간격은 강화 직전에 행동 반응이 증가하지만, 강화가 발생하고 나면 반응이 급격히 감소한다.

변동 간격(variable interval)은 반응과 반응 사이의 시간 간격에 대하여 강화를 제공하는 것이다. 이는 고정 간격과 같지만, 강화를 제공하는 시간이 가변적으로 정해지는 차이를 가진다. 정기 세일이 아닌 깜짝 세일처럼 언제 발생할지 모르는 강화의 유형을 예로 들 수 있다.

고정 비율(fixed ratio)은 일정 빈도의 반응이 나타난 뒤에 강화를 제공하는 것이다. 정해진 실적에 따른 성과급, 일정 개수 이상의 쿠폰, 카드 이용 실적에 따르는 혜택 등을 예로 들 수 있다. 이 강화 방법은 강화가 주어지는 비율이 고정적으로 정해져 있기에 고정 비율이라고 불린다.

변동 비율(variable ratio)은 일정 빈도에 대하여 반응이 나타난다는 점에서 같지만, 그 비율이 고정되지 않은 점에서 차이가 난다. 반응의 빈도가 가변적이어서 언제 강화가 발생할지 알기 어렵다. 대표적인 예시는 경품, 도박, 복권 등을 들 수 있다.

(5) 조형

조형(shaping)은 소비자의 행동을 끌어내기 위해 그 행동에 이르는 부분적인 행동들을 연속적으로 강화하는 것을 의미한다. 원하는 결과 행동이 나타나도록 그 중간의 부분적인 행동을 유발할 수 있는 자극을 제공한다. 카드 개설에 따르는 사은품이나, 카드 사용에 대한 환급 등을 예로 들 수 있다. 새로 문을 연 상점의 경우 소비자가 상점에 방문하도록 유도하는 것이 필요하다. 그에 따라 소비자가 방문할 수 있도록 유인 상품을 제공하거나, 필요한 제품이 있다는 것을 알리는 광고 전략 등을 사용할 수 있다.

조형은 대여 마케팅에서도 활용된다. 정수기나 비데, 공기청정기 등 생활용품을 구매하는 것이 아니라 장기 대여 형태로 제품을 제공하고 이용료를 받는 것은 소비자가 제품을 사용하도록 만드는 장치로써 활용된다. 소비자는 제품 가격을 당장 지급하지 않고서도 사용할 수 있으므로 쉽게 제품을 접할 수 있다.

(6) 조작적 조건화의 한계와 적용

조작적 조건화는 반응에 대하여 강화를 제공하는 것을 통해 학습을 형성한다. 따라서 강화에 지나치게 의존하게 된다. 소비자의 반응이 강화를 받지 못하면 쉽게 소거될 수 있다. 소비자의 긍정적 반응을 지속해서 유지하기 위해 강화를 제공해야 하므로 강화 계획을 사용하여 반응 경향성을 높이거나 내적 강화 유인을 제공하는 것이 필요하다.

조작적 조건화를 마케팅에 적용하기 위해서는 다음 사항을 고려해야 한다. 첫째, 소비자가 변별할 수 있는 속성 단서를 제공해야 한다. 상표나 로고, 광고 로고송 등은 제품을 변별하는 단서로 사용된다. 소비자는 이와 같은 변별 단서를 보는 것만으로도 제품에 대한 구매 의도가 높아질 수 있다. 둘째, 소비자가 쉽게 반응할 수 있어야 한다. 반응이 나타나기 어려운 조건이나 상황에서는 소비자의 행동이 나타나기 어려우므로 구매나 소비 과정을 쉽고 간단하게 만드는 것이 필요하다. 셋째, 다양한 강화 방법, 즉각적 강화 제공 및 강력한 강화를 사용하는 것이 효과적이다. 제품을 통해 얻을 수 있는 장점을 다양하게 제시하고, 구매 행위에 대한 감사 인사를 전하며, 소비자의 반응에 대하여 즉각적으로 강화를 제공하는 마케팅 전략을 수립하는 것이 필요하다.

4) 사회학습

사회학습은 관찰자가 모방을 통해 동일한 행동을 취하는 것을 목표로 한다. 공익 광고에서 도덕적으로 비판받을 수 있는 행동을 제시하여 이를 따라 하지 않도록 하거나, 쓰레기를 줍는 것과 같은 긍정적인 행동을 따라 하도록 유도하는 것을 예로 들 수 있다.

(1) 관찰학습 또는 대리학습

사회학습 이론(Bandura, 1977)은 연합학습과 인지학습을 통합하여 모델링을 통한 관찰학습의 과정을 제시한다. 첫째, 주의 단계(attention)는 관찰자가 모델의 주된 행동에 주목하고 정보를 얻는 과정이다. 모델의 매력, 특성, 성별, 나이, 태도, 자신과의 유사성 등을 관찰한다. 둘째, 파지 단계(retention)는 주의의 결과로 관찰한 모델의 행동을 기억 속에 저장하고 지식을 형성하는 과정이다. 이때 저장과 지식의 형성은 내적 이미지나 언어를 통해 처리된다. 셋째, 재생 단계(reproduction)는 모델의 행동을 기억 속에서 재생하여 실제로 시도하거나 상상하는 과정을 의미한다. 파지를 통해 저장된 내용을 행동으로 변환하는 과정이다. 넷째, 동기화 단계(motivation)는 재생을 통해 변환된 행동이 실제 행동으로 나타나는 것을 의미한다. 소비자는 재생된 행동의 결과가 실제적 · 상징적 보상으로 이어질 수 있다고 판단하면 재생된 행동이 외현적 행동으로 나타나게 된다.

(2) 모델링의 기법

① 외현적 모델링

소비자는 모델의 행동과 결과가 긍정적인 보상을 줄 수 있다고 생각할 때 행동을 따라 할 가능성이 커진다. 신제품을 사용하는 모델을 관찰하는 것은 신제품을 구매할 가능성을 높인다. 음주 운전으로 인한 교통사고 현장은 음주 운전의 가능성을 줄인다.

② 내재적 모델링

모델의 행동과 결과를 소비자가 직접 관찰하는 것이 아니라 특정 상황에서 행동과 결과를 상상하는 방법을 의미한다. 병 따는 소리, 음료 마시는 소리 등 갈증을 날리는 것과 같은 소리를 활용하여 소비자가 상상하게 하는 것은 음료의 구매로 이어질 수 있다.

③ 언어 모델링

특정 상황에서 다른 소비자들의 행동 양식이나, 그 행동의 결과를 알려 주는 방법이다. 가입자 100만 명 돌파, 천만 고객 달성 등의 사회적 증거를 제시하여 다른 소비자들이 보증하는 옳은 선택이라는 것을 강조하는 전략이다.

(3) 모델링 효과의 요인

① 모델의 특성

매력적이고 신뢰할 수 있는 모델이나 자신과 유사성이 높은 모델에 대하여 모델링의 효과가 나타날 가능성이 크다. 이와 같은 모델은 소비자의 자기효능감을 높여 주기 때문에 행동을 모방할 가능성이 크다.

② 관찰자의 특성

의존성이 높거나 자신감이 낮은 소비자는 모델의 행동을 모방할 가능성이 크다. 이들은 긍정적인 보상을 얻으려는 방법으로 모방 행동을 더욱 많이 수행하고자 한다.

③ 모델 행동의 결과

모방 행동 이후에 제공되는 정적 강화는 모방 행동을 강화한다.

2 기억

출근이나 등굣길의 여러 가지 간판, 소셜 미디어나 유튜브를 보는 중간에 접하는 광고, 지하철역의 광고나 옥외 광고 등 우리는 일상생활 속에서 수백 개 이상의 광고를 매일 접하며 살아간다. 인터넷, TV, 스트리밍 서비스, 엘리베이터 등 온갖 곳에서 광고를 접하지만 우리는 이 중 매우 소수의 광고만을 기억한다. 수백 개의 광고 중에서 우리는 왜 소수의 광고만을 기억하게 되는가? 그렇다면 기억에 남는 광고와 그렇지 않은 광고는 어떤 차이가 있는 것인가? 이번에는 소비자의 기억에 광고 제품이나 브랜드 이름을 남기기 위한 기억의 처리 과정에 대하여 살펴볼 것이다.

1) 기억의 과정

광고는 소비자에게 브랜드나 제품의 정보나 소구하고자 하는 부분을 전달하는 주요한 수단이다. 따라서 광고 제작자들은 매일 수백 개 이상의 광고를 접하는 소비자에게 자신의 광고에 주의를 기울이고 이를 기억하게 하는 방법을 이해하고 활용해야 한다. 훌륭한 제작자와 여러 가지 광고 기법을 총동원하여 광고를 제작하더라도 소비자에게 기억되지 못한 광고는 좋은 평가를 받기 어렵다. 소비자가 광고를 기억하게 하기 위해서는 광고가 기억되는 인지적 처리 과정에 대하여 이해해야 한다.

여기서 기억이란 소비자가 외부에서 전달받은 정보를 머릿속에 입력해서 저장했다가 필요한 상황에서 그 정보를 다시 인출하는 과정을 의미한다. 소비자가 광고를 기억한다는 것은 결국 외부 정보를 내부에 보관된 지식으로 만드는 과정을 의미한다.

기억에 대한 인지적 관점은 컴퓨터의 개발 이후 컴퓨터의 저장 과정처럼 소비자의 기억을 묘사한다. 컴퓨터는 원하는 정보를 저장했다가 이용자가 원할 때 그 정보를 읽어 불러들이는 과정을 거친다. 이처럼 소비자의 기억 과정도 뇌 속에 정보를 저장했다가 그 정보가 필요한 상황에서 불러들이는 과정을 거칠 것이라는 가정에서 연구가 진행되었다. 이와 같은 처리 과정을 다룬 연구 분야를 정보처리적 접근이라고 한다.

(1) 기억 장치의 구조

인터넷을 돌아다니거나 영상을 시청하는 중간에 접한 광고를 소비자는 과연 어떻게 기억하는가? 정보처리적 관점에서 인간의 기억은 크게 세 가지 단계로 구성된다고 가정한다. 세 가지 기억 구조는 감각 기억, 단기 기억, 그리고 장기 기억이다. 이 세 가지 단계를 다중 기억 모형(multi-storage model)이라고 한다(Atkinson & Shiffrin, 1968). 다중 기억 모형은 세 가지 단계를 물리적으로 구분하는 것에 그치지 않고 세 가지 단계가 각각 기능적으로 차이가 난다는 것을 가정한다.

다중 기억 모형의 세 가지 기억 구조는 각각 다른 기능과 특징을 가진다. 기억의 처리 과정을 살펴보자면 우선 외부 정보가 감각 기억에서 감각 양식별로 부호화된다. 부호화된 정보는 단기 기억으로 넘어가며 그 정보가 일시적으로 단기 기억에 저장된다. 단기 기억에 저장된 정보 중 일부는 바로 사용되며 사용하지 않은 정보는 정보처리 과정을 거치지 않고 사라진다. 이 중 일부 정보는 장기 기억으로 이전되며 영구히 저장된다고 가정한다.

소비자가 정보를 기억하기 위해서는 외부 정보가 입력되었을 때 그 정보가 기억 체계에 맞도록 부호화(encoding)되어야 한다. 외부 정보가 처음 입력되면 감각 기억에서 정보를 처리한다. 감각 기억에 입력된 정보는 순간적으로 사라지기 때문에 짧은 시간 안에 선별적으로 주의를 기울여 정보를 처리해야 한다. 이 과정을 부호화라고 하며 부호화되지 못한 정보는 수초 이내에 자연적으로 사라진다.

감각 등록기에서 부호화를 거친 정보는 소비자가 주의를 기울인 정보로 단기 기억으로

[그림 3-5] 앳킨슨과 쉬프린(Atkinson & Shiffrin, 1968)의 기억 시스템의 구조

전이된다. 소비자가 주의를 기울이기 위해서는 몇 가지 상황이나 조건이 필요하다. 예를 들어, 이전에 알고 있던 브랜드의 신제품 광고를 접하거나, 자신이 잘 알고 있는 분야의 새로운 제품을 다룬 광고를 접한 소비자는 기존에 가지고 있던 지식과 기억 때문에 새로운 제품에 대한 광고에 주의를 기울이고 이를 기억하기 수월하다. 하지만 잘 알지 못하는 분야의 제품에 대한 광고나 지식이 부족한 제품에 대한 정보는 기억 속에 쉽게 저장되지 못한다. 자신이 좋아하는 연예인을 내세운 광고도 주의를 기울이게 할 수 있으며 익숙한 음악을 사용하는 것도 소비자의 주의를 끄는 훌륭한 수단이다.

① 감각 기억: 선택적 주의

　감각 기억은 오감(시각, 청각, 미각, 후각, 촉각) 정보가 1초 내외의 짧은 시간 동안 일시적으로 저장되는 공간이다. 감각 기억은 다양한 외부 정보를 입력받기 위해 기억 용량이 매우 크지만, 그 지속시간이 0.5~4초 이내로 매우 짧다. 이처럼 매우 짧은 시간 동안 정보가 기억되기 때문에 소비자는 이 정보가 감각 기억에서 기억되었다는 사실을 잘 인식하지 못한다. 길거리를 걷거나 버스를 타고 지나가면서 마주치는 많은 간판을 우리가 모두 바라보지만, 기억을 회상했을 때 이 정보를 다 기억하지 못하는 것은 감각 기억에 저장된 정보가 주의를 기울이지 않아 사라지기 때문이다. 물론 이 중에서 주의를 기울였거나 알고 있던 간판의 경우에는 기억할 수 있다. 이처럼 주의를 기울이지 않은 정보는 사라지게 된다. 외부에서 입력된 많은 정보 중에서 특별히 몇몇 소수의 정보에만 주의를 기울이는 현상을 선택적 주의(selective attention)라고 한다. 선택적 주의는 감각 기억에 입력된 많은 정보 중에서 일부 정보만을 단기 기억으로 전이시키는 역할을 한다. 외부 감각 정보를 입력하는 것뿐만 아니라 인지적인 처리 과정, 사고, 장기 기억 등 다양한 정보처리 과정이 필요하므로 기억되지 못한 감각 기억은 소멸하게 된다. 우리는 선택적 주의로 인해서 무수히 많은 정보에 노출되면서도 효율적으로 정보를 입력하고 선별하여 정보를 처리할 수 있는 것이다.

[그림 3-6] 노래 가사를 통한 청각 부호화 예시

② 단기 기억

감각 기억에서 선택적 주의를 거쳐서 걸러진 정보는 단기 기억(short-term memory)으로 불리는 기억 장치로 넘어가 정보처리가 이루어진다. 단기 기억은 정보를 처리할 뿐만 아니라 장기 기억에서 정보를 불러들이는 역할도 수행하므로 작업 기억(working memory)이라고도 불린다.

단기 기억의 특징: 부호화, 지속시간, 용량

단기 기억에서 처리되는 정보는 여러 가지 감각 부호로 사용되기도 하지만, 주로 청각 부호를 통해 정보가 처리된다. 영어 단어를 외우거나 시험공부를 위해 개념적 정의를 암기하는 과정에서 입으로 중얼거리는 것은 기억의 효과를 높인다. 이처럼 입으로 중얼거리며 정보를 청각 부호화하는 것이 더 나은 기억 효과를 가지는 것은 단기 기억이 청각 부호를 주로 활용하여 정보를 처리한다는 것을 보여 주는 증거라고 할 수 있다.

단기 기억의 청각 부호화 사용에 관해서는 심리학 연구가 이를 뒷받침한다. 연구에 따르면 발음이 유사한 철자(E, G, D, B, C, G)를 외울 때가 발음이 전혀 다른 철자(F, O, A, Y, Q, R)를 외울 때보다 더 많은 실수가 발생한다.

단기 기억에서 처리되는 정보는 주로 청각 부호화 과정을 거치기 때문에 기억의 초기 단계에서는 청각적 특징을 활용하는 것이 기억의 효과를 높이는 방안이 될 수 있다. 단기 기억에서 사라진 정보는 장기 기억으로 넘어가지 못하기 때문에 단기 기억에 정보가 살아남도록 하는 것이 중요하다. 따라서 광고 전략을 수립할 때에서 소비자들이 특정한 발음이나 단어, 로고송 등을 따라 하게 하는 것은 자사 제품의 광고 효과를 높이는 방법이 된다. 오로나민 C 광고의 춤과 노래, 요리 에센스 연두의 반복적인 가사는 청각적 부호화를 활용한 대표적인

[그림 3-7] 노래 가사를 통한 청각 부호화 예시

광고 전략이다.

단기 기억에 저장된 정보는 약 20~30초 정도 동안 기억된다. 새로 만난 사람의 전화번호나 찾아갈 곳의 주소 등을 들을 때 우리는 이 정보를 스마트폰에 입력하기 위해 짧은 시간 동안 기억할 수 있다. 하지만 따로 적어 두지 않거나 장기 기억으로 정보가 넘어가지 못한 경우 잠시 뒤 이 정보를 명확히 기억해 내지 못하곤 한다. 따라서 소비자는 꼭 기억해야 하는 정보를 잊지 않기 위해서 특별한 노력을 하기도 하는데 이와 같은 과정을 시연(rehearsal)이라고 한다.

단기 기억은 저장할 수 있는 정보의 양이 제한적이다. 우리가 너무 긴 주소를 암기하거나, 처음 만난 사람이 많을 때 이름을 다 기억하지 못하는 것은 단기 기억의 정보량이 제한적이기 때문에 발생한다. 단기 기억 내에서 머무는 정보는 한 번에 처리할 수 있는 양이 제한되어 있으며 이 정보는 형태와 관계없이 약 5개에서 9개 정도다. 사람들은 평균적으로 7개의 정보를 기억하며 오차 범위가 대략 −2~+2 정도를 가지기 때문에 단기 기억에 저장되는 정보의 양을 '신비의 숫자 7(magic number 7)'이라고 부른다.

단기 기억 내에서 7개 정도의 정보를 기억할 때 주의할 점은 7개의 정보가 처리되는 저장의 단위다. 단기 기억에서 처리되는 정보는 한 단어나 숫자 한 개가 개별적으로 저장되는 것이 아니라 청크(chunk)라는 정보 단위 개념으로 처리된다. 청크는 의미를 형성하는 가장 작은 단위를 의미한다.

예를 들어, '〈유형 1〉 3, 1, 8, 1, 5, 1, 0, 3, 1, 0, 9, 1, 2, 2, 5'의 숫자를 암기하도록 하면 평균적으로 7개 내외의 정보를 기억한다. 하지만 만약 숫자를 '〈유형 2〉 31, 815, 103, 109, 1225'로 제시할 경우 사람들은 3 · 1절, 광복절, 개천절, 한글날, 크리스마스를 떠올리며 숫자를 모두 쉽게 기억할 수 있다. 〈유형 1〉의 정보를 처음 접하면 이 숫자는 어떤 의미 있는 숫자로 보이지 않고 의미 없는 숫자들이 연속적으로 나열된 것처럼 보일 수 있다. 하지만 〈유형 2〉처럼 숫자를 제시하면 사람들은 이 숫자가 공휴일을 의미하는 숫자로 보이게 되어 각 숫자 하나씩이 아닌 묶음 단위로 정보를 처리하게 된다. 이 묶음의 단위를 청크라고 한다. 단기 기억에는 7개 내외의 정보가 처리될 수 있으므로 〈유형 2〉처럼 5개로 묶인 정보를 소비자는 쉽게 처리할 수 있다.

따라서 광고에서도 소비자에게 한 번에 너무나 많은 정보를 전달하려 하면 소비자는 이 정보를 모두 기억하지 못할 뿐만 아니라 너무 많은 정보에 대하여 부정적인 반응이 나타날 수 있다. 소비자가 처리하지 못할 만큼 많은 정보가 입력되는 것을 정보 과부하(information overload)라고 한다. 소비자는 정보 과부하를 느낄 때 정보에 대한 회피와 부정적인 태도가 발생할 수 있다. 소비자가 외면한 정보는 단기 기억에서 사라지며 장기 기억으로 전이되지 못한다.

단기 기억은 단순히 입력된 정보를 처리하며 일시적으로 저장하는 것이 아니라 장기 기억에 저장된 정보를 인출하기도 한다. 단기 기억을 다룬 연구들은 지속해서 인출과 관련된 증거들을 확인하였으며 그에 따라 작업 기억(working memory)이라는 용어가 더욱 적합하다는 데 의견이 모인다. 작업 기억은 저장된 정보를 인출하고, 입력된 정보를 해석, 선별 및 종합적인 처리 과정을 담당한다. 소비자는 기억의 초기 단계에서부터 정보 간의 비교, 평가, 해석, 추론, 예측 등 다양한 정신 활동이 이루어진다.

단기 기억 내의 정보 저장 과정: 시연

시연(rehearsal)이란 단기 기억 내에서 정보를 유지하는 정신적 처리 과정을 의미한다. 정신적인 노력과 자원이 모두 갖추어졌을 때 시연을 활용할 수 있다. 소비자가 단기 기억 내에서 너무 많은 양의 정보를 처리할 경우 정신적 에너지가 많이 소모되며 이 결과로 피로감을 느끼게 된다. 생각이 많아 머리가 아픈 이유는 단기 기억을 처리하기 위해 정신적 에너지와 노력이 많이 필요하기 때문이다.

시연은 두 가지 유형으로 구분할 수 있다. 하나는 단순히 정보를 암기하고 반복하는 유지형 시연(maintenance rehearsal)이다. 다른 하나는 정보에 의미를 부여하고 저장하는 정교형 시연(elaborative rehearsal)이다. 유지형 시연은 단기 기억 내에서 정보를 반복해서 되뇌는 기억 과정이다. 광고에서 제품 이름이나 로고송을 반복적으로 제시하거나 중독성 있는 후크송이 특정 단어를 반복하는 것이 유지형 시연을 활용한 전략이다. 새로운 광고가 나왔을 때 소비자에게 반복적이고 지속해서 노출하는 것은 소비자가 동일한 내용을 계속 접하게 하여 전달하고자 하는 제품명이나 브랜드를 유지하기 위한 전략이다.

　정교형 시연은 단순히 반복적으로 노출하는 것이 아니라 정보의 내용과 의미를 전달하는 방식을 의미한다. 소비자는 인지적으로 정보를 분석하고 해석하는 과정을 거치며 의미를 저장한다. 자신이 기존에 가지고 있는 지식이나 정보를 더하여 입력된 정보를 해석하여 처리하고 의미를 부여하는 과정이기 때문에 이를 정교형 시연이라고 한다. 두 방식 모두 소비자의 기억을 높이기 위해 사용할 수 있지만, 일반적으로 유지형 시연보다 정교형 시연의 기억 효과가 더욱 뛰어나다.

단기 기억의 광고 활용: 부호화 증진 방안

　소비자의 기억을 높이기 위해서는 정보가 단기 기억에 쉽게 저장될 수 있어야 한다. 이를 위해서는 단기 기억에서 처리될 수 있도록 부호화하는 것이 중요하다. 짧은 시간 동안 지나가는 광고를 볼 때 소비자가 제품정보나 관련된 자극을 쉽게 처리하고 이를 부호화하거나, 의미를 형성하고 이해하는 것은 기억을 높이는 수단이 된다.

　단기 기억의 부호화 과정에서 정보 저장을 높이기 위해서는 감각적 특징과 의미적 특징에 대한 이해가 필요하다. 감각적 부호화는 정보의 물리적인 특성이 부호화되는 것을 의미한다. 제품의 모양, 색, 로고 등이 대표적인 물리적 특성이다. 택배회사 'FEDEX'의 로고를 유심히 살펴보면 E와 X 사이에 화살표를 볼 수 있다. 이 화살표는 택배가 빠르게 전달된다는 느낌을 전달하는 감각적 부호화의 특징이다. '이가탄'의 제품명은 이가 탄탄하다는 느낌의 청각적인 물리 특성을 활용하면서도 튼튼한 이를 강조하는 의미까지 활용하는 대표적인 제품이다. 통증을 완화하는 '그날엔' 또한 생리통을 겪는 시기를 의미하는 단어를 제품 이름으로 사용하여 의미가 쉽게 전달될 수 있도록 하였다. 이처럼 감각과 의미를 사용하여 제품의 이름을 짓는 방식은 소비자의 기억을 높이는 수단이 될 수 있다.

[그림 3-8] 부호화 증진을 위한 로고 활용 방법 예시　　　[그림 3-9] 부호화 증진 방안 예시

③ 장기 기억

단기 기억(작업 기억)을 거친 정보는 장기 기억에 저장된다. 일반적으로 기억은 장기 기억을 의미하는 단어로 사용되며 장기 기억에 저장된 정보를 우리는 지식이라고 부른다. 장기 기억은 용량의 제한이 없는 것으로 여겨지며, 기억은 영구히 저장되는 것으로 가정한다.

장기 기억의 정보처리: 의미 기억과 일화 기억

장기 기억에 저장된 정보는 대부분 의미 부호화된 형태로 저장된다. 예를 들어, 영화를 볼 때 우리는 영화를 보는 중간에는 등장인물의 대화나 장면을 단기 기억 내에서 처리하기 때문에 언어적인 형태 그 자체로 기억한다. 영화를 보면서 대사를 듣고 그 대사를 기억하거나 장면을 언어적인 모습으로 기억한다. 하지만 영화를 다 보고 나면 영화를 볼 때 들었던 대사나 장면을 그 자체로 기억하기보다는 전체적인 줄거리를 기억한다. 이 줄거리는 영화의 전체적인 내용과 의미를 담으며 구체적인 대사보다는 이 의미를 기억하는 것이다. 이는 장기 기억의 정보가 주로 의미 부호화되어 처리된다는 것을 의미한다. 장기 기억에 저장된 정보는 외부 정보 그 자체가 기억되는 것이 아니라 소비자가 이를 가공하고 처리하며 이해한 바에 따라 저장된다. 따라서 장기 기억에 정보를 저장하기 위해서는 의미상으로 정보를 처리할 수 있어야 한다. 단기 기억에서 언어적으로 처리된 정보뿐만 아니라 시각적인 자극이나 청각적 자극에 대해서도 소비자가 의미를 부여할 수 있다면 이 정보들은 장기 기억에 저장될 수 있다.

하지만 장기 기억도 물리적인 정보가 전혀 저장되지 않는 것은 아니다. 장기 기억의 유형 중 하나로 특정 상황에 대한 전체 내용이 저장되는 것을 일화 기억(episodic memory)이라고 한다. 일화 기억은 특정 시점이나 상황에 대한 행동, 느낌, 시각 정보, 청각 정보 등 그 상황을 묘사할 수 있는 다양한 정보가 구체적으로 저장된 것을 의미한다. 일화 기억은 특정한 상황이나 맥락과 관련되어 있으며 구체적이고 세부적인 정보들이 저장되어 있다. 따라서 일

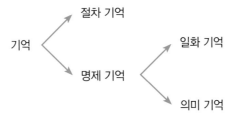

[그림 3-10] **장기 기억의 유형**

화 기억을 회상할 경우 소비자는 매우 구체적이고 세부적인 정보까지도 회상할 수 있다.

장기 기억 중 의미 기억과 일화 기억뿐만 아니라 특정한 행동을 다룬 기억이 존재하는데 이를 절차 기억(procedural memory)이라고 한다. 절차 기억은 주로 특정한 행동을 어떻게 수행하는가를 다루는 감각−운동 기억이다. 절차 기억이 습득되면 소비자는 이를 의식적인 회상의 노력을 기울이지 않아도 자동으로 회상할 수 있다. 예를 들어, 자전거 타기, 운전하기, 수영하기 등을 들 수 있다. 오랜 연습을 통해 자동으로 익힌 행동의 경우 회상을 노력하지 않아도 자동으로 작동한다.

의미 기억은 세상에 대한 지식을 의미하는 기억으로 소비자가 주관적으로 인식한 현실이라고 할 수 있다. 이 기억은 비교적 안정적인 형태로 기억된다. 여기서 안정적이라는 의미는 외부적인 자극에 따른 영향을 덜 받는다는 것을 의미한다. 특정 브랜드의 광고가 의미 기억의 형태로 저장되기 위해서는 광고 내용을 소비자가 이해하고 해석할 수 있어야 한다.

장기 기억의 구조: 의미망 모델

일반적으로 기억은 장기 기억에 저장된 정보를 의미한다. 장기 기억에 저장된 정보를 지식이라고 하며 대체로 의미상으로 부호화되어 있다. 장기 기억에 저장된 정보에 관한 연구는 저장된 정보들이 어떤 형태로 구성되어 있는지에 대한 이론화 과정을 수행하였다. 이에 대한 가장 대표적인 이론은 의미망 모델(semantic network model)을 들 수 있다. 기억의 의미망 모델은 장기 기억에 저장된 정보들이 서로 관련성 있는 정보끼리 밀접하게 연결되어 있으며 이 연결의 형태로 일종의 그물망처럼 촘촘히 연결된 것으로 가정한다. 따라서 하나의

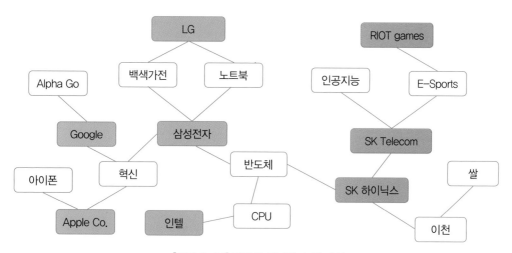

[그림 3-11] 기억의 의미망 모델 예시

정보가 인출될 때 이와 연결된 다른 정보들이 함께 인출되며 자동으로 주변 정보가 함께 활성화된다. 즉, 기억의 의미망 모델은 장기 기억의 정보 구조를 의미하며, 이 정보 구조는 정보 간 상호 의존성을 강조하는 모형이다.

- **연합망의 구성**: 장기 기억에 저장된 의미 정보 각각을 개념(concept)이라고 한다. 이 개념을 의미망 모델에서는 노드(node)라고 부른다. 하나의 노드에는 하나의 개념이 들어 있다. 또한 노드는 서로 간에 연결되어 있으며 노드를 연결하는 연합을 링크(link)라고 부른다. 바나나에 대해서 떠올릴 때 바나나, 노란색, 맛있다가 함께 연합되어 인출되는 것은 각 노드가 서로 의미상으로 연결되어 있다는 것을 의미한다. 또한 노드들은 서로 그물망처럼 촘촘히 연결되어 있어 이를 의미적 연합망이라고도 한다.

- **활성화의 확산**: 의미 연합망에서 관련성이 높은 노드는 서로 가까운 곳에 존재한다. 이 때 관련성이 높고 의미가 밀접하게 연결될수록 링크가 짧다. 또한 의미적 연결에 따라 인출이 빈번하게 발생하며 함께 이용되는 경우가 많을수록 연결의 강도가 높다. 연결의 강도가 높은 것을 링크로 표현할 때에는 굵은 선으로 표현한다. 하나의 노드에 여러 노드가 인접할수록, 강하게 연결된 노드들이 많을수록, 노드 간 연합이 강할수록, 가까운 곳에 있을수록 하나의 노드 활성화는 다른 노드의 활성화로 이어질 수 있다. 따라서 특정한 자극에 노출되어 노드가 활성화될 경우 인접한 노드들은 함께 활성화된다. 이 때 함께 활성화되는 노드들은 소비자의 행동을 결정하는 데 유의한 영향을 미친다. 의미망 이론의 관점에서 광고는 자사의 브랜드를 소비자에게 기억시키기 위한 것이며 이 때 지식의 의미망 구조 속에서 특정 위치에 짧고 굵은 노드를 형성하는 것을 목표로 한다. 노드 간 연결을 높이고 촘촘히 구성될 수 있도록 정보를 제공하는 것이 주된 목표다. 더불어 자사 브랜드에 긍정적인 노드들이 강하고 가깝게 위치할수록 더욱더 효과적이다. 따라서 마케터는 소비자에게 정보를 전달할 때 소비자가 어떤 정보를 어떻게 기억하고 있으며 어떤 의미망 구조로 되어 있는지를 파악하는 것이 중요하다. 이를 명확히 파악하고 원하는 위치에 정보를 기억하도록 유도하는 것이 효과적인 광고 전략이 될 수 있다.

- **도식과 스크립트**: 활성화된 하나의 노드는 관련성이 높은 다른 노드를 자동으로 활성화한다. 이처럼 함께 인출되는 개념은 하나의 정보 덩어리를 이루며 이를 스키마(schema) 혹은 도식이라고 한다. 도식은 경험을 통해 발달할 수 있다. 새로운 경험이나 정보가 기존의 도식과 일치할수록 정보가 쉽게 저장된다. 또한 도식이 체계적으로 정리될수록

기억이 더욱더 쉽게 이루어진다. 그에 따라 도식이 정리되지 못한 아이들은 어른보다 정보를 효율적으로 활용하기 어렵다. 반복적인 경험과 학습을 통해 도식은 더욱 정교화될 수 있다.

도식 중에서 행동과 관련된 도식을 스크립트(script)라고 한다. 장기 기억의 유형 중 하나인 절차 기억이 특정한 행동을 수행하는 절차를 기억하는 것이며, 이와 관련된 도식을 스크립트라고 한다. 스크립트는 소비 행동에서 매우 중요하다. 왜냐하면 스크립트가 소비 행동을 쉽고 빠르게 수행하도록 유도하는 길잡이 역할을 하기 때문이다. 예를 들어, 서브웨이에서 샌드위치를 주문한다고 할 때 우리는 차례대로 줄을 서서 자시의 주문 순서를 기다린다. 그다음 자신이 주문할 순서가 되면 빵, 치즈, 야채, 고기 등 순서대로 자신의 샌드위치를 주문하고 제품을 받아 섭취한다. 이 과정과 관련된 스크립트가 명확하지 않은 소비자는 어떻게 주문해야 하는지 알지 못하기 때문에 당황할 수 있다. 실제로 서브웨이가 처음 오픈했을 때 주문 순서를 잘 몰라서 주문하지 못한 사례가 인터넷을 통해 많이 공유되었다. 도식과 스크립트의 형성은 외부 정보에 대한 기억, 처리, 행동에 유의한 영향을 미친다. 소비자는 유사한 서비스나 제품에 대해서 행동하기 위한 스크립트를 가지고 있는데 이때 기존의 스크립트에 부합하지 않는 서비스를 제공하는 대상에 대하여 부정적인 태도가 발생할 수 있다. 예를 들어, 대형 마트에서 카트를 이용할 것을 예상한 고객에게 카트가 제공되지 않는 경우 소비자는 이를 불편하게 여길 수 있다. 따라서 소비자의 지식 구조, 도식, 스크립트에 맞는 서비스를 제공하는 것은 소비자들의 정보처리와 행동이 효율적으로 이루어지게 하고 편안한 기분을 느끼게 하는 전략이 될 수 있다.

2) 광고 정보의 인출과 망각

장기 기억에 저장된 정보는 물리적인 손상이 발생하지 않은 저장장치처럼 영구적으로 보존된다고 가정한다. 이론적으로 소비자는 자신이 기억한 정보를 영구히 저장할 수 있다. 하지만 저장된 정보가 실제로 영구히 저장되어 있더라도 모든 정보를 인출하여 사용할 수 있는 것은 아니다. 정보가 사라지거나 소멸하지 않더라도 저장된 정보를 필요한 상황에서 효과적으로 인출하지 못하기 때문이다. 예를 들어, 시험공부를 충실히 했지만, 갑자기 특정 단어나 개념이 생각나지 않는 경우는 내가 기억하고 있는 것을 알지만 떠오르지 않는 대표적인 사례라고 할 수 있다.

(1) 광고 정보의 인출

우리가 정보를 기억하는 이유는 필요할 때 그 정보를 인출하여 사용하기 위함이다. 광고에서 제품을 보고 기억한 소비자가 그 제품을 구매하고자 할 때 정보를 인출하여 사용하는 것 또한 정보의 인출 과정이다. 하지만 만약 그 제품이 떠오르지 않거나 정확한 정보를 인출하지 못하여 다른 제품을 구매한다면 우리는 이를 기억했다고 말하기 어렵다. 기억 속에 저장된 정보를 필요할 때 꺼내어 사용하는 것을 인출(retrieval)이라고 한다. 정보를 잘 기억한다는 의미는 필요할 때 저장된 정보를 인출 할 수 있다는 것을 의미한다.

① 소비자 특성에 따른 기억 향상 요인

- 인출 단서: 소비자의 기억을 돕는 요인으로는 인출 단서(retrieval cue)를 들 수 있다. 저장된 정보를 인출하는 시점에서 저장된 정보와 함께 저장된 정보 혹은 저장된 정보가 가까운 곳에 있는 정보가 인출 단서로 활용될 수 있다. 인출이 필요한 상황에서 인출 단서를 사용하면 원하는 정보가 인출 단서와 가깝게 연결되어 있으므로 필요한 정보가 쉽게 인출될 수 있다. 따라서 정보를 저장할 때 인출 단서를 함께 저장하면 인출 단서만으로 원하는 정보를 쉽게 인출할 수 있다. 이는 의미망 모델에서 설명한 노드 간의 연결과 의미의 덩어리로 인하여 인접한 정보가 함께 인출되기 때문이다. 이 현상을 부호화 특수성 원리(encoding specificity principle)라고 한다. 인출이 잘 되기 위해서는 정보를 저장할 때 인출을 도울 수 있는 단서가 함께 제공되어야 한다.

  인출 단서는 외부에서 정보로 제공되기도 하지만, 정보처리자가 스스로 인출 단서를 찾아내기도 한다. 이 현상은 점화(priming) 효과로 설명할 수 있다. 점화 효과란 하나의 자극에 노출됨으로써 의식적인 노력을 거치지 않고서도 관련된 개념이 쉽게 떠오르는 현상을 의미한다. 우리는 의미상으로 연결된 단서를 떠올리면 원하는 정보를 쉽게 인출할 수 있다. 배나 딸기가 아니라 사과를 보았을 때 애플의 로고와 제품이 떠오르는 것도 점화 효과의 일종이다.

- 기분 효과: 소비자의 정보 인출은 기분(정서)에 따라 영향을 받는다. 이를 기분 일치(mood congruency) 효과라고 한다. 소비자가 특정 정보를 인출하는 시점의 정서가 인출하는 정보와 관련된 정서와 일치할 때 사람들은 그 정보를 더욱더 쉽게 인출할 수 있다. 기분이 좋은 소비자는 기분 좋음과 관련된 단서를 더욱더 쉽게 인출할 수 있으며 우울한 소비자는 우울함과 관련된 단서가 쉽게 떠오른다.

  정보를 인출하는 시점의 정서만이 아니라 정보를 저장할 때의 기분도 인출에 영향을 미친다. 정보를 저장할 때의 정서와 인출하는 시점의 정서가 일치할 때 사람들은 정보를 쉽게 인출할 수 있다. 이를 상태 의존 효과라고 한다. 광고를 보면서 유쾌한 기분을 느낀 소비자는 동일한 유쾌한 기분을 경험할 때 그 광고가 쉽게 인출될 수 있다. 따라서 광고의 분위기와 매장의 분위기가 유사하여 동일한 정서를 유발할 수 있다면 소비자가 광고 속 제품을 더욱더 쉽게 떠올릴 수 있다.

② 자극 특성에 따른 기억 향상 요인
• **정보 특성**: 기억 향상을 위한 정보 특성으로는 선두 브랜드를 활용한 전략을 들 수 있다. 모든 제품군에는 가장 잘 팔리는 선두 브랜드가 있으며 이를 TOM 브랜드(top of mind brand)라고 한다. 소비자가 기억 구조 속에서 특정 제품군에 대하여 떠올릴 때 그 제품군과 가장 강하게 연결된 브랜드다. TOM 브랜드는 소비자가 제품 구매 상황에서 가장 먼저 떠올리는 브랜드이기 때문에 제품이 구매될 가능성이 크다. 이 정보를 중심으로 소비자는 의사결정을 내리기 때문이다. 둘째로는 구체적이고 서술적인 정보를 활용하는 것이다. 서울 치과, ○○동 치과보다는 아름다운 이 치과처럼 서술적인 정보를 제공하는 것이 효과적이다. 혹은 구체적인 수치를 제공하는 것도 효과적인 전략이 될 수 있다. 세제의 항균력을 강조하는 99.9% 항균 강화처럼 구체적인 수치를 제공할 때 기억을 높일 수 있다.
셋째는 친숙성을 활용하는 것이다. 소비자는 친숙한 정보일수록 쉽게 인출할 수 있다. 물론 너무 친숙한 정보의 경우 주의를 기울이지 않아 기억이 이루어지지 않을 수 있다. 우리가 특이한 이름을 쉽게 잊지 못하는 경우를 들 수 있다. 너무 친숙하여 주의를 기울이지 않거나 너무 독특하여 기억하기 쉽지 않으면 모두 효과적인 기억 전략이 될 수 없다. 따라서 소비자가 기억하기 쉬우면서도 특별한 느낌을 줄 수 있는 이름을 선정하는 것이 필요하다.
• **맥락 특성**: 기억을 높이기 위해서는 광고를 활용하는 맥락 또한 중요하다. 특정 프로그램과 프로그램 사이에 10개의 광고가 나온다고 가정하자. 이때 10개의 광고를 소비자는 모두 기억하지 못한다. 하지만 10개 중에서 초기 1~2개의 광고와 마지막 1~2개의 광고는 중간에 나온 광고보다 더 잘 기억될 수 있다. 초기 광고에 대해서 기억하는 현상을 초두 효과라고 하며, 마지막 광고를 기억하는 현상을 최신 효과라고 한다. 또한 광고가 시청 중인 프로그램과 유사한 특징이나 내용을 담을수록 소비자가 기억하기 쉽다. 소비자는 서로 유사한 것들을 시청할 때가 다른 것을 볼 때보다 더욱 기억을 잘하게 된다.

(2) 광고 정보의 망각

우리는 필요한 정보를 원할 때 인출하지 못하면 기억하지 못했다고 판단한다. 이처럼 필요한 정보를 회상하지 못하는 것을 망각(forgetting)이라고 한다.

① 망각의 원인: 간섭과 인출 실패

망각이 발생하는 이유를 초기 연구자들은 기억이 자연적으로 쇠퇴하는 것으로 여겼다. 이는 기억의 망각이 발생하는 이유를 시간의 관점에서 바라본 것이다. 그러나 우리는 경험적으로 매우 오래전의 일을 잊기도 하지만, 불현듯 과거의 일을 떠올리기도 한다. 이는 단순히 오래된 기억이 서서히 잊힌다고 볼 수 없음을 의미한다. 또한 최근의 일이더라도 우리는 다양한 일을 쉽게 잊고 살아가기도 한다. 따라서 시간에 따른 자연적인 망각은 실제 기억과 일치하지 않는다.

망각을 설명하기 위하여 다른 이론이 제시되었는데 이 중 간섭(interference) 이론은 입력된 정보 간의 유사성이 간섭을 일으켜 망각으로 이어진다고 주장한다. 수백 가지 이상의 광고에 노출되는 것을 넘어 여러 가지 정보를 입력하고 처리하는 삶 속에서 우리는 비슷한 정보들이 새롭게 추가된다. 이때 정보들은 서로 간에 경합이 발생하고 그 결과 회상을 어렵게 한다. 유사한 정보가 많이 입력될수록 정확히 필요한 정보를 쉽게 인출하지 못하기 때문이다.

이 간섭은 두 가지 유형으로 나뉜다. 첫째로 순행 간섭은 원래 저장된 정보와 비슷한 정보가 입력되었을 때 기존 정보가 새로운 정보의 입력을 방해하는 현상을 의미한다. 예를 들어, 기존 제품이 너무 강력해서 새로운 제품이 출시되어도 쉽게 소비자에게 기억되지 못하는 현상을 들 수 있다. 다음으로 역행 간섭은 새로운 정보가 기존 정보의 기억을 방해하는 현상이다. 새로운 브랜드가 런칭하며 내세운 광고와 브랜드명이 강력하여 기존 기억의 인출을 방해하는 현상을 예로 들 수 있다.

인출 실패는 주로 자신이 특정 정보를 기억하고 있지만 이를 명확히 떠올리지 못하는 상황을 주로 가리킨다. 영화를 보고서 친구와 대화를 할 때 영화 주인공의 이름이 갑자기 떠오르지 않는 현상도 인출 실패다. 이때 주인공의 이름이 어렴풋이 떠오르며 비슷한 이름이 입술 주위를 맴돌지만 쉽게 말하지 못하고 떠올리지 못하는 것을 설단 현상(tip of the tongue phenomenon)이라고 한다. 만약 대화 속에서 주인공의 이름을 추론할 수 있는 단서가 주어진다면 소비자는 쉽게 주인공의 이름을 다시 떠올릴 수 있다. 이는 망각이 실제로 기억에서 사라지는 것이 아니라 인출을 어렵게 하는 여러 가지 간섭 때문에 발생하는 현상임을 의미한다. 따라서 인출 실패를 해결하기 위해서는 여러 단서를 함께 기억하거나 활용하는 것이 필요하다.

② 부분 목록 단서 효과

　부분 목록 단서 효과(part-list cueing effect)는 소비자가 어떤 제품군에 대해 여러 정보를
저장하고 있을 때 이 중 일부의 브랜드나 단서만이 제시되면 다른 브랜드나 단서를 떠올리
지 못하는 현상을 의미한다. 시장에 A, B, C, D, E, F의 여섯 가지 브랜드가 판매되는 상황에
서 매장 직원이 C, E, F의 제품만을 제시하면 소비자는 A, B, D에 대해서는 고려하지 않고
제시된 제품(C, E, F)에 대해서만 고민을 한다. 이처럼 일부분의 단서나 정보만을 제시하여
원래 알고 있는 모든 정보를 고려하지 못하게 하는 현상이 부분 목록 단서 효과다.

요약

1. 학습은 소비자의 경험이나 정보 습득 등으로 인해 발생하는 행동의 변화로 행동학습, 인지학습, 사회
학습으로 구성된다.

2. 행동학습은 무조건적 자극과 중성 자극을 함께 제시할 때 조건 자극이 된다는 고전적 조건화와 행동
에 대한 강화와 처벌에 따라 행동 발생의 빈도가 달라진다는 조작적 조건화로 구성된다.

3. 고전적 조건화에 의한 연합이 발생했을 때, 비슷한 유형의 자극에서도 조건 반응이 발생하는 일반화
와 서로 다른 조건에서는 발생하지 않게 되는 변별 현상이 발생한다.

4. 조작적 조건화는 보상과 소비자 행동의 증감에 따른 조합에 따라 4가지의 강화 유형을 가진다. 정적
강화는 보상을 줌으로써 행동을 증가시키고, 부적 강화는 부정적인 상태를 제거함으로써 행동을 증
가시킨다. 반면, 처벌은 벌을 통해 행동을 감소시키고, 소거는 긍정적 상태를 제거함으로써 행동을
감소시킨다.

5. 조작적 조건화는 강화를 언제 제공하는지에 따라 고정 간격, 변동 간격, 고정 비율, 변동 비율로 구성
된 4개의 강화 계획을 가진다.

6. 사회학습은 다른 타인을 모델링함으로써 행동의 증가를 보이며, 행동에 대한 주목하고 정보를 얻는
주의 단계, 행동을 파지, 재생, 동기화 단계로 구성된다.

7. 기억은 1초 내외의 짧은 시간 동안의 일시적인 감각 기억, 부호화 된 정보를 20~30초 동안 저장하고
정보를 처리하는 단기 기억(작업 기억), 지식이라고 일컬으며 무한한 정보를 영구히 저장하는 장기
기억으로 구성되는 다중 기억 모형을 따른다.

8. 사람들이 기억을 저장할 수 있는 한계는 7±2개다. 따라서 정보 제공 시 이에 맞춰 정보 과부하가 발
생하지 않도록 주의해야 한다.

9. 장기 기억은 절차 기억과 명제 기억으로 구성된다. 절차 기억은 특정 행동의 수행과 관련된 감각−운
동 기억이며, 명제 기억은 정보를 언어적인 형태 그 자체로 기억하는 유형의 기억이다. 그리고 명제
기억은 세상에 대한 지식인 의미 기억과 특정 상황에 대한 전체적인 기억인 일화 기억으로 구성된다.

10. 장기 기억은 각 의미 정보의 단위인 노드들이 망처럼 링크로 연결된 구조를 가진다. 이러한 의미망
을 통해, 하나의 개념이 활성화되면 링크로 연결된 노드의 개념들이 함께 활성화되는 상호 의존적인
성격을 가진다.

참고문헌

김재휘, 박은아, 손영화, 우석봉, 유승엽, 이병관(2009). 광고심리학. 커뮤니케이션북스.

Atkinson, R. C., & Shiffrin, R. M. (1968). Human memory: A proposed system and its control processes. In K. W. Spence (Ed.), *The psychology of learning and motivation: Advances in research and theory* (Vol. 2, pp.89-195). Academic Press.

Bandura, A. (1977). *Social learning theory*. Prentice-Hall.

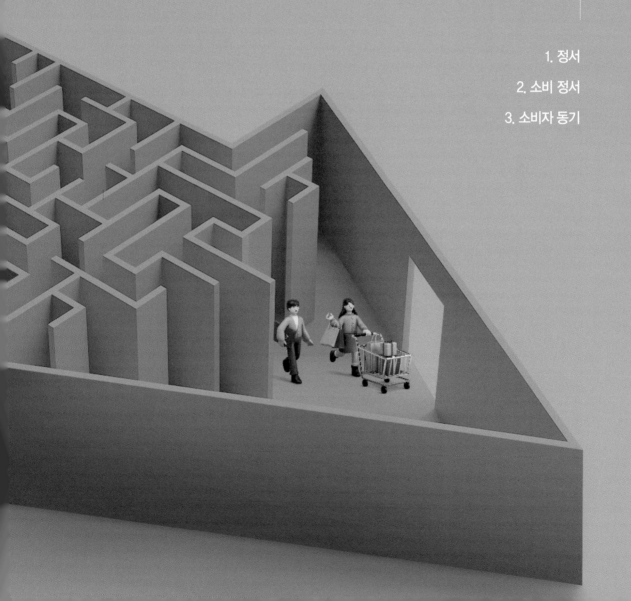

제4장

소비자의
정서와
동기

1. 정서

2. 소비 정서

3. 소비자 동기

귀여운 제품은 탐이 난다. 지금껏 불편함 없이 잘 쓰고 있는 은행카드지만, 내가 좋아하는 캐릭터의 익살스러운 표정이 박혀 있는 새로운 카드를 보면 이를 가져야겠다는 생각이 강하게 들기도 한다. 이는 전통적인 의사결정의 이성적 · 합리적 결정 과정으로는 잘 설명하기가 어려운 현상이다. 새로운 제품에 대한 탐색의 비용, 신청이나 구매 과정의 번거로움, 그럼에도 편익의 차이가 거의 없다면 구매전환이 나타날 가능성이 낮을 것으로 보는 합리성 관점에 비해, 현재의 많은 소비는 소비자의 감성에 기반한 구매 설득에 강한 호감을 느낀다. 이처럼 감성적 소구는 소비자에게 접근하는 매우 유효한 방법이며, 특히 제품들 간의 차별점이 크지 않은 오늘날의 마케팅 환경에서 매우 적극적으로 활용되고 있다.

이 장에서는 감성의 분류체계 및 감정과 이성의 관계에 대해 살펴볼 것이다. 또한 다양한 마케팅 자극에 활용되고 있는 감성의 유형에 대해 알아볼 것이다. 특히 전통적으로 마케팅에서 널리 사용되어 왔던 기본정서인 유머, 공포, 성적 소구 등과 함께, 최근 활용도가 증가하고 있는 귀여움, 사회적 배제. 공감, 노스탤지어 등의 대표적 사회정서의 발생 과정과 효과, 한계점 등에 대해 구체적으로 논의할 것이다.

또한 이 장에서는 동기도 살펴볼 것이다. 동기는 생리적 발생기제나 지속성, 행동 유발 등에서 정서와 유사한 점이 있으며, 개개인 행동의 일관성을 지속하게 하는 근원으로 작용하기에 소비자의 개인차를 이해하는 데 유용한 개념이다. 여러 소비자 동기가 제안되어 있으나, 이 장에서는 소비자 행동의 이해에 도움이 되는 몇몇 이론에 대해 살펴볼 것이다.

1 정서

소비자의 정서는 소비를 결정하는 일련의 과정에 영향을 미친다. 정서는 초기 심리학에서부터 관심을 가져온 주제이며, 소비자 심리학자들은 정서가 소비에 미치는 영향력 및 정서가 이성 혹은 합리성에 미치는 영향력에 대해 많은 관심을 가져왔다. 특히 제품 간의 기능적 차이가 크지 않은 현대의 마케팅 상황에서 소비자들이 경험하는 정서는 제품의 차별점을 소구하는 유용한 방법으로 평가되고 있다.

1) 정서의 종류

정서는 개인이 의식적으로 경험하고 주관적으로 느끼는 정신적 상태라고 정의할 수 있으며, 생리적 각성과 외현적 표현, 주관적 경험이 정서 경험으로부터 나타나는 주요 특징이다. 정서는 접근방식이나 연구 목적 등에 따라 여러 가지의 분류체계가 있다.

거의 대부분의 사람에게서 보편적으로 나타나며, 표정, 음성, 행동처럼 서로 구별되는 별개의 표현 양식을 가지고, 생애 초기부터 분명하게 나타나는 정서를 1차 정서라고 한다. 에크먼과 코다로(Ekman & Cordaro, 2001)는 행복, 슬픔, 분노, 공포, 혐오, 놀람의 여섯 가지 정서를 1차 정서로 분류하고 있다. 심리학자마다 제안하는 1차 정서의 구성은 조금씩 다르나 대체로 슬픔, 분노, 기쁨의 세 가지를 대부분의 정서 분류에 포함하고 있다.

반면, 어떤 정서들은 1차 정서의 혼합으로 나타나는데, 이를 2차 정서라고 한다. 2차 정서는 표현 양식과 신체, 생리적 반응이 기본정서보다 뚜렷하게 구분되지 않는다. 그렇지만 비교적 구분이 용이하며 일상생활 속에서 종종 경험할 수 있다. 예를 들어, 불안이나 적대감은 1차 정서만큼 뚜렷하지는 않지만 어렵지 않게 경험할 수 있다. 또한 불안은 공포와 슬픔, 적대감은 혐오와 분노의 혼합으로 나타나는 것으로 확인되므로 이와 같은 정서는 2차 정서 혹은 혼합 정서라고 한다(Plutchik, 2003). 1, 2차 정서는 대체로 범문화적이며 개인차가 크지 않은 특징을 가지고 있으므로, 이를 기본 정서(primary emotion)라고 한다. 1차 정서들은 시대적·문화적 차이에 영향을 크게 받지 않으며 각 정서에 따라 두드러진 행동 양상을 가지고 있어서 광고소구에 따른 효과라든가 소비자 조사, 미디어 효과 등의 다양한 장면에서 활용된다.

이와는 달리 문화권이나 국가, 소속집단, 인구통계학적 특징 등의 사회적 맥락에 따라 나타나는 정서를 사회 정서(social emotion)라 한다. 한국적 정서로 널리 알려진 정(情), 효(孝), 한(恨)과 같은 것들이 대표적인 사회 정서다(선병일, 2018). 공감이나 귀여움, 사회적 배제 등의 정서는 과거에는 뚜렷하게 분류되지 않았으나, 사회문화 및 미디어 환경의 변화 등에 영향을 받아 최근에는 많은 소비자가 일상생활에서 뚜렷하게 경험하곤 한다. 이처럼 새롭게 대두되는 다양한 정서는 시대적 분위기나 사회적 흐름을 반영하는 경우가 많으므로, 마케터들은 사회 정서에 대해서도 관심을 가질 필요가 있다.

2) 정서의 차원

정서의 유사성과 차이점을 비교하며 고유 정서를 탐색하여 체계화하려는 시도와는 달리, 감정 경험에 선행하는 핵심적 정서를 찾고, 이를 통해 정서 현상의 차원을 분류하고자 하는 접근방법도 존재한다. 러셀(Russel)은 정서 경험을 쾌(pleasure)와 각성(arousal)의 두 축으로 구성되는 틀에서 분석하였는데, 쾌는 불쾌와 한 차원을, 각성은 이완과 다른 한 차원을 구성하는 2차원 구성체를 제안하였다. 이 두 차원은 서로 독립적이며 각 차원의 조합에 따라 서로 다른 정서를 경험하게 된다. 예컨대 [그림 4-1]과 같이 쾌락적이면서 각성이 유발되면 흥

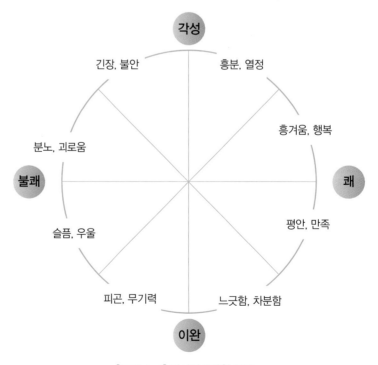

[그림 4-1] 정서의 2차원 분류

분이나 열정의 느낌으로 해석되는 반면, 불쾌하면서 이완된 상태는 피곤하거나 무기력한 정서로 느끼게 된다(Russell, 2003).

정서의 2차원적 접근은 소비자 연구에도 많이 활용되고 있다. 에로글루, 마흐라이트, 그리고 데이비스(Eroglu, Machleit, & Davis, 2003)의 연구에서는 매장의 사회적 요인(매장, 고객, 직원 등의 사람들), 설계 요인(배열, 청결, 색상과 같은 시각적 단서) 및 환경 요인(냄새와 소리 같은 비시각적 단서) 등이 소비자들에게 어떠한 경험을 제공하는지에 대해 알아보았다. 정서의 2차원을 적용하여 매장 내 정서적 감정을 분류한 결과 소비자의 매장 방문 목적에 따라 쾌 요인과 각성 요인은 소비자들의 태도와 재방문 의도 등을 잘 설명할 수 있다는 것을 확인하였다(Eroglu et al., 2003).

나아가 좀 더 다양한 정서를 포괄하고 설명의 정교함을 높이기 위해 러셀과 메라비언(Russell & Mehrabian, 1977)은 위의 2차원 정서에 지배(dominance)의 한 차원을 추가하였다. 지배는 상황에 대해 영향력과 통제력을 갖춘 것이며, 반대 정서인 복종은 통제력을 상실한 느낌과 연결된다. 이 3차원 구조를 PAD(Pleasure, Arousal, Dominance) 정서 체계라 하는데, 특히 통제감은 구매 환경에서 소비자의 접근-회피성을 설명하는 데 유용하다. 예컨대, 공간 내 밀도의 영향에 대한 롬페이(Rompay, 2008)의 연구에 따르면, 사람이 많은 곳에 있을 때 그 상황에 대한 통제감을 지각하는지에 따라 즐거움 경험이 달라진다. 즉, 지각된 통제감이 정서와 접근 경향성에 영향을 미친다(Rompay, Galetzka, Pruyn, & Garcia, 2008). 이처럼 차원적 분류는 소비자들의 경험을 분석하는 데 유용하여 매장 내 행동, 관광 및 레저 등의 복합적 소비 상황의 분석에 널리 활용되고 있다.

3) 정서의 강도

정서는 흔히 감정이라는 용어와 혼용하여 사용된다. 감정은 상대적으로 느낌이나 기분을 포괄하는 광범위한 개념이므로, 학문적으로는 감정 개념을 정교화하고 구분하여 사용한다. 이를 구체적으로 살펴보면, 개인이 느끼는 강도나 상황에 따라 정서(emotion), 느낌(feeling), 분위기(mood), 평가(evaluation) 등의 용어로 구분되어 사용된다. 정서(emotion)는 기쁨, 사랑, 공포, 분노 등 구체적으로 느끼는 주관적인 감정 상태이며, 강도가 세고 각성 수준이 높아서 생리적 반응을 수반하기도 한다. 정서는 강렬해서 주의를 끌며, 정서에 유발된 특정 행동과 연관(Clark & Isen, 1982)될 수 있다. 따라서 소비 상황에서 특정 정서의 경험은 소비자의 행동을 이끌어 낼 가능성이 크기도 하지만, 때로는 소비 행동을 방해할 수도 있다.

느낌(feeling)은 정서보다 약하지만 미약하게나마 생리적 반응을 수반하는 감정 상태로, 따뜻함, 만족감, 나른함 등이 이에 해당한다.

분위기(mood) 또는 기분은 강도가 낮으며 생리적 각성이 거의 수반되지 않는 감정 상태다. 소비자들은 자신의 정서상태와 그 영향력에 대해서는 비교적 잘 자각하지 못한다. 그렇지만 분위기나 기분같이 일시적이고, 사소한 것에도 쉽게 영향을 받을 수 있으므로, 서비스 접점이나 물리적 환경, 구매 시점 자극 등의 효과에 유의미한 영향을 미치기도 한다(Clark & Isen, 1982). 마지막으로 평가(evaluation)는 가장 강도가 약한 감정으로 대상에 대한 태도, 즉 호의도(likability) 또는 선호도(preference)와 유사하다(Gardner, 1985).

4) 소비자 정서와 의사결정

이성과 감성 모두 의사결정에서 중요한 기준이다. 소비자 행동에서도 이 두 가지 축은 중요하게 고려되고 있으며, 인지적 평가와 정서의 관계성을 통합적으로 설명하기 위해 여러 이론이 제안되었다. 레너와 켈트너(Lerner & Keltner, 2001)는 평가경향틀(Appraisal Tendency Framework: ATF) 이론을 제안하여 정서와 인지의 관계, 나아가 필수 정서와 우연 정서가 소비자 의사결정에 미치는 영향을 설명하고자 하였다([그림 4-2] 참조).

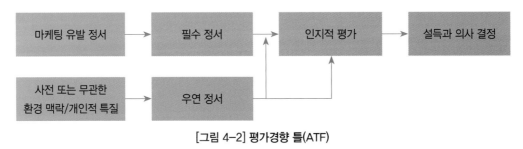

[그림 4-2] 평가경향 틀(ATF)

출처: Achar, Agrawal, & Duhachek (2016).

이 이론에 따르면 마케팅 자극물이나 소비 환경에 의해 유발된 정서를 필수 정서(integral emotion)로, 이와 무관한 환경적 요인이나 소비자 성격 또는 개인차에 의해 유발되는 정서를 우연(incidental) 정서로 구분하였으며, 특정 정서가 특정한 인지와 동기 과정을 유발한다고 보았다.

마케팅이나 광고, 브랜드 등의 맥락에 의해 유발된 필수 정서는 사건, 대상의 인지적 평가를 통해 소비자의 의사 결정 과정에 영향을 미친다. 반면, 마케팅 활동과 무관한 과거 사건이나 소비자의 성격이 유도하는 정서, 즉 우연 정서는 소비자의 부수적 평가 경향성을 활성화하며 다른 대상이나 상황에 관한 의사결정으로 이어진다. 이 두 유형의 정서는 인지적 평가의 상호작용을 통해 의사결정에 공동으로 영향을 미친다.

소비자를 설득하기 위해서 마케터는 주로 필수 정서에 집중하게 된다. 그러나 관련 연구에 따르면 우연 정서도 지각, 브랜드 선택, 정보처리, 위험 감수와 같은 다양한 소비자 반응에 영향을 미치는 것으로 확인되고 있다(Agrawal, Han, & Duhachek, 2013; Lerner & Keltner, 2000). 따라서 소비자들의 이전 경험으로부터 발생하는 우연 정서와 마케팅에서 제공하는 필수 정서가 일치하는 방향으로 해석될 수 있도록 하는 것이 효과적이다. 예컨대 부주의로 자외선 차단제를 바르지 않아서 피부 통증을 느껴 본 소비자는 그 경험에 대한 후회와 관련된 우연 정서를 가지고 있을 것이다. 이때 후회, 죄책감 등의 필수 정서를 사용한 광고가 자외선을 차단했을 때의 미백 효과나 피부암 억제와 같은 장기적 이익이 있다는 희망이나 공포 등의 필수 정서를 전달하는 소구에 비해 더 높은 자외선 차단제 사용의도를 보였다(Passyn & Sujan, 2006).

이 이론은 소비자에게 미치는 정서적 영향력을 필수 정서와 우연 정서의 경로로 구분하였다는 점에서 차별점이 있다. 그러나 소비자의 의사결정에서 정서가 단독적으로 의사결정에 영향을 미치는 것이 아니며, 최종적으로는 인지적 평가를 통해 의사결정이 이루어진다는 주장은 소비자 행동을 이해하기 위해서는 여전히 이성적 · 인지적 요인의 영향력을 파악하는 것이 중요하다는 것을 시사한다.

2 소비 정서

앞서 살펴본 것과 같이 정서는 다양한 기준을 통해 분류되며, 또한 다양한 종류가 있다. 이 중 소비자 소구에서 자주 활용되고 영향력이 큰 몇 가지 대표적 정서의 유발과정과 영향력에 대해 살펴볼 것이다. 특히 과거부터 오랫동안 활용되어 왔던 몇몇 1차 정서와 최근 활용이 증가하고 있는 대표적 사회정서를 살펴보고자 한다.

1) 유머

(1) 유머의 정의와 수용

소비자들은 재미있는 요소를 좋아한다. 나아가 이런 즐거움 정서에 대한 자발적 탐색과 공유를 즐긴다. 이처럼 재미 혹은 즐거움을 추구하는 트렌드로 인해 유머를 중심으로 한 마케팅 전략이 확산되고 있다(김지호, 김은경, 2022). 유머(humor)란 통상적으로 남을 웃기는 말이나 행동을 일컬으며 '우스개' '익살' '해학' 등으로 부르기도 한다. 또한 유머는 사람들을 즐겁게 하는 긍정적인 정서 상태라고도 할 수 있다.

광고에 쓰이는 유머는 재담, 희화, 해학, 말장난(pun), 농담 등이 있으며 이는 광고되는 제품이나 광고 자체에 수용자의 주의를 이끌어 광고 메시지의 설득 효과를 높인다(O'quin & Aronoff, 1981). 또한 유머는 광고나 제품에 대한 기억의 가능성을 높이는데, 특히 광고의 유머가 상품과 연결되었을 경우 메시지에 대한 이해도를 높이고 브랜드명을 쉽게 기억할 수 있다(전근영, 이정교, 2015).

유머 수용과 인구통계학적 변인들과의 연관성을 조사한 하셋과 홀리안(Hassett & Houlihan, 1979)의 연구 결과에 따르면 여성보다 남성이, 사회적으로는 적극적·외향적이고 지능지수가 높으며 쾌락을 추구하는 사람이 유머를 선호하는 것으로 나타났다. 이와 유사하게 이진호, 이상빈, 그리고 리대룡(2000)의 연구 결과에서도 노년층보다 젊은 층이, 여성보다 남성이 긍정적 유머 광고 태도와 높은 구매 의도를 보여, 대체로 많은 연구에서 이와 유사한 결과가 나타난다.

이러한 결과는 다른 관점에서 보면 같은 내용의 광고라 할지라도 어떤 수용자는 즐거움과 관련된 반응을 하지만, 반면에 어떤 수용자는 유머를 느끼지 못할 수 있다는 것을 의미한다. 또한 유머 광고는 반복 노출에 취약해서, 노출 빈도가 잦아질수록 수용자가 쉽게 싫증을 낼 수도 있으므로(Weinberger & Gulas, 1992), 타겟 소비자의 특성을 잘 파악하여 유머의 강도나 내용, 노출의 횟수를 잘 관리할 필요가 있다.

(2) 유머의 발생 기제

유머는 어떠한 과정으로 유발되는가. 관련된 여러 연구를 살펴보면 유머의 세 가지 발생 기제를 확인할 수 있다(Speck, 1991). 첫 번째 유머 발생 기제는 대상 비하(disparagement) 가설이다. 대상 비하 가설에 따르면, 타인 또는 자신에 대한 비하는 유머로 지각된다. 이는 원초적이고 강력한 반응을 이끌며, 비교 광고 등에서 사용될 수 있다. 오랜 경쟁사, 예컨대 맥도널드와 버거킹, 코카콜라와 펩시콜라, 페덱스와 DHL 등의 비교광고에서는 경쟁사에 대한 비하 메시지를 종종 사용하곤 한다. 그러나 비하는 일반적으로 누군가를 놀린다는 의미로 해석될 수 있으므로, 이를 메시지로 사용할 때는 유의해서 사용해야 할 것이다.

유머 발생 과정의 또 다른 설명은 유머 각성 가설이다. 이에 따르면 적절한 수준의 각성이 유발될 때나, 반대로 각성이 해소될 때 유머가 발생한다고 한다(Berlyne, 1972). 걷고 있는 사람이 넘어지는 것을 보면 웃음이 나오는데, 이는 계속 잘 걸을 것이라는 기대의 긴장 상태가 어긋난 것에 기인하는 유머다. 반면, 술래잡기에서 살아남은 아이들의 웃음은 안전 지각에 의해 각성이 해소되면서 발생하는 유머다. 광고에서는 유머 메시지의 복잡성이나 새로움(novelty)과 같은 속성에 의해 각성이 유발되거나, 긴장이 해소될 때 웃음이 유발된다(Berlyne, 1972).

마지막 설명은 부조화(incongruity) 가설이다. 유머 맥락에서 부조화는 예상과 다른 복수의 요소나 상황이 함께 발생하는 것을 의미한다. 이때 부조화는 장난스러움이 포함된 혼동으로 유쾌함을 주며, 요소 간 혼동을 이해함에서 오는 해소 과정이 인지적ㆍ정서적 영향을 주게 되어 유머를 지각하게 된다(Alden, Mukherjee, & Hoyer, 2000). 관련 연구에서 부조화로 유발된 유머는 소비 행동에 정적인 영향을 준다는 점이 확인되었으며, 이러한 유머 정서는 광고 태도, 나아가 브랜드 태도로 전이되어 긍정적인 효과를 발생시킨다는 점이 확인되었다(Madden, Allen, & Twible, 1988).

부조화 유머의 사용에는 요소 간의 적절한 부조화 관계가 매우 중요하다. 즉, 부조화 강도가 너무 높으면 해소되기 어렵고, 반면 너무 낮으면 유머를 지각하기 어렵다. 예컨대, 민트 초코 성분이 함유된 케이크, 소주, 라면 중 어느 것이 가장 이상하고 부조화할까? 부조화를 요소 간 관련성과 예측 용이성으로 정의한 관련 연구(김지호, 김은경, 2022)에 따르면, 부조화의 수준에 따라 느끼는 유머 정도의 차이가 있었으며, 이 정서가 매개적 역할을 하여 브랜드 태도와 구매 의도에 유의미한 영향을 미치는 것으로 나타났다. 따라서 소비자들이 자발적으로 해소할 수 있는 요소 간의 적절한 조합으로 중간 정도의 부조화 수준을 조작하는 것이 중요한 것으로 결론을 내렸다(김지호, 이영아, 이희성, 김재휘, 2008). 최근 부조화 요소의 조합을 특징으로 내세운 음식료 신제품들을 어렵지 않게 찾아볼 수 있다. 즉, 예상외의 성분이나 브랜드의 조합, 포장이나 용량 등의 부조화를 강조하는 경향이 흔하게 나타나는데 이는 부조화 마케팅이 소비자들의 긍정적인 반응을 이끄는 효과적인 방법이라는 점을 시사한다.

이외에도 유머를 유발하는 상황은 다양하게 분류할 수 있으나, 연구자들에 따르면 위에서 언급한 세 가지 기제가 주로 작용하며, 이 기제들의 조합에 의해 대부분의 유머 상황을

[그림 4-3] 각성 유머 광고

[그림 4-4] 부조화 제품 광고

설명할 수 있다고 한다.

(3) 유머와 주의 분산

유머 광고의 효과를 설명할 수 있는 이론적 틀로 주의 분산(attention distraction) 가설이 있다. 주의 분산 가설에 따르면 설득 메시지의 노출 상황에서 어떠한 요인에 의해 수용자의 주의가 변화하면 메시지 자체에 대한 저항을 방해하거나 촉진하여 메시지 수용, 태도 변화, 나아가 구매 의도 등에 영향을 미친다고 본다(Sternthal & Craig, 1973).

주의 분산 가설을 유머 광고의 맥락에 적용해 보면 광고 속의 유머가 수용자의 주의를 분산시켜 메시지에 대한 비호의적 태도를 감소시키고 그에 따라 긍정적 태도 변화를 유발할 수 있다. 반면, 어떤 메시지를 수용자에게 이해시키기 어려운 상황에서는 유머가 메시지에 대한 주의를 분산시켜 광고 메시지의 전달에 부정적 영향을 끼칠 수도 있을 것이다. 관련 연구에 따르면 유머가 메시지에 대한 주의를 분산시키는 역할을 하여, 유머 광고는 대체로 설득에 효과적이다(Duncan, Nelson, & Frontkzak, 1984).

그러나 광고 속의 유머가 광고 메시지와 관련이 없을 경우나 유머 강도가 너무 강할 경우에는 주의 분산 가설의 부정적 측면에 따라 광고 메시지의 전달이 원활하게 이루어지지 않을 가능성이 있다. 따라서 유머 광고를 제작하는 데 중요한 것은 유머의 내용과 상품, 브랜드의 소구점이 일치된 상태에서 유머 소구가 사용되어야 한다는 것이다. 즉, 소비자가 인지한 유머의 내용과 브랜드의 소구점이 일치해야 구매 행위로 연결되기 때문이다(구승회, 2000).

2) 공포

(1) 공포의 정의와 영향

공포는 메시지에서 권고하는 내용을 따르지 않을 경우에 발생하는 신체적 혹은 사회적인 해로운 결과를 강조하는 메시지에 의해 유발된다(이병관, 손영곤, 서동명, 좌보경, 홍현호, 이진우, 2013). 개인이 공포 소구 메시지에 노출되면 불안이나 공포 같은 내적인 긴장이 증가하게 되며, 결국 이를 줄이기 위한 방법을 모색하도록 동기화된다(De Hoog, Stroebe, & De wit, 2007).

따라서 공포 소구는 금연, 음주운전, 안전벨트 착용, 보험 등 바람직한 행동을 하지 않을 때 나타나는 부정적 결과에 초점을 맞추는 경향이 많아서 건강 메시지나 공익광고 등에 널리 이용된다. 미국의 경우 수행된 공익광고의 4분의 1 정도가 공포 소구를 이용하였다(백혜진, 이혜규, 2013).

[그림 4-5] 공포 광고

공포 메시지의 효과에서, 위협 메시지에 대해 개개인이 수용하는 정도와, 이를 대처할 수 있는지에 대한 효능감이 매우 중요하다(Witte, 1992). 제시된 공포스러운 상황이 실제로 나에게도 발생할지에 대한 인식을 지각된 위협이라 하고, 이 위협요인을 효과적으로 회피할 수 있는지에 대한 믿음을 지각된 효능감이라 한다. 예를 들어, 흡연으로 인하여 나도 암이 발병할 수 있을지에 대한 인식(지각된 위협)이나, 지금이라도 담배를 끊는 것이 암발병 가능성을 낮출 수 있을지에 대한 인식(지각된 효능감)은 사람마다 다를 수 있으며, 이러한 차이에 의해 담뱃갑에 인쇄된 혐오적인 사진에 대한 상이한 행동을 설명할 수 있을 것이다.

(2) 공포의 강도와 설득

공포 수준과 소비자 설득과의 관련성에 대해 알아본 연구에 따르면, 공포수준이 높아질수록 직접적인 지각, 태도, 행동 의도, 행동 등의 종속 변인들의 변화를 유발하는 것으로 확인된다. 특히 공포 수준은 행동과 직접적인 관련을 맺고 있는 것으로 나타나 즉각적인 행동 변화를 이끌어 내는 데 효과적인 수단이 될 수 있다(이병관 외, 2013). 즉, 자신에게 닥칠지도 모르는 위험을 피하기 위해 공포 수준이 높은 메시지에서 제시하는 행위를 따르는 일련의 정보처리 기제가 작용한다고 볼 수 있다.

그러나 공포 수준과 설득 효과에 대해서는 역U자 형태를 보인다는 주장도 있다(Janis & Feshbach, 1953). 즉, 공포 수준이 지나치게 낮으면 메시지 자체에 주의를 기울일 가능성이 작으며, 공포 수준이 너무 높은 경우 메시지 자체를 회피할 수도 있으므로, 중간 정도의 공포 수준이 더 설득적이라는 연구 결과도 다수 존재한다(Witte & Allen, 2000).

이와 관련하여 위테(Witte, 1992)에 따르면 공포소구에 따른 반응은 위험 통제(danger control)와 공포 통제(fear control), 그리고 무반응(no response)의 세 유형으로 구분된다. 위험 통제반응이란 메시지에서 제시한 두려운 결과를 피할 수 있도록 권고를 수용하며, 적응적인 행동을 하는 것이다. 반면, 공포 통제반응은 권고를 수용하기보다는 메시지에서 느끼는 두려움 자체를 회피, 부인하거나 반발하여 공포를 감소시키는 부적응적 반응이라고 할 수 있다. 세 번째 반응인 무반응은 위험에 직면하여 아무런 반응도 보이지 않는 경우를 의미한다.

대체로 여러 연구에서 공포 강도가 지나치게 높은 경우에 설득 효과가 떨어짐을 지적하고 있다. 특히 특정 행동 반응을 이끄는 설득을 목표로 할 경우, 즉 소비자 행동 유도의 경우에 공포의 강도가 너무 높아서 체념적 반응이나 반박을 유발하는 것은 소비 행동을 이끄는 데 큰 도움이 되지 않을 것이므로 공포 수준의 조작화에 주의를 기울일 필요가 있다.

공포 자체가 부정적인 정서 경험이라는 점에서 공포 소구는 소비자 설득에 광범위하게 사용되기보다는 공익 광고와 같은 특정 분야에서 많이 활용되는 경향이 있다. 또한 사회적·신체적 안전이나 팬데믹 상황과 같은 사회적 이슈의 구전 등의 전파 과정에서는 공포 정서가 사람들의 행동에 강력하게 영향을 미치기도 한다.

3) 성

(1) 성적 소구의 효과

성적 소구는 오랫동안 사용해 온 설득 기법이다. 그러나 성이라는 표현 도구 자체가 사회적으로 미치는 영향으로 인해 많은 논란이 있고, 광고의 효과 또한 지속적으로 논란이 되어 왔다(임재문, 박명진, 박종철. 2013).

전반적으로 성적 소구 광고는 소비자들에게 주의를 유발하고, 회상을 높이며, 감성적인 반응을 유발하는 것으로 알려져 있다(Reid & Soley, 1983). 나아가 설득이 높아지며 구매 의도(Grazer & Keesling, 1995)를 높인다. 그러나 일부 연구자들의 경우에는 선정적인 모델을 사용한 광고가 상표의 기억에는 큰 효과가 없다고 주장하고 있으며(Blair, Stephenson, Hill, & Green, 2006), 스튜어트와 퍼스(Stewart & Furse, 2000)는 성적 소구 광고는 주의를 유발할 수 있으나, 브랜드에 대한 기억까지는 이끌어 내지 못한다고 주장하였다. 나아가 성적 소구 광고를 부적절하게 사용하거나 과도하게 사용하는 경우 브랜드에 대한 태도를 오히려 악화시킬 수 있음을 시사하였다. 이와 유사하게 블레어와 동료들은 성적 소구 광고가 소비자의 주목을 끄는 효과가 존재하는 것은 사실이지만, 대부분의 경우 시선을 사로잡는 데 그치며 브랜드를 기억하는 등의 효과는 미미하다고 보았다(Blair et al., 2006).

이처럼 성적 소구 기법에 대한 논란이 있는 것은 사실이지만, 점점 더 치열해지는 광고 간의 경쟁 상황에서 다른 광고보다 상대적으로 시선을 끄는 효과 또한 중요하기 때문에 성적 광고의 사용은 복잡한 사회적 인식에도 불구하고 오히려 광고의 집행이 늘어나는 현상을 나타내기도 하였다(Ford & LaTour, 1993). 성적 광고의 증가를 살펴본 연구(Reichert & Carpenter, 2004)에 따르면 1983년부터 2003년까지 20년간의 광고를 분석하여 성적 소구가 늘어났음을 확인하였다. 연구자들은 성적 광고가 증가한 이유를 다른 광고보다 소비자의 주의를 끌어 시선을 사로잡으며, 그 결과 광고를 오래 기억하게 되고, 광고를 평가하는 데 있어서 브랜드 인지도와 이미지를 높이기 때문이라고 하였다.

(2) 성적 소구의 적절성

성적 소구 광고의 효과에 대한 논란은 제품의 유형과 성적 소구의 관련성, 성적 자극의 강도 등이 통제되지 않아서 나타나는 불일치로 설명할 수 있을 것이다. 여러 관련 연구는 광고에 사용된 모델의 신체적 매력, 성적 소구의 강도 등이 광고 효과에 영향을 준다는 점을 확인하였다(Sengupta & Dahl, 2008). 안대천과 김상훈(2007)은 성적 소구의 강도를 광고에서 여성 모델이 착용한 의복의 양과 스타일로 정의하였으며 레이체르와 라미레즈(Reicher & Ramirez, 2000)의 연구에서는 '여성 모델 의복 착용의 단계적 구분'이라는 조작적 정의를 통해 '암시적 노출' '부분 노출' '완전 노출'의 3단계로 구분하여 각각의 수준이 광고 효과에 어떠한 영향을 미치는지를 살펴보았다. 이와 유사하게, 라투어, 피츠, 그리고 스눅-루

[그림 4-6] 성공적인 캠페인으로 평가받고 있는 성적 소구 광고

서(LaTour, Pitts, & Snook-Luther, 1990)는 신체 노출의 정도를 모델의 신체가 드러나는 나체(nude), 옷을 일부 입고 있는 반라(semi-nude), 옷을 입은 모델(fully clothed)의 세 가지로 나누어서 성적 광고의 성적 강도를 정의하였다. 이처럼 여러 성적 광고 연구에서 모델이 입은 옷의 양과 스타일을 신체노출 정도로 성적 소구의 강도를 조작하였으며, 연구 결과 지나치게 높은 강도의 성적 소구 광고의 효과가 다소 떨어지는 것을 확인하였다.

다음으로 고려해야 할 것은 성적 소구와 제품의 일치성이다. 연구자들에 따르면 성적 사고가 활성화될 때 성적 소구의 접근 가능성이 증가한다. 즉, 성적 소구가 맥락과 일치할 때는 브랜드 기억 및 구매 의도 등과 관련성이 높아진다. 예컨대 비건 제품의 광고보다는 헬스장 광고가 더 성적 소구에 의한 광고 효과가 높아진다(Lull & Bushman, 2015). 대체로 여러 연구에서, 광고 제품과 성적 소구가 관련 있을 때 광고 태도, 모델 태도, 제품 태도, 구매 의도 등이 긍정적으로 나타났다.

소비자들의 인구통계학적 특성(Baker & Churchill Jr, 1977)이나 소비자들이 지닌 성에 대한 태도(Jones et al., 1998) 또한 광고 효과에 영향을 미친다. 예를 들어, 남성은 대체로 여성 모델이 나오는 성적 광고를 좋아한다. 그러나 남성이 등장하는 성적 자극에 대해 호의적인 여성도 존재하지만(Baker & Churchill Jr, 1977), 성적인 남성 모델이 나오는 광고가 여성의 관심을 끌지 못한다는 결과도 있다(Jones et al., 1998).

살펴본 바와 같이, 성적 소구에 대해서는 소비자의 개인차가 크게 작용하여 효과에 대한 다소의 논란은 있는 것이 사실이다. 그러나 성적 광고가 소비자들의 눈길을 끈다는 것에는 대부분의 연구 결과가 일치하고 있다. 치열한 광고 간 경쟁 상황에서는 다른 광고보다 상대적으로 시선을 끄는 것 또한 중요하기 때문에, 적절한 성적 강도, 적합한 모델이나 제품 일치성이 높은 성적 소구 광고라면, 긍정적인 설득 효과를 미친다고 볼 수 있다(Sengupta & Dahl, 2008).

4) 귀여움

(1) 연약한 귀여움

앞서 살펴보았던 유머나 공포, 성 등은 문화와 시대를 불문하고 관찰되며, 특정 생리적 · 행동적 반응을 이끈다는 점에서 기본 정서로 분류된다. 반면, 귀여움은 이와는 좀 다르게 사회 정서로 분류된다. 사회 정서는 문화나 사회적 · 시대적 배경에 따라 경험의 빈도나 강도 등에 차이가 크게 나타나는 정서를 의미한다.

귀여움은 오늘날 우리 사회에서 매우 빈번하고 강력하게 사용하고 있는 소구 방법이다. 귀여움 소구는 패션, 디자인(Noguchi & Tomoike, 2016), 마케팅(Nittono, Fukushima, Yano, & Moriya, 2012), 캐릭터 산업(Nenkov & Scott, 2014) 등의 다양한 분야에서 이미 널리 사용되고 있다.

귀여움은 영유아의 외적 특성에 의해 유발된다. 대체로 인간뿐 아니라 자연계에서 태어난 지 얼마 되지 않은 개체들은 성체들과 비율이 달라서 동글동글해 보이고 행동상 서투르고 어설프며 취약한 특징이 있다(Glocker, Langleben, Ruparel, Loughead, Gur, & Sachser, 2009). 이러한 외적, 행동적 특징은 양육자들의 주의와 관심을 끌게 되어 생존에 유리하게 된다. 이때 이러한 유형의 귀여움을 연약한 귀여움(baby scheme cuteness), 혹은 아기 도식(baby schema)이라고 한다.

귀여움은 오랜 역사의 진화적인 가치를 가진 정서다. 오늘날 귀여움이 새롭게 널리 활용되는 이유는, 제품의 품질 차이가 크지 않으며 소비자의 정서적 선호도에 의한 구매가 중요하게 작용하는 오늘날의 마케팅 환경의 특성에 기인하는 것으로 볼 수 있다.

귀여움에 대한 지각은 공감적 관심, 양육 동기 등의 정서를 이끌어 낸다(Niezink, Siero, Dijkstra, Buunk, & Barelds, 2012). 연약한 귀여움은 어린아이나 동물과 연관되어 있으므로, 이러한 종류의 귀여움과 연관된 소구 방법은 소비자들에게 순수함, 친절함, 정직함과 같은 긍정적 추론을 생성하도록 유도한다. 관련 연구에 따르면 귀여움 소구는 친사회적 상호작용, 충성도, 매력도, 진정성, 사회적 참여, 기부나 폐기물 재활용 참여 등을 높이게 한다. 전반적으로 귀여움 소구에 대해 소비자들은 더 많은 정서적 애착과 돌봄 욕구, 친근한 감정을 느끼며, 따라서 더 높은 구매 의도와 지불 가격으로 이어진다(Hartmann & Goldhoorn, 2011; Lee & Watkins, 2016).

귀여움 소구는 고관여 또는 고가의 제품구매 상황에서도 효과가 있다. 소비자들은 헬로키티로 만들어진 이어폰의 품질과 브랜드를 신뢰한다(Yano, 2004). 또한 고가의 제품에 관한 연구에서 제품 가격이 높은 경우에도 소비자들은 귀여운 제품을 선호한다.

특히 귀여움 소구의 효과는 여성에게 더 두드러진다. 여성이 남성보다 아기 도식에 더 민감하고(Glocker, Langleben, Ruparel, Loughead, Gur, & Sachser, 2009), 더 빠르게 지각하며 (Lobmaier, Sprengelmeyer, Wiffen, & Perrett, 2010), 더 강한 정서적 반응을 보인다. 친사회적 행동을 확인한 연구에서도 여성은 귀여움에 따라 친사회적 행동이 증가하였지만, 남성은 그렇지 않았다(Sherman, 2013). 이는 진화 과정에서 나타난 남성과 여성의 육아에 대한 역할 차이에 기인하는 것으로 보인다. 즉, 남성은 주로 천적으로부터 보호하는 방식으로 육아 역할을 하는 대신, 여성들은 아이들 자체에 초점을 맞추는 방식으로 육아를 하였기에 귀여움에 대한 반응이 강하다(Li & Yan, 2021).

(2) 익살스러운 귀여움

넨코프와 스콧(Nenkov & Scott, 2014)은 연약한 귀여움의 중요 특징인 아기 도식과는 다르지만 의인화의 속성을 가지는 유형의 귀여움의 효과를 알아보고자 하였다. 연구자들은 이러한 귀여움을 익살스러운 귀여움(whimsical cuteness)라고 정의하였다. 일반적 형태와 사람 모양의 아이스크림 스쿱으로 아이스크림을 얼마나 먹는지를 관찰한 결과, 의인화된 형태가 더 많은 섭식과 소비를 이끌어 낸다는 것을 발견하였다. 유사하게 동물을 닮은 쿠키의 소비가 증가하며(Nenkov & Scott, 2014), 익살스러운 귀여움을 담은 패키징의 제품을 더 맛있고 쾌락적인 것으로 평가하였다(Schnurr, 2019). 또한 디자인이 귀여운 기프트 카드를 사용할 때 더 높은 구매 의도를 보였다(Nenkov & Scott, 2014).

익살스러운 귀여움이 어떤 속성에 의해 유발된다기보다는, 결과적으로 귀여움을 느끼는 대상에 대한 정서라는 점에서 정의가 명확하지 않다는 비판을 받기도 한다. 대체로 익살스러운 귀여움은 의인화 디자인과 화려한 시각적 단서(Nenkov & Scott 2014), 둥근 모양, 간단한 구조, 밝은색, 기울어진 배열(Cho, Gonzales, & Yoon 2011) 등에 의해 유발되는 것으로 보인다. 나아가 다양한 색상 패턴의 대상물이나 캐릭터의 앙증맞음은 재미를 촉발하고 유머러스하고 익살스럽게 느끼게 하는 추가적 긍정 정서를 유발할 뿐 아니라, 브랜드의 따뜻함이나 신뢰도의 상승과 같은 인상 형성에도 긍정적인 영향을 미치기도 한다(Nenkov & Scott, 2014). 결론적으로 귀여움 소구는 다양한 관점에서 마케팅 효과에 긍정적 영향을 미치는 것으로 확인되고 있으며, 소비자의 신뢰 관계를 유지하는 브랜드 이미지 전략에 사용할 때에도 효과적이다.

Cute Ice Cream Scoop   Neutral Ice Cream Scoop

[그림 4-7] 익살스런 귀여움의 실험 자극물

출처: Nenkov & Scott (2014).

[그림 4-8] 귀여운 캐릭터를 활용한 신용카드

5) 사회적 배제

사회적 배제란 무시 또는 거절의 경험으로(Williams, 2009), 이러한 경험은 우리가 기본적으로 가지고 있는 소속이나 인간관계의 욕구를 위협한다(Baumeister & Leary, 1995). 사회적 배제는 특정 감정을 의미하는 것은 아니며, 배제로부터 유발되는 다양한 부정적 감정으로 이해할 수 있다.

사회적 배제는 여러 환경에서 발생할 수 있다. 이국희(2018)가 다양한 대상을 통해 진행한 조사에 따르면, 54%의 참가자(1,961명 중 1,061명)가 주변에서 사회적 배제를 지각했다고 응답하였는데, 사회적 배제가 우리 일상에서 흔하게 경험할 수 있는 사회적 사건임을 알 수 있다. 특히 소비자 심리학 분야에서 사회적 배제의 관심이 증가한 것은 인터넷이나 SNS, 채팅 앱, 인플루언서 등이 널리 퍼진 영향이 크다. 즉, SNS를 통해 친구들이 나를 빼고 어울리는 사진을 보게 되거나, 나만 유행 아이템을 가지고 있지 않은 것을 알게 되었을 때 사회적 배제에 의한 부정적 감정을 느끼게 된다. 이러한 직간접적인 배제의 경험은 개인의 생활뿐 아니라 소비에도 영향을 미칠 수 있다.

배제 경험은 자존감, 소속감, 의미 있는 존재감, 통제감으로 이루어진 기본적인 욕구(fundamental need)들을 위협한다(Williams, Cheung, & Choi, 2000). 그 결과 배제 경험으로 인한 부정적 감정을 관리하기 위해 행동이나 태도가 변화하게 된다. 이러한 변화는 독특성-동조의 차원에서 양방향적인 소비 행동으로 이어지기도 한다.

배제된 사람들은 다른 사람들이 선택하는 제품보다는 잘 선택하지 않는 독특한 제품이나(Wan, Xu, & Ding, 2013), 브랜드 로고가 커서 눈에 띄는 제품을 선택하거나 선호할 수 있으며(Lee & Shrum, 2012), 타인이 자신이 가진 제품을 모방 구매하는 것을 부정적으로 평가한다(김영리, 한승희, 2014). 즉, 독특하고 눈에 띄는 소비를 선호하며, 남과 다름을 강조하는 소비 형태가 나타날 수 있다.

반대로, 배제된 사람들은 오히려 타인과 동화되거나 동조하는 방식의 소비가 나타날 수 있는데, 자신을 거절한 대상이 구매한 상품에 대해 동조 소비 경향이 높아지거나(선홍청, 박세범, 2019), 소속감을 표현하는 굿즈 등과 같이 좀 더 집단 친화적인 제품을 더 선호하거나 타인의 소비 경향에 맞추려는 것으로 나타났다(Mead, Baumeister, Stillman, Rawn, & Vohs, 2010). 즉, 배제의 경험에 의해 타인의 소비를 따라가는 동조 소비 경향이 나타날 수 있다.

사회적 배제의 결과에 따라 왜 어떤 소비자들은 독특성을 추구하고, 어떤 소비자들은 동조 소비를 추구하는 양방향으로 분화할까. 이에 대해 연구자들은 사람들의 기본적인 욕구가 효능감 욕구와 관계성 욕구의 두 가지로 나뉘며, 이때 위협받는 범주의 욕구에 따라 다른 행동 반응이 나타날 수 있다고 주장하였다(Lee & Shrum, 2012). 이를 차등 욕구(differential needs) 가설이라 하는데, 무시에 의해 발생하는 사회적 배제와 거절로 인해 발생하는 사회적 배제는 서로 다른 반응을 유발한다고 예측한다.

이 주장에 따르면 무시 유형의 배제는 통제감과 의미 있는 존재감으로 이루어진 효능감의 욕구를 위협하므로, 이 욕구들을 회복시키기 위해 반사회적 행동이나 과시적이거나 눈에 띄는 소비가 나타날 수 있다고 한다. 반면, 거절 유형의 배제는 소속감과 관계성의 욕구를 위협하기 때문에 다시 소속되기 위한 행동인 친사회적 행동과 동조 소비가 나타날 수 있다고 주장하였다. 실제로 일련의 실험에서 배제의 유형에 따라 참가자들의 행동이 달라지는 것을 보여 주었는데(Lee & Shrum, 2012), 무시를 경험한 참가자들은 과시적인 소비와 눈에 띄는 소비를 더욱 선호하였지만 기부 행동과 의도와 같은 친사회적 행동은 나타나지 않았다. 반면, 거절 조건의 참가자들은 이러한 무시 조건의 참가자들과 반대의 경향을 보여 주었다. 차등욕구가설은 사람들의 행동을 설명하는 데 명쾌하고 흥미로운 시사점을 제공해 주기는 하지만, 관련 연구의 결과들이 다소 혼재되는 경향이 있어서 후속연구들을 살펴볼 필요가 있다.

6) 공감

공감은 타인에 대한 대리적인(vicarious) 감정반응으로, 타인이 느끼는 감정과 유사한 감정을 느끼는 것(Hoffman, 2001)이다. 환경 재해로 고통받는 동물이나 기아로 고생하는 아이들의 모습을 보며 나도 고통받고 힘든 것처럼 느끼는 것이 공감이다. 공감은 자동적이고 강력한 정서이며, 신체적 변화를 동반한다. 슬픈 영상을 시청하면 심박률과 피부 전도 반응 등의 자율신경계 반응이 두드러지게 나타나며, 이때 공감과 신체적 반응의 강도는 강한 상관을 보인다(Barraza, Alexander, Beavin, Terris, & Zak, 2015).

공감은 행동에도 큰 영향을 미친다. 타인을 보고 슬픔을 느끼면, 그 정도에 따라 기부 의사가 높아진다(Small & Verrochi, 2009). 이처럼 타인에 대한 공감은 도움행동이나 친사회적 행동과 관련이 높다(Batson & Powell, 2003). 공감의 이러한 특성은 친사회적, 친환경적 속성이 부여된 제품이나 브랜드 선택에도 영향을 미쳐서, 사회참여형 기부 광고들은 공감 유도를 주요 콘텐츠로 하는 경우가 많다. 공감은 착한 소비를 이끌어 내며 소비자의 소비 저항을 줄이고, 만족도를 높이며 재구매를 이끈다(Small & Verrochi, 2009).

그러나 공감은 복합적인 감정이어서 착한 행동만을 이끌어 내는 것은 아니다. 예컨대 공감 상황에서 피해자에게는 그가 경험하는 슬픔을 느끼지만 반면에 가해자에게는 분노를 느끼게 된다(Hoffman, 2001). 나아가 관찰자가 공감하는 집단이 전기충격을 받는 장면에 노출될 경우 관찰자의 고통을 주관하는 뇌 영역이 활성화되는 반면, 가해자가 고통을 받는 장면에 노출되면 관찰자의 쾌락을 주관하는 뇌 영역이 활성화되는 것으로 나타난다. 이는 부정적 평가 집단의 불행이나 고통이 쾌락적으로 느껴질 수 있다는 점을 시사한다(Hein, Lamm, Brodbeck, & Singer, 2011).

이는 기업의 사회적 기여나 책임을 중시하는 오늘날의 분위기에서 기업의 부적절한 행위로 피해자가 발생하였을 때, 소비자가 피해자에게 공감을 하게 된다면 해당 기업에 대한 불매운동과 같은 소비자 브랜드 저항(anti-brand)의 강력한 동기로 작용하게 될 수 있음을 시사한다(Romani, Grappi, Zarantonello, & Bagozzi, 2015).

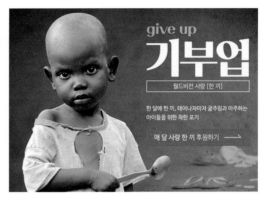

[그림 4-9] 공감 유발 광고

7) 노스탤지어

소비자 설득 기법에는 '복고(復古)' 혹은 '레트로(retro)'라 불리는 소구법이 있다. 다양한 분야에서 찾아볼 수 있지만 특히 패션 콘텐츠나 쾌락재 등의 마케팅이나 광고 표현 기법으로 종종 찾아볼 수 있다. 이와 같은 과거의 장면, 과거의 분위기는 소비자들에게 어떠한 정서적 경험을 이끌어 낼 수 있을까? 연구자들에 따르면 이때 느끼는 감정을 노스탤지어라고 한다. 노스탤지어는 과거에 대한 감성적인 열망이며(Zhou, Wildschut, Sedikides, Shi, & Feng, 2012), 향수라는 말로 대체하여 사용되기도 한다.

노스탤지어는 개인이 과거에 경험했던 기억에 관한 것으로 직접적인 경험과 관련된 '개인적 노스탤지어(personal nostalgia)'와 개개인이 직접 경험하지는 못했으나 역사적인 사실이나 사건을 떠올렸을 때 발생하는 간접경험과 관련된 '역사적 노스탤지어(historical nostalgia)'로 구분된다. 예컨대, 중요한 스포츠 이벤트의 거리 응원에 참여하지 않은 사람에게 거리 응원은 개인적 노스탤지어나 추억(reminiscence)은 아니지만, 동시대, 동세대에 공유된 사회적 기억, 즉 역사적 노스탤지어라는 점에서 효과적인 접근방법이 될 수 있다.

노스탤지어는 몇 가지 독특한 심리적 영향을 미친다. 우선 노스탤지어는 사람들의 자기 긍정감(self-positivity)을 향상시킨다. 주 등(Zhou et al., 2012)의 연구에 따르면 과거의 가치 있는 경험에 대한 회상이 증가할수록 현재의 자신에게 더 긍정적인 감정이 발생한다. 특히 과거 추억 속에 존재하는 자신의 모습을 떠올리게 되면, 긍정적인 감정을 불러일으키고 자아를 긍정적으로 판단하게 된다(Wildschut, Sedikides, Arndt, & Routledge, 2006).

또한 노스탤지어는 사회적 유대감(social connectedness)을 증진시키며, 노스탤지어를 불러일으키는 자극에 노출되면 가까운 친지들에게 둘러싸인 느낌을 받게 된다(Wildschut et

al., 2006). 특히 개인적 기억이 사회적·문화적 환경에서 형
성되므로, 시대적 상징의 노출을 통해 가족이나 친구 등과
함께한 순간들이 자동적으로 연상되기도 한다(Wildschut et
al., 2006).

노스탤지어는 어렸을 때 구매했던 아이템을 성인이 되어
서도 계속 구매하도록 만들기도 하며(Schindler & Holbrook,
2003), 노스탤지어 유발 상황의 편안하고 안정적인 느낌이
광고 태도, 브랜드 태도, 구매 의도에 유의한 영향을 미친다
(Loveland, Smeesters, & Mandel, 2010).

한편, 노스탤지어는 회복 불가능하며, 돌아오지 않는 시
대, 상실된 관계와 사람들에 대한 기억일 수도 있으며, 이는
슬픔을 일으키기도 하는데(Wildschut et al., 2006), 이는 다른

[그림 4-10] 노스탤지어 활용 광고

소구방법으로는 제공하기 힘든 아련함, 달콤쌉싸름(bittersweet)과 같은 정서를 일으키는 독
특한 정서적 차별성을 갖는다. 대체로 노스탤지어는 여성과 높은 연령의 소비자들이 더 강
하게 느끼는 것으로 나타난다(Schindler & Holbrook, 2003).

3 소비자 동기

소비자들의 지속적이고 장기적인 행동을 설명하는 데 동기(motivation)는 매우 유용한 개
념이다. 동기는 목표 지향적 행동을 추구하는 내적 긴장 상태이며, 유발된 동기에 의해서 행
동의 과정, 방향과 강도가 결정된다(광고심리학, 2009). 욕구가 활성화되었으나 충족되지 못
한 욕구로 인해 긴장이 증가하면 이 불편한 긴장을 감소시키기 위해 새로운 시도를 하는 과
정에서 행동이 발생한다. 품절된 한정판 운동화를 구하기 위해 중고상품 거래 사이트나 앱
을 오랜 기간 꾸준히 확인하는 소비자를 생각해 보자. 운동화를 구하지 못한 소비자가 그 제
품을 구매할 방법을 탐색하고, 관련 정보를 수집하며, 구매를 위한 비용을 모으는 일련의 과
정은 강한 동기에 의해 발생하는 것이다. 동기는 내부적인 상태이므로, 개인이 외부에서 받
는 자극이나 보상보다는 개인의 내적인 생리적 상태나 욕구, 가치관, 경험 등을 중시한다.
동기가 충족되지 못한 상황이 심리적·생리적 긴장을 유발한다는 점에서 정서와 유사한 측
면이 있다. 소비자의 동기를 설명하는 실무적으로나 학문적으로 많이 다루어지는 몇몇 이

론을 살펴보도록 하자.

1) 욕구 위계 이론

가장 유명한 동기 이론 중 하나는 매슬로(Maslow, 1958)의 욕구 위계 이론이다. 매슬로는 욕구가 해결되지 않으면 이를 충족시키기 위한 행동이 나타난다고 설명하며, 다섯 가지로 분류될 수 있는 욕구들은 특정 위계를 갖고 순차적으로 욕구를 충족시키게 된다고 한다([그림 4-11] 참조).

다섯 가지 위계 중 가장 하위의 욕구는 생리적 욕구(Physiological need)이며, 이는 생존에 필수적이다. 의식주의 충족, 수면 등의 활동과 연결된다. 두 번째는 안전(Safety)의 욕구다. 신체, 건강, 자산 등을 보호하고, 안전을 유지하고, 위험으로부터 보호받고자 하는 욕구이다. 세 번째는 사랑과 소속의 욕구(love & belonging)이며 흔히 사회적 욕구로 해석된다. 가족, 친구, 사회적 관계 등을 추구, 유지, 지속하는 행동이 이에 해당한다. 네 번째는 자존감(esteem)의 욕구다. 타인으로부터 인정과 존경을 받고 성취감을 느끼고자 하는 욕구다. 마지막 가장 상위의 욕구는 자기실현(self-actualization) 욕구다. 자기 스스로의 잠재력을 최대한 발휘하고 발전시킴으로써 사회적으로 존경을 받고 자신의 가치를 인정받고자 하는 욕구로 교육, 문화, 예술, 자기 개발 등의 활동을 통해 충족된다.

이 위계는 모든 사람에게 거의 예외 없이 동일하게 적용되며, 한 번에 한 단계씩 순차적으로 상승, 드물게는 하강하게 된다. 예를 들어, 생존에 필요한 욕구가 충족되지 않으면 생존을 위한 행동이 우선적으로 나타나며, 이후 안전하고 안정적인 환경에서는 더 상위의 욕구

[그림 4-11] 매슬로의 욕구 위계

가 중요해진다.

　욕구 위계 이론은 소비자들의 동기 상태에 따른 구매 행동의 관계를 설명해 줄 수 있을 뿐 아니라, 시장의 발전 상황이나 성숙도, 소비자의 사회경제적 수준, 제품의 가시성이나 유형 등에 따라 타겟 소비자를 설득하는 메시지 등을 구성할 때에도 의미 있는 설명을 제공해 줄 수 있는 이론체계다. 다소 거시적이지만 이해하기 쉽고 직관적인 설명이 가능해서 소비자 조사 등 현장에서도 많이 활용되고 있다.

2) 프로이트의 무의식

　무의식(unconsciousness)은 프로이트 이론의 중요한 개념이다. 프로이트는 우리의 정신 구조가 의식과 무의식으로 이루어져 있다고 주장하였다. 흔히 이 개념을 '빙산의 일각'이 라는 비유법으로 설명하곤 하는데, 의식이 물 위에 떠 있는 10%의 빙산 정도라면 무의식은 90%의 수면 아래 빙산만큼의 영향력을 가지고 있다는 의미다.

　대체로 무의식은 사람들이 스스로 인식하지 못하는 심리적인 영역을 의미하며(김지호, 2019), 무의식에는 사람들의 경험, 욕구, 충동 등이 잠재적으로 저장되어 있다. 특히 프로이 트는 무의식에는 성(sex)과 관련된 해소되지 못한 욕망, 금기시된 기억, 억압된 경험들이 중 요하게 자리 잡고 있다고 믿었다. 이 주장이 옳다면, 사람들은 스스로는 의식적이고 의도적 으로 살고 있다고 믿고 있지만, 실제로는 거의 인식하지 못하는 성과 관련된 무의식에 의해 행동이 결정된다는 것을 의미한다.

　제1장에서 언급한 에드워드 버네이스의 예에서도 볼 수 있듯, 무의식 마케팅이 효과적이 라고 믿는 전문가들이 있다. 이들에 따르면 무의식은 성적인 메시지나 자극의 해석적 관점 에서 효과적이다. 종종 성적 소구 또는 성적 정서 광고에 대한 효과를 무의식을 통해 설명하 곤 하는데, 성적 소구의 효과는 무의식이 아니어도 설명할 수 있다. 오히려 무의식은 성적 자극이나 메시지의 상징성의 측면에서 설명하는 것이 더욱 독자적인 설명력을 가진다.

　프로이트의 정신분석적 마케팅 사례로 제너럴 밀스사(General Mills)의 케이크 믹스에 대 한 컨설팅이 유명하다. 1930년대 당시 새롭게 출시한 해당 제품은 번거롭고 복잡한 제빵 과 정의 계량, 발효 등의 과정을 편하게 할 수 있도록 만든 제품이었는데, 제품의 판매가 기대 에 미치지 못하는 상황이었다. 이에 정신분석 마케터들이 판매 부진 현상에 대해 정신분석 적 소비자 분석을 통해서 달걀을 넣어서 만드는 새로운 제품 개발을 제안했다. 이로써 음식 을 대충 준비하는 게으른 주부의 이미지를 벗어날 수 있을 뿐더러, 달걀로 표현되는 성적인

[그림 4-12] 제품의 남성성을 상징적으로 표현한 광고

상징을 빵에 추가함으로써 남편에게 무의식적 성욕을 투사하는 식사를 대접할 수 있다고 보았으며, 결과적으로 새로운 레시피 제품의 판매는 성공적이었다고 한다(Satel & Lilienfeld, 2013). 이처럼 성적 자극 그 자체의 주의 획득 효과가 아니라, 그 의미를 크게 인식하지 않아도 수용되는 성적 의미의 상징적 해석이 무의식 마케팅의 핵심적인 부분이다.

무의식 접근은 흥미롭고 차별적인 설명을 제공해 주므로, 마케터에게 새로운 통찰을 줄 수 있다. 그러나 이러한 분석을 하기 위한 특별한 훈련을 받은 전문가가 필요하며, 다소 단순화되고 과도하게 성적 요소에 초점을 맞춘 측면이 있어서 쉽게 시도하기 어려운 부분이 있다. 또한 무의식의 존재와 같은 핵심적 개념에 대한 검증이 불가하다는 점에서 비과학적이라는 비판을 받기도 한다. 그러나 프로이트의 상징성은 마케팅 장면에서 상품이나 브랜드의 로고, 패키지, 메시지 등에서 사용될 수 있으며, 소비자의 무의식적인 욕구나 욕망에 호소하는 시도를 할 수 있다는 점에서 일부 유형의 마케팅 효과 차원으로 설명되곤 한다.

3) 조절 초점 이론

사람마다 추구하는 목표가 다르다. 어떤 사람은 쾌락이나 즐거움을 추구하고, 또 다른 사람들은 불쾌감 또는 고통을 회피하려는 목적이 크게 작용한다. 자신의 목표를 달성하기 위해, 사람들은 자기조절(self-regulation)의 과정을 통해 스스로의 행동을 관리하고 통제한다. 따라서 그들의 자기조절 과정은 각각 추구하는 목표에 따라 서로 상이한 방식으로 영향을 미칠 수 있다. 히긴스(Higgins, 1997)는 조절 초점 이론(regulation focus theory)을 제안하였는데, 사람들이 어떠한 목표를 추구하는지에 따라서 자기조절의 초점이 달라지고 그 결과 의사 결정의 내용이 달라진다고 주장하였다. 이러한 조절 초점의 목표 양상이 두 가지로 나타날 수 있다고 보았는데, 첫 번째는 향상 동기 또는 향상 초점(promotion focus)과 관련된 자기조절이고, 두 번째는 예방 동기 또는 예방 초점(prevention focus)과 관련된 자기조절로 구분하였다.

향상 초점은 '이상(ideal)'에 집중하며, 예방 초점은 '의무(ought)'에 집중한다. 목표가 이상과 관련되어 있으면 향상 초점 활성화로 발전, 달성, 열망과 같은 긍정적인 결과를 얻도록 자신의 행동을 조절한다. 이러한 초점에서의 자기조절은 이득을 달성하고 기회를 잡고자 하는 데 집중하게 된다. 반면, 목표가 의무와 관련되어 있으면 예방 초점이 되고, 책임, 의무, 안전과 같은 부정적인 결과를 피하기 위한 방향으로 자신의 행동을 조절하는데, 이러한 초점에서의 자기조절은 실수를 예방하고 손실을 피하는 데 집중한다.

성취 초점이 강한 소비자들에게는 제품의 성능과 기능을 강조한 마케팅 전략이 효과적인데, 이들은 제품의 성능과 기능이 자신의 목표 달성에 도움이 된다고 생각하기 때문이다. 반면, 예방 초점이 강한 소비자들에게는 제품의 안전성과 신뢰성을 강조한 마케팅 전략이 효과적인데, 이들은 제품이 안전이나 위험 회피가 자신의 목표 달성에 도움이 된다고 생각하기 때문이다.

많은 연구는 조절 초점이 비교적 일관성이 있는 개인차 변인임을 확인하였다(Romal & Kaplan, 1995; Tangney & Baumeister, 2001). 이러한 점에서, 향상 또는 예방의 초점은 각 개인의 동기적 속성으로 해석될 수 있다. 관련 연구자(Mourali, Bockenholt & Laroche, 2007)들은 향상 초점의 소비자들과 예방 초점의 소비자들은 같은 선택 맥락에 대해 서로 다르게 반응한다는 것을 제시한다. 이뿐만 아니라, 기존 연구는 향상 동기의 소비자가 예방 동기 소비자에 비해 긍정적 결과(Aaker & Lee, 2001), 주관적 감정반응(Pham & Avnet, 2004), 쾌락적이고 매력적인 성과, 현 상태에서 벗어나려는 행위(Chernev, 2004)에 더 잘 설득된다는 것을 보여 준다.

그러나 다양한 연구들은 평소 성향이 향상 초점이거나 예방 초점일 수 있지만 상황에 따라 조절 초점이 변화할 수도 있다고 본다. 이에 상황, 메시지, 개인 성향을 점화시킴으로써 일시적으로 특정 초점을 활성화될 수 있음을 확인하였다. 특히 메시지에 따른 손실-이득 프레임은 조절 초점의 효과를 잘 보여 준다. 예를 들어, 향상 초점의 경우 이득 영역에서 예방 초점에 비해 더 높은 이익을 지각하게 되며, 예방 초점의 경우 손실 영역에서 향상 초점에 비해 더 높은 손실을 지각하게 된다. 제품 사용의 긍정적-부정적 결과(Aaker & Lee, 2001), 기부 수혜자의 행복-불행한 표정(박기경, 오민정, 박종철, 2017), 사회적 포용-배제(Wu & Dodoo, 2020) 등에 대한 메시지 프레임은 점화를 통한 조절 초점의 변화를 통해 설득 효과를 높일 수 있다는 점을 다양한 연구들에서 확인하였으며, 이는 마케팅 맥락에서 조절 초점 이론의 적용 가능성을 확인하였다고 할 수 있다.

요약

1. 정서는 1차 정서와 이러한 정서들의 혼합으로 나타나는 2차 정서로 분류할 수 있다. 이러한 정서들은 범문화적이고 개인차가 크지 않으므로 기본정서라고 한다. 반면, 문화나 사회, 시대 맥락에 따라 경험하는 정서를 사회정서라 한다.

2. 2차원 정서는 소비자 행동 분야에서 자주 사용되는 분류체계인데, 쾌-불쾌의 한 축과 각성-이완의 다른 축으로 구성되며, 소비자들이 느끼는 2차원 내 상대적 위치로 구체적인 정서를 느끼게 된다.

3. 정서는 생리적 각성이 수반되는 정도에 따라 정서, 느낌, 분위기, 평가로 분류된다. 이러한 정서들은 차별적으로 소비자 행동에 영향을 미치므로, 소비자들이 경험하는 정서유형에 관심을 가져야 한다.

4. 정서는 인지적 평가에 영향을 미친다. 이때 정서는 마케팅 자극에 의해 유발된 정서와 개인의 특질이나 환경에 의해 유발된 정서가 복합적으로 작용한다. 따라서 정서를 통해 소비자를 설득하고자 한다면, 정서가 사람들에게 미치는 영향력에 대한 잠재력 및 한계를 명확히 인식하여야 할 필요가 있다.

5. 유머는 소비자 설득에서 많이 활용되는 정서다. 소비자들이 좋아하고 뚜렷한 효과도 있으나, 반복적 노출에 대한 취약성, 주의 분산 등의 부정적 영향에 대해서도 인식할 필요가 있다.

6. 공포의 수준과 설득효과 간에 역U자형 관련성이 있는 것으로 보인다. 따라서 효과적 설득을 위해서는 적절한 수준의 공포를 활용하며 나아가 공포를 피하기 위한 적절한 행동양식이 명확하게 전달될 필요가 있다.

7. 성적 소구의 효과에 대해서는 다양한 견해가 존재한다. 그럼에도 불구하고 제품과 성적 자극의 관련성이 명확한 경우에는 설득효과가 있다. 또한 주의 획득의 효과가 높으므로 메시지에 대한 노출을 높이는 장점도 존재한다.

8. 최근 마케팅 장면에서는 설득효과를 높이기 위해 사회적 배제, 공감, 노스탤지어와 같은 사회정서를 많이 활용하고 있다. 이를 통해 기본정서에서는 느끼지 못하는 독특한 심리적 경험을 제공할 수 있다.

9. 동기는 목표 지향적 행동을 추구하는 내적 긴장 상태이며, 유발된 동기에 의해서 행동의 과정, 방향과 강도가 결정된다. 따라서 소비자의 동기를 잘 파악할 수 있다면 구매행동을 설명하는 데 많은 도움이 된다.

10. 매슬로의 욕구 위계 이론, 프로이트의 무의식, 히긴스의 조절 초점 이론은 여러 동기이론 중 소비자의 행동을 설명하는 대표적인 이론들이다.

참고문헌

구승희(2000). 유머, 비유머 광고의 효과에 관한 연구: 수용자의 브랜드 호감도 차이의 영향을 중심으로. 광고학연구, 11(4), 23-50.

김영리, 한승희(2014). 사회적 배제 경험이 타인과 동일한 제품을 소비하는 상황에 대한 소비자의 반응에 미치는 영향. 한국심리학회지: 소비자 · 광고, 15(4), 555-577.

김지호, 김은경(2022). B 급 감성이 A 급 재미로!: B 급 감성 광고의 기대 불일치와 광고 유발 각성이 소비자 태도에 미치는 영향. 한국심리학회지: 소비자 · 광고, 23(4), 397-422.

김지호, 이영아, 이희성, 김재휘(2008). 동공지표를 이용한 유머 광고의 효과 연구: 부조화-해소 이론을 중심으로. 한국심리학회지: 소비자 · 광고, 9, 1-24.

김지호(2019). 은유를 통한 점화효과에 집중하되 의식마케팅을 통해 내공 쌓아야. 동아 비즈니스 리뷰, (276).

박기경, 오민정, 박종철(2017). 기부자의 조절초점과 기부수혜자의 표정제시방식이 기부의도에 미치는영향. 광고학연구, 28(2), 7-25.

백혜진, 이혜규(2013). 헬스커뮤니케이션의 메시지 · 수용자 · 미디어 전략. 커뮤니케이션북스.

선병일(2018). 한국적 정서로 표현된 '정 (情)'과 '효 (孝)'의 디자인 연구. 상품문화디자인학연구, (52), 35-45.

선홍청, 박세범(2019). 온라인 상 사회적 배제 경험이 동조 소비에 미치는 영향. 연세경영연구, 56(1), 1-19.

안대천, 김상훈(2007). 거래주체 요인과 거래시스템 요인을 중심으로 한 인터넷 쇼핑의 소비자신뢰 연구. 광고연구, (75), 121-141.

이국희(2018). 사회적 배제가 추천 및 유행 상품 구매의도에 미치는 효과. 마케팅논집, 26(3), 1-18.

이병관, 손영곤, 서동명, 좌보경, 홍현호, 이진우(2013). 지난 40년간 공포소구 연구의 통합: 국내 공포소구 연구에 대한 메타분석. 한국광고홍보학보, 15(3), 126-155.

이진호, 이상빈, 리대룡(2000). 감성소구광고의 성별효과. 광고문화논집, 6권, 1호, 21-42.

임재문, 박명진, 박종철(2013). 성적소구광고가 소비자 반응에 미치는 영향: 소구유형과 제품유형의 역할을 중심으로. 광고학연구, 24(3), 107-129.

전근영, 이정교(2015). 국내 유머 광고에 대한 메타 분석. 한국언론학보, 59(6), 477-504.

Aaker, J. L., & Lee, A. Y. (2001). "I" seek pleasure and "we" avoid pains: The role of self-regulatory goals in information processing and persuasion. *Journal of Consumer Research, 28*(1), 33-49.

Achar, C., So, J., Agrawal, N., & Duhachek, A. (2016). What we feel and why we buy: the influence of emotions on consumer decision-making. *Current Opinion in Psychology, 10*, 166-170.

Agrawal, N., Han, D., & Duhachek, A. (2013). Emotional agency appraisals influence responses to preference inconsistent information. *Organizational Behavior and Human Decision Processes, 120*(1), 87-97.

Alden, D. L., Mukherjee, A., & Hoyer, W. D. (2000). The effects of incongruity, surprise and positive moderators on perceived humor in television advertising. *Journal of Advertising, 29*(2), 1-15.

Baker, M. J., & Churchill Jr, G. A. (1977). The impact of physically attractive models on advertising evaluations. *Journal of Marketing Research, 14*(4), 538-555.

Barraza, J. A., Alexander, V., Beavin, L. E., Terris, E. T., & Zak, P. J. (2015). The heart of the story: Peripheral physiology during narrative exposure predicts charitable giving. *Biological Psychology, 105*, 138-143.

Batson, C. D., & Powell, A. A. (2003). Altruism and Prosocial Behavior. *Handbook of Psychology*, 463-484.

Baumeister, R. F., & Leary, M. R. (1995). The need to belong: Desire for interpersonal attachments as a fundamental human motivation. *Psychological Bulletin, 117*(3), 497.

Berlyne, D. E. (1972). Humor and its kin. *The psychology of humor: Theoretical perspectives and empirical issues*, 43-60.

Blair, J. D., Stephenson, J. D., Hill, K. L., & Green, J. S. (2006). Ethics in advertising: sex sells, but should it?. *J. Legal Ethical & Regul. Isses, 9*, 109.

Chernev, A. (2004). Goal orientation and consumer preference for the status quo. *Journal of Consumer Research, 31*(3), 557-565.

Cho, S., Gonzales, R., & Yoon, C. (2011). Cross-Cultural difference in the Preference of the cute Products: Asymetric dominance effect with product designs. Proceedings of IASDR.

Clark, M. S., & Isen, A. M. (1982). Toward understanding the relationship between feeling states and social behavior. *Cognitive Social Psychology, 73*, 108.

De Hoog, N., Stroebe, W., & De Wit, J. B. (2007). The impact of vulnerability to and severity of a health risk on processing and acceptance of fear-arousing communications: A meta-analysis. *Review of General Psychology, 11*(3), 258-285.

Duncan, C. P., Nelson, J. E., & Frontczak, N. T. (1984). The effects of humor on advertising comprehension. *Advances in Consumer Research, 11*, 432-437.

Ekman, P., & Cordaro, D. (2011). What is meant by calling emotions basic. *Emotion Review, 3*(4), 364-370.

Eroglu, S. A., Machleit, K. A., & Davis, L. M. (2003). Empirical testing of a model of online store atmospherics and shopper responses. *Psychology & marketing, 20*(2), 139-150.

Ford, J. B., & La Tour, M. S. (1993). Differing reactions to female role portrayals in advertising.

Journal of Advertising Research, 33, 43-43.

Gardner, M. P. (1985). Mood states and consumer behavior: A critical review. *Journal of Consumer Research, 12*(3), 281-300.

Glocker, M. L., Langleben, D. D., Ruparel, K., Loughead, J. W., Gur, R. C., & Sachser, N. (2009). Baby schema in infant faces induces cuteness perception and motivation for caretaking in adults. *Ethology, 115*(3), 257-263.

Glocker, M. L., Langleben, D. D., Ruparel, K., Loughead, J. W., Gur, R. C., & Sachser, N. (2009). Baby schema in infant faces induces cuteness perception and motivation for caretaking in adults. *Ethology, 115*(3), 257-263.

Grazer, W. F., & Kessling, G. (1995). The effect of print advertisings use of sexual themes on brand recall and purchase intention: A product specific investigation of male responses. *Journal of Applied Business Research (JABR), 11*(3), 47-57.

Hartmann, T., & Goldhoorn, C. (2011). Horton and Wohl revisited: Exploring viewers' experience of parasocial interaction. *Journal of Communication, 61*(6), 1104-1121.

Hassett, J., & Houlihan, J. (1979). Different jokes for different folks. *Psychology Today, 12*(8), 64-79.

Hein, G., Lamm, C., Brodbeck, C., & Singer, T. (2011). Skin conductance response to the pain of others predicts later costly helping. *PloS One, 6*(8), e22759.

Higgins, E. T. (1997). Beyond pleasure and pain. *American Psychologist, 52*(12), 1280-1300.

Hoffman, M. L. (2001). *Empathy and moral development: Implications for caring and justice.* Cambridge University Press.

Janis, I. L., & Feshbach, S. (1953). Effects of fear-arousing communications. *The Journal of Abnormal and Social Psychology, 48*(1), 78.

Jones, M. Y., Stanaland, A. J., & Gelb, B. D. (2014). Beefcake and cheesecake: Insights for advertisers. In *Readings in Advertising, Society, and Consumer Culture* (pp. 345-365). Routledge.

LaTour, M. S., Pitts, R. E., & Snook-Luther, D. C. (1990). Female nudity, arousal, and ad response: An experimental investigation. *Journal of Advertising, 19*(4), 51-62.

Lee, J., & Shrum, L. J. (2012). Conspicuous consumption versus charitable behavior in response to social exclusion

Lerner, J. S., & Keltner, D. (2000). Beyond valence: Toward a model of emotion-specific influences on judgement and choice. *Cognition & Emotion, 14*(4), 473-493.

Lerner, J. S., & Keltner, D. (2001). Fear, anger, and risk. *Journal of personality and social psychology, 81*(1), 146.

Li, Y., & Yan, D. (2021). Cuteness inspires men's risk seeking but women's risk aversion. *Journal* of Business Research, 126, 239-249.

Lobmaier, J. S., Sprengelmeyer, R., Wiffen, B., & Perrett, D. I. (2010). Female and male responses to cuteness, age and emotion in infant faces. Evolution and Human Behavior, 31(1), 16-21.

Loveland, K. E., Smeesters, D., & Mandel, N. (2010). Still preoccupied with 1995: The need to belong and preference for nostalgic products. Journal of Consumer Research, 37(3), 393-408.

Lull, R. B., & Bushman, B. J. (2015). Do sex and violence sell? A meta-analytic review of the effects of sexual and violent media and ad content on memory, attitudes, and buying intentions. Psychological Bulletin, 141(5), 1022.

Madden, T. J., Allen, C. T., & Twible, J. L. (1988). Attitude toward the ad: An assessment of diverse measurement indices under different processing "sets". Journal of Marketing Research, 25(3), 242-252.

Maslow, A. H. (1998). Maslow on management. John Wiley & Sons.

Mead, N. L., Baumeister, R. F., Stillman, T. F., Rawn, C. D., & Vohs, K. D. (2010). Social exclusion causes people to spend and consume strategically in the service of affiliation. Journal of Consumer Research, 37(5), 902-919.

Mourali, M., Böckenholt, U., & Laroche, M. (2007). Compromise and attraction effects under prevention and promotion motivations. Journal of Consumer Research, 34(2), 234-247.

Nenkov, G. Y., & Scott, M. L. (2014). "So cute I could eat it up": Priming effects of cute products on indulgent consumption. Journal of Consumer Research, 41(2), 326-341.

Niezink, L. W., Siero, F. W., Dijkstra, P., Buunk, A. P., & Barelds, D. P. (2012). Empathic concern: Distinguishing between tenderness and sympathy. Motivation and Emotion, 36, 544-549.

Nittono, H., Fukushima, M., Yano, A., & Moriya, H. (2012). The power of kawaii: Viewing cute images promotes a careful behavior and narrows attentional focus. PloS one, 7(9), e46362.

Noguchi, Y., & Tomoike, K. (2016). Strongly-motivated positive affects induce faster responses to local than global information of visual stimuli: an approach using large-size Navon letters. Scientific Reports, 6(1), 19136.

O'quin, K., & Aronoff, J. (1981). Humor as a technique of social influence. Social Psychology Quarterly, 349-357.

Passyn, K., & Sujan, M. (2006). Self-accountability emotions and fear appeals: Motivating behavior. Journal of Consumer Research, 32(4), 583-589.

Pham, M. T., & Avnet. T. (2009). Contingent reliance on the affect heuristic as a function of regulatory focus. Organizational Behavior and Human Decision Processes, 108, 267-278.

Plutchik, R. (2003). 정서심리학(Emotion and life: perspectives from psychology, biology, and evolution). (박권생 역). 학지사.

Reichert, T., & Carpenter, C. (2004). An update on sex in magazine advertising: 1983 to 2003. *Journalism & Mass Communication Quarterly, 81*(4), 823-837.

Reichert, T., & Ramirez, A. (2000). *Defining sexually oriented appeals in advertising: A grounded theory investigation.* ACR North American Advances.

Reid, L. N., & Soley, L. C. (1983). Decorative models and the readership of magazine ads. *Journal of Advertising Research.*

Romal, J. B., & Kaplan, B. J. (1995). Difference in self-control among spenders and savers. *Psychology-A Quarterly Journal of Human Behavior, 32*, 8-17.

Romani, S., Grappi, S., Zarantonello, L., & Bagozzi, R. P. (2015). The revenge of the consumer! How brand moral violations lead to consumer anti-brand activism. *Journal of Brand Management, 22*, 658-672.

Russell, J. A. (2003). Core affect and the psychological construction of emotion. *Psychological Review, 110*(1), 145.

Russell, J. A., & Mehrabian, A. (1977). Evidence for a three-factor theory of emotions. *Journal of Research in Personality, 11*(3), 273-294.

Satel, S., & Lilienfeld, S. O. (2013). *Brainwashed: The seductive appeal of mindless neuroscience.* Basic Civitas Books.

Schindler, R. M., & Holbrook, M. B. (2003). Nostalgia for early experience as a determinant of consumer preferences. *Psychology & Marketing, 20*(4), 275-302.

Schnurr, B. (2019). Too cute to be healthy: How cute packaging designs affect judgments of product tastiness and healthiness. *Journal of the Association for Consumer Research, 4*(4), 363-375.

Sengupta, J., & Dahl, D. W. (2008). Gender-related reactions to gratuitous sex appeals in advertising. *Journal of Consumer Psychology, 18*(1), 62-78.

Sherman, D. K. (2013). Self-affirmation: Understanding the effects. *Social and Personality Psychology Compass, 7*(11), 834-845.

Small, D. A., & Verrochi, N. M. (2009). The face of need: Facial emotion expression on charity advertisements. *Journal of Marketing Research, 46*(6), 777-787.

Speck, P. S. (1991). The humorous message taxonomy: A framework for the study of humorous ads. *Current Issues and Research in Advertising, 13*(1-2), 1-44.

Sternthal, B., & Craig, C. S. (1973). Humor in advertising. *Journal of Marketing, 37*(4), 12-18.

Stewart, D. W., & Furse, D. H. (2000). Analysis of the impact of executional factors on advertising performance. *Journal of Advertising Research, 40*(6), 85-88.

Tangney, J. P., Baumeister, R. F., & Boone, A. L. (2004). High self-control predicts good adjustment, less pathology, better grades, and interpersonal success. *Journal of Pesonality,*

72, 271-324.

Van Rompay, T. J., Galetzka, M., Pruyn, A. T., & Garcia, J. M. (2008). Human and spatial dimensions of retail density: Revisiting the role of perceived control. *Psychology & Marketing, 25*(4), 319-335.

Wan, E. W., Xu, J., & Ding, Y. (2013). To be or not to be unique? The effect of social exclusion on consumer choice. *Journal of Consumer Research, 40*(6), 1109-1122.

Weinberger, M. G., & Gulas, C. S. (1992). The impact of humor in advertising: A review. *Journal of Advertising, 21*(4), 35-59.

Wildschut, T., Sedikides, C., Arndt, J., & Routledge, C. (2006). Nostalgia: content, triggers, functions. *Journal of Personality and Social Psychology, 91*(5), 975.

Williams, K. D. (2009). Ostracism: A temporal need-threat model. *Advances in Experimental Social Psychology, 41*(1), 275-314.

Williams, K. D., Cheung, C. K., & Choi, W. (2000). Cyberostracism: Effects of being ignored over the Internet. *Journal of Personality and Social Psychology, 79*(5), 748.

Witte, K. (1992). Putting the fear back into fear appeals: The extended parallel process model. *Communications Monographs, 59*(4), 329-349.

Witte, K., & Allen, M. (2000). A meta-analysis of fear appeals: Implications for effective public health campaigns. *Health Education & Behavior, 27*(5), 591-615.

Wu, L., & Dodoo, N. A. (2020). Being accepted or ostracized: How social experience influences consumer responses to advertisements with different regulatory focus. *Journal of Advertising, 49*(3), 234-249.

Yano, C. R. (2004). Kitty litter: Japanese cute at home and abroad. In *Toys, games, and media* (pp. 67-84). Routledge.

Zhou, X., Wildschut, T., Sedikides, C., Shi, K., & Feng, C. (2012). Nostalgia: The gift that keeps on giving. *Journal of Consumer Research, 39*(1), 39-50.

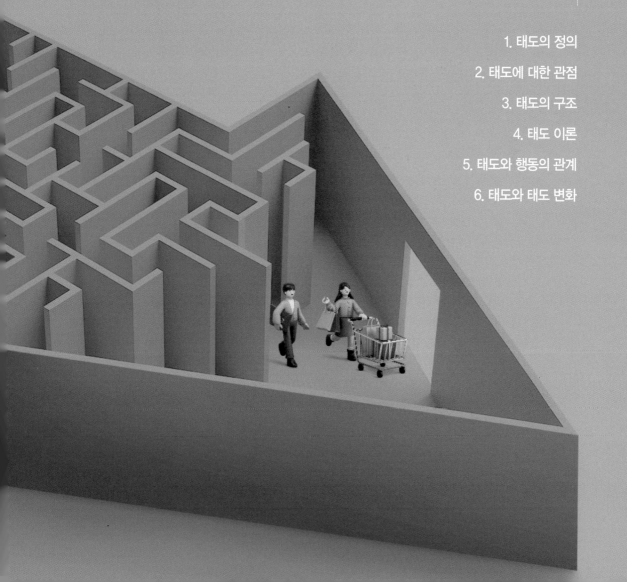

제5장

태도와 태도 변화

태도란 무엇이고 태도를 형성하고 변화를 어떻게 설명할 수 있는가는 소비자 심리를 이해하고 예측하기 위해서 필수적으로 품어야 하는 질문이다. 태도의 가장 일반적 정의는 "어떤 대상에 대해 일관성 있게 호의적 또는 비호의적으로 반응하게 하는 학습된 선유경향(Fishbein & Ajzen, 1975)이다. 여기서 선유경향이란 쉽게는 선입견이라고 표현할 수 있다. 특정 제품이나 브랜드에 대해서 소비자가 이미 가지고 있는 좋다 나쁘다와 같은 선입견을 소비자의 태도라고 정의해 본다면 소비자 심리 분야에서 태도가 얼마나 중요한 개념인지를 쉽게 예상할 수 있을 것이다. 사회심리학자 올포트(Allport, 1935)는 태도(attitude)를 일컬어 사회심리학 역사를 통틀어 가장 필수적이면서도 고유한 성격을 지닌 개념이라고 설명하였다. 비단 사회심리학뿐 아니라 소비자 심리, 의사결정, 광고학 연구 분야에서도 태도는 매우 중요하게 다루어지는 개념 중 하나다. 실제로 소비자 행동에 관심을 가지고 있는 마케터, 광고 실무자 및 관련 분야 연구자들은 마케팅 대상이 되는 제품이나 브랜드, 광고, 매장, 웹 사이트 등에 대한 소비자의 태도를 파악하기 위하여 그들의 태도를 측정하고 예측하는 데 막대한 노력과 비용을 지불한다. 왜냐하면 마케팅의 대상인 소비자의 태도를 제대로 이해해야만 마케터가 원하는 방향으로 소비자의 선호와 평가를 변화시키고 구매 행동을 이끌어 낼 수 있다고 믿기 때문이다. 이러한 이유로 이 장에서는 소비자 행동에 대한 논의에서 빼놓을 수 없는 태도에 대해 이야기해 보고자 한다. 먼저 태도의 정의, 태도라는 개념을 바라보는 다양한 관점과 태도의 구조에 대해서 다룰 것이다. 이어 태도의 형성과 변화를 설명하는 여러 이론과 모델을 소개하고 태도와 행동의 관계에 대한 논의로 이 장을 마무리할 것이다.

1 태도의 정의

"YouTube에 대해 당신은 어떤 태도를 가지고 있습니까?"라는 질문에 답을 한다고 생각해 보자. 당신은 이 질문에 대해서 '나는 YouTube를 좋아한다.' 혹은 'YouTube를 싫어한다.'와 같은 대답을 할 가능성이 높다. 이처럼 사람들은 태도(attitude)라는 단어를 대상에 대한 전반적인 호불호 정도로 이해하고 사용한다. 그러나 심리학자들은 태도를 선호(preference)나 의견(opinion)과는 구별되는 개념으로 정의하고 태도에 대해 보다 명확한 정의를 내리기 위한 노력을 기울여 왔다.

태도에 대한 학문적 정의는 매우 다양하다. "어떤 대상에 대해 일관성 있게 호의적 또는 비호의적으로 반응하게 하는 학습된 선유경향(Fishbein & Ajzen, 1975)" "특정 대상에 대한 호의적 혹은 비호의적 평가로 드러나는 심리적 경향성(Eagly & Chaiken, 1993)" "심리적 대상의 좋음-나쁨, 해로움-이로움, 즐거움-즐겁지 않음, 호감-비호감의 속성에 대한 요약된 평가(Ajzen, 2001)" 등 연구자에 따라 태도를 여러 가지 방식으로 정의해 왔다. 연구자가 태도를 바라보는 관점에 따라 그 정의는 조금씩 다르지만 여러 정의를 관통하는 공통점은 태도를 '대상에 대한 평가'로 간주한다는 것이다. 다음 태도의 특성에 비추어 태도의 정의를 보다 구체적으로 해석해 볼 수 있다.

첫째, 태도는 특정 대상(object)에 대한 평가다. 태도는 자칫 감정의 좋고 싫음과 같은 기분(mood)이나 성격(personality)에 따른 선호와 혼동될 수 있다. 그러나 태도는 기분이나 개인의 성격과는 구별된다. 태도는 평가하고자 하는 명확한 대상이 있으며 그 대상을 두고 이루어지는 좋거나 싫음의 평가라고 할 수 있다. 여기서 대상은 태도 대상으로 불리기도 하는데 소비자에게 태도 대상은 판매원과 같은 사람, 제품이나 광고, 브랜드 등과 같은 사물, 환경보호, 페미니즘, 미니멀리즘과 같은 개념이 될 수 있다.

둘째, 개인의 태도는 직접 관찰할 수 없다. 태도는 겉으로 드러나지 않기 때문에 눈으로 직접 관찰할 수 없고 측정하거나 행동을 통해 추론해야 한다. 태도를 측정하는 가장 직접적이고 전통적인 방식은 자기 보고식 설문 도구를 이용하는 방식이다. 자기보고식 설문은 설문 응답자의 직접적이고 공개적으로 드러나는 태도를 측정하기에 적합한 방식이다. 즉, 자기보고식 설문은 소비자의 명시적 태도(explicit attitude)를 측정하는 도구다. 그러나 이러한 명시적 태도 측정은 사회적 바람직성(social desirability)에 의한 편향(bias)에 취약하다. 구체적으로 말하자면, 명시적 태도 보고 과정에 응답자가 자신의 실제 태도를 왜곡시킬 수 있는 요소가 존재할 경우 응답자는 본인의 진짜 태도를 드러내지 않을 수도 있다. 소비자가 본인의 태도를 스스로 보고하지 않고 대상에 대한 소비자의 숨겨진 진짜 태도를 측정하고자 하는 방식도 존재한다. 이와 같은 암묵적 태도(implicit attitude)를 측정하는 방식의 대표적인 예로는 내재적 연관 검사(Implicit Association Test: IAT; Greenwald & Banaji, 1995)가 있다.

셋째, 태도는 태도 대상에 대한 감정적 방향성과 강도를 갖는다. 태도는 태도 대상에 대한 긍정 혹은 부정의 감정적 반응의 방향성을 가지고 있으며 그 감정은 연속선상에서 평가된다. 예를 들어, 스타벅스라는 브랜드에 대해서 소비자 A와 B 모두 부정적인 감정(방향성)이라는 같은 방향성을 가지고 있지만, 스타벅스에 대한 A의 부정적 감정은 아주 부정적(강한 강도)인 데 비해 B는 다소 부정적(약한 강도)인 감정을 갖고 있을 수 있을 수 있다.

넷째, 태도를 통해 행동을 예측할 수 있다. 태도는 특정한 방향으로 행동하려는 선유경향(predisposition)이기 때문에 특정 제품에 대한 소비자의 태도를 안다는 것은 그 소비자가 특정 제품에 대해 어떠한 행동 반응을 보일 것인지 예측할 수 있다는 뜻이기도 하다. 예를 들어, 차가운 음료에 대해 부정적인 태도를 가지고 있는 소비자의 경우 얼음이 포함된 음료를 구매하지 않을 것이라고 짐작할 수 있다. 다만, 태도를 통해 행동을 짐작하거나 추론하는 것은 가능하지만 태도가 무조건 행동으로 이어지지는 않기 때문에 태도를 통해 행동을 완벽히 예측할 수 있는 것은 아니다.

다섯째, 태도는 학습(learning)되는 것이다. 태도는 개인의 경험, 외부정보, 추론 등에 의해서 습득된다. 다시 말해, 어떤 대상에 대한 개인의 태도는 태어날 때부터 정해져 있는 것이 아닌 후천적 학습의 결과다. 예를 들어, 이전에 아메리카노를 만족스럽게 즐긴 경험이 있는 소비자는 아메리카노에 대한 긍정적인 경험을 가지고 있는 것이고, 따라서 아메리카노에 대한 긍정적 태도를 가지고 있을 것이다. 혹은 아메리카노가 다이어트에 도움이 된다는 광고를 본 적이 있는 소비자는 아메리카노에 대한 긍정적인 태도를 가질 수 있을 것이다. 즉, 제품에 대한 소비자의 직간접적인 경험과 광고 등의 외부 정보 학습이 소비자의 태도 형성에 기여할 수 있다.

여섯째, 태도는 맥락(context)에 의해 형성되는 것이다. 비 오는 날에는 따뜻한 음료에 대해 긍정적인 태도를 갖게 된다든지 기분이 좋은 날에는 신나는 음악을 듣고 싶다든지, 야외 캠핑장에서의 삼겹살에 대한 태도가 가정 내에서의 삼겹살에 대한 태도에 비해 더 좋게 느껴진다는 것은 모두 태도를 이끌어 내는 상황 혹은 맥락이 태도 형성에 영향을 미치는 예라고 할 수 있다.

2 태도에 대한 관점

태도에 대한 관점은 우리가 태도를 기능적인 관점(functional theory)으로 바라보는가 혹은 구성적 관점(constructive view)으로 바라보는가에 따라 달라지며, 관점에 따라 위에 언급한 태도의 특성에 대해 동의하는 부분 역시 다를 수 있다. 태도에 대해 기능적 관점을 가진 심리학자들은 태도는 대상에 대한 기존의 경험과 현재의 평가가 연합하여 도출되는 것이라고 설명한다(Eagly & Chaiken, 1993; Katz, 1960; Shavitt, 1990). 다시 말해, 태도의 기능적 관점에 동의하는 학자들은 태도는 학습된다는 설명을 지지할 것이다. 태도에 대한 기능적 관점을 지지하는 대표적인 연구자는 카츠(Katz)다. 카츠는 태도가 인간의 기본적 욕구를 충족시키기 위한 기능을 수행하며 개인의 기존 경험과 지식수준에서 태도가 도출되는 것이기 때문에 태도는 일관적이라고 설명하였다. 카츠는 소비자들이 왜 태도를 가지고 있는지를 밝히는 데 주목하였는데 카츠(Katz, 1960)가 주장하는 태도의 기능은 다음과 같다.

첫째, 태도는 실용적(utilitarian) 기능을 가지고 있다. 카츠는 학습(learning)의 대표적인 두 가지 메커니즘인 보상(reward)과 처벌(punishment)의 개념을 차용하여 소비자들은 태도를 근거로 하여 제품을 통해 경험하는 보상을 최대화하고 처벌을 최소화한다고 하였다. 즉, 소비자는 비용을 고려하여 자신에게 최대한의 편익(보상)을 가져다주는 대상에 대해 호의적인 태도를 형성한다. 예를 들어, 소비자에게 커피가 맛과 향에서 주는 즐거움이라는 보상을 주는 동시에 카페인에 의한 수면 장애라는 처벌을 동시에 준다면 소비자는 처벌을 낮출 수 있는 디카페인 커피에 대한 긍정적 태도를 형성한다. 이처럼 소비자의 대상에 대한 평가는 자신의 욕구를 달성하는 데 얼마나 효용이 있는가를 평가하는 실용적 기능을 가지고 있다.

둘째, 태도는 자아방어적(ego-defensive) 기능을 가지고 있다. 태도는 개인이 외부에 드러내고 싶지 않은 바람직하지 않은 특성을 감추거나 개인이 맞닥뜨리고 싶지 않은 외부 요소로부터 스스로를 보호하는 역할을 수행한다. 예를 들어, 운동 신경이 떨어진다고 느끼는 개인은 모든 스포츠 자체에 대해 부정적인 태도를 가지고 본인의 부족한 실력이 드러날 기회 자체를 차단하고자 할 수 있다. 이처럼 소비자는 제품에 있어서도 자신이 바라지 않는 모습이 드러나는 제품에 대해서는 부정적인 태도를 형성하고 자신의 약점을 감추거나 보완할 수 있는 제품에 대해서 긍정적인 태도를 가진다. 또래 집단에 소속되지 못하는 것에 대해 높은 불안을 가지고 있는 청소년이 친구들 사이에서 유행하는 브랜드에 대해 긍정적인 태도를 가지는 것을 태도의 자아 방어적 기능의 예라고 할 수 있다.

셋째, 태도는 가치 표현적(value-expressive) 기능을 가지고 있다. 태도의 가치 표현적 기능에서 '표현'은 바깥 세상에 나를 보여 준다는 의미보다는 타인과 구별되는 독특한 존재가 되고자 하는 인간의 욕구를 충족하기 위해 스스로를 드러냄을 의미한다(Carpenter, Boster, & Andrews, 2013). 소비자는 본인이 추구하는 자아개념(self-concept)이나 본인이 중요하게 생각하는 가치(value)와 제품의 가치가 부합할 경우 해당 제품에 대한 긍정적인 태도를 형성하게 된다. 예를 들어, 동물의 권리와 복지를 중요한 가치로 추구하는 소비자는 동물 실험을 하지 않는 화장품에 대한 긍정적인 태도를 가질 것이다.

넷째, 태도는 지식(knowledge)으로서의 기능을 수행한다. 소비자는 매우 많은 양의 복잡한 정보를 마주하게 되는데 이때 태도는 정보를 조직하고 분류하는 데 기여한다. 다시 말해, 태도는 일종의 스키마(schemas)나 심상 구조(mental structures)의 역할을 수행하는데 소비자는 태도를 통해 시장을 보다 예측 가능하고 관리 가능한 상태로 바라볼 수 있게 되며, 소비 결정에 들어가는 노력과 시간을 줄일 수 있게 된다. 소비자가 시장 내 제품에 대해 가지고 있는 고정관념(stereotype)이 지식으로서의 기능을 수행하는 태도의 대표적인 예가 될 수 있다. 예를 들어, 가격이 높은 제품이 품질이 좋을 것이라는 태도를 가진 소비자가 있다면 저가 그룹에 속하는 제품들을 구매 상황에서 고려하지 않는 방식으로 쇼핑 상황을 단순화할 수 있다.

태도가 인간의 다양한 욕구 충족에 기여한다는 기능적 관점과는 다르게 태도에 대한 구성적 관점은 태도가 어떤 기능을 수행하기 위해 존재하는 것이 아니라고 설명한다. 구성적 관점을 지지하는 학자들에 의하면 태도는 대상에 대한 평가적 판단(evaluative judgment)일 뿐이다. 구성적 관점에서 설명하는 태도는 대상에 대한 개인의 기억과는 관련이 없으며 대상이 평가되는 그 순간의 상황적 특성에 영향을 받아 구성될 뿐이다(Bettman, Luce, & Payne, 1998; Feldman & Lynch, 1988; Reed, Wooten, & Bolton, 2002). 즉, 소비자의 제품 혹은 브랜드에 대한 평가는 일시적인 판단이라는 것이다. 위에서 언급한 태도의 특성 가운데 맥락 의존적인 태도의 특성이 바로 구성적 관점에 부합하는 특성이며 구성적 관점에서 보는 태도는 잠정적이고 일시적인 평가다. 태도를 기능적으로 이해해야 하는가, 구성적으로 이해해야 하는가에 대한 논의는 사회심리학 영역과 소비자심리학 영역에서 아직도 진행 중이며, 태도의 개념적 정의와 특성을 보다 명확히 하기 위한 노력 또한 계속되고 있는 중이다(Argyriou & Melewar, 2011).

3 태도의 구조

1) 삼각 모델

세 가지 하위요소 이론(theory of tripartite view of attitude)이라고 불리기도 하는 삼각 모델 (the tripartite model)은 태도를 세 가지 구성요소로 이루어진 구성체라고 설명한다. 여기서 세 가지 하위요소는 인지적 요소(cognitive component), 감정적 요소(affective component), 행동적 요소(behavioral component)다. 인지적 요소는 대상이 가진 속성에 대한 개인의 신념 (belief)이나 지식으로 "전기 자동차는 안전하다."와 같은 소비자의 생각을 의미한다. 감정적 요소는 "나는 전기 자동차를 매우 좋아한다."와 같은 개인이 대상에 대해 품고 있는 정서적 느낌을 뜻한다. 이어 "나는 전기 자동차를 구입할 것이다."라는 의도는 태도의 행동적 요소 가 된다. 각 요소의 알파벳 앞 글자를 가져와 태도의 ABC 모델로 불리기도 하는 이 삼각 모 델은 태도가 항상 인지, 감정, 행동의 세 요인으로 구성되어 있으며 이들의 방향성은 일관성 을 가진다고 설명한다. 즉, 전기 자동차가 가진 속성에 대해 호의적인 신념이나 지식을 가 지고 있다며 전기 자동차에 대해 긍정적 정서를 띠게 되며 전기 자동차를 구매할 가능성 역 시 높다는 것이다. 삼각 모델은 1940년대 말 스미스(Smith, 1946)에 의해 처음 제안되었으며 1960년대에 이르러서는 태도의 구조를 설명하는 데 가장 많이 인용되는 모델이 되었다. 그 러나 이후 등장한 학자들은 태도의 세 가지 요소 가운데 감정적 요소에 집중하여 태도의 단 일 구조 모델을 제안하였다.

2) 단일 구조 모델

태도란 대상에 대한 호의적이거나 비호의적인 평가라는 정의에 주목한 학자들은 태도는 대상에 대한 단일 평가인 만큼 단일 구조를 가진 개념으로 보아야 마땅하다고 주장하였다. 단일 구조 모델(the unidimensional model)에 따르면 태도에 대한 인지적 평가는 태도라는 감 정 반응에 대한 선행 요소(antecedents)이며 행동적 요인은 태도의 결과물(consequences)이 다. 다시 말해, 앞서 삼각모델에서 살펴본 태도의 세 가지 요소인 인지, 감정, 행동의 3요소 중 인지와 행동은 각각 태도의 원인과 결과이며 정서적인 평가인 감정만을 태도라고 보았는 데, 태도에 대한 다양한 인지적 평가가 최종적으로는 호의적–비호의적이라는 단순한 정서

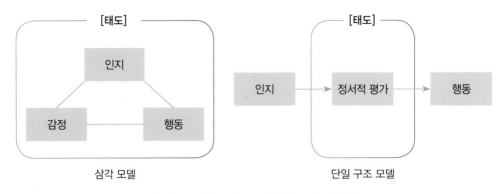

[그림 5-1] 태도의 구조에 대한 두 가지 견해

적 평가로 수렴하며 그 결과가 행동에 영향을 미치는 것으로 주장하였다. 이러한 단일 구조 모델의 주장은 태도 측정을 위해 리커트 방식(예: 1: 나는 전기 자동차를 매우 싫어한다. ~ 5: 나는 전기 자동차를 매우 좋아한다.)을 사용하는 태도 측정 방법을 정당화하는 데 기여하기도 하였다(Baum & Nelson, 2007; Macknight & Powell, 2001).

　그러나 동일한 대상에 대해 양면적(ambivalent) 태도를 지니고 있는 개인에 대한 연구 결과(Haddock & Zanna, 1999; Lavine, Thomson, Zanna, & Borgida, 1998)들은 단일 구조 모델이 태도의 양면성을 충분히 설명하지 못한다고 주장한다. 라빈 등(Lavine et al., 1998)의 연구는 인지적 평가인 '신념(beliefs)'과 정서적 평가인 '느낌(feeling)'이 일치하지 않는 경우 정서 반응이 행동을 예측하지만, 인지적 평가와 정서적 평가가 일치할 경우에는 두 평가 모두가 행동에 영향을 미친다는 결과를 보여 주었다. 이러한 연구 결과는 인지적 평가와 정서적 평가의 동일한 방향성을 가정하는 삼각 모델의 설명에 부합하지 않는 결과다. 단일 구조 모델을 지지하는 학자들은 인지적으로는 전기 자동차의 안정성이 떨어진다는 부정적 평가를 가진 소비자가 전기 자동차에 대해서는 좋은 느낌을 가지고 있을 수 있는데, 이러한 태도 요소의 불일치 현상을 연구하기 위해서는 태도를 형성하는 인지적 평가와 정서적 평가를 개별적으로 다룰 필요가 있다고 주장한다. 이뿐만 아니라 단일 구조 모델을 지지하는 최근의 태도 연구자들은 대상에 대한 정서적 판단, 구매 의도, 그리고 실제 구매 행동은 구별되는 개념이라고 설명하며(Samra, 2014), 대상에 대한 행동 반응을 단순히 태도의 결과물로 다루기보다는 행동 의도라는 개별 요소로 다룰 필요가 있다고 주장하기도 한다.

4 태도 이론

　모든 기업은 해당 기업이 생산하는 제품이나 관련 광고에 대해 소비자가 긍정적인 태도를 가지고 있기를 바란다. 만약 불행하게도 소비자가 해당 기업에 대해 부정적인 태도를 갖고 있다면 그 태도가 어떻게 형성되었는지를 이해하고 그 태도를 변화시킬 수 있는 방법을 모색한다. 이와 관련하여 심리학자들은 소비자가 어떻게 태도를 형성하고 형성된 태도가 어떻게 변화하는지를 설명하기 위한 다양한 모델들을 제안하였다. 태도 대상에 대해 혹은 태도 형성 과정에서 소비자가 얼마나 인지적 노력을 기울이느냐, 다시 말해 얼마나 대상에 대해 깊이 생각하는지에 따라 태도 이론들을 분류할 수 있다.

　대상을 평가하기 위해 얼마나 많은 인지적 노력을 기울이는가는 대상에 대한 개인의 관여도 수준에 달려 있다. 관여도(involvement)란 태도 대상에 대한 개인의 관심 수준 혹은 중요도 수준을 의미한다. 관여도는 보통 저관여 수준과 고관여 수준으로 나타내며 소비자의 관여도는 주어진 대상이나 자극에 전혀 관심이 없는 수준(저관여)에서부터 완전히 몰입되어 있는 수준(고관여)까지 연속선상의 한 점에 있는 것으로 본다. 태도 대상에 대한 관여도가 높을수록 소비자는 대상에 대한 본인의 신념과 지식에 더욱 주의를 기울이고 대상에 대한 태도 형성에 영향을 미칠 수 있는 관련 정보를 찾아보는 데 더 많은 노력을 기울인다. 만약 태도 대상에 대한 관여도가 낮다면 대상에 대해 굳이 깊게 생각하지 않는다.

　소비자의 관여도에 영향을 미치는 요인은 크게 제품 요인, 소비자 요인, 상황적 요인으로 나누어 볼 수 있다. 제품 요인은 제품 대안의 수, 제품의 가격, 제품에 대한 지각된 위험과 같은 요인들로 제품의 대안의 수가 많거나 제품의 대안 간의 특징이 두드러지지 않아 대안 간의 구별이 어려울 경우 소비자의 관여도 수준은 높아질 수 있다. 또 부동산과 같이 제품 가격이 고가인 경우, 주식 거래와 같이 제품 구매로 인한 지각된 위험도가 높다고 판단될 경우에도 소비자의 관여도 수준은 높아진다. 관여도에 영향을 미치는 소비자 요인으로는 소비자의 욕구와 동기, 대상에 대한 가치인식이 있다. 소비자는 어떠한 대상에 대해 구매 욕구나 동기가 촉발될 경우 그 대상에 대해 깊게 몰입하는 고관여 상태가 된다. 예를 들면, 새로운 자동차를 구매하고자 하는 욕구와 동기가 촉발된 소비자는 자동차에 대한 고관여 상태로 자동차와 관련한 다양한 정보를 찾아보는 데 노력을 기울일 것이다. 또한 소비자가 대상에 대한 가치 수준을 어느 정도로 인식하느냐에 따라서도 관여도 수준이 달라진다. 예를 들어, 신재생에너지가 큰 가치가 있다고 인식한 소비자는 신재생에너지에 대한 다양한 정보를 수집할 것이다. 마지막으로, 소비자를 둘러싼 소비 상황에 따라 소비자의 관여도 수준이 변화하는 것을 상황적 요인의 영향으로 볼 수 있다. 소비자 자신이 사용할 제품을 구매하는 상황이 아닌 타인을 위한 선물을 구매하는 상황이나 시간이 지나면 다시 구매 기회를 얻을 수 없는 한정 판매 상품 구매 상황과 같은 상황들은 소비자의 관여도 수준에 영향을 미치기에 충분하다.

관여도는 관여의 시간에 따라 지속적 관여도(enduring involvement)와 상황적 관여도(situational involvement) 두 가지로 구분하기도 한다. 지속적 관여도는 소비자가 대상에 대해 비교적 일관성 있게 안정적으로 가지고 있는 관심 수준을 의미한다. 예를 들어, 패션에 높은 관여도를 가지고 있는 소비자는 이번 시즌에 유행하는 신발, 변화하는 계절에 맞춘 의상, 새로 등장한 의류 브랜드 등 패션과 관련한 여러 대상에 대해 큰 관심을 가지고 있을 것이다. 그러나 패션에 낮은 관여도를 가지고 있는 소비자라면 매우 인기 높은 의류 브랜드에조차 관심을 기울이지 않을 가능성이 크다. 우리가 흔히 마니아(mania)라고 부르는 사람들도 본인의 관심에 대해 지속적인 관여도가 높은 사람들이라고 볼 수 있는데 마니아들은 특정 대상에 대해 많은 정보를 탐색하고 그 대상에 대해 지속적으로 높은 수준의 관심을 쏟기 때문이다.

상황적 관여도는 앞서 언급한 관여도에 영향을 미치는 상황적 요인과 유사 개념으로 특정 상황 혹은 특정 맥락에서의 대상에 대한 소비자의 관심 수준이 변화할 때의 관여도를 말한다. 면접을 앞둔 취업 준비생의 경우 패션에 대한 본인의 지속적 관여도 수준과 상관없이 면접 때 어떤 옷을 입어야 할지에 대해 높은 수준의 관심을 보일 것이다. 이때 취업 준비생이 가지고 있는 패션에 대한 높은 관심 수준을 높은 상황적 관여도의 예라고 할 수 있다. 상황적 관여도는 특정 상황에서 유발된 것이기 때문에 일시적이라는 특징을 가지고 있다. 다시 말해, 취업 준비생이 면접 의상을 준비하기 위해 패션에 대해 가지게 된 관심은 면접을 마치고 나면 바로 사라질 가능성이 높다. 자동차나 아파트와 같이 일상적인 구매를 벗어나는 중요한 구매 상황은 제품에 대한 높은 상황적 관여를 불러일으킨다. 평소에 자동차에 대해 큰 관심을 가지고 있지 않던 사람이라고 해도 자동차와 관련한 각종 정보에 주의를 기울이고 어떤 자동차에 대해 가장 호의적인 태도를 가져야 하는지 밝히기 위해 노력을 쏟는다.

소비자의 태도 형성을 설명하는 다양한 태도 이론은 대상에 대해 태도를 고관여 상황에서 형성하느냐 혹은 저관여 상황에서 형성하느냐에 따라 분류할 수 있다. 소비자가 제품 정보에 대한 높은 관심으로 태도를 형성하는 상황, 즉 고관여 상황에서의 태도 형성에 대한 대표적인 태도 모델로는 다속성 태도 모델(Multiattribute attitude model)과 정보 통합 이론(Information integration theory)이 있다. 소비자가 상대적으로 덜 중요하게 여기는 저관여 제품 혹은 인지적 노력을 기울이지 않는 구매 상황에 대한 태도 형성을 설명하는 모델의 예로는 저관여 메시지 학습 모델(low involvement learning model)과 단순노출 이론(mere exposure theory)이 있다. 고관여 상황과 저관여 상황에 대한 태도를 통합하여 설명하는 모델들도 존재하는데 가장 대표적인 이론으로는 인지 반응 모델(cognitive response model)과 정교화 가능성 모델(elaboration likelihood model)이 있다. 다음에서는 각각의 태도 이론의 특징에 대해 보다 자세히 살펴보도록 하겠다.

〈표 5–1〉 태도 이론의 분류

고관여 상황의 태도 이론	저관여 상황의 태도 이론	통합적 관점의 태도 이론
다속성 태도 모델 정보 통합 이론	저관여 메시지 학습 모델 단순노출 이론	인지 반응 모델 정교화 가능성 모델

1) 다속성 태도 모델

피쉬바인(Fishbein, 1963)의 다속성 태도 모델(multiattribute attitude model)은 소비자가 어떤 제품에 대해서 가진 태도는 그 대상에 대해서 알고 있는 여러 속성 중 소비자가 지각한 몇 가지 현저한 속성(salient attributes)에 대한 신념(belief)과 그 속성들에 대한 평가(attributes evaluation)에 의해 결정된다고 설명한다. 소비자는 광고나 온라인상의 제품 후기 등의 외부 정보, 개인의 경험 혹은 추론을 바탕으로 제품에 대한 여러 가지 신념, 즉 제품에 대한 의견을 가지고 있을 수 있다. 예를 들어, '맥북은 비싸다.' '맥북은 디자인이 세련되었다.' 등은 모두 맥북이라는 제품에 대해 소비자가 가지는 신념이 된다. 소비자는 여러 가지 신념 중 본인에게 보다 부각되는 5개에서 9개 정도의 제한된 개수의 신념을 바탕으로 태도를 형성한다. 피쉬바인의 다속성 태도 모델을 함수식으로 표현하면 다음과 같다.

〈다속성 태도 모델의 수식〉

$$A_0 = \sum_{i=1}^{n} b_i e_i$$

A_0 : 대상(object)에 대한 소비자의 태도

b_i : 대상(object)의 속성 i에 대한 신념의 강도

e_i : 속성 i에 대한 소비자의 평가

n : 현저한 속성의 수

수식의 b_i 값은 대상의 속성 i 에 대한 신념의 강도(strength of belief)를 의미한다. 예를 들어, 어떤 소비자가 무게라는 속성에 대해 가지고 있는 신념의 강도는 "맥북의 무게는 가벼울 것 같은가?"라는 질문에 대해 −3(전혀 그럴 것 같지 않다) ~ +3(매우 그럴 것 같다)의 척도 응답에 답하게 함으로써 측정할 수 있다. 수식을 구성하는 e_i 값은 제품의 속성 i (예: 가벼운 무게)가 소비자에게 얼마나 바람직한가에 대한 소비자의 평가(evaluation)다.

즉, 노트북을 평가할 때 가벼운 무게라는 속성이 얼마나 좋은 속성인지를 평정하게 한 값이 속성 평가 값이 된다. 만약 외근이 잦은 웹디자이너 A 씨가 새로운 노트북 구매를 구입하기 위해 각기 다른 브랜드의 세 가지 노트북을 비교한다고 가정하여 보자. 〈표 5−2〉는 A 씨가 이 세 가지 노트북에 대한 어떠한 태도를 가지고 있을지를 다속성 태도 모델에 근거하여 산출하는 단계를 보여 주고 있다. A 씨는 6개의 현저한 속성 정보를 바탕으로 노트북에 대한 태도를 형성한다. A 씨가 가장 바람직하다고 생각하는 속성은 원활한 업무 수행을 위한 높은 성능(+3)이다. 또한 외근 중 이용성 확보를 위하여 가벼운 무게(+2)와 긴 배터리 사용 시간(+2) 속성에 대해서도 긍정적으로 생각하고 있다. 각각의 속성에 대한 평가와 A 씨가 각 브랜드 노트북에 대해 가지고 있는 신념의 강도를 곱하여 도출된 $b_i e_i$ 값을 모두 더하면 특정 브랜드 노트북에 대한 A 씨의 태도 값을 산출할 수 있다. 이 표에 근거하면 A 씨는 브랜드 C(+20), 브랜드 B(+8), 브랜드 A(−8)의 노트북 순서로 선호를 형성할 가능성이 높다. 소비자의 특성에 따라 노트북에 대한 태도를 형성할 때 의존하는 현저한 속성의 종류, 각 속성에 대한 평가, 특정 브랜드의 개별 속성에 대한 신념은 다를 수 있다. 마케터들은 제품의 특성과 타깃 소비자의 특성에 주목하여 현저한 속성의 종류 혹은 제품에 대해 가지고 있는 신념 내지는 신념의 강도를 조절함으로써 제품에 대한 소비자들의 태도를 변화시킬 수 있다.

〈표 5−2〉 다속성 태도 모델의 예

속성	속성 평가 (e_i)	브랜드 A 신념 강도 (b_i)	$b_i e_i$	브랜드 B 신념 강도 (b_i)	$b_i e_i$	브랜드 C 신념 강도 (b_i)	$b_i e_i$
가격	+1	+3	+3	−3	−3	+1	+1
성능	+3	−2	−6	+3	+9	+2	+6
배터리 사용시간	+2	0	0	−2	−4	+2	+4
무게	+2	−3	−6	+2	+4	+3	+6
디자인	+1	+1	+1	+2	+2	+3	+3
태도			−8		+8		+20

2) 정보 통합 이론

앤더슨(Anderson, 1971)이 제안한 정보 통합 이론(information integration theory)은 다속성 태도 모델과 마찬가지로 고관여 상태의 소비자의 태도 형성과 변화를 설명하는 이론이다. 정보 통합 이론은 태도를 도출하기 위해 속성에 대한 평가 점수와 각 속성에 대한 대상 평가 점수를 사용한다는 점에서 다속성 태도 이론과 유사하지만, 속성에 대한 평가 점수를 측정하는 방식에 있어 차이가 있다. 다속성 태도 모델에서는 소비자에게 특정 속성(예: 노트북의 무게) 내지는 특정 속성에서 장점을 가지는 것이 얼마나 바람직한지를 개별 속성별로 평정하게 한다. 그러나 정보 통합 이론에서는 특정 속성을 가진 것이 얼마나 바람직한가라는 질문 대신에 특정 속성이 얼마나 중요한가라는 질문으로 속성의 중요성을 평가하게 한다. 또한 현저한 속성의 평가 점수의 합이 1이 되도록 평가하게 함으로써 속성의 중요성 평가가 상대적으로 이루어질 수 있게 한다. 이러한 방식은 응답자가 여러 속성의 중요성 정도를 보다 본인의 선호에 근접하게, 다시 말해 가능한 한 정확하게 보고할 수 있다는 점이 장점이다. 정보 통합 이론의 수식은 다음과 같다.

〈정보 통합 이론의 수식〉

$$A_0 = C + \sum_{i=1}^{n} w_i s_i \;,\; with \; \sum_{i=1}^{n} w_i = 1$$

A_0 : 대상(object)에 대한 소비자의 태도
s_i : 이 대상(object)의 속성 i에 대한 평가
w_i : 속성 i에 대한 소비자의 중요성 가중치 평가
n : 현저한 속성의 수

3) 저관여 메시지 학습 이론

외부 지식, 본인의 경험 및 추론 등 다양한 정보를 활용한 태도 형성은 사실 높은 수준의 인지적 노력이 요구되는 과정이다. 제품에 대한 기존 지식으로부터 구성되는 신념, 내가 제품을 구매했을 때 타인의 평가 등 여러 정보를 떠올리고 통합하고 결론에 이르는 과정은 일종의 지적 노동이라고 볼 수 있다. 그렇기에 앞서 언급한 다속성 태도 모델과 정보 통합 이

론 등은 소비자가 기꺼이 그러한 지적 노동을 감내할 의사가 있을 때 적용할 수 있는 모델이다. 즉, 고관여 태도 대상에 대한 태도 형성은 앞에서 언급한 모델들을 이용하여 설명할 수 있다.

그러나 많은 경우 우리는 특별히 주의를 기울이지 않은 상태에서도 태도를 형성한다. 제품이나 브랜드에 대한 정보를 학습하는 데 동기화되어 있지 않을 때 우리는 저관여 상태에 있다고 할 수 있다. 이러한 상황에서의 태도 형성을 설명하는 이론 중 하나가 바로 저관여 메시지 학습 이론(low involvement learning theory)이다. 크루그먼(Krugman, 1965)은 많은 경우 시청자들이 TV 광고에 주의를 기울이지 않는다는 점에 주목하여 TV 광고는 저관여 설득 도구라고 주장하였다. TV 광고는 일방향적으로 제시되기 때문에 수용자는 광고 메시지를 적극적으로 처리하고자 하는 높은 수준의 동기를 갖기 어렵다. 저관여 메시지 학습 이론에 따르면 TV 소비자가 TV 광고를 반복적으로 시청하게 되면 수동적 저관여 학습이 이루어져 광고의 슬로건, 색채 이미지, 브랜드 이름과 같은 광고 요소들이 저장된다. 이렇게 저장된 정보는 해당 제품에 대한 구매를 고려하는 상황에서 영향을 발휘할 가능성이 있다. 운동화를 구매하려고 하는 소비자가 운동화를 생산하는 다양한 브랜드의 속성이나 본인의 구체적인 구매 목적을 깊이 생각하지 않고 반복된 광고를 통해 학습된 'just do it'이라는 슬로건에 끌려 나이키에서 운동화를 구매하였다면 이는 저관여 메시지 학습의 영향이다.

저관여 학습으로 획득한 단편적인 지식은 제품이나 브랜드에 대한 지식의 양이 늘어나는 데 기여할 뿐 제품 속성에 대한 강력한 신념을 형성하거나 태도를 변화시키는 데에 즉각적인 영향력을 갖지는 못한다(Krugman, 1965). 그럼에도 불구하고 제품에 대한 광고 메시지에 반복 노출되면 단기 기억에 저장된 광고 메시지의 내용이 결국 장기 기억으로 이동하여 광고 메시지와 제품의 연합이 강해지게 되고 결국 소비자는 그 제품이 광고 메시지가 강조하는 속성을 가지고 있다고 믿게 된다. 따라서 제품에 대해 인지하고 태도를 형성한 후 구매라는 행동으로 이어지는 일반적인 고관여 상태의 의사결정과정과는 달리 저관여 상태의 의사결정과정은 제품에 대해 인지한 후 태도를 형성하기보다는 앞선 구매 행동이 태도를 형성하는 경로를 따르기가 더 쉽다. 즉, 저관여 위계(low involvement hierarchy)는 인지 → 행동 → 태도의 순서를 따르게 된다. 소비자가 마트에서 손에 닿기 쉬운 위치에 있던 치약을 구매해 사용해 본 후 '써 보니 괜찮네.'라고 태도를 형성했다면 이는 저관여 상태의 의사결정과정을 거친 예라고 할 수 있다. 이같이 저관여 상태의 소비자는 구매 이후 태도를 형성할 수 있기 때문에 일상의 저관여 제품들을 판매하고자 하는 마케터는 제품의 반복 노출을 통해 소비자가 제품을 쉽게 상기할 수 있게 하거나 구매 행동을 부드럽게 유도할 수 있는 제품 진열 방식을 고민한다.

호킨스와 호흐(Hawkins & Hoch, 1992)는 다량의 광고 메시지를 이용하여 메시지에 대한 반복적 노출이 메시지의 진실성에 미치는 영향을 탐구하였다. 실험 결과 참가자들은 읽어 본 적이 없는 광고 메시지에 비해 한 번이라도 읽어 본 적이 있는 광고 메시지가 더 진실을 이야기하고 있다고 판단하였다. 호킨스와 호흐는 이를 진실성 효과(truth effect)라고 명명하였는데 관련 연구에 따르면 메시지에 대해 고관여 태도를 가질 때보다 저관여 태도를 가지고 있을 때, 기억력이 하락할 정도로 소비자의 연령이 높아질 경우 진실성 효과에 더욱 영향을 많이 받는다(Law, Hawkins, & Craik, 1998).

저관여 메시지 학습 이론은 전통적 광고 매체인 TV의 영향력을 탐구하기 위하여 제안된 이론이지만 온라인과 오프라인을 가리지 않고 다양한 매체를 통해 감당하기 어려울 만큼의 광고가 쏟아지는 오늘날의 광고 시장에도 시사하는 바가 크다. 웹 서핑을 하면서 무수히 마주하는 팝업 광고, 온라인을 통한 동영상 시청 시 시청하게 되는 프리롤 광고, 다양한 형태의 옥외 광고 등 현대 사회를 살아가는 소비자들에게 광고 메시지는 대부분이 저관여 메시지라고 해도 과언이 아닐 것이다. 현대의 소비자는 쏟아지는 광고 메시지 하나하나에 신경을 쏟기보다는 의미 없이 광고를 지나치거나 흘려보내기 마련이다. 이러한 시장 상황에서 광고 메시지가 제품이나 브랜드에 대한 긍정적 태도를 형성하는 데 기여하기 위해서는 소비자가 특별히 주의를 기울이지 않아도 쉽게 인식하고 기억할 수 있는 메시지를 전달하는 것이 필요하다.

4) 단순노출 효과 이론

단순노출 효과란 의식적인 수준에서 인지하지 못한 대상이라 하더라도 일단 그 대상에 노출되기만 하면 대상에 대한 긍정적 태도를 형성하는 현상을 뜻한다(Zajonc, 1968). 그러나 저관여 메시지 학습 이론과 단순노출 효과 이론(mere exposure effect theory)은 소비자의 태도 대상에 대한 인지 수준을 다르게 가정한다. 구체적으로 저관여 메시지 학습 이론은 소비자가 대상을 인지하는 경우의 태도 형성 과정을 설명한다. 그러나 단순노출 효과 이론은 소비자가 대상을 의식적인 수준에서 인지했을 때뿐 아니라 인지하지 못하는 상황에서도 대상에 대한 태도가 형성될 수 있다고 주장한다. 자욘스(Zajonc, 1968)의 도형 인지 과제 실험에서 참가자들은 도형의 형태를 인식할 수 없을 정도로 짧은 시간 동안(1/1,000초) 도형을 보았다. 다양한 도형에 대하여 이런 과정을 5회씩 실시한 후 참가자들에게 보여 준 도형과 보여

주지 않은 도형의 쌍을 제시하여 둘 중 어떤 도형이 본 도형인지와 어떤 도형이 더 마음에
드는지를 물어보았다. 그 결과 참가자들은 실험 과정에서 보여 준 도형이 본 적이 있는 도형
이란 것을 맞힐 수 없었으나 해당 도형을 본 적이 없는 도형보다 선호하는 경향을 보였다.
또한 자욘스는 한자에 대한 지식이 없는 미국 대학생을 대상으로 또 다른 실험을 진행한 결
과, 처음 보는 한자보다 본 적이 있는 한자가 더욱 긍정적인 뜻을 가지고 있을 것이라고 판
단한다는 경향을 발견하였다.

자욘스의 실험 결과는 인간이 정보처리 과정에서 직관적이고 자동적인 시스템 1과 분
석적이며 논리적인 시스템 2를 독립적으로 활용한다는 이중 정보처리 이론(dual-process
model)을 지지한다. 즉, 단순노출 효과는 대상에 대한 태도는 대상의 속성에 대한 신념에 주
의를 기울였을 때에만 형성되는 것이 아니라 무의식적 수준에서 암묵적으로 형성될 수도 있
음을 보여준다. 자욘스(Zajonc, 1968)는 단순노출 효과의 원인을 자극에 대한 노출이 자극에
대한 친숙성을 높이고 친숙성이 대상에 대한 호감을 불러일으키기 때문이라고 설명하였다.
어떤 회사원이 별로 관심이 없던 연예인의 사진을 출퇴근 길 버스 광고에서 자꾸 마주치다
가 어느 순간 '이 연예인 매력 있네.' 하며 호감을 갖게 된다면 이는 단순노출 효과 때문이라
고 설명할 수 있다. 파리의 상징인 에펠탑(Eiffel Tower) 또한 단순노출 효과의 대표적인 예로
꼽힌다. 1899년 처음 파리에 에펠탑이 건립될 당시 파리 시민들은 에펠탑이 파리와 어울리
지 않는다고 크게 반대했지만 현재 에펠탑은 파리 시민이 사랑하는 건축물이 되었다. 이러
한 이유로 단순노출 효과를 에펠탑 효과(Eiffel Tower Effect)라고 부르기도 한다.

온라인상에서 뉴스를 읽거나 상품을 구매할 때 소비자는 모니터 위에 등장하는 수많은
광고에 노출되지만 그 광고들에 특별히 주의를 기울이지는 않는다. 이러한 사실에 주목하
여 팡, 싱, 그리고 알루와리아(Fang, Singh, & Ahluwalia, 2007)는 웹상의 배너 광고가 소비자
의 태도 형성에 영향을 미치는지를 탐색하였다. 연구 결과 온라인 배너 광고의 단순노출 효
과를 확인하였는데 참가자들은 모니터상에 제시되는 배너 광고를 기억하지 못하는 상태에
서도 본 적이 있는 배너 광고에 대해 처음 보는 배너 광고보다 더 높은 호감을 보였다. 팡 등
은 본 적이 있는 광고에서 제시하는 정보를 처리할 때 경험하는 정보처리의 유창성(fluency)
이 긍정 정서를 느끼게 하는데 소비자는 이 긍정 정서가 대상 자체에서 오는 긍정 정서라고
판단하여 대상에 대한 본인의 태도를 호의적이라고 인식하게 된다고 설명하였다. 단순노출
효과는 태도 대상이 본인과 깊이 관련되어 있을 때보다 별 관련이 없을 때에 더 강한 효과를
발휘한다. 다시 말해, 단순노출 효과 이론은 저관여 소비자를 대상으로 하는 마케팅 전략에
시사하는 바가 크다.

5) 인지 반응 모델

인지 반응 모델(cognitive response model)은 고관여 상황에서의 태도 형성과 저관여 상황에서의 태도 형성을 통합적으로 설명하는 이론 중 하나다. 그린왈드(Greenwald, 1968)가 제안한 인지 반응 이론은 광고와 같은 설득 메시지의 내용 자체보다 설득 메시지에 대한 개인의 반응, 생각 혹은 의견이 대상에 대한 태도 형성에 더 큰 영향을 미친다고 설명하였다. 다시 말해, 소비자가 광고를 보며 광고의 내용이나 여러 요소에 대해 자기 나름의 생각, 즉 인지 반응을 하게 되는데 이와 같은 광고에 대한 반응을 토대로 광고된 제품이나 브랜드에 대한 태도가 형성된다는 것이다.

인지 반응 모델에 따르면 동일한 광고라고 해도 소비자가 어떠한 인지 반응을 보이느냐에 따라서 광고 메시지가 제품에 대한 태도 형성에 미치는 영향이 달라진다. 우선 소비자의 인지 반응은 그 내용에 따라 광고 메시지와 관련된 반응과 광고 메시지 외 광고 실행 요소(예: 광고 모델, BGM, 색감 등)에 대한 반응으로 나눌 수 있고 그 반응이 호의적인지 그렇지 않은지를 바탕으로 다시 구분할 수 있다.

광고 메시지에 대한 호의적 반응은 지지 주장(support argument)이라고 한다. 세계 바리스타 대회에서 1등을 수상한 바리스타가 등장해서 갓 추출한 커피의 맛을 보장한다고 말하는 인스턴트 커피 광고가 있다고 가정해 보자. 이 광고를 보고 어떤 소비자는 '갓 추출한 커피의 맛이라니 매우 풍미가 좋겠다.'라는 지지 주장을 가질 수 있다. 반면, 어떤 소비자는 '인스턴트 커피의 맛이 원두 커피와 같다니 믿을 수 없어.'라고 생각할 수 있는데 이런 소비자의 반응을 반박 주장(counter argument)이라 한다. 이 광고에 대해 반박 주장 반응을 보이는 소비자보다는 지지 주장 반응을 보이는 소비자가 광고에 등장하는 인스턴트 커피에 대해 긍정적인 태도를 형성할 가능성이 더 높다. 광고 메시지에 대한 반응은 소비자가 이미 가지고 있는 신념과 메시지가 어느 정도 일치하느냐에 따라 달라진다. 소비자의 기존 신념과 광고 메시지의 내용이 일치한다면 지지 주장이 나타난다. 반면, 광고 메시지와 소비자의 신념이 불일치하면 반박 주장이 나타나는 경향이 높다. 광고의 반복이 광고 메시지에 대한 반응 수준에 영향을 미치기도 한다. 광고가 반복 횟수가 늘어나면 광고에 대한 반박 주장은 처음에는 감소하다 일정 시점 이후에는 증가하는 양상을 보인다. 그러나 지지 주장은 오히려 반대로 광고가 반복되는 초기에는 증가하다가 어느 시점 이상을 지나가면 감소한다.

광고 메시지 외에 광고를 구성하는 실행 요소에 대한 반응 역시 긍정적 혹은 부정적 반응인가에 근거하여 광고 실행 지지 반응과 광고 실행 격하 반응으로 나눌 수 있다. 앞서 예시로 제시한 광고에 대해서 어떤 소비자는 '세계 바리스타 대회에서 1등을 수상한 바리스타가 추천한다니 어느 정도의 맛은 보장되겠다.'라고 생각할 수 있는데 이런 반응을 광고 실행 지지 반응이라고 한다. 반면, '저 바리스타는 본인이 추출한 커피만 마시지 이런 인스턴트 커피를 마실 리가 없어. 이 광고는 믿을 수 없군.'이라고 생각하는 소비자의 반응은 광고 실행 격하 반응이라고 한다. 실행 격하 반응을 보이는 소비자는 실행 지지 반응을 보이는 소비자에 비해 광고 메시지를 무시하거나 불신함으로써 광고뿐 아니라 광고되는 제품에 대한 부정적 태도를 갖게 될 수 있다.

인지 반응 모델에 따르면 소비자의 관여 수준에 따라서 광고 메시지에 대한 소비자의 인지 반응 종류가 달라진다. 구체적으로 소비자가 제품 혹은 제품의 구매에 대해 고관여 상황에 있을 때에는 광고 실행 요소 보다는 광고 메시지 자체에 대한 반응을 보일 가능성이 높다. 반면, 소비자가 저관여 상황에 있을 때에는 광고 실행 요소에 대한 반응을 떠올리기가 쉽다.

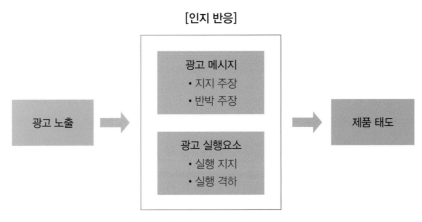

[그림 5-2] 인지 반응 모델의 구조

6) 정교화 가능성 모델

통합적 관점으로 태도 형성 및 변화를 설명하고자 한 가장 대표적인 태도 모델 중 하나는 페티와 카치오포(Petty & Cacioppo, 1986)의 정교화 가능성 모델(the elaboration likelihood model)이다. 여기서 정교화 가능성이란 사람들이 광고와 같은 설득 메시지에 대해 주의를 기울이고 깊게 생각하는 정도가 상황에 따라 달라질 수 있음을 의미한다. 정교화 가능성 모델은 태도 형성의 두 가지 경로를 제안한다. 소비자가 제품에 대해 고관여 상태일 때, 즉 제품 관련 정보를 처리하려는 노력을 많이 쏟을 경우 태도는 주로 제품정보에 영향을 받아 형성된다. 이때 제품 정보를 중심 단서라고 부르고 이러한 태도 형성 경로를 중심 경로(central route)라고 부른다. 반면, 소비자가 저관여 상태일 때, 즉 정교화 가능성이 낮을 때에는 제품 정보 외의 광고 모델, BGM, 광고의 질 등 인지적 노력을 기울이지 않아도 처리할 수 있는 정서적 성격을 띤 주변 단서가 태도 형성에 미치는 영향이 더 크다. 이때 태도가 형성되는 경로를 주변 경로(peripheral route)라고 한다. [그림 5-3]의 TV 광고에 노출된 소비자 A와 B를 가정해 보자. A는 주부로 평소 신선한 식재료와 이른아침 배송되는 제품에 대해 높은 관심수준, 즉 고관여 상태의 소비자다. 소비자 B는 학생으로 장보기와는 무관한 저관여 상태의 소비자다. A와 B가 마켓컬리 새벽배송 광고를 시청할 경우 정교화 가능성 모델에 의한 정보처리와 태도 형성은 다음과 같이 이루어 진다고 할 수 있다. 고관여 상태인 소비자 A는 '퀄리티 있는 새벽배송' '내일의 장보기'와 같은 광고의 설득 메시지, 즉 중심 단서에 주의를 기울여 중심 경로로 정보를 처리한 후 태도를 형성할 것이다. 그러나 저관여 상태인 소비자 B는 광고에서 모델인 전지현이 입고 있는 옷, 광고의 BGM, 광고의 보라색 색감 등 주변단서에 집중해 주변 경로로 정보를 처리한 후 마켓컬리에 대한 태도를 형성할 것을 예상해 볼 수 있다.

이처럼 두 가지 다른 경로로 처리되는 정보의 특성은 각기 다르며 정보처리를 위해 투입해야 하는 인지적 노력 수준, 즉 정교화 정도 역시 다르다. 일반적으로 중심 경로로 형성된 태도는 지속적이고 안정적이며 새로운 설득 메시지에 대항하는 저항력도 강해서 실제 행동과 높은 상관을 갖는데, 이에 반해 주변 경로로 형성된 태도는 비교적 일시적이며 쉽게 변화하고 행동으로 이어질 가능성 또한 낮다.

앞서 언급한 관여와 함께 동기와 능력은 메시지에 대한 정교화 가능성에 영향을 미치는

[그림 5-3] TV 광고의 예

요인이다. 제품 정보 내지는 광고 메시지가 본인과 관련이 높다면 이를 처리하고자 하는 동기가 높아져 정교화 가능성이 커진다. 다시 말해, 고관여 상태의 소비자는 제품 정보와 같은 중심 단서를 통해 태도를 형성하고자 하는 경향을 보일 것이다. 정보를 처리하고자 하는 소비자의 동기는 정보를 조직화하고 평가하려는 개인의 경향성, 즉 인지욕구 수준에 따라서도 달라질 수 있다. 호그트베트, 페티와 카치오프(Haugtvedt, Petty, & Cacioppo, 1992)의 실험에 따르면 인지욕구 수준이 높은 소비자는 그렇지 않은 소비자에 비해 TV 광고에 제시된 제품의 기능적 우수성(중심 단서)에 높은 주의를 기울였으며, 제품에 대한 긍정적 태도를 더 오래 유지하였다.

반면, 정보를 처리하는 상황에서의 어떤 방해 요소가 존재하거나 관련 지식이 부족할 때 정보가 너무 복잡할 때, 혹은 시간의 압박이 있을 때 소비자는 정보를 처리할 수 있는 능력을 발휘하기 어렵다. 이때 소비자는 제품 정보에 주의를 기울이고 처리하는 노력을 기울이기보다는 주변 단서에 초점을 맞추어 쉽게 태도를 형성할 것이다. 광고 요소 가운데 가장 대표적인 주변 단서는 광고 모델의 이미지라고 할 수 있다. 매력적이며 호감이 가는 광고 모델이 광고하는 제품에 대한 긍정적 속성을 이야기하는 광고에 노출된 소비자가 주변 경로를 통해 태도를 형성하게 되면 제품이 본인에게 가져올 효용이나 제품에 대한 본인의 신념을 생각해 보지 않고 광고 모델에게 느끼는 긍정 정서를 제품에 대한 호감으로 인식하여 제품에 대한 긍정적 태도를 형성할 가능성이 높다.

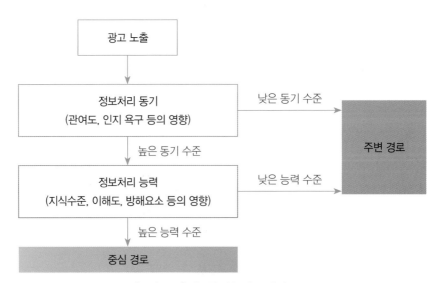

[그림 5-4] 정교화 가능성 모델의 구조

5　태도와 행동의 관계

광고 및 마케팅 관련 연구자들과 실무자들이 소비자가 제품에 대해 긍정적인 태도를 지니도록 노력하는 이유는 제품에 대한 긍정적 태도가 제품 구매로 이어진다는 믿음에 기반한다. 그러나 제품 자체에 대한 태도가 매우 긍정적이라고 해도 실제 그 제품을 구매하지 않는 경우는 매우 흔하게 발견된다. 태도 대상에 대한 긍정적 태도가 대상을 구매하는 행동으로 이어지지 않는 까닭을 다음의 몇 가지 이유를 들어 생각해 볼 수 있다.

첫째, 소비자가 제품에 대해 긍정적 태도를 지니고 있어도 가장 높은 호감을 보이는 제품이 아니라면 구매로 이어지지 않는다. 소비자는 제품군 가운데 주로 하나의 제품을 구매하기 때문에 여러 대안 중 가장 선호하는 대안일 경우에 소비자의 선택을 받는다.

둘째, 태도의 측정 시점과 구매 시점에는 시간차가 존재한다. 예를 들어, 새로운 휴대폰을 구입할 것인가 말 것인가를 고민 중인 어떤 소비자가 A 브랜드보다 B 브랜드에 긍정적 태도를 갖고 있다고 가정해 보자. 그런데 이 소비자가 당장 휴대폰을 바꾸기로 결심한 시점에 B 브랜드에서 이 소비자의 욕구에 부합하는 최신 휴대폰을 출시하여 이 소비자는 결국 B 브랜드의 휴대폰을 구입하였다. 즉, 태도가 구매 행동을 예측하기 위해서는 구매 직전의 태도가 측정되어야 한다.

셋째, 제품에 대한 태도와 제품 구매 행동에 대한 태도는 다르다. 성능 좋은 고급 스포츠카에 대해 매우 호의적인 태도를 가진 소비자가 신차를 구입하려고 할 때 신입 사원인 본인이 고급 스포츠카를 구매하는 것에 대한 타인의 평가가 두려워서, 금전적 여유가 없어서 혹은 차가 출고될 때까지 너무 오랜 시간을 기다려야 해서 등 여러 이유로 가장 선호하는 차를 구입하지 않을 수 있다. 이 소비자가 보이는 태도와 행동의 불일치는 이어지는 합리적 행위 이론과 계획적 행동 이론으로 설명할 수 있다. 이 두 이론은 대상에 대한 태도와 행동에 대한 태도는 별개의 개념이라고 주장하며 태도와 행동 간의 관계를 보다 정교하게 탐색하고자 하였다.

1) 합리적 행위 이론

합리적 행위 이론(reasoned action theory)은 피쉬바인의 다속성 태도 모델을 확장한 이론이다. 다속성 태도 모델은 개인이 대상에 대해 가진 태도에 대해서는 높은 예측력을 가진 모델이지만 태도로 인한 행동을 예측하는 데에는 한계가 있다. 합리적 행위 이론은 기본적으로 인간은 기분에 따라 행동하지 않으며, 어떠한 행동의 수행여부를 결정할 때 그 수행의 결과가 자신에게 초래할 결과를 합리적으로 고려하여 행동한다고 설명한다. 따라서 인간은 긍정적인 결과를 초래할 것으로 예상되는 행동을 수행할 가능성이 높으며 인간은 자신의 행동을 자발적으로 통제하는 것으로 보고 행동 의도(behavior intention)가 행동(behavior)에 선행한다고 주장한다.

합리적 행위 이론의 가장 큰 특징은 대상에 대한 태도(예: 제품에 대한 태도)와 행동에 대한 태도(예: 제품 구매에 대한 태도)를 별개의 개념으로 다룬 것이다. 피쉬바인이 동료 학자인 아젠(Ajzen)과 함께 제안한 합리적 행위 이론(reasoned action theory; Ajzen & Fishbein, 1980)은 '행동에 대한 태도(attitude toward the behavior)'와 '주관적 규범(subjective norm)'이 행동 의도를 결정한다고 설명한다. 여기서 행동에 대한 태도는 행동 의도에 영향을 미치는 개인적 요소이고 주관적 규범은 사회적 요소라고 할 수 있다. 합리적 행위 이론에서 소비자의 행동 의도를 예측하는 함수식은 다음과 같다.

〈합리적 행위 이론의 수식〉

$$B \sim BI = W_1(A_{act}) + W_2(SN)$$

B: 소비자의 실제 행동

BI: 소비자의 행동 의도(behavioral intention)

A_{act}: 행동에 대한 소비자의 태도

SN: 행동에 대한 주관적 규범

W_1, W_2: (A_{act}), (SN)이 행동 의도에 미치는 영향력

B~BI는 행동 의도가 실제 행동에 대한 예측력을 갖는다는 뜻이다. 합리적 행위 이론은 인간은 행동하기 전 이 행동의 결과가 나에게 이로운지 아닌지를 판단하여 행동의 수행 여부를 결정하고 그 결과가 이로울수록 높은 행동 의도가 유발되며 높은 행동 의도가 실제 행동 유발 가능성을 높인다고 설명하였다. 태도와 행동 사이를 행동 의도가 매개한다는 주장은 사회심리학자들이 일반적으로 지지하고 있는 연결 관계이기도 하다(Ajzen, 2008).

행동에 대한 태도(A_{act})는 소비자가 그 제품을 구매하는 행동 자체에 대한 태도를 의미한다. 피쉬바인(Fishbein, 1972)은 실내용 카펫이라는 제품에 대해 매우 긍정적인 태도를 가진

소비자라고 하여도 가정에 어린아이나 반려동물이 있다면 카펫을 구매하는 행동에 대해서는 부정적인 태도를 가질 수 있다고 설명하였다. 또한 어떤 소비자들은 고급 브랜드 자체에 대해서는 긍정적 태도를 갖더라도 고급 브랜드의 제품을 구매하는 행동에 대해서는 비합리적이라는 생각을 가질 수 있다. 즉, 제품에 대한 긍정적인 태도뿐 아니라 제품을 구매하는 행동에 대한 긍정적 태도가 선행되어야만 구매 행동이 유발된다.

〈행동에 대한 소비자의 태도에 대한 수식〉

$$A_{act} = \sum_{i=1}^{n} b_i e_i$$

A_{act}: 행동에 대한 소비자의 태도
b_i: 행동이 결과 i를 가져다 줄 것이라는 소비자 신념
e_i: 결과 i에 대한 소비자의 평가
n: 부각 속성의 수

다음 〈주관적 규범에 대한 수식〉은 행동 의도에 영향을 미치는 사회적 요인인 주관적 규범(SN)에 대한 함수식이다. 주관적 규범(SN)은 사회적 존재로서의 인간의 특성을 반영한 요소이다. 합리적 행위 이론에 주관적 규범이라는 요소가 포함되는 것은 사회적 관계를 맺고 있는 타인의 평가가 행동에 대한 태도에 영향을 미친다는 것을 의미한다. 주관적 규범은 규범적 신념과 순응 동기로 구성된다.

〈주관적 규범에 대한 수식〉

$$SN = \sum_{j=1}^{m} NB_j MC_j$$

SN: 주관적 규범
NB_j: 특정 준거집단(혹은 개인)이 나의 행동에 대해 적합하다고 판단할 것인지에 대한 규범적 신념
MC_j: 특정 준거집단(혹은 개인)의 기대에 대한 순응 동기
m: 나의 행동에 영향을 미치는 중요한 준거집단이나 준거인의 수

주관적 규범을 구성하는 첫 번째 요소는 규범적 신념(normative belief), 즉 그 행동이 사회적으로 혹은 타인으로부터 인정받을 수 있는 행동인지에 대한 소비자의 믿음이다. 시계에 대해 높은 관심을 가지고 있고 경제적으로도 여유 있는 소비자가 고급 브랜드의 시계에 대해서 호의적인 태도를 가지고 있다고 하더라도 직장 동료들이 내가 이런 시계를 차고 다니는 것을 좋지 않게 볼 것이라는 생각이 들면 시계를 구매하는 행동을 실제로 실행에 옮기지는 않을 것이다.

주관적 규범에 영향을 미치는 준거집단의 종류는 다양하다. 예를 들어, 고급 시계를 구매하는 나에 대해 직장 동료들이 부정적 평가를 할 것이라고 판단할 수도 있고 가족 구성원이 부정적 평가를 할 것이라고 생각할 수도 있다. 준거집단에 대해 소비자가 가진 규범적 신념은 일종의 사회적 압력으로 작용하는데 이러한 압력에 굴복하는 정도, 다시 말해 타인의 기대에 부응하려는 동기를 순응 동기(motivation to comply)라고 한다. 내가 준거집단의 의견을 얼마나 중요하게 여기는지에 따라 순응 동기의 영향력은 달라진다. 만약 가족 구성원에 비해 직장 동료들의 부정적 평가에 보다 민감한 소비자라면 고급 브랜드의 시계를 구매하지 않는 결정에는 직장 동료들의 부정적 평가가 가족 구성원의 평가보다 더 큰 영향을 미칠 것이다. 정리하자면 소비자의 신념을 통해 형성된 제품 구매에 대한 태도와 주관적 규범이 구매 의도를 결정하고 구매 의도는 구매 행동에 대한 예측력을 가진다.

[그림 5-5] 합리적 행위 이론의 구조

2) 계획적 행동 이론

아젠(Ajzen, 1985)이 제안한 계획적 행동 이론(theory of planned behavior)은 합리적 행위 이론의 한계를 극복하기 위해 제시되었다. 합리적 행위 이론은 행동에 대한 태도와 주관적 규범이 행동의 의도로 이어질 때 행동이 유발된다고 보았는데, 합리적 행위 이론에서 제안하는 선행 요소들이 충족되어도 행동이 유발되지 않는 경우가 존재한다. 예를 들어, 휴가철을 맞이하여 제주도 여행을 위해 제주도행 비행기 표 구매를 하고 싶은(행동에 대한 태도)

A 씨는 가족들에게 의견을 물었다. 가족들은 모두 이 의견에 동의하였지만(주관적 규범), 휴가철이 다가오자 비행기 표가 너무 비싼 것 같아 구매하지 않을 수 있다. 또 출퇴근을 위해 자동차가 필요한 B 씨는 본인의 필요와 주변의 구매 권유에 따라 자동차를 구매하기 위해 자동차매장에 방문하였으나 원하는 차를 구매하려면 1년 이상 기다려야 한다는 이야기를 듣고 구매를 포기할 수 있다. 이처럼 실제 구매 행동은 구매 의도와 이를 구성하는 행동에 대한 태도, 주관적 규범이 모두 충족된 경우에도 발생하지 않을 수 있는데 계획적 행동 이론은 이러한 한계를 보완하여 지각된 행동 통제(perceived behavioral control)라는 개념을 추가해 설명한다.

지각된 행동 통제란 개인이 그 행동을 수행하는 것을 얼마나 쉽게 생각하는지를 의미한다. 즉, 행동 의도는 행동에 대한 태도, 주관적 규범 그리고 지각된 행동 통제라는 세 가지 요소에 의해 결정된다. 행동에 대한 태도가 긍정적일수록, 행동이 사회적으로 인정받을 것으로 판단할수록, 그리고 행동을 수행하는 것이 쉽다고 생각할수록 행동 의도가 높아질 것이다.

지각된 행동 통제는 가지고 있는 개인의 자원이 어느 정도인지 혹은 개인에게 주어진 기회가 있는지에 따라 달라진다. 구매 상황에 적용하여 생각해보면 소비자가 제품을 구매하기 위한 충분한 돈이 마련되어 있지 않거나 제품 구매에 걸리는 시간을 기다릴 수 없을 때 낮은 지각된 행동 통제를 경험하고 태도는 행동 의도로 이어지지 않는다. 미슐랭에서 높은 평점을 받은 식당에 대해 매우 호의적인 태도를 가진 소비자가 있다고 가정해 보자. 이 소비자는 이 식당에서 판매하는 식사의 가격이 본인이 감당하기에는 너무 높은 금액이라고 생각하여 방문할 의사가 없을 수 있다. 혹은 이 식당에서 식사를 하고 싶지만 그러기 위해서는 너무 오랜 시간 대기해야 할 것이라고 생각하여 식당 방문 의도가 낮을 수도 있다. 재료가 소진되어 어차피 가 봤자 식사를 할 수 없을 것이라고 예상하여 식당에 방문하지 않는다면

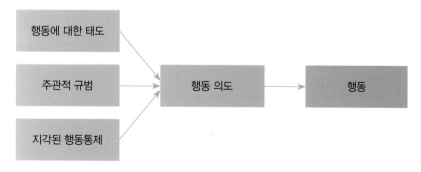

[그림 5-6] 계획적 행동 이론의 구조

이것 역시 낮은 지각된 행동 통제로 인하여 호의적인 태도가 행동 의도로 이어지지 못한 예라고 볼 수 있다. 계획적 행동 이론의 구조는 [그림 5-6]을 통해 확인할 수 있다.

6 태도와 태도 변화

모든 마케터들은 소비자가 자사 제품이나 브랜드에 대해 긍정적인 태도를 형성하기를 바라며 다양한 전략을 고민할 것이다. 이는 앞서 살펴본 바와 같이 소비자들의 태도는 소비자 행동에 영향을 미칠 수 있는 많은 요인들 중 특히 구매 행동에 직접적인 영향을 미치는 주요한 요인이기 때문이다. 하지만 현실에서 소비자들은 특정 제품이나 브랜드에 대해 다소 부정적인 태도를 갖고 있거나 무관심에 가까운 태도를 가지고 있는 경우도 흔하다. 이와 같은 경우 소비자의 기존 태도를 바꿀 수 있는 방법이 필요할 것이다. 아래에서는 태도 형성이 아닌 태도 변화에 초점을 맞춘 이론들을 소개한다.

1) 균형 이론

하이더(Heider, 1946)의 균형 이론(balance theory)은 사람들이 느끼는 심리적 불균형 상태가 태도 변화의 동기가 될 수 있음을 주장한 이론이다. 사람들은 기본적으로 자신의 신념과 태도 간에 일관성이 있을 때 심리적 편안함을 느끼기 때문에 신념과 태도 간의 일관성이 있는 조화로운 상태를 유지하고자 한다. 그러나 심리적 균형 관계가 깨지게 되면 균형을 되찾고자 자신의 태도를 변화시키게 된다. 균형 이론은 개인(person: P), 태도의 대상(object: O), 동일한 대상에 대한 태도를 가진 타인(X) 간의 인지적 삼각관계(triad)의 균형을 통해 개인의 태도 변화를 설명한다. 균형 이론의 삼각관계 모형은 P-O-X 모형이라고도 칭한다. 균형 이론을 다음 [그림 5-7]에서 살펴보자. 균형 이론의 삼각관계의 각 변은 두 가지 요소가 서로 긍정관계(+)를 가지고 있는지 혹은 부정관계(−)로 설정되어 있는지를 보여 준다. 그리고 세 변의 부호의 곱이 +이면 균형 상태, −이면 불균형 상태를 의미한다. [그림 5-7]에서 나타나듯 세 요소들 간의 삼각관계는 총 8가지가 가능하다. 윗줄의 가장 왼쪽에 보이는 삼각관계는 세 변의 부호를 모두 곱하면 +가 되는 개인, 태도의 대상, 동일 대상에 대해 태도를 가진 타인 사이의 균형 상태를 보여 준다. 반면, 아랫줄의 가장 오른쪽 삼각관계는 세 변의 곱이 −인 불균형 상태를 나타낸다. 균형 이론을 통해 연예인이나 인플루언서 등 유명인사를 통한 제품

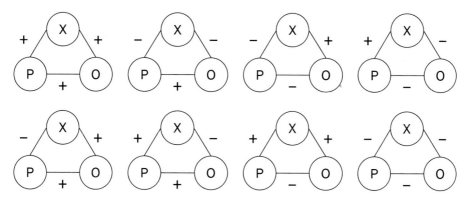

[그림 5-7] 균형, 불균형의 가능관계

광고를 통한 소비자의 태도 변화를 설명할 수 있다. 축구선수 손흥민(O)에 대해 긍정적인 태도를 가지고 있는 D 씨(P)가 있다고 가정해 보자. D 씨는 손흥민 선수의 인스타그램에서 손흥민 선수가 아디다스 브랜드(X)를 즐겨 착용하고 선호한다는 사실을 알았다. D 씨가 아디다스 브랜드에 대해 호감이 있는 상태였다면 P-X-O의 모든 변이 + 부호인 현재의 안정적인 균형 상태가 유지될 것이다. 만약 D 씨가 아디다스 브랜드에 대해서 특정한 태도가 없는 상태였다면 P-O, O-X 간의 관계가 모두 (+)인 현 상황을 균형 상태로 만들기 위해 D 씨의 아디다스에 대한 태도(P-X)는 긍정적인 방향으로 변화할 것이다. 반면, D 씨가 아디다스에 대해서 부정적 태도를 가지고 있었다면 D 씨는 손흥민 선수에 대한 긍정적 태도, 손흥민 선수가 아디다스에 대해 가진 긍정적 태도와의 균형 상태를 유지하기 위해 아디다스에 대한 태도를 긍정적인 방향을 바꿀 가능성이 있다. 물론 개인적 이유로 아디다스에 대한 D 씨의 태도가 매우 부정적이라면 D 씨는 아디다스 대신 손흥민 선수에 대한 태도를 바꾸는 쪽으로의 변화를 선택할 수도 있다. 균형 이론에 따르면 소비자는 심리적으로 편안한 상태를 가능케 하는 P-O-X의 균형 상태를 유지하는 쪽으로 태도를 변화시키기 때문이다.

균형 이론은 태도 변화의 복잡한 과정을 개인, 태도의 대상, 대상에 대한 태도를 가진 타인 이라는 세 가지 요인을 통해 명료한 설명을 제공한다. 그러나 균형 이론은 태도 변화에 영향을 미칠 수 있는 상황적 요인의 영향력을 배제하고 삼각관계에만 국한하여 태도 변화를 정립하였다는 점과 태도의 강도에 대한 설명을 제공하지 못한다는 한계를 가지고 있다.

2) 자기지각 이론

항상 커피를 손에 들고 다니는 친구를 보면 이 친구는 커피에 대해 긍정적인 태도를 가지고 있다고 판단할 것이다. 이처럼 타인이 특정 대상에 대해 어떠한 태도를 가지고 있는지를 타인의 행동을 통해 추론하게 되는데 이는 비단 타인 추론에만 국한되는 것이 아니다. 우리는 특정 대상에 대한 나 자신의 태도를 나의 행동을 통해 추론하기도 한다. 사회심리학자 벰(Bem, 1972)이 제안한 자기지각 이론(self-perception theory)에 따르면 사람들은 바깥으로 드러나는 자신의 행동을 관찰하여 자신의 태도, 감정, 내면 상태를 알아차린다. 다시 말해, 자신의 행동은 본인의 태도를 파악하기 위하여 사용되는 데이터다. 자기지각 이론은 행동이라는 데이터를 통해 태도라는 원인을 유추한다는 점에서 귀인 이론(attribution theory)과 유사하다. 예를 들어, 라디오에서 흘러나오는 클래식 음악을 무심코 듣고 있던 중 누군가가 어떤 음악을 좋아하는지를 묻게 되면 클래식 음악을 듣고 있는 나의 행동을 통해 '나는 클래식 음악을 좋아한다.'고 나의 태도를 파악할 가능성이 높다는 것이다.

  문 안에 발 들여놓기(Foot In The Door: FITD) 기법은 자기지각 이론을 이용한 대표적인 설득 기법이다. 소비자에게 쉬운 것을 먼저 부탁하면 소비자는 본인이 그 부탁을 수락했기 때문에 상대에게 혹은 상대의 의도에 긍정적인 태도를 가지고 있다고 추론하게 된다. 그러면 이후 유사하지만 더 큰 요구를 수락할 가능성이 높아진다는 것이 FITD의 원리다. 프리드먼과 프레이저(Freedman & Fraser, 1966)의 현장 실험을 통해 FITD 기법의 효과를 보여 준바 있다. 실험은 두 가지 조건으로 나누어 구성되었다. 첫 번째 조건에서는 캘리포니아에 거주하는 주부들에게 전화를 하여 현재 어떤 비누를 사용하고 있는지와 같은 간단한 소비자 조사 설문 참여를 부탁하여 응답을 받았다. 3일 후 동일한 가정에 다시 전화를 걸어 조사 회사 직원들이 가정을 방문하여 주방에서 사용하는 생활 용품들을 관찰해도 되는지를 부탁하였다. 다른 조건에서는 소비자 조사 목적의 1차 전화를 생략하고 처음 전화를 걸어 가정에 방문하여 생활 용품을 관찰해도 되는지를 문의하였다. 실험 결과 처음부터 가정방문이라는 큰 부탁을 받은 집단(22.2%)에 비해 설문 조사에 응답하는 작은 부탁을 수락하고 이후 큰 부탁을 받은 집단(52.8%)의 가정 방문 수락 비율이 두 배 이상 높았다.

  온라인상에서 제품에 긍정적인 리뷰를 남기는 행위가 해당 제품에 대한 충성도를 높인다(Garnefeld et al., 2011)는 연구 결과나 여러 가지 제품 중 마음에 드는 제품을 고른 이후 그 제품에 대한 호감이 갑자기 급상승하는 제품 평가 행동(Alós-Ferrer & Shi, 2015) 역시 자기지각 이론의 예시다.

  본인의 행동의 원인을 태도나 내적 상태와 같은 본인의 내부가 아닌 외부에 귀인하게 되는 경우 행동을 통해 개인의 태도를 유추하는 자기 지각이 발생하지 않는다. 유기견을 구조하고 보호하는 활동에 관심이 있어 주말마다 유기견 관련 봉사 활동을 하는 C에게 동물보호

단체에서 매번 봉사에 대한 대가로 레스토랑 무료 식사 쿠폰을 준다고 가정해 보자. 어느 순간 C는 본인이 유기견 관련 봉사 활동을 하는 이유를 유기견 보호에 대한 본인의 태도나 내적 동기 때문이 아니라 식사 쿠폰에 귀인하게 될 수 있고, 나아가 유기견에 대한 본인의 관심 수준을 과소평가하게 될 수도 있다. 이렇게 행동을 유발하는 원인으로 정당화할 수 있는 요인의 수가 많은 경우, 특정 요인에 대해 귀인하는 비율이 줄어드는 현상을 과다정당화 효과(overjustification)라고 한다. 공격적인 마케팅 전략의 일환으로 기업에서 갤럭시 휴대폰에 대해 높은 할인율을 적용한다고 가정해 보자. 이 경우, 갤럭시 휴대폰에 대해 이미 긍정적인 태도를 가지고 있는 소비자는 자신이 갤럭시 휴대폰을 구매하는 이유를 본래 가지고 있던 제품에 대한 긍정적 태도가 아닌 가격에 대한 매력에 귀인할 가능성이 높다. 그렇다면 소비자가 갤럭시라는 제품에 대해 가지고 있던 긍정적 태도를 스스로 무시하는 부작용이 발생할 수 있는 것이다.

요약

1. 태도는 어떤 대상에 대해 일관되게 호의적 또는 비호의적으로 반응하는 학습된 경향으로, 특정 대상에 대한 요약된 평가다.

2. 태도는 실용적, 자아방어적, 가치 표현적 기능, 지식으로서 기능을 수행한다.

3. 삼각 모델에 따르면 태도는 인지, 감정, 행동적 요소라는 세 가지 하위 요소로 이루어진 구성체로, 이 요소들은 호의적인 신념, 긍정적 정서, 구매 행동 등 일관된 방향성을 유지한다.

4. 단일 구조 모델은 태도를 감정 반응이라는 하나의 차원으로 보며, 이 감정 반응은 인지적 평가라는 선행 요소의 결과이며, 행동적인 요소가 태도의 결과라고 설명한다.

5. 태도 형성을 설명하는 모델은 소비자의 관여도가 높은 상황과 낮은 상황으로 구분할 수 있다. 고관여 상황의 태도 모델은 다속성 태도 모델과 정보 통합 이론이 대표적이며, 저관여 상황의 태도 모델은 저관여 메시지 학습 모델과 단순노출 이론이 대표적이다. 또한 인지 반응 모델과 정교화 가능성 모델처럼 고관여 상황과 저관여 상황을 통합하여 설명하는 태도 이론이 있다.

6. 다속성 태도 모델은 제품 태도를 소비자가 지각하는 몇 가지 현저한 속성에 대한 신념과 그 속성들이 바람직한 정도에 대한 평가를 곱한 값의 합으로 설명한다. 이 모델에 따르면 실무자가 제품의 현저한 속성들에 대한 소비자의 신념과 평가를 조절했을 때 제품에 대한 소비자의 태도를 변화시킬 수 있다.

7. 저관여 메시지 학습 이론은 소비자의 TV 광고에 대한 처리 동기가 낮더라도 반복되는 광고 노출이 제품이나 브랜드에 대한 지식의 양을 늘린 결과 태도와 구매 의도에 영향을 미칠 수 있음을 설명한다.

8. 단순노출 효과는 의식적인 수준에서 인지하지 못하더라도 반복적으로 노출된 대상에 대해서는 긍정적인 태도를 형성하게 되는 현상을 설명하며, 노출의 반복에 따른 긍정적 태도 형성의 효과는 해당 자극에 대한 친숙성의 증가를 통해 나타나게 된다.

9. 인지 반응 모델은 광고 메시지에 대한 인지 반응이 태도 형성에 큰 영향을 미친다고 설명한다. 고관여 상황에서는 메시지에 대한 반응을, 저관여 상황에서는 광고 실행 요소에 대한 반응을 더 잘 떠올리고, 메시지에 대한 반응은 지지 주장과 반박 주장으로 구분되며, 광고 실행 요소에 대한 반응은 실행 지지와 실행 격하로 구분된다.

10. 정교화 가능성 모델은 태도가 중심 경로와 주변 경로를 통해 형성된다고 설명하며, 고관여 소비자

는 중심 경로로, 저관여 소비자는 주변 경로로 태도를 주로 형성한다. 중심 경로로 형성된 태도는 주변 경로로 형성된 태도에 비해 더 견고하며 오랫동안 지속된다는 특징이 있다.

11. 소비자의 제품에 태도와 구매 행동 간의 개념을 구분한 합리적 행위 이론과 계획적 행동 이론은 제품(또는 대상)에 대한 태도 형성을 설명하는 다속성 태도 모델과는 달리 행동에 대한 태도와 행동 의도를 통해 행동을 예측하는 구조를 제안한다.

12. 균형 이론은 세 대상 간의 관계에서 개인이 불균형을 해소하기 위해 개인의 태도가 변화함을 설명하며, 이러한 태도 변화는 세 대상 사이의 각 관계가 긍정(+) 혹은 부정(-)일 때 모든 관계의 곱이 (+)가 되는 방향으로 이루어진다.

참고문헌

Ajzen, I. (1985). From intentions to actions: A theory of planned behavior. In *Action control* (pp. 11-39). Springer, Berlin, Heidelberg.

Ajzen, I. (2001). Nature and operation of attitudes. *Annual Review of Psychology, 52*(1), 27-58.

Ajzen, I. (2008). Consumer attitudes and behavior. *Handbook of Consumer Psychology, 1*, 525-548.

Ajzen, I., & Fishbein, M. (1980). *Understanding attitudes and predicting social behavior: Attitudes, intentions, and perceived behavioral control.* Prentice Hall.

Allport, G. W. (1935). Attitudes. In *A handbook of social psychology* (pp. 798-844). Clark University Press.

Alós-Ferrer, C., & Shi, F. (2015). Choice-induced preference change and the free-choice paradigm: A clarification. *Judgment and Decision Making, 10*(1), 34-49.

Anderson, N. H. (1971). Integration theory and attitude change. *Psychological Review, 78*(3), 171-206.

Argyriou, E., & Melewar, T. C. (2011). Consumer attitudes revisited: A review of attitude theory in marketing research. *International Journal of Management Reviews, 13*(4), 431-451.

Baum, E. E., & Nelson, K. M. (2007). The effect of a 12-month longitudinal long-term care rotation on knowledge and attitudes of internal medicine residents about geriatrics. *Journal of the American Medical Directors Association, 8*(2), 105-109.

Bem, D. J. (1972). Self-perception theory. In *Advances in Experimental Social Psychology* (Vol. 6, pp. 1-62). Academic Press.

Bettman, J. R., Luce, M. F., & Payne, J. W. (1998). Constructive consumer choice processes. *Journal of Consumer Research, 25*(3), 187-217.

Carpenter, C., Boster, F. J., & Andrews, K. R. (2013). Functional attitude theory. *The sage handbook of persuasion: Developments in theory and practice,* 104-119.

Eagly, A. H., & Chaiken, S. (1993). *The psychology of attitudes.* Orlando, FL, US: Harcourt Brace Jovanovich College Publishers.

Fang, X., Singh, S., & Ahluwalia, R. (2007). An examination of different explanations for the mere exposure effect. *Journal of Consumer Research, 34*(1), 97-103.

Feldman, J. M., & Lynch, J. G. (1988). Self-generated validity and other effects of measurement on belief, attitude, intention, and behavior. *Journal of Applied Psychology, 73*(3), 421-435.

Fishbein, M. (1963). An investigation of the relationships between beliefs about an object and the attitude toward that object. *Human Relations, 16*(3), 233-239.

Fishbein, M. (1972). "The Search for Attitudinal-Behavior Consistency." In Joel B. Cohen (Ed.), *Behavioral science foutndations of consumer behavior. Free Press,* 1972, 245-252.

Fishbein, M., & Ajzen, A. (1975). Beliefs, attitudes. *Intentions and behavior: An introduction to theory and research.* Addison-Wesley.

Freedman, J. L., & Fraser, S. C. (1966). Compliance without pressure: The foot-in-the-door technique. *Journal of Personality and Social Psychology, 4*(2), 195-202.

Garnefeld, I., Helm, S., & Eggert, A. (2011). Walk your talk: An experimental investigation of the relationship between word of mouth and communicators' loyalty. *Journal of Service Research, 14*(1), 93-107.

Greenwald, A. G. (1968). Cognitive learning, cognitive response to persuasion, and attitude change. *Psychological Foundations of Attitudes,* 147-170.

Greenwald, A. G., & Banaji, M. R. (1995). Implicit social cognition: Attitudes, self-esteem, and stereotypes. *Psychological Review, 102*(1), 4-27.

Haddock, G., & Zanna, M. P. (1999). Cognition, affect, and the prediction of social attitudes. *European Review of Social Psychology, 10*(1), 75-99.

Haugtvedt, C. P., Petty, R. E., & Cacioppo, J. T. (1992). Need for cognition and advertising: Understanding the role of personality variables in consumer behavior. *Journal of Consumer Psychology, 1*(3), 239-260.

Hawkins, S. A., & Hoch, S. J. (1992). Low-involvement learning: Memory without evaluation. *Journal of Consumer Research, 19*(2), 212-225.

Heider, F. (1946). Attitudes and cognitive organization. *The Journal of Psychology, 21*(1), 107-112.

Katz, D. (1960). The functional approach to the study of attitudes. *Public Opinion Quarterly*, *24*(2), 163-204.

Krugman, H. E. (1965). The impact of television advertising: Learning without involvement. *Public Opinion Quarterly*, *29*(3), 349-356.

Lavine, H., Thomsen, C. J., Zanna, M. P., & Borgida, E. (1998). On the primacy of affect in the determination of attitudes and behavior: The moderating role of affective-cognitive ambivalence. *Journal of Experimental Social Psychology*, *34*(4), 398-421.

Law, S., Hawkins, S. A., & Craik, F. I. (1998). Repetition-induced belief in the elderly: Rehabilitating age-related memory deficits. *Journal of Consumer Research*, *25*(2), 91-107.

MacKnight, C., & Powell, C. (2001). Outcome measures in the rehabilitation of older adults. *Reviews in Clinical Gerontology*, *11*(1), 83-89.

Ray, M. L., Sawyer, A. G., Rothschild, M. L., Heeler, R. M., Strong, E. C., & Reed, J. B. (1973). Marketing communication and the hierarchy of effects. *New Model for Mass communication Research*, Sage Publications.

Petty, R. E., & Cacioppo, J. T. (1986). The elaboration likelihood model of persuasion. In *Communication and persuasion* (pp. 1-24). Springer.

Reed I. A., Wooten, D. B., & Bolton, L. E. (2002). The temporary construction of consumer attitudes. *Journal of Consumer Psychology*, *12*(4), 375-388.

Samra, R. (2014). A new look at our old attitude problem. *Journal of Social Sciences*, *10*(4), 143.

Shavitt, S. (1990). The role of attitude objects in attitude functions. *Journal of Experimental Social Psychology*, *26*(2), 124-148.

Smith, G. H. (1946). Attitudes toward Soviet Russia: I. The standardization of a scale and some distributions of scores. *Journal of Social Psychology*, *23*(1), 3.

Zajonc, R. B. (1968). Attitudinal effects of mere exposure. *Journal of Personality and Social Psychology*, *9*(2, Pt.2), 1-27.

제 3 부

소비자 의사결정

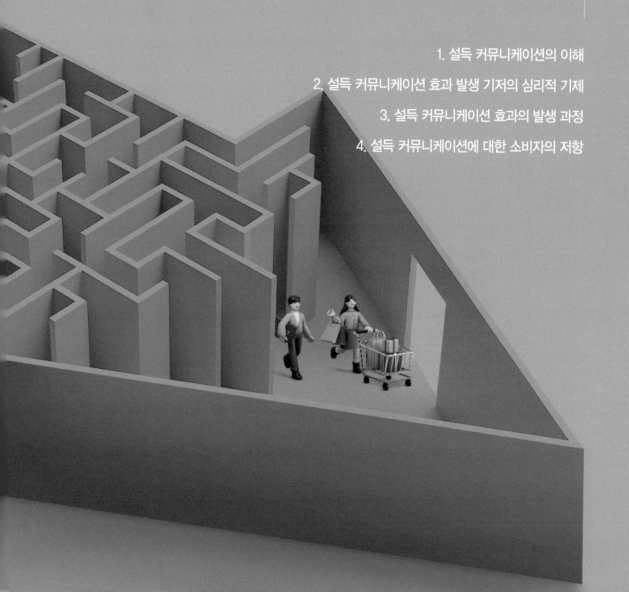

제6장

설득
커뮤니케이션

'맛만 보고 가세요~.' '입어만 보셔도 됩니다~.' 마트 시식 코너나 백화점 직원들은 사지 않아도 좋으니 한번 보고만 가라고 웃으며 권하곤 한다. 한 입 먹거나 입어 보고 나면 구매하라는 부탁을 쉽게 거절하지는 못하게 되어 구매하게 될 가능성이 있다. 최근에는 집에서 옷을 입어 보고 결정할 수 있는 SSF샵의 홈 피팅 서비스처럼 소비자를 끌어들이기 위한 다양한 마케팅들이 진행되고 있다. 이렇듯 사람들은 상대에게 내가 원하는 것을 얻기 위해 상대를 설득하는 과정을 거친다. 이러한 과정을 '설득 커뮤니케이션'이라고 하는데 설득 커뮤니케이션은 다양한 방식으로 이루어지며, 설득의 효과에 영향을 미치는 요인은 다양하다. 광고 모델에 의해 설득이 나타날 수도 있고, 광고 매체 유형이나 메시지에 의해 서로 다른 결과가 나타날 수도 있다. 또한 설득에 의한 결과가 좋은 태도로 이어지거나 신념을 변화시킬 수도 있고, 구매 행동으로 이어질 수도 있다. 예를 들어, 구찌, 샤넬, 디올 등 명품은 유명하고 영향력 있는 사람들을 앰배서더로 기용한다. 앰배서더들은 공식 석상이나 사적인 만남에서도 해당 브랜드를 사용하며 소비자에게 해당 브랜드의 매력을 설득한다. 이를 통해 소비자는 긍정적인 태도나 감정, 행동을 형성하고 이는 매출 증가로 이어진다.

이 장에서는 설득 대상에게 영향을 미칠 수 있는 설득 커뮤니케이션에 대해 알아볼 것이다. 설득 커뮤니케이션의 정의, 범위 및 종류를 정리하고 설득 커뮤니케이션 효과 발생 기저의 심리적 기제에 대해 살펴볼 것이다. 다양한 심리적 기제에 대해 논의한 후, 설득 커뮤니케이션이 설득 대상의 인지, 감정, 행동 중 어떠한 순서로 발생하는지에 대한 효과 위계에 대해 살펴보고자 한다. 마지막으로, 이러한 설득 커뮤니케이션에 따라 설득 대상이 설득되지 않는 저항 반응에 대해 알아보고자 한다.

1 설득 커뮤니케이션의 이해

1) 설득 커뮤니케이션의 정의, 범위 및 종류

설득 커뮤니케이션은 설득 주체 관점과 설득 대상 관점에 따라서 다음과 같이 정의될 수 있다[1]. 설득 주체 관점에 따르면, 설득 커뮤니케이션이란 설득 주체가 본인이 원하는 방향으로 설득 대상이 인지, 감정 및 행동적으로 반응하도록 만드는 활동을 말한다(양윤, 2014; 우석봉, 2020). 설득 대상 관점에서, 설득 커뮤니케이션은 설득 대상이 설득 주체와의 커뮤니케이션 상황에서 본인의 인지, 감정 및 행동 반응을 창출하고 강화하며 조정하고 제거하는 활동이다(김영석, 2014; Gass & Seiter, 2013). 이때 설득 대상의 인지, 감정 및 행동 반응은 신념(인지 반응), 태도(인지 반응), 선호도(감정 반응), 동기(감정 반응), 의향(행동 반응), 행동(행동 반응) 등으로 다양하다. 설득 커뮤니케이션 맥락에서, 이들 반응을 다음과 같이 정의할 수 있다(Ajzen, 1991; Maio & Esses, 2001; Miller & Levine, 2019; Veryzer & Hutchinson, 1998). 신념은 설득 주체가 주장하고 제안하는 내용의 진위 여부 판단이며, 태도는 설득 주체의 주장과 제안에 대한 평가적 경향성(좋음/나쁨, 찬성/반대)이고, 선호도는 설득 주체의 주장과 제안에 대한 호오도다. 동기는 설득 주체가 주장하고 제안하는 내용의 수용 또는 거부 경향성이고, 의향은 설득 주체의 주장과 제안을 행동으로 옮길 행동적 경향성이며, 행동은 설득 주체의 주장과 제안을 실제 행동으로 옮긴 겉으로 드러난 행위를 말한다. 설득 주체 관점의 정의는 설득 주체가 설득 대상에 미치는 설득 커뮤니케이션의 영향 또는 효과를 강조하였고, 설득 대상 관점의 정의는 설득 커뮤니케이션으로 인한 설득 대상의 내·외적 변화에 주안점을 둔다. 또한 설득 주체 관점의 정의는 설득 커뮤니케이션의 전통적 의미를 담고 있는 반면, 설득 대상 관점의 정의는 설득 커뮤니케이션의 확장된 의미를 기반으로 한다.

어떤 활동이 설득 커뮤니케이션인지 또는 아닌지를 판단할 때 설득 커뮤니케이션의 의도성, 효과성, 강압성 및 대상을 고려할 필요가 있다(김영석, 2014).

첫째, 보통 설득 커뮤니케이션은 설득 주체가 설득 대상에게 의도적으로 영향을 미치는

[1] 이 책의 맥락을 고려하면, 본 장에서 설득 주체를 기업으로, 설득 대상을 소비자로 기술할 수 있다. 그러나 광고, 판매직원의 판매를 위한 소비자 설득 등을 포함한 마케팅 커뮤니케이션 이외에 다른 영역의 설득 커뮤니케이션(예: 대통령 선거 후보자들의 공개 토론)이 존재한다. 다양한 설득 커뮤니케이션 영역을 포괄하고자, 이 장에서는 설득 커뮤니케이션 분야의 용어(예: 설득 주체, 설득 대상, 정보원)를 그대로 사용하고자 한다.

활동을 말한다. 그러나 종종 직접적인 설득 의도가 없는 타인의 글이나 행동이 설득 대상의 인지, 감정 및 행동 반응에 영향을 미치기도 한다. 한 사례로, 드라마 속 여배우의 옷, 헤어 스타일 등이 드라마 제작진이나 여배우가 의도하지 않았지만 드라마 시청자에게 인기를 얻는 경우가 있다. 따라서 설득 커뮤니케이션은 설득 주체의 직·간접적 의도하에 발생한다.

둘째, 설득 주체는 설득 커뮤니케이션을 통해서 본인이 원하는 방향으로 설득 대상이 특정 반응을 하도록 만들고자 한다. 따라서 설득 커뮤니케이션의 목적은 설득 대상이 특정 목표 반응을 하도록 만드는 효과의 창출이다(효과성). 유니세프 기부 광고에는 어려움에 처한 아동이 등장한다. 이와 같은 유니세프 기부 광고의 최종 목적은 설득 대상인 광고 청중이 유니세프에 금전적 기부를 하도록 만드는 효과를 창출하는 것이다. 그러나 유니세프의 기부 광고를 본 모든 광고 청중이 금전적 기부를 하지는 않는다. 대신 이들 광고 청중은 유니세프의 기부 광고를 보고, 어려움에 처한 아동에 대한 안쓰러움을 느낄 것이다. 이 경우, 광고 청중의 안쓰러움 경험은 금전적 기부를 직접적으로 유발하지 못하지만, 금전적 기부 발생 과정에 영향을 미쳐서 광고 청중의 금전적 기부 가능성을 높일 수 있다. 따라서 이 기부 광고도 성공적인 설득 커뮤니케이션이다. 결론적으로 설득 커뮤니케이션의 목적은 특정 목표 반응을 유발하는 효과 창출뿐만 아니라 특정 효과 창출 과정의 촉진까지 포함한다.

셋째, 설득 주체는 설득 커뮤니케이션을 통해 설득 대상에게 강압적 또는 비강압적 상황을 제공한다. 이때 강압적 상황이란 설득 대상이 설득 주체의 주장과 제안을 거부할 수 없도록 만드는 경우이고, 비강압적 상황은 설득 대상이 설득 주체의 주장과 제안을 수용하거나 거부할 수 있는 선택의 자유가 주어진 경우다. 예를 들어, 설득 주체인 부모가 고교생 자녀에게 "이번 중간고사에서 성적이 떨어지면 용돈을 반으로 줄일 거야."라고 말을 하는 경우가 강압적 설득 커뮤니케이션이다.

마지막으로 일반적으로 설득 커뮤니케이션은 2인 이상의 설득 주체와 설득 대상 사이에서 이루어진다. 그러나 한 개인이 본인을 대상으로 한 커뮤니케이션을 통해 본인이 원하는 방향으로 특정 반응을 하도록 유도하는 활동도 설득 커뮤니케이션에 해당된다. 예를 들어, 30대 흡연자가 새해 첫날 금연을 시작하고, 금연 의지를 강화하기 위해서 그다음 날부터 카카오톡 프로필에 금연 유지 기간을 D+1, D+2, D+3 등으로 계속 올리는 활동은 자기설득에 해당된다. 이때 30대 흡연자는 설득 대상이자 설득 주체다. 즉, 설득 커뮤니케이션은 2인 이상의 설득 주체와 설득 대상 간의 활동이자 한 개인 내(설득 주체 = 설득 대상) 활동이다.

설득 커뮤니케이션의 종류는 대중 매체 설득 커뮤니케이션과 대인 설득 커뮤니케이션으로 구분할 수 있다. 먼저 제품과 브랜드 판매를 목적으로 하는 광고는 TV, 인터넷 등의 대중 매체를 통해서 설득 대상인 소비자에게 전달된다. 이처럼 온·오프라인 대중 매체를 이용한 설득 커뮤니케이션이 대중 매체 설득 커뮤니케이션이다. 한편, 새로운 스마트폰 구입을 원하는 20대가 이동통신사 대리점에서 판매직원과 상담할 때, 판매직원은 20대를 대상으로 특정 스마트폰의 판매를 위한 설득을 한다. 또는 대통령 선거에 출마한 후보자가 정치 집회에 참여한 많은 유권자를 대상으로 본인의 공약을 소개하며 본인에 대한 지지를 호소하는 활동을 한다. 이들 경우가 대인 설득 커뮤니케이션의 사례다. 대인 설득 커뮤니케이션은 설득 주체와 설득 대상 간 대면 접촉뿐만 아니라 전화 통화를 통해서도 이루어질 수 있다. 대인 설득 커뮤니케이션에서 자주 활용되는 기법 중 하나가 문전에 발 걸치기다(Cialdini, 2001; Kardes, Cronley, & Cline, 2015). 한 사례로, 보험 설계사는 처음에 고객에게 가장 낮은 월 납입금을 내는 보험 상품을 제안한다. 고객이 이 보험 상품에 가입하면, 보험 설계사는 나중에 더 좋은 보장 내용의 더 높은 월 납입금을 내는 보험 상품을 추가로 추천한다. 이처럼 문전에 발 걸치기는 설득 주체가 설득 대상에게 처음에 부담이 적은 요구를 제안해서 설득 대상이 이를 수락하게 만들고, 어느 정도의 시간이 지난 후 더 큰 요구를 제안해서 설득 대상이 이를 수락하게 만드는 기법이다.

2) 설득 커뮤니케이션 과정과 구성 요소

설득 커뮤니케이션 과정은 설득 주체가 정보원(또는 정보 제공자)이 제안하는 특정 메시지를 대면 접촉, TV, 라디오, 신문, 인터넷 등의 매체를 통해서 설득 대상에게 전달하면, 설득 대상은 해당 메시지를 수용하거나 거부한 후 이와 같은 처리 결과를 설득 주체에게 피드백하면서 이루어진다(양윤, 2014). 이를 도식적으로 제시하면 [그림 6-1]과 같다. 소비자 심리 분야에서, 설득 주체는 설득 커뮤니케이션을 개시하는 기업, 판매직원, 소비자 등을 말하며, 설득 대상은 설득 커뮤니케이션에 영향을 받는 소비자를 의미한다. 이때 소비자가 설득 주체인 이유는 소비자가 불만족한 제품과 브랜드에 대한 부정 정보를 다른 소비자들에게 대면 접촉, 페이스북, 카카오톡 등으로 전달해서 다른 소비자들이 해당 제품과 브랜드를 불매하

[그림 6-1] 설득 커뮤니케이션 과정

출처: 양윤(2014, p. 284)의 [그림 9-1]을 수정.

도록 만드는 경우가 있기 때문이다. 설득 커뮤니케이션 과정의 구성 요소와 그 특징을 구체적으로 소개하면 다음과 같다.

(1) 정보원

정보원은 설득 커뮤니케이션의 메시지를 설득 대상에게 전달하는 역할을 한다. 정보원과 설득 주체는 같을 수도 있고 다를 수도 있다. 예를 들어, 기업인 동서식품이 2012년 자사의 커피믹스 브랜드인 맥심 화이트 골드의 광고에 전 피겨 스케이팅 선수인 김연아를 등장시켰다. 이 경우, 설득 주체는 기업인 동서식품이지만, 정보원은 광고에 등장하는 광고 모델인 김연아다. 한편, 백화점의 의류 매장에서 판매직원이 고객을 대상으로 특정 옷의 구입을 권하는 상황을 가정해 보자. 이때 판매직원은 설득 주체이자 정보원이다. 정보원이 어떤 특징을 가지고 있어야 설득 커뮤니케이션이 효과적인가? 정보원은 신뢰할 수 있고 매력적이어야 설득 대상이 설득 커뮤니케이션의 메시지를 잘 수용한다. 이와 관련된 두 모형을 소개하면 다음과 같다.

① 정보원 신뢰성 모형

정보원 신뢰성 모형에 의하면, 설득 대상이 정보원을 신뢰할 수 있다고 지각하려면, 정보원은 전문성을 가지며 진실성을 가져야 한다(양윤, 2014; Hovland, Janis, & Kelley, 1953). 이때 전문성이란 설득 대상이 정보원이 메시지와 관련된 타당한 주장을 한다고 지각하는 정도 또는 설득 대상이 정보원이 메시지와 관련된 충분한 지식을 가졌다고 지각하는 정도다. 예를 들어서, 소비자는 치약 광고에 유명 치과 의사(정보원 1)가 등장하는 경우가 유명 트로트 가수(정보원 2)가 등장하는 경우보다 정보원의 전문성을 더 높게 평가할 것이다. 진실성은 설득 대상이 정보원이 본인이 생각하기에 가장 타당한 메시지 관련 주장과 제안을 할 의도를 가졌다는 믿음 정도 또는 설득 대상이 정보원이 편파적이지 않고 정직하게 메시지 관련 주장과 제안을 할 것이라고 지각하는 정도다. 만약 소비자가 유명 아이돌 가수가 음료 광고에 등장한 이유를 고액의 광고 출연료 때문이라고 생각하면, 소비자는 유명 아이돌 가수의 음료 제품이나 브랜드와 관련된 주장과 제안의 진실성을 의심하게 된다(Kang, 2020).

② 정보원 매력도 모형

설득 대상이 정보원의 언행을 관찰해서 그것을 마음속으로 또는 행동적으로 모방하는 경우, 설득 대상은 정보원이 제공하는 메시지를 쉽게 수용한다. 이처럼 한 사람(관찰자)이 타인(행위자)의 언행을 관찰해서 그것을 모방하는 현상을 모델링이라고 한다(김완석, 2008). 관찰자가 행위자를 친밀하게 생각하고, 본인과 행위자가 유사하다고 평가하며, 행위자를 매력적으로 느끼면 모델링이 잘 일어난다. 정보원 매력도 모형은 이와 유사한 주장을 한다. 정보원 매력도 모형에 의하면, 정보원의 매력도가 높을수록 설득 대상은 정보원이 제공하는 메시지를 잘 수용한다(McGuire, 1985; Ohanian, 1990). 그런데 정보원의 매력도는 설득 대상이 정보원을 친밀하게 느끼고, 본인과 정보원이 유사하다고 생각하며, 정보원에 대해서 호감을 가지고, 정보원이 성격적으로 또는 신체적으로 매력적이라고 평가하면 높아진다. 정보원 매력도 모형은 다수의 기업이 자사 광고에서 많은 소비자들이 좋아하는 유명인이나 신체적으로 매력적인 무명인을 광고 모델로 기용하는 근거를 제공한다(강정석, 2015b; Kang, 2020).

(2) 메시지

메시지는 설득 주체 또는 정보원이 주장하거나 제안하는 언어적(예: 글, 말) 또는 시각적(예: 사진, 그림) 내용을 말한다. 메시지의 구성과 제시 방법에 따라서, 설득 커뮤니케이션 효과 발생 여부와 정도가 달라질 수 있다(김영석, 2014; 김완석, 2008[2]; 양윤, 2014).

① 메시지의 구성

첫째, 설득 주체나 정보원은 메시지의 결론을 명시적으로 제시하거나(명시적 결론 제시) 설득 대상이 메시지의 결론을 스스로 도출하도록 메시지의 결론을 암시적으로 제시할 수 있다(암시적 결론 제시). 예를 들어서, 햄버거를 판매하는 A 브랜드 광고에서 'A 브랜드로 결정하자!'라는 메시지는 명시적 결론을 제시하는 방식이고, 'B 브랜드와 C 브랜드처럼 기름에 튀긴 햄버거와 A 브랜드의 불에 구운 햄버거가 있다면, 당신은 어느 쪽 햄버거를 원하십니까?'라는 메시지는 암시적 결론을 제시하는 방식이다. 명시적 결론 제시 메시지는 설득 주체나 정보원의 주장과 제안을 명확하게 설득 대상에게 전달할 수 있지만, 설득 주체의 강한 주장과 제안이 메시지 수용에 대한 설득 대상의 거부감을 일으킬 수 있다. 반면, 암시적 결론 제시 메시지는 메시지에 대한 설득 대상의 주목도와 몰입도를 높이지만, 설득 대상이 메시

---

2) 이 책의 많은 내용은 4권의 서적(김영석, 2014; 김완석, 2008; 김재휘, 박은화, 손영화, 우석봉, 유승엽, 이병관, 2009; 양윤, 2014) 내용을 기반으로 한다. 기술 내용의 가독성을 높이기 위해서, 세부 기술 내용 각각에 이들 서적을 개별적으로 인용하지 않았다. 대신 세부 기술 내용의 근거가 되는 서적의 인용을 가장 먼저 소개하였다. 이 장에서 별도의 인용이 없는 경우, 가장 먼저 인용된 서적의 일부 내용을 기반으로 기술한 것이다.

지의 결론을 잘못 이해할 우려가 있다.

둘째, 설득 주체나 정보원은 주장이나 제안을 뒷받침하는 근거의 양(메시지의 양)을 늘리거나 신빙성이 있는 근거만을 선별해서(메시지의 질) 설득 대상에게 제시할 수 있다. 메시지의 양이 지나치게 많으면, 긴 메시지에 대한 설득 대상의 주목도가 낮아지고 설득 대상의 메시지 기억도 떨어진다. 또한 여러 근거 중 어떤 근거는 신빙성이 높고 어떤 근거는 신빙성이 낮기 때문에, 설득 주체나 정보원이 양질의 소수 근거를 제시하는 것이 저질의 다수 근거를 제시하는 것보다 효과적이다.

셋째, 설득 주체나 정보원은 주장이나 제안을 지지하는 근거만 선별해서 설득 대상에게 제시할 수 있다(일방 메시지). 또한 설득 주체나 정보원은 주장이나 제안의 지지 근거와 반박 근거를 모두 설득 대상에게 제시하기도 한다(양방 메시지). 일방 메시지(vs. 양방 메시지)는 설득 대상이 설득 주체나 정보원의 주장과 제안에 우호적이거나(vs. 우호적이지 않거나), 설득 대상의 교육 수준이 낮은(vs. 높은) 경우에 효과적이다. 한편, 제품과 브랜드 광고의 경우, 설득 대상인 소비자가 광고는 설득 주체인 기업의 자사 제품이나 브랜드의 좋은 점만을 소개할 것(일방 메시지)으로 기대하기 때문에, 광고에서 기업의 자사 제품이나 브랜드의 장·단점 모두를 소개하면(양방 메시지) 광고의 신뢰도가 높아질 수 있다. 또한 제품이나 브랜드 광고에서 양방 메시지를 사용하면, 기업 또는 정보원인 광고 모델의 주장과 제안에 대한 경쟁사의 반박을 미리 막을 수 있다. 또한 제품과 브랜드 광고의 양방 메시지는 예방 접종과 같이 경쟁사가 자사 제품이나 브랜드의 단점을 공격하는 활동에 대한 소비자의 저항력을 키워 준다. 이와 같은 현상을 면역 효과라고 한다.

넷째, 메시지가 구체적 정보(예: 구체적 단어 – 꽃)로 구성되는지(구체적 메시지) 또는 추상적 정보(예: 추상적 단어 – 기쁨)로 구성되는지(추상적 메시지)에 따라서 메시지의 설득 효과는 달라진다. 일반적으로 구체적 메시지가 추상적 메시지보다 설득 대상의 주의를 더 많이 끌고, 주의를 지속적으로 유지하며, 설득 대상의 상상을 유발한다. 한 사례로, 기부 광고에서 기부 수혜자인 아동이 처한 상황을 묘사할 때, 구체적 단어의 사용(구체적 메시지)은 추상적 단어의 사용(추상적 메시지)보다 광고 청중이 아동의 어려움을 더 잘 상상하고, 더 많은 금액을 기부하게 만든다(성영신, 김지연, 강정석, 2014).

마지막으로 소구는 설득 커뮤니케이션의 메시지에 대한 설득 대상의 특정 반응을 유발하도록 호소하는 방법이다. 소구는 이성 소구와 감성 소구로 구분할 수 있다. 이성 소구는 설득 주체나 정보원이 주장이나 제안을 할 때 이를 뒷받침해 주는 객관적 또는 논리적 근거를 제시하는 호소 방법이다. 반면, 감정 소구는 메시지에 대한 설득 대상의 특정 감정 반응을 유발하는 호소 방법이다. 몇 종류의 감정 소구를 소개하면 다음과 같다. 첫째, 온정성 소구는 설득 대상이 메시지에 대해서 따뜻한 느낌을 느끼도록 만드는 호소 방법이다. 그런데 설득 대상이 온정성 소구 메시지에 대해서 공감하지 못하면, 설득 효과가 약하다. 둘째, 금연 캠페인, 음주 운전 예방 캠페인 등과 같은 설득 커뮤니케이션에서 자주 사용되는 공포 소구가 있다. 공포 소구의 목적은 메시지에 대한 설득 대상의 두려움을 유발하는 것이지만, 지나치게 강한 두려움을 유발하면 설득 대상은 메시지를 회피하게 된다. 셋째, 유머 소구의 목적은 메시지에 대한 설득 대상의 긍정 감정을 유발하는 것이다. 그러나 동일 유머 소구를 오랜 기간 반복해서 사용하면 설득 대상은 메시지에 대한 지겨움을 느끼면서 설득 효과가 약해진다. 넷째, 성적 소구는 메시지에 대한 설득 대상의 정서적 각성을 유발하는데, 성적 소구의 강도가 지나치게 강하면 메시지에 대한 설득 대상의 부정적 감정(예: 혐오)을 일으킨다는 단점이 있다. 마지막으로 호기심 소구는 메시지에 대한 설득 대상의 흥미를 유발하는 호소 방법이다. 일반적으로 호기심 소구는 설득 대상에게 메시지와 관련된 적은 양의 정보만 제공한다. 한 사례로, 신제품 출시 직전에 많은 기업(예: 자동차 생산 기업인 기아차)은 신제품에 대한 최소한의 정보(예: 브랜드 이름)만을 제공하는 호기심 소구 광고를 집행한다.

② 메시지의 제시

첫째, 메시지는 중심 내용과 주변 내용으로 구성될 수 있다. 예를 들어, 15초 분량의 자동차 TV 광고의 메시지에서 중심 내용인 자동차의 강점 소개도 있지만, 설득 대상인 소비자의 긍정적 감정 반응을 유발하기 위한 주변 내용인 누구나 듣기 좋은 배경음악도 있다. 메시지의 중심 내용과 주변 내용을 설득 대상에게 제시하는 방법은 역클라이맥스 방법, 클라이맥스 방법 및 피라미드 방법으로 세분화된다. 역클라이맥스 방법은 설득 대상에게 중심 내용을 가장 먼저 제시하며, 클라이맥스 방법은 설득 대상에게 중심 내용을 가장 나중에 제시하고, 피라미드 방법은 설득 대상에게 중심 내용을 중간에 제시하는 것이다. '역클라이맥스 방법 > 클라이맥스 방법 > 피라미드 방법'의 순으로 설득 효과가 있는 것으로 알려졌다. 이처럼 역클라이맥스 방법과 클라이맥스 방법이 피라미드 방법보다 설득 효과가 높은 이유는 초두 효과와 최신 효과 때문이다. 초두 효과란 처음에 제시된 메시지 내용의 설득 효과가 큰 현상을 말하며, 최신 효과는 맨 마지막에 제시된 메시지 내용의 설득 효과가 큰 현상을 말한다. 또한 양방 메시지의 경우, 설득 주체나 정보원의 주장이나 제안을 지지하는 근거를 반박하는 근거보다 먼저 설득 대상에게 제시하는 것이 설득 효과가 높다(초두 효과). 단, 지지 근거 제시와 반박 근거 제시 간의 시간적 차이가 짧으면 초두 효과가 일어나지 않을 수 있다.

둘째, 메시지의 제시 방법 중 반복도 설득 효과에 영향을 미친다. 사람들은 동일한 대상에 반복적으로 노출되면 그 대상에 대해서 친근감을 느낀다. 이를 단순노출 효과라고 한다. 이 효과를 고려하면, 동일한 메시지를 설득 대상에게 반복해서 제시하면, 설득 대상은 메시지에 대한 긍정적 감정을 느끼고 메시지를 수용할 가능성이 높다. 그러나 동일한 메시지를 설득 대상에게 지나치게 많이 반복해서 제시할수록, 설득 대상은 메시지에 대한 많은 반박 근거를 떠올리고 메시지에 대한 부정적 태도를 가질 수 있다. 따라서 설득 효과를 높이기 위해서, 설득 대상에게 동일 메시지를 적정 횟수로 제시할 필요가 있다. 크루그먼(Krugman, 1972)은 광고 청중이 동일 광고를 3번 볼 때 광고의 설득 효과가 가장 좋다고 주장한다.

셋째, 설득 주체나 정보원의 비언어적 표현(예: 눈맞춤, 몸짓, 자세)이 설득 대상의 메시지 수용에 영향을 미치기도 한다. 즉, 설득 주체나 정보원의 비언어적 메시지 제시 방법이 설득 효과를 좌우한다. 한 사례로, 맥주 광고에서 광고 모델이 광고 청중을 응시하는 경우(정면 응시 또는 눈 맞춤)가 외면하는 경우(측면 응시 또는 눈 맞춤 회피)보다 광고 청중이 광고 모델이 광고 속 맥주 브랜드를 진심으로 좋아하기 때문에 광고에 출연했다고 더 강하게 믿고, 광고에 대한 긍정적 태도를 보인다(강정석, 2015a).

(3) 매체

매체는 메시지를 설득 대상에게 전달하는 수단이며, 대면 매체와 대중 매체로 구분할 수 있다. 이때 대면 매체는 설득 주체가 설득 대상을 면대면으로 또는 유선상으로 접하는 설득 커뮤니케이션 수단을 말한다. 한편, 대중 매체는 방송 매체(예: 지상파 TV, 지상파 DMB, 라디오, IPTV, 위성방송), 인쇄 매체(예: 신문, 잡지), 온라인 매체, 옥외 매체(예: 빌보드, 교통) 및 기타 매체(예: 생활정보지)로 세분화된다(과학기술정보통신부, 한국방송광고진흥공사, 2020). 대중 매체인 방송 매체 중 공중파 TV에서 방송되는 여러 프로그램 중 MBC 무한도전은 비히클에 해당된다(매체 ⊃비히클). 그런데 각 매체의 특성이 다르다(김영석, 2014; 양윤, 2014; 전범수, 2011). 예를 들어서, 설득 주체가 대면 매체를 이용하면 설득 대상의 언어적 또는 비언어적 반응을 보고 적절하게 대응할 수 있다. 또한 설득 대상은 방송 매체를 주로 휴식을 취할 때 이용하는데 설득 주체가 이 시점에 메시지를 노출해서 설득 효과를 얻을 수 있다. 매체별 특성이 다르기 때문에, 설득 주체는 설득 커뮤니케이션의 효과를 높이고자 다수의 매체를 조합해서 사용하는 경우가 많다. 설득 커뮤니케이션의 효과를 효율적으로 높이기 위해서 설득 주체는 대면 매체와 대중 매체를 도달 범위, 비용, 기여도, 공유도 및 보완도를 종합적으로 고려해서 조합할 필요가 있다(Keller, 2016). 먼저, 도달 범위는 설득 주체가 특정 매

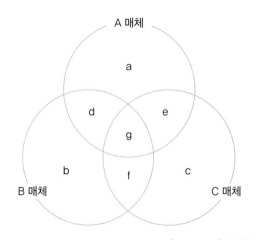

A 매체

a

d   e

g

b   f   c

B 매체   C 매체

1. 기여도
   A 매체의 기여도 = a + d + g + e
   B 매체의 기여도 = b + d + g + f
   C 매체의 기여도 = c + e + g + f

2. A 매체, B 매체 및 C 매체의 공유도 = g

3. 보완도
   A 매체의 보완도 = a
   B 매체의 보완도 = b
   C 매체의 보완도 = c

[그림 6-2] 매체의 효과적 조합 기준

출처: Keller(2016)의 내용을 기반으로 작성.

체를 이용해서 설득 커뮤니케이션을 실시하면 얼마나 많은 수의 설득 대상에게 메시지가 전달되는가 그리고 여러 매체를 통해서 설득 커뮤니케이션을 실시한다면 얼마나 많은 수의 설득 대상에게 동일 메시지가 중복되게 전달되는가를 의미한다. 비용은 설득 주체가 특정 매체를 이용해서 설득 커뮤니케이션을 실시하는 데 소요되는 금전적 효율성을 말한다. 기여도는 특정 매체를 이용한 메시지 전달이 설득 커뮤니케이션 효과에 미치는 영향력을 의미한다. 공유도는 서로 다른 매체를 이용해서 전달하는 메시지의 중복 정도를 말한다. 보완도는 다른 매체가 아닌 특정 매체만이 달성할 수 있는 설득 커뮤니케이션 효과를 의미한다. 기여도, 공유도 및 보완도의 관계를 도식적으로 제시하면 [그림 6-2]와 같다.

(4) 설득 대상

설득 대상의 다양한 특성에 따라서 설득 커뮤니케이션의 효과가 달라질 수 있다. 설득 대상의 몇 가지 특성을 소개하면 다음과 같다.

첫째, 설득 대상의 인구통계적 특성인 연령과 성별이 설득 커뮤니케이션 효과를 좌우할 수 있다(김영석, 2014). 일반적으로 설득 대상의 연령이 낮을수록, 설득 주체나 정보원의 설득 의도를 알아채고 이해할 능력이 없기 때문에 쉽게 설득이 되는 경향이 있다. 그런데 고령자의 경우, 노화에 따른 인지 능력의 저하로 설득 커뮤니케이션의 메시지를 비판적으로 평가하고 분석하기 어렵기 때문에 설득이 쉽게 될 수 있다. 반면, 고령자는 고정관념이 강화되기 때문에 설득이 어렵다는 주장도 있다. 성별의 경우, 두 가지 견해가 공존한다. 첫 번째 견해는 여성이 남성보다 설득 커뮤니케이션의 메시지에 대한 순응 경향이 강해서 더 쉽게 설득되는 경향이 있다는 것이다. 두 번째 견해는 설득 커뮤니케이션 효과의 성차가 없다는 것이다. 최근에는 두 번째 견해가 지지되며, 설득 커뮤니케이션 효과의 성차를 유발하는 조건을 찾는 연구들이 많이 수행되고 있다.

둘째, 설득 대상의 심리적 특성에 따라서 설득 커뮤니케이션 효과 발생이 달라질 수 있다. 몇 가지 심리적 특성을 소개하면 다음과 같다(김영석, 2014). ① 자아존중감이 약한 설득 대상은 본인의 생각에 대한 확신이 낮기 때문에 설득 커뮤니케이션의 메시지를 수용하기 쉽지만, 실제로 이 설득 대상은 메시지에 설득을 당하는 것을 외부에 알리는 것을 꺼리기 때문에 오히려 메시지를 수용하지 않을 가능성도 있다. 반면, 자아존중감이 강한 설득 대상은 본인의 생각에 대한 확신이 높기 때문에 설득 커뮤니케이션의 메시지를 쉽게 수용하지 않을 수 있다. 또한 불안감이 높은 설득 대상은 설득 커뮤니케이션의 메시지 자체를 쉽게 수용하지만 불안감이 높아서 행동 반응을 보일 가능성은 낮다. ② 독단주의가 강한 설득 대상은 권위에 맹종하며, 한 가지 일처리 방식을 고수하는 경향이 강하다. 일반적으로 독단주의가 강한 설득 대상은 설득 커뮤니케이션의 메시지를 잘 수용하지 않는 경향이 있다. 그러나 이 설득 대상은 강한 권위를 가진 설득 주체나 정보원이 제공하는 메시지를 쉽게 수용한다. ③ 자기감시란 설득 대상이 본인의 인지, 감정 및 행동을 사회적 기준에 맞추려는 경향성이다. 설득 대상의 자기감시가 설득 커뮤니케이션의 메시지가 유발하는 효과에 영향을 미친다(김완석, 2008). 예를 들어서, 자기감시가 강한 소비자는 제품 선택의 사회적 기준을 찾기 때문에 제품의 좋은 품질을 강조하는 광고 메시지에 영향을 많이 받는다. 즉, 자기감시가 강한 소비자는 제품의 좋은 품질을 강조하는 광고 메시지를 보고, 본인의 해당 제품 선택이 사회적 기준에 부합한다는 것을 확인한다. 그 결과, 소비자는 제품의 좋은 품질을 강조하는 광고에 소개된 제품을 구입할 의향이 높다.

셋째, 관여도란 대상에 대한 개인적 관련성이다(Zaichkowsky, 1986). 설득 주체가 설득 커뮤니케이션을 통해 설득 대상에게 전달하는 메시지도 관여도의 대상에 해당된다. 메시지 관여도가 높은(vs. 낮은) 설득 대상은 설득 커뮤니케이션의 메시지에 주의를 기울이고(vs. 기울이지 않고) 메시지를 이해하기 위해서 노력한다(vs. 노력하지 않는다)(양윤, 2014). 따라서 설득 대상의 메시지 관여도가 높으면(vs. 낮으면) 설득 커뮤니케이션 효과가 발생할 가능성이 높다(vs. 낮다). 설득 커뮤니케이션의 메시지와 설득 대상의 특성 간 매칭을 통해서 설득 대상의 메시지 관여도를 높일 수 있다.

설득 커뮤니케이션의 메시지를 설득 대상의 다음과 같은 특성에 매칭시키는 것이 설득 대상의 메시지 관여도를 높이는 데 도움이 된다(Teeny, Siev, Briñol, & Petty, 2021).

첫째, 메시지를 설득 대상의 감정 상태 또는 인지 상태에 매칭시킬 수 있다. 예를 들어서, 긍정 감정(vs. 부정 감정)을 경험하는 설득 대상에게 광고에서 제품이나 브랜드 구입이 유발하는 긍정 결과(vs. 제품이나 브랜드 비구입이 유발하는 부정 결과)를 메시지로 제시하면, 설득 효과가 높아진다. 또한 창의적인 사고를 하는 설득 대상에게는 제품이나 브랜드의 일반적 특징(다른 제품이나 브랜드와 유사한 특징)보다 독특한 특징(다른 제품이나 브랜드와 차별화된 특징)을 메시지로 전달하는 것이 효과적이다.

둘째, 메시지를 설득 대상의 동기나 목적에 매칭시키는 방법이 있다. 어떤 소비자는 또는 한 소비자가 어떤 경우에는 즐거움을 추구하기 위해서 제품이나 브랜드를 구입하고자 하고 (쾌락적 목적), 어떤 소비자는 또는 한 소비자가 어떤 경우에는 실용적 목적으로 제품이나 브랜드를 구입하고자 한다. 쾌락적 목적(vs. 실용적 목적)을 추구하는 소비자에게 광고에서 제품이나 브랜드의 사용이 제공하는 즐거움(vs. 실용성, 예: 내구성)을 보여 주는 메시지가 효과적이다.

셋째, 메시지를 설득 대상의 태도에 매칭시키면, 설득 효과가 높아진다. 예를 들어서, 소비자는 와인, 코냑, 위스키 등이 유발하는 감정(예: 고급스러움, 낭만적임)을 기반으로 이들 제품에 대한 태도를 가지며(감정 기반의 태도), 소비자는 업무용 PC, 가전제품 등의 기능에 대한 인지적 평가를 중심으로 이들 제품에 대한 태도를 가진다(인지 기반의 태도). 감정 기반의 태도 대상인 제품의 판매 제고에는 감정 소구 광고가 효과적이고, 인지 기반의 태도 대상인 제품의 판매 제고에는 이성 소구 광고가 효과적이다.

넷째, 설득 대상의 정체성과 성격에 매칭하는 메시지의 설득 효과가 좋다. 즉, 설득 대상이 본인을 어떤 특성(예: 활동적임)을 가진 사람으로 지각하는지(정체성)에 부합하는 내용 (예: SUV의 강점은 활동성임)을 전달하는 설득 커뮤니케이션의 메시지가 효과적이다(김완석, 2008). 또한 사고하기를 좋아하는 성격인 인지욕구가 높은 소비자는 다양한 반박 근거가 포함된 광고 메시지에 관심을 많이 기울이고, 광고에 등장한 브랜드에 대한 태도가 좋을 가능성이 높다.

다섯째, 메시지를 설득 대상의 문화적 지향성에 매칭시키면, 설득 효과가 좋다. 집단주의 문화권에 속한 한국 소비자의 경우, 집단주의 성향을 강조하는 광고 메시지(예: 당신의 가족을 위한 신발)가 개인주의 성향을 강조하는 광고 메시지(예: 당신에게 꼭 맞는 신발)보다 광고에 대한 긍정적 태도를 높이는 것으로 밝혀졌다(Han & Shavitt, 1994).

2 설득 커뮤니케이션 효과 발생 기저의 심리적 기제

설득 커뮤니케이션 효과는 여러 심리적 기제를 통해 발생한다. 이들 심리적 기제를 설명하는 주요 이론과 개념을 소개하고자 한다. 그런데 이들 이론과 개념은 주로 설득 커뮤니케이션에 의한 설득 대상의 태도 형성, 태도 변화 및 행동 유발과 관련된다는 점에 주목할 필요가 있다.

1) 단순노출 효과

설득 대상은 설득 주체, 정보원 그리고 메시지를 자주 보면 이들에 대한 친숙함을 느끼고 결국 이들에 대한 긍정적 태도를 가지게 된다(김완석, 2008). 이와 같은 현상을 단순노출 효과라고 한다. 이때 설득 대상이 설득 주체, 정보원 그리고 메시지를 처음 볼 때, 이들을 싫어했더라도 이들에 대한 반복 노출은 설득 대상의 친숙함과 긍정 태도를 높이는 것으로 알려졌다. 단순노출 효과는 설득 대상이 설득 주체, 정보원 그리고 메시지에 대한 정확한 이해가 없는 상황에서 발생한다. 예를 들어서, 소비자는 광고에서 자주 본 브랜드를 좋게 평가하거나, 서울 시민들이 'I·SEOUL·YOU'라는 서울시의 슬로건을 처음 볼 때는 특별한 느낌이 없다가 반복해서 보게 되면 친숙해지며 서울 시민으로서 소속감을 느낄 수 있다. 단순노출 효과는 설득 대상의 관여도가 낮은 설득 커뮤니케이션 상황에 적용이 가능한 개념이다.

2) 조건화

조건부 승인이나 조건부 입학이란 말은 특정 상황에서만 특정 활동이 승인되거나 입학이 허용된다는 의미를 가진다. 이처럼 특정 상황(특정 조건)에서만 특정 활동의 승인과 입학이 허용되는 조건부 원리와 동일하게, 특정 자극(특정 조건)에 대해서만 설득 대상의 특정 반응이 발생하는 현상을 조건화라고 한다. 조건화는 설득 대상의 관여도가 낮은 설득 커뮤니케이션 상황에 적용될 수 있는 개념이다.

조건화의 한 종류인 고전적 조건화는 다음과 같은 기제로 발생한다(김영석, 2014; 김완석, 2008). 소비자가 누구나 좋아하는 배경음악이 들리는 신제품 광고를 보는 상황을 가정해 보자. 소비자가 신제품 광고를 볼 때 듣는 배경음악은 광고 청중의 긍정 감정을 자동적으로 불러일으킨다. 이때 배경음악이 자동적으로 유발하는 소비자의 긍정 감정을 무조건 반응이라 하며, 이 무조건 반응을 일으키는 배경음악을 무조건 자극이라고 한다. 그리고 소비자의 입장에서, 광고에 등장하는 신제품은 아무런 감정 반응을 일으키지 않는 중립 자극에 해당된다. 만약 소비자가 본인이 좋아하는 배경 음악이 들리는 신제품 광고를 여러 차례 반복해서 보게 되면, 배경음악에 대한 소비자의 긍정 감정이 배경음악과 함께 등장하는 신제품에 대한 감정 반응으로 전이된다. 그 결과, 소비자는 광고의 배경음악이 들리지 않는 매장에서 신제품을 보면, 그 신제품에 대한 긍정 감정을 느끼게 된다. 이제 중립 자극인 신제품은 무조건 자극인 배경음악이 없어도 긍정 감정을 유발하는 조건 자극이 된 것이다. 또한 신제품이 유발하는 긍정 감정은 배경음악이 유발한 긍정 감정과 구분하기 위해서 조건 반응이라고 부른다. 이와 같은 과정 기저의 심리적 기제를 설명하는 이론이 고전적 조건화다. 고전적 조건화는 설득 주체, 정보원 그리고 메시지에 대한 설득 대상의 긍정 감정뿐만 아니라 긍정 태도도 형성한다.

또 다른 조건화 종류는 조작적 조건화다. 예를 들어서, 다음과 같은 상황을 상상해 보자. 30대 여성이 블라우스를 사기 위해서 백화점의 매장을 둘러보고 있다. 여성이 한 매장에서 옷걸이에 걸린 블라우스들을 잠시 쳐다보자, 그 매장의 판매직원이 여성에게 밝은 표정으로 인사를 한다. 여성은 판매직원의 환대를 받으며 자연스럽게 매장으로 들어선다. 이후 여성이 옷걸이에 걸린 블라우스들 중 한 블라우스에 눈길을 주면, 판매직원이 그 블라우스를 꺼내서 여성에게 보여 준다. 그리고 판매직원은 여성에게 블라우스를 입어 보라고 권한다. 여성이 탈의실에서 블라우스를 입고 나와서 거울을 볼 때, 판매직원은 블라우스가 여성에게 딱 맞는 스타일이라고 칭찬한다. 여성은 판매직원의 칭찬을 듣고 해당 블라우스를 구입한다. 이 가상의 상황에서 여성은 매장의 블라우스에 관심을 보이기, 매장에 들어오기, 마음에 드는 블라우스에 주목하기, 블라우스를 입어보기라는 일련의 행동을 한다. 여성이 취한 이들 행동에 대해서, 판매직원은 인사하기, 환대하기, 추천하기, 칭찬하기라는 일련의 보상을 제공한다. 이처럼 설득 대상이 특정 행동(예: 블라우스를 입어 보기)을 하면, 설득 주체나 정보원이 그에 대한 보상(예: 칭찬하기)을 제공해서 설득 주체나 정보원의 설득 목적(예: 블라우스를 판매하기)을 달성하는 과정을 조작적 조건화라고 한다(김완석, 2008). 특히, 설득 주체나 정보원이 최종 설득 목적(예: 블라우스를 판매하기)을 정하고, 이 목적 달성에 필요한 설득 대상의 행동을 단계별로 세분화해서(예: 매장에 들어오기 → 마음에 드는 블라우스에 주목하기 → 블라우스 입어 보기) 각 단계별로 보상을 주는 과정을 조형이라고 한다. 조작적 조건화는 설득 대상의 행동에 대한 보상 제공을 전제로 하기 때문에 대중 매체 설득 커뮤니케이션이 아닌 대인 설득 커뮤니케이션에만 적용할 수 있다.

3) 사회학습 이론

사회학습 이론은 설득 커뮤니케이션이 설득 대상의 특정 행동 반응을 유발하는 이유를 모델링으로 설명한다(김영석, 2014; 김완석, 2008). 이때 모델링은 설득 대상이 설득 주체나 정보원의 행동을 관찰해서, 그 행동을 모방하는 것을 말한다. 모델링에 기반을 둔 관찰학습 과정은 다음의 단계로 구성된다. 첫 번째 단계에서 설득 대상은 설득 주체나 정보원의 행동과 그 행동이 발생한 상황에 주의를 기울여야 한다(주의 단계). 두 번째 단계, 설득 대상은 이전 단계에서 주의를 기울인 내용을 머릿속으로 되뇌거나 분석하거나 그 내용을 본인이 실행하는 상상을 하면서 기억한다(파지 단계). 세 번째 단계에서 설득 대상은 본인의 기억에 저장된 내용(실행 주체나 정보원의 행동과 그 행동이 발생한 상황)을 기반으로 실행 주체나 정보원의 행동을 실행에 옮긴다(재생 단계). 그러나 설득 대상의 실행은 설득 대상이 설득 주체나 정보원의 행동을 따라하도록 동기화되지 않으면 일어나지 않는다. 따라서 마지막 단계에서 설득 대상은 본인이 학습한 행동을 실행하도록 동기화되어야 한다(동기화 단계). 예를 들어서, 40대 직장인이 친구가 주식 투자로 돈을 버는 것을 주의 깊게 보고(주의 단계), 본인이 주식 투자를 해서 돈을 버는 상황을 상상한다(파지 단계). 그러나 직장인은 여유 자금이 있지만 주식 투자에 대한 지식과 경험이 없어서 주식 투자를 할 엄두를 못 낸다. 그런데 직장인이 우연히 인터넷으로 '주식 투자, 일주일 만에 뽀개기'라는 책 광고를 보았다. 이 책 제목은 주식 투자에 대한 지식과 경험이 없는 직장인이 주식 투자가 어렵지 않아서 본인도 주식 투자를 잘할 수 있다는 자신감을 북돋아 준다(동기화 단계). 이후 직장인은 그 책을 읽고 실제로 주식 투자를 하게 된다(재생 단계).

4) 인지부조화 이론

인지부조화란 설득 대상이 특정 대상에 대해 상반된 생각을 가지고 있는 상태 또는 설득 대상이 특정 대상에 대한 생각과 상반되는 행동을 한 상태다. 인간은 스스로 합리적이고자 노력하기 때문에 인지부조화는 설득 대상의 심리적 불편을 유발하고, 설득 대상은 이 불편을 해소하려고 노력한다(김영석, 2014; 김완석, 2008; 우석봉, 2020). 설득 커뮤니케이션은 설득 대상의 인지부조화를 해소시키는 역할을 한다. 예를 들어, 30대 기혼 여성이 A 브랜드 김치냉장고와 B 브랜드 김치냉장고 중 어떤 것을 구입할지에 대해서 고민한다(갈등). 고심 끝에 여성은 큰돈을 들여서 A 브랜드 김치냉장고를 구입한다. 그런데 여성이 막상 A 브랜드 김치 냉장고를 구입해서 써 보니, B 브랜드 김치냉장고가 더 좋을 것 같다는 생각이 계속 든다(인지부조화). 따라서 여성은 B 브랜드 김치냉장고를 사지 않은 것을 후회할 것이다(후회). 이때 여성이 B 브랜드 김치냉장고보다 A 브랜드 김치냉장고가 더 좋다는 A 브랜드 김치냉장고 의 비교 광고를 보았다(설득 커뮤니케이션 노출). 이와 같은 비교 광고는 여성 본인이 구입한 A 브랜드 김치냉장고에 대한 인지부조화를 감소시키는 역할을 한다(인지부조화 감소). 즉, 인지부조화는 '갈등 경험 → 인지부조화 경험 → 후회 경험 → 설득 커뮤니케이션 노출 → 인 지부조화 감소'의 단계를 거쳐서 해결된다.

5) 균형 이론

균형 이론은 한 설득 대상과 두 대상이라는 삼자 간의 관계를 전제로, 삼자 간의 관계에 서 3개의 감정적 평가가 있다고 가정한다(김영석, 2014; 김완석, 2008; 우석봉, 2020). 또한 균형 이론은 이 3개의 감정적 평가의 곱이 긍정(+)으로 일관성을 가져야 설득 대상이 심리적 긴 장을 경험하지 않는다고 제안한다. 많은 국내 기업이 자사 광고에 다수의 소비자가 좋아하 는 유명인을 광고 모델로 기용한다(Kang, 2020). 이와 같은 유명 광고 모델 전략이 효과적인 이유를 균형 이론으로 설명하면 다음과 같다([그림 6-3] 참조). 20대(설득 대상)가 BTS(방탄소 년단, 대상 1)를 좋아한다(감정적 평가 1 = 긍정). 그런데 BTS가 휠라 브랜드(대상 2) 광고에 출

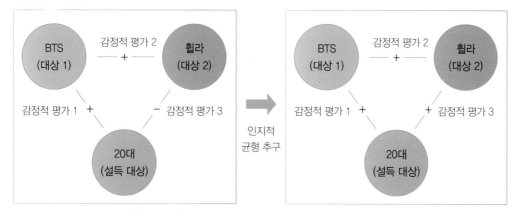

[그림 6-3] 균형 이론으로 설명한 유명 광고 모델의 효과
출처: 김영석(2014, p. 125)의 [그림 5-1]을 기반으로 작성.

연하였다. BTS가 등장하는 휠라 브랜드 광고를 볼 때, 20대는 BTS가 휠라 브랜드를 좋아하기 때문에(감정적 평가 2 = 긍정) 휠라 브랜드 광고에 출연했다고 생각한다. 이 경우, 20대가 BTS가 등장하는 휠라 브랜드 광고를 보면서 휠라 브랜드를 싫어하면(감정적 평가 3 = 부정) 심리적 긴장을 경험한다. 왜냐하면 '감정적 평가 1(긍정) × 감정적 평가 2(긍정) × 감정적 평가 3(부정) = 부정'이기 때문이다. 반면, 20대가 BTS가 등장하는 휠라 브랜드 광고를 보면서 휠라 브랜드를 좋아하면(감정적 평가 3 = 긍정) 인지적 균형 상태를 경험한다. 따라서 20대는 본인이 좋아하는 BTS가 등장하는 광고의 휠라 브랜드를 좋게 평가해서, 본인의 인지적 균형을 추구하고자 한다. 즉, 설득 대상이 본인이 긍정적으로 평가하는 정보원이 등장하는 설득 커뮤니케이션의 메시지에 대한 긍정적 반응을 보이는 이유는 설득 대상의 인지적 균형 추구 때문이다.

6) 귀인 이론

귀인 또는 귀인 이론이란 설득 대상이 설득 주체나 정보원이 메시지를 전달하는 이유가 무엇인지를 추론하는 현상을 말한다(김영석, 2014; 양윤, 2014). 설득 대상은 설득 주체나 정보원의 메시지 전달 이유를 설득 주체나 정보원의 내부 특성(예: 유명인이 진심으로 특정 브랜드가 좋아서, 그 브랜드의 광고에 출연함) 또는 상황 특성(예: 유명인이 광고출연료를 받았기 때문에 특정 브랜드의 광고에 출연함)으로 추론한다. 전자를 내부 귀인, 후자를 외부 귀인이라고 부른다. 설득 대상은 설득 주체나 정보원의 메시지 전달 이유를 추론한 후 이를 기반으로 메시지에 대한 본인의 인지, 감정 및 행동 반응을 결정한다. 그런데 설득 대상은 설득 주체나 정보원이 본인의 이익에 부합하는 편향된 지식만을 가지고 있다고 생각한다. 이를 지식 편견이라고 한다. 또한 설득 대상은 설득 커뮤니케이션의 메시지와 관련해서 설득 주체나 정보원이 본인의 이익에 불리한 정보를 숨기고, 유리한 정보만 전달할 것이라고 생각한다. 이를 보고 편견이라고 한다.

지식 편견과 보고 편견으로 인해서, 설득 대상은 설득 주체나 정보원이 전달하는 메시지를 믿지 않고, 메시지에 저항하게 된다. 한 사례로, 20대가 스마트폰을 새로 구입하기 위해서, A 이동통신사 브랜드의 대리점을 방문해서 판매직원과 상담 중인 상황을 가정해 보자. 만약 상담 중 판매직원이 A 이동통신사 브랜드가 B 이동통신사 브랜드보다 좋다고 반복해서 설명한다면, 20대는 판매직원이 A 이동통신사 브랜드를 추천하는 이유가 본인의 수익을 올리기 위한 것이라고 생각할 것이다(외부 귀인). 그 결과, 20대는 판매직원이 진심으로 A 이동통신사 브랜드를 좋아해서 A 이동통신사 브랜드를 추천하는 것이 아니라고 생각해서, 판매직원의 추천을 따르고 싶은 마음이 줄어든다. 이 현상이 절감 원리다. 한편, 상담 중 판매직원이 20대에게 전반적으로 A 이동통신사 브랜드가 좋지만 일부 품질에서 B 이동통신사 브랜드가 더 좋다고 이야기를 한다. 이 경우, 20대는 판매직원이 B 이동통신사 브랜드와 객관적으로 비교한 후 A 이동통신사 브랜드가 진심으로 좋다고 말하는 것으로 추론할 것이다(내부 귀인). 20대는 판매직원이 판매 목적이 아니라 진심으로 A 이동통신사 브랜드를 좋게 평가한다고 판단해서, 판매직원의 추천에 귀를 기울일 것이다. 이 현상이 증가 원리다. 결론적으로, 설득 대상이 설득 주체나 정보원이 본인의 이익을 위해서 메시지를 전달한다고 생각하면(외부 귀인) 절감 원리에 의해서 메시지의 설득 효과가 떨어진다. 반면, 설득 대상이 설득 주체나 정보원이 본인의 이익에 반하지만 메시지 대상(예: 제품)을 진심으로 좋아해서 메시지를 설득 대상에게 전달한다고 추론하면(내부 귀인), 증가 원리에 의해서 메시지의 설득 효과는 커진다.

7) 사회적 판단 이론

사회적 판단 이론에 의하면, 설득 대상은 설득 주체나 정보원이 제공하는 메시지를 본인의 기존 태도와 비교한 후 그 메시지의 수용 여부를 결정한다(김영석, 2014). 설득 대상의 기존 태도와 설득 주체나 정보원이 제공하는 메시지 간 격차는 수용 영역대, 거부 영역대 및 비개입 영역대로 구분된다. 먼저 수용 영역대는 설득 대상이 본인의 기본 태도와 설득 주체나 정보원이 제공하는 메시지가 유사해서 해당 메시지를 수용할 수 있는 본인의 기존 태도와 메시지 간의 격차 범위를 말한다. 반면, 거부 영역대는 설득 대상이 본인의 기존 태도와 설득 주체나 정보원이 제공하는 메시지가 지나치게 달라서 해당 메시지를 수용할 수 없는 본인의 기존 태도와 메시지 간의 격차 범위다. 비개입 영역대는 설득 대상이 설득 주체나 정보원이 제공하는 메시지를 수용하지도 않고 거부하지도 않는 본인의 기존 태도와 메시지 간의 격차 범위를 말한다. 한편, 설득 대상은 본인의 기존 태도 때문에 설득 주체나 정보원이 제공하는 메시지를 왜곡해서 받아들이기도 한다. 이때 설득 대상은 설득 주체나 정보원이 제공하는 메시지가 실제보다 더 본인의 기존 태도와 유사하다고 인식하는 경우가 있다(동화 효과). 반대로 설득 대상은 설득 주체나 정보원이 제공하는 메시지가 실제보다 더 본인의 기존 태도와 다르다고 인식하는 경우도 있다(대조 효과). 동화 효과는 메시지의 설득 효과를 높이지만, 대조 효과는 메시지의 설득 효과를 떨어뜨린다.

설득 주체나 정보원이 전달하는 메시지가 설득 대상의 수용 영역대 안에 있으면, 설득 대

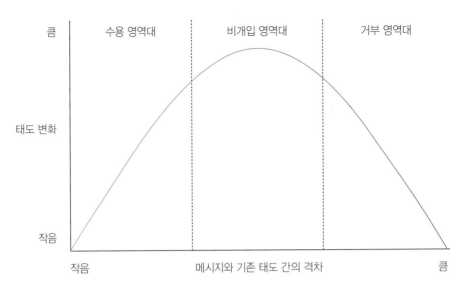

[그림 6-4] 메시지 격차와 태도 변화 간의 관계

출처: 김영석(2014, p. 182)의 [그림 6-3]을 기반으로 작성

상의 기존 태도와 메시지 간의 격차가 커질수록 설득 대상의 태도 변화가 더 많이 발생한다. 이때 메시지가 설득 대상의 기존 태도와 메시지 간 격차가 어느 정도 크더라도 동화 효과가 발생한다. 반면, 설득 주체나 정보원이 제공하는 메시지가 설득 대상의 거부 영역대 안에 있으면, 대비 효과가 발생해서 설득 대상의 기존 태도와 메시지 간의 격차가 커질수록 설득 대상의 태도 변화가 더 적게 일어난다. 이상의 논의를 종합하면, 설득 대상의 기존 태도와 설득 주체나 정보원이 제공하는 메시지 간의 격차가 커지면 태도 변화가 더 많이 일어나지만, 일정 격차 이후에는 태도 변화가 적게 일어난다. 따라서 설득 대상의 기존 태도와 설득 주체나 정보원이 제공하는 메시지 간의 격차(메시지 격차)와 설득 대상의 태도 변화는 역U자 관계를 가진다([그림 6-4] 참조).

8) 인지 반응 이론

설득 대상은 설득 커뮤니케이션의 메시지를 보면서 다양한 생각을 하게 된다. 예를 들어서, 30대 기혼 여성이 조미식품(예: 소스) 광고에서 '인공첨가물이 일절 들어가지 않았다.'라는 메시지는 볼 때, '건강에 좋겠는데'(긍정 생각), '오래 보관하기가 힘들겠는데'(부정 생각) 또는 '어디서 살 수 있지?'(중립 생각)라는 생각이 들 수 있다. 이처럼 설득 대상은 동일한 메시지를 보더라도 다양한 인지 반응을 보인다. 그리고 설득 대상의 다양한 인지 반응은 메시지에 대한 태도 형성과 변화 그리고 메시지가 유발하는 행동 변화에 다르게 영향을 미친다(김완석, 2008). 따라서 설득 대상이 메시지에 대해 어떤 인지 반응을 하는가에 따라서 설득 커뮤니케이션의 효과가 달라진다. 이와 같은 주장은 인지 반응 이론을 기반으로 한다. 인지 반응 이론에 의하면, 설득 커뮤니케이션의 효과는 '설득 커뮤니케이션 메시지 노출 → 설득 대상의 인지 반응 → 설득 대상의 태도 형성과 변화 또는 행동 변화'의 순차적 과정을 거쳐서 발생한다.

　설득 커뮤니케이션의 메시지에 대한 설득 대상의 주요 인지 반응은 다음과 같다(김재휘 외, 2009). 먼저, 설득 대상이 본인의 기존 신념이나 태도와 일치하는 메시지를 보면, 설득 주체나 정보원의 주장이나 제안을 지지하는 생각을 한다(지지 주장). 반면, 설득 대상이 본인의 기존 신념이나 태도와 불일치하는 메시지를 보면, 설득 주체나 정보원의 주장이나 제안과 반대되는 생각이나 의심을 한다(반박 주장). 또한 설득 대상은 설득 커뮤니케이션의 실행요소(예: 판매직원의 말투나 표정, 광고의 배경음악, 광고 모델)에 대한 인지 반응도 한다. 설득 대상은 실행요소에 대한 긍정적 생각(실행 지지)이나 부정적 생각(실행 격하)을 한다. 예를 들어서, 소비자가 극심한 생활고를 겪는 것으로 알려진 연예인(광고 모델 = 정보원)이 등장하는 광고를 볼 때, 그 연예인이 광고 제품을 진심으로 좋아해서가 아니라 고액의 출연료 때문에 광고에 출연했다는 생각을 할 수 있다(실행 격하). 일반적으로 메시지 주제에 대한 관여도가 높은 설득 대상은 설득 커뮤니케이션의 메시지와 관련된 지지 주장이나 반박 주장을 많이 떠올리고, 관여도가 낮은 설득 대상은 설득 커뮤니케이션의 실행요소와 관련된 실행 지지나 실행 격하를 많이 떠올린다. 예를 들면, 실버 보험에 대한 관여도가 낮은 20대는 실버 보험 광고를 보면서, 광고 모델과 관련된 긍정(실행 지지, 예: '광고 모델이 멋있다.') 또는 부정(실행 격하, 예: '광고 모델은 고액의 출연료 때문에 광고에 출연했지, 실버 보험을 진심으로 좋게 평가하지 않을 것이야.') 평가를 주로 한다. 그러나 실버 보험에 대한 관여도가 높은 50대는 실버 보험 광고를 보면서, 보험의 보장 내용에 대한 긍정(지지 주장, 예: '잔병치레가 많은 노인들에게 꼭 필요한 보장 내용인데?') 또는 부정(반박 주장, 예: '보장 내용이 그렇게 좋은 것을 보니, 보험료가 매년 올라갈 것이야.') 평가를 많이 한다.

9) 정교화 가능성 이론

　정교화 가능성이란 설득 커뮤니케이션이 제공하는 정보(메시지 포함)에 대한 설득 대상의 합리적이고 이성적인 판단과 평가가 이루어지는 정도를 말한다(김영석, 2014). 설득 커뮤니케이션의 정보에 대한 설득 대상의 관여도가 높으면(vs. 낮으면), 정교화 가능성이 높다(vs.

낮다). 또한 설득 대상이 설득 커뮤니케이션의 정보를 처리할 능력이 높으면(vs. 낮으면), 정교화 가능성이 높다(vs. 낮다). 설득 커뮤니케이션의 정보에 대한 정교화 가능성 수준에 따라서 설득 대상은 설득 커뮤니케이션의 정보를 서로 다른 2개의 경로로 다음과 같이 처리한다(김영석, 2014; 김완석, 2008).

먼저 설득 대상의 관여도와 능력이 높은 경우, 설득 대상은 설득 커뮤니케이션의 정보를 중심 경로를 통해서 처리한다. 이때 설득 대상은 설득 커뮤니케이션의 핵심 정보인 메시지에 세심하게 주의를 기울이고, 메시지를 능동적이고 논리적으로 이해하려고 한다(정교화 가능성이 높음). 그 결과, 설득 대상이 메시지가 신뢰할 수 있고 타당하다고 판단하면(vs. 판단하지 않으면), 메시지에 대한 긍정적(vs. 부정적) 태도를 가진다. 이 과정을 거쳐서 형성되거나 변한 긍정(vs. 부정) 태도는 장기간 유지된다. 또 다른 경로는 주변 경로다. 설득 대상의 관여도와 능력이 낮은 경우, 설득 대상은 설득 커뮤니케이션의 핵심 정보인 메시지에 깊은 주의를 기울이지 않고, 핵심적이지 않은 정보(예: 판매 직원의 표정, 광고의 배경 음악, 광고 모델)에 주의를 기울이고, 메시지에 대한 심사숙고가 없이 비핵심 정보를 얕은 수준에서 이해한다(정교화 가능성이 낮음). 비핵심 정보에 대한 설득 대상의 평가가 좋으면(vs. 나쁘면) 설득 커뮤니케이션의 메시지에 대한 긍정(vs. 부정) 태도를 가질 수 있다. 그런데 주변 경로를 통해서 형성되거나 변한 긍정(vs. 부정) 태도는 이후 쉽게 변한다.

정보처리 경로인 중심 경로와 주변 경로에 대응해서, 설득 대상에게 설득 커뮤니케이션의 정보는 중심단서와 주변단서로 분류할 수 있다. 중심단서는 설득 커뮤니케이션의 메시지와 직접적으로 관련된 정보이며, 주변단서는 설득 커뮤니케이션의 메시지와 직접적으로 관련되지 않은 정보를 말한다. 설득 대상의 관여도와 능력이 높으면, 설득 대상은 중심단서에 주목하고 이를 심사숙고해서 처리한다. 그러나 설득 대상의 관여도와 능력이 낮으면, 설득 대상은 주변단서에 주목하고 이를 깊게 고려하지 않고 피상적인 수준에서 처리한다. 예를 들어서, 마켓컬리의 런칭 광고는 소비자에게 '새벽 배송'과 '마켓컬리'라는 핵심 정보 그리고 광고 모델(정보원)인 '전지현'이라는 비핵심 정보를 제공한다. 이때 '새벽 배송'과 '마켓컬리'는 중심단서이고, '전지현'은 주변단서다. 자취를 하면서 요리에 관심이 많은 30대는 식자재 구입에 관심이 많다. 30대가 마켓컬리의 런칭 광고를 볼 때, '새벽 배송'과 이를 실시하는 브랜드인 '마켓컬리'에 주목하고, 본인이 '새벽 배송'을 신청하면 어떤 장·단점이 있는지를 고민할 것이다. 그러나 식자재 구입에 대한 관심이 낮은 10대는 마켓컬리 광고를 볼 때, '전지현'에 주목하고 '전지현'이 출연한 드라마나 영화를 떠올린다.

이상의 내용을 도식적으로 요약하면 [그림 6-5]와 같다.

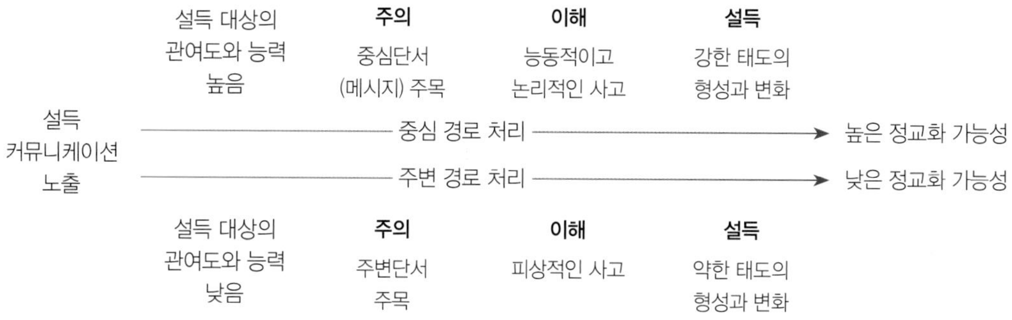

	설득 대상의 관여도와 능력 높음	**주의** 중심단서 (메시지) 주목	**이해** 능동적이고 논리적인 사고	**설득** 강한 태도의 형성과 변화	
설득 커뮤니케이션 노출		중심 경로 처리 ──────→			높은 정교화 가능성
		주변 경로 처리 ──────→			낮은 정교화 가능성
	설득 대상의 관여도와 능력 낮음	**주의** 주변단서 주목	**이해** 피상적인 사고	**설득** 약한 태도의 형성과 변화	

[그림 6-5] 정교화 가능성 이론의 요약

출처: 김완석(2008, p. 257)의 [그림 7-4]를 기반으로 작성.

3 설득 커뮤니케이션 효과의 발생 과정

설득 커뮤니케이션의 목적은 설득 주체가 원하는 방향으로 설득 대상의 인지, 감정 및 행동 반응을 창출하고 강화하며 조정하고 제거하는 것이다. 따라서 설득 커뮤니케이션의 효과는 설득 대상의 인지, 감정 및 행동 반응을 통해 발생한다. 다양한 학자가 설득 커뮤니케이션이 설득 대상의 인지, 감정 및 행동 반응에 순차적으로 영향을 미친다고 주장하였다(김영석, 2014; 김완석, 2008). 이와 같이 설득 커뮤니케이션이 설득 대상의 반응에 순차적으로 효과를 일으키는 과정을 효과 위계라고 부른다. 효과 위계에 대한 주요 주장을 요약하면 〈표 6-1〉과 같다.

〈표 6-1〉 효과 위계 모형의 요약

모형 단계	DAGMAR	AIDA	AIDMA	정보처리	혁신 확산
인지	인식 이해	주의	주의	노출 주의 이해	인지
감정	확신	흥미 바램	흥미 바램 기억	수용/굴복	관심 평가
행동	행위	행위	행위	행동 의향	사용 채택

출처: 김완석(2008, p. 263)의 〈표 7-2〉와 김영석(2014, p. 215)의 〈표 7-2〉를 통합해서 작성.

〈표 6-1〉에서 소개한 효과 위계 모형들은 모두 설득 커뮤니케이션에 대한 설득 대상의 '인지 반응 → 감정 반응 → 행동 반응'의 순차적 과정을 전제로 하고 있다. 그러나 경우에 따라서, 설득 커뮤니케이션이 유발하는 이들 반응의 발생 순서가 달라질 수 있다. 설득 커뮤니케이션에 대한 설득 대상의 반응이 어떤 순서로 발생하는지를 설명하는 3개의 모형이 있다.

첫째, 설득 커뮤니케이션의 메시지에 대한 설득 대상의 관여도가 높은 상황에 적용할 수 있는 학습 위계 모형이 있다. 이 모형에 의하면, 설득 커뮤니케이션에 대한 설득 대상의 반응은 '인지 단계 → 감정 단계 → 행동 단계'를 순차적으로 거쳐서 발생한다. 예를 들어서, 아직까지 전기차 이용자의 수가 많지 않다(전기차 시장 – 도입기, 브랜드 간 차이가 크고 뚜렷함). 그런데 40대 남성이 두 종류의 전기차 브랜드인 현대자동차 아이오닉 5와 테슬라 모델 3 중하나를 구입하려고 한다. 남성이 아이오닉 5의 광고를 보면, 광고가 전달하는 아이오닉 5의 장·단점을 파악하려고 할 것이다(인지 또는 학습 단계). 이때 남성이 누가 보더라도 품질, 가격, A/S 등의 측면에서 아이오닉 5가 모델 3보다 확실히 우수하다고 판단한다. 그 결과, 남성은 아이오닉 5가 모델 3보다 좋다고 느끼면(감정 단계) 아이오닉 5를 구입할 것이다(행동 단계).

학습 위계 모형과 유사하게, 설득 커뮤니케이션의 메시지에 대한 설득 대상의 관여도가 높은 상황에 적용할 수 있는 부조화 위계 모형이 있다. 이 모형은 설득 커뮤니케이션에 대한 설득 대상의 반응은 '행동 단계 → 감정 단계 → 인지 단계'라는 순차적 과정을 거쳐서 일어난다고 제안한다. 한 사례로, 내일 입사 면접을 볼 20대 남성이 비대면에서 대면으로 면접 방식이 바뀐 것을 늦은 오후에 알았다. 그런데 남성이 옷장 안을 둘러보니 내일 면접 때 입고 갈 세미 캐주얼 스타일의 재킷이 없다는 것을 알고, 급히 백화점에 간다(구매 시간 압박). 남성은 어차피 재킷은 다 비슷하다고 생각한다(재킷 시장 – 성숙기, 브랜드 간 차이가 적음). 그래서 남성은 여러 매장을 둘러보지 않고, 가장 먼저 눈에 띈 매장의 판매직원이 추천해 준 재킷을 바로 구입한다(행동 단계). 다음 날 아침, 남성이 거울 앞에서 어제 산 재킷을 입어 보니 재킷의 스타일이 정말 마음에 들지 않는다(감정 단계). 남성은 재킷의 팔 길이가 너무 길어서 재킷의 스타일이 본인의 마음에 들지 않는 것을 알았다(인지 단계).

마지막으로 설득 커뮤니케이션의 메시지에 대한 설득 대상의 관여도가 낮은 상황에 적용할 수 있는 저관여 위계 모형이 있다. 이 모형에 의하면, 설득 커뮤니케이션에 대한 설득 대상의 반응은 '인지 단계 → 행동 단계 → 감정 단계'의 순차적 과정을 거쳐서 발생한다. 20대가 피트니스 센터에서 운동을 마친 후 목이 말라서 편의점에서 음료수를 사서 마시는 상황을 가정해 보자. 20대는 편의점의 냉장고 안에 있는 다양한 음료수 브랜드를 보면서 모두 맛, 효능 등이 비슷하다고 생각한다(음료수 시장 – 성숙기, 브랜드 간 차이가 적음). 그런데 20대가 냉장고 안에서 링티 브랜드를 발견하고, 한 번도 마셔 본 적이 없지만 이전에 링티 브랜드 광고를 볼 때 피로회복 효과가 좋을 것이라고 생각했던 기억을 떠올린다(인지 단계). 그 때의 기억으로 20대는 링티 브랜드를 구입한다(행동 단계). 이후 20대가 링티 브랜드를 마셔보니, 기분이 상쾌해지는 것 같다고 느끼며 좋아한다(감정 단계).

4 설득 커뮤니케이션에 대한 소비자의 저항

설득 대상의 저항하기는 설득 대상의 설득되기의 반대말이다. 예를 들어서, 금연 광고는 흡연이 유발하는 신체적 피해(예: 폐암에 걸림)를 위협적으로 보여 주면서(공포 소구), 흡연자에게 금연이라는 행동을 따라 하도록 제안한다(Kang & Lin, 2015). 그런데 금연 광고를 본 장기 흡연자는 본인의 흡연 행동과 금연 광고가 유도하는 흡연이 유발하는 신체적 피해 인식 간의 인지부조화를 경험하고, 인지부조화를 감소시키려고 노력한다(동기화). 그 결과, 장기 흡연자는 금연 광고가 제시하는 흡연이 유발하는 신체적 피해를 무시하거나, 이를 생각하는 것을 회피한다. 이처럼 금연 광고에서 제안하는 금연이라는 행동을 따르지 않는 장기 흡연자의 반응이 금연 광고에 대한 저항이다. 즉, 저항이란 변화를 유도하는 설득 커뮤니케이션의 압력에 맞서려는 설득 대상의 동기화 또는 변화를 유도하는 설득 커뮤니케이션의 압력을 따르지 않은 설득 대상의 결과로 정의할 수 있다(Knowles & Linn, 2013). 설득 대상의 저항은 설득 커뮤니케이션의 메시지에 대한 반발(메시지를 따르지 않음), 불신(메시지를 믿지 않음) 및 검증(메시지를 비판적 관점에서 꼼꼼히 따져 봄) 그리고 설득 대상의 기존 신념이나 태도를 그대로 유지하려는 관성(메시지에 큰 관심을 가지지 않음)으로 세분화된다.

설득 지식 모형은 설득 커뮤니케이션에 대한 설득 대상의 저항이 발생하는 이유가 설득 대상이 설득 지식을 가지고 있기 때문이라고 제안한다(양윤, 2014; 주보아, 백진주, 2020; Friestad & Wright, 1994). 설득 지식 모형에 의하면, 설득 대상은 설득 주체의 특징과 능력에 대한 신념의 집합인 설득 주체 지식(예: 설득 주체의 전문성, 철학, 친숙도, 인지도, 호감도), 메시지의 주제에 대한 신념의 집합인 주제 지식(예: 제품 가격과 품질 이해도, 제품 중요도와 친숙도) 그리고 설득 주체가 사용하는 설득 전술에 대한 신념의 집합인 설득 지식을 가지고 있다. 이 때 설득 지식은 다양한 하위 지식으로 구성된다. 첫 번째 설득 지식의 종류는 설득 대상이 설득 주체가 설득 커뮤니케이션을 통해 영향을 미치고자 하는 설득 대상 본인의 반응이 무엇인지를 아는 것이다. 둘째, 설득 대상은 설득 주체가 설득 커뮤니케이션 중 사용하거나 사용할 설득 전술의 효과성과 타당성에 대한 지식을 가진다. 소비자의 주의를 끌기 위해서 유명인을 광고 모델로 기용하는 기업의 광고 전술, 금연 의향을 높이기 위해서 금연 광고에서 흡연의 끔찍한 결과(예: 설암으로 인해서 혀의 일부를 절제한 흡연자의 모습)를 흡연자에게 보여주는 공포 소구 등이 설득 전술의 사례다. 셋째, 설득 대상은 설득 주체의 설득 의도에 대응해서 본인이 어떤 인지, 감정 및 행동 반응을 보일 수 있는지에 대한 대처 전술(예: 유명 광고 모델의 광고 제품 추천을 무시하기)에 관한 지식을 가진다. 넷째, 설득 대상은 설득 주체의 설득 의도를 알고 있으며, 설득 의도에 대응하는 본인의 대처 전술을 통해 궁극적으로 어떤 결과를 얻을 수 있는지에 대한 지식을 가진다. 설득 대상은 다양한 설득 지식을 기반으로 설득 주체가 설득 시도를 위해서 실시하는 설득 커뮤니케이션의 영향에 대해 저항한다.

설득 대상이 설득 지식을 기반으로 설득 커뮤니케이션의 영향에 대해 저항하는 사례는 다음과 같다. 첫 번째 사례로, 최근 유튜브 인플루언서가 특정 기업으로부터 제품 협찬이나 금전적 후원을 받고 유튜브에 해당 기업의 제품을 홍보함에도 불구하고, 이를 유튜브 시청자들에게 고지하지 않는 뒷광고 논란이 있었다. 따라서 유튜브 시청자는 인플루언서의 뒷광고와 관련된 설득 지식을 가지고 있다. 유튜브 시청자가 설득 지식을 많이 가질수록, 유튜브 인플루언서의 콘텐츠를 계속 시청할 의향이 낮아지고, 인플루언서가 추천하는 제품에 대한 부정적 태도를 가지게 되며, 그 제품을 구입할 의향이 낮아진다(주보아, 백진주, 2020). 두 번째 사례로, 소비자는 판매직원이 제품 판매를 위해서 소비자에게 제품을 잘 골랐다고 칭찬한다(제품 구입 전 칭찬)는 설득 지식을 가진다. 그런데 판매직원이 소비자가 제품을 고른 후 제품 값을 지불할 때 소비자에게 제품을 잘 골랐다고 칭찬하는 경우(제품 구입 후 칭찬)는 소비자의 설득 지식과 반하는 것이다. 소비자가 백화점 매장에서 재킷을 사는 상황에서, 소비자는 재킷 구입 전 칭찬을 하는 판매직원보다 재킷 구입 후 칭찬을 하는 판매직원을 더 진정성이 있다고 평가한다(Campbell & Kirmani, 2000). 이때 첫 번째 사례는 대중 매체 설득 커뮤니케이션의 영향에 대한 설득 대상의 반발 사례이며, 두 번째 사례는 대인 설득 커뮤니케이션의 영향에 대한 설득 대상의 불신 사례다.

요약

1. 구체적으로, 설득 커뮤니케이션은 설득 주체가 원하는 방향으로 설득 대상이 인지(신념, 태도 등), 감정(선호도, 동기 등), 행동 반응(의향, 행동 등)을 하도록 하거나 설득 대상이 설득 주체와의 커뮤니케이션에서 본인의 인지, 감정, 행동 반응을 창출, 강화, 조정, 제거하는 활동이다.

2. 설득 커뮤니케이션을 판단하기 위해서 설득 커뮤니케이션의 의도성(직/간접적 의도), 효과성(효과 창출과 촉진), 강압성(강압적/비강압적), 대상(타인 설득/자기 설득)을 통해 판단할 수 있다.

3. 설득 커뮤니케이션 과정은 설득 주체가 정보원이 제안하는 특정 메시지를 매체를 통해 설득 대상에게 전달하고, 설득 대상이 해당 메시지를 수용 또는 거부한 후 설득 주체에게 피드백하는 과정에 따라 이루어진다.

4. 정보원의 신뢰도나 매력도, 메시지의 구성(질, 양, 속성, 소구 등), 제시 방식(순서, 횟수, 비언어적), 매체(메세지의 전달 수단), 설득 대상(성별, 연령 등) 등 각 구성 요소의 특징에 따라 설득 커뮤니케이션의 효과가 달라질 수 있다.

5. 단순노출 효과, 고전적 조건화, 조작적 조건화, 사회학습 이론, 균형 이론, 부조화 이론, 귀인 이론, 인지 반응 이론, 정교화 가능성 이론 등 다양한 이론과 개념을 통해 설득 커뮤니케이션 효과 발생 기저의 심리적 기제를 설명할 수 있다.

6. 설득 커뮤니케이션은 설득 대상의 인지, 감정, 행동 반응에 따라 순차적으로 영향을 미칠 수 있다. 고관여의 소비자는 '인지 단계→감정 단계→행동 단계'의 학습 위계모형이나 '행동 단계→감정 단계→인지 단계'의 부조화 위계 모형이 적용될 수 있고, 저관여의 소비자는 '인지 단계→행동 단계→감정 단계'의 저관여 위계 모형이 나타날 수 있다.

7. 설득 대상이 설득되는 것과 반대로, 변화를 유도하는 설득 커뮤니케이션의 압력에 따르지 않으려 하는 설득 대상의 저항이 일어날 수 있다.

8. 설득 대상은 설득 대상 본인의 반응, 설득 전술의 효과성과 타당성, 설득 의도에 대한 대처 전술, 설득 의도를 알고 있는가에 대한 설득 지식을 가지고 있기 때문에 다양한 설득 커뮤니케이션의 영향에 저항(반발, 불신, 검증, 관성)할 수 있다.

참고문헌

강정석(2015a). 광고 모델의 시선 효과: 모델의 사회적 특성 지각과 광고 효과성. 감성과학, 18(1), 3-14.

강정석 (2015b). 무명 광고 모델의 신체적 매력도와 시선이 소비자의 광고 정보처리 과정에 미치는 효과. 한국심리학회지: 소비자 · 광고, 16(2), 269-290.

과학기술정보통신부, 한국방송광고진흥공사(2020). 2020 방송통신광고비 조사 보고서. 과학기술정보통신부/한국방송광고진흥공사.

김영석(2014). 설득커뮤니케이션. 나남.

김완석(2008). 광고심리학. 학지사.

김재휘, 박은아, 손영화, 우석봉, 유승엽, 이병관(2009). 광고심리학. 커뮤니케이션북스.

성영신, 김지연, 강정석(2014). 기부 광고 효과에 대한 ERP 연구: 심상과 주의. 감성과학, 17(2), 3-12.

양윤(2014). 소비자 심리학. 학지사.

우석봉(2020). 설득: 어떻게 사람을 움직일 것인가. 학지사.

전범수(2011). 매체별 장르 선호도가 지상파방송 채널 시청 정도에 끼치는 영향. 방송통신연구, 148-170.

주보아, 백진주(2020). 광고 디스클로저와 인플루언서 공신력에 관한 설득효과 연구: 설득지식모델을 적용하여. 사회과학연구, 59(2), 497-530.

Ajzen, I. (1991). The theory of planned behavior. *Organizational Behavior and Human Decision Processes*, *50*(2), 179-211.

Campbell, M. C., & Kirmani, A. (2000). Consumers' use of persuasion knowledge: The effects of accessibility and cognitive capacity on perceptions of an influence agent. *Journal of Consumer Research*, *27*(1), 69-83.

Cialdini, R. B. (2001). *Influence: Science and practice*. Allyn and Bacon.

Friestad, M., & Wright, P. (1994). The persuasion knowledge model: How people cope with persuasion attempts. *Journal of Consumer Research*, *21*(1), 1-31.

Gass, R. H., & Seiter, J. S. (2013). *Persuasion: Social influence and compliance gaining*. Pearson.

Han, S. P., & Shavitt, S. (1994). Persuasion and culture: Advertising appeals in individualistic and collectivistic societies. *Journal of Experimental Social Psychology*, *30*(4), 326-350.

Hovland, C. I., Janis, I. L., & Kelley, H. H. (1953). *Communication and persuasion: Psychological studies of opinion change*. Yale University Press.

Kang, J. (2020). The effect of ad skepticism and celebrity preference on brand attitude change in celebrity endorsed advertising. *Japanese Psychological Research*, *62*(1), 26-38.

Kang, J., & Lin, C. A. (2015). Effects of message framing and visual-fear appeals on smoker responses to antismoking ads. *Journal of Health Communication*, *20*(6), 647-655.

Kardes, F. R., Cronley, M. L., & Cline, T. W. (2015). *Consumer behavior*. Cengage Learning.

Keller, K. L. (2016). Unlocking the power of integrated marketing communications: How integrated is your IMC program?. *Journal of Advertising*, *45*(3), 286-301.

Knowles, E. S., & Linn, J. A. (2013). 저항과 설득(*Resistance and persuasion*). (배현석 역). 영남대학교 출판부.

Krugman, H. E. (1972). Why three exposures may be enough. *Journal of Advertising Research*, *12*(6), 11-15.

Maio, G. R., & Esses, V. M. (2001). The need for affect: Individual differences in the motivation to approach or avoid emotions. *Journal of Personality*, *69*(4), 583-614.

McGuire, W. J. (1985). Attitudes and attitude change. In G. Lindzey & E. Aronson (Eds.), *Handbook of Social Psychology: Special fields and applications. Vol 2* (pp. 233-346). Random House.

Miller, M. D., & Levine, T. R. (2019). Persuasion. In D. W. Stacks, M. B. Salwen & K. C. Eichhorn (Eds.), *An integrated approach to communication theory and research* (pp. 261-276). *Routledge*.

Ohanian, R. (1990). Construction and validation of a scale to measure celebrity endorsers' perceived expertise, trustworthiness, and attractiveness. *Journal of Advertising*, *19*(3), 39-52.

Teeny, J. D., Siev, J. J., Briñol, P., & Petty, R. E. (2021). A review and conceptual framework for understanding personalized matching effects in persuasion. *Journal of Consumer Psychology*, *31*(2), 382-414.

Veryzer Jr, R. W., & Hutchinson, J. W. (1998). The influence of unity and prototypicality on aesthetic responses to new product designs. *Journal of Consumer Research*, *24*(4), 374-394.

Zaichkowsky, J. L. (1986). Conceptualizing involvement. *Journal of Advertising*, *15*(2), 4-34.

구매
의사결정

우리는 원하는 조건의 제품이나 브랜드를 구매하기 위해 여러 방면으로 정보를 수집하고 대안을 비교하여 구매할 대상을 결정한다. 이러한 구매 상황에서의 의사결정은 우리의 내적·외적 요인에 많은 영향을 받으며, 그에 따라 다양한 결정이 이루어진다. 최근 두드러지는 사회 현상 중 하나인 '돈쭐'은 '돈으로 혼쭐을 내다'라는 의미의 신조어로, 사회에 선한 영향력을 주는 기업의 제품이나 브랜드를 많이 소비하고자 하는 '착한 소비' 경향의 증가를 반영한다. 이는 소비자가 형형색색의 광고·마케팅을 수동적으로 처리하여 구매 행동을 보이지 않고, 오히려 자신의 가치와 신념, 환경 등을 고려하여 자발적인 정보처리를 통해 구매를 결정한다는 것을 의미한다. 이에 따라 기업은 소비자로 하여금 특정한 의사결정하도록 유도하거나, 최근의 소비자가 중시하는 신념과 가치를 활용하여 자사의 제품이나 브랜드를 구매할 가능성을 높이고자 한다. 예시로, 소비로 개인의 신념을 표출하려는 경향이 높아지면서 친환경, 비건, 공정소비 등의 키워드를 중심으로 한 마케팅이 증가하고 있다. 이와 관련하여 한국 코카콜라는 '한 번(ONE) 더(THE) 사용되는 플라스틱(PL): 원더플(ONETHEPL) 캠페인'을 진행하고 있다. 소비자가 사용한 투명 페트병을 회수하여 기업으로 전달하면, 기업은 회수한 페트병을 '코카콜라 알비백(I'll be back)'으로 제작하여 소비자에게 재전달한다. 이러한 코카콜라의 캠페인은 플라스틱에 의한 환경 문제를 소비자에게 인식시키고 친환경에 대한 브랜드 신념을 표현하여 소비자의 관심과 구매 행동을 유도하는 효과를 거두고 있다. 이처럼 소비자는 개인이 가지고 있는 신념이나 환경 등 다양한 요인을 바탕으로 제품과 브랜드를 선택하기 때문에, 기업은 소비자의 구매 의사결정 경향을 고려한 마케팅 커뮤니케이션 활동을 진행할 필요성이 있다.

이 장에서는 소비자의 구매 의사결정에 대해 다룰 것이다. 먼저 구매 의사결정자인 소비자의 특징을 이해하는 여러 관점에 대해 살펴보고 소비자의 특성에 따라 달라지는 구매 의사결정 경향성을 확인할 것이다. 그런 다음, 소비자의 구매 의사결정 과정인 문제인식-정보탐색-대안평가-선택과 구매-사용과 평가-사용 후 행동의 총 6단계에 미치는 소비자의 다양한 내·외적 요인의 영향을 심리학 이론을 활용하여 논의하고자 한다.

1 구매 의사결정자인 소비자의 특징

제품과 브랜드의 구매 의사결정자인 소비자의 특징을 이해하는 관점은 크게 정보처리 관점(소비자의 인지적 특징 이해), 경험적 관점(소비자의 감정적 특징 이해) 및 연합주의 관점(소비자의 행동 경향 특징 이해)으로 구분할 수 있다. 소비자의 특징을 이해할 때, 이들 관점은 상호 배타적인 관계가 아니라 상호 보완적인 관계다(성영신, 강정석, 2000; Holbrook & Hirschman, 1982; Peter & Nord, 1982).

1) 정보처리 관점

고전 경제학에서 소비자는 구매 의사결정과 관련된 이익에서 비용을 뺀 만족을 극대화하려는 이성적이며 합리적인 존재로 가정하였다(마정미, 2016; 하영원, 2014, 2020). 이후 이 가정은 비현실적이라는 이유로 많은 학자들의 비판에 직면하게 된다. 고전 경제학의 가정에 대한 하나의 대안으로, 소비자는 시간, 인지 용량 등의 내·외적 제한으로 인해서, 구매 의사결정 과정에서 제한된 합리성을 추구하는 존재로 가정하였다. 소비자는 제한된 합리성을 추구하기 때문에 여러 대안들 중 가장 만족스러운 대안이 아닌, 인지적 능력과 주어진 환경 내에서 본인이 어느 정도 만족할 수 있을 대안을 선택한다. 즉, 제한된 합리성을 추구하는 소비자는 구매 의사결정 과정에서 본인의 시간, 인지적 노력 등을 최소화하면서, 선택 가능한 대안들 중 본인이 얻을 수 있는 이익이 가장 큰 대안을 선택하려고 한다. 이와 같은 전제 하에 소비자의 특징을 이해하는 정보처리 관점이 1970년대 초반에 등장하였다.

정보처리 관점에 의하면, 소비자는 제품과 브랜드의 구매 의사결정을 내리기 위해서 마케팅 자극과 구매 환경이라는 외적 정보를 본인의 내적 정보처리 체계에 맞추어서 순차적으로 처리하는 적극적인 정보처리자다(Bettman, 1970; Bettman, Luce, & Payne, 1998). 외적 정보 중 마케팅 자극은 소비자에게 노출되는 제품, 브랜드, 광고 등을 말하며, 마케팅 자극은 소비자가 마케팅 자극과 관련된 본인의 실용적 욕구, 상징적 욕구 및 경험적 욕구[1]를 인식하

---

1) 욕구(needs)는 소비자가 지각한 실제 상태(예: 공복)와 바람직한 상태(예: 포만감) 간의 불일치에서 발생하는 긴장 상태(예: 배고픔)를 말한다. 이 욕구를 충족시킬 수 있는 사회적으로 용인된 대상이나 방법(예: 삼겹살을 먹고 싶음)을 바람(wants)이라고 한다. 바람의 충족 대상이나 방법이 소비자에게 제공하는 구체적인 이익(예: 삼겹살을 먹으면 든든함)이 혜택(benefits)이다(김완석, 2008). 그러나 이 장에서는 욕구, 바람 및 혜택을 욕구라는 용어로 통일해서 사용할 것이다.

도록 만든다(Keller, 1993). 예를 들어, 방한 기능이 좋은 코트는 소비자의 실용적 욕구(코트를 입었을 때 느끼는 보온성)를, 명품 브랜드의 코트는 소비자의 상징적 욕구(코트를 입었을 때 느끼는 위신)를, 그리고 고급 옷감으로 만든 코트는 소비자의 경험적 욕구(코트를 만졌을 때 느끼는 촉각의 즐거움)를 자극한다. 한편, 구매 환경은 소비자가 구매 의사결정을 빨리 해야 하는 시간 압박을 느끼는 상황(예: 소비자가 백화점 폐점 시간 직전에 내일 아침에 입을 옷을 사러 온 상황), 소비자가 마케팅 자극에 주의를 집중하기 어려운 환경(예: 초보 운전자인 소비자가 운전 중 라디오 광고를 듣는 상황) 등이 있다.

소비자의 내적 정보처리 체계는 정보처리 선행요인(정보처리 능력, 정보처리 동기화), 정보처리 과정 및 정보처리 결과로 구성된다(Hoyer, MacInnis & Pieters, 2013; MacInnis & Jaworski, 1989; MacInnis, Moorman & Jaworski, 1991). 정보처리 선행요인 중 정보처리 능력이란 소비자가 마케팅 자극을 이해하거나 구매하는 데 필요한 재정적 자원, 인지적 자원(예: 지식), 감정적 자원(예: 공감) 등을 얼마나 많이 가지고 있는가를 의미한다. 또한 정보처리 동기화는 마케팅 자극과 관련된 정보를 처리하려는 각성 상태를 말한다. 마케팅 자극이 소비자의 욕구 충족과 관련되거나 구매 환경의 제약이 없거나 소비자의 정보처리 능력이 높으면, 소비자는 마케팅 자극과 관련된 정보를 적극적으로 처리하도록 동기화된다.

소비자의 정보처리 동기화 수준이 높으면(vs. 낮으면), 정보처리 과정에서 소비자는 마케팅 자극에 더 많은(vs. 적은) 주의를 기울이고, 마케팅 자극의 정보처리에 더 많은(vs. 적은) 인지 용량을 할당한다. 따라서 소비자는 마케팅 자극을 더 깊게 그리고 더 잘 이해하고자 노력한다(vs. 노력하지 않는다). 소비자의 정보처리 결과, 마케팅 자극에 대한 소비자의 인지적 반응(예: 제품이나 브랜드의 특징 이해)과 정서적 반응(예: 제품이나 브랜드에 대한 신뢰감)이 발생하고, 이 두 반응은 소비자의 태도(예: 제품 또는 브랜드 태도)와 구매 의사결정(예: 제품 또는 브랜드 구매 결정)에 영향을 미친다.

2) 경험적 관점

경험적 관점은 정보처리 관점에서 간과했던 제품과 브랜드의 구매 의사결정과 관련된 소비자의 재미, 즐거움, 느낌 등을 중심으로 소비자의 특정을 이해하려는 노력의 결과로 1980년대 초반에 등장하였다(성영신, 1989; Holbrook & Hirschman, 1982). 경험적 관점에 의하면, 소비자는 제품, 브랜드, 광고 등의 마케팅 자극이 제공하는 실용적 속성보다 상징적 의미(예: 우아함, 남성성)에 주의를 기울인다. 특히 거의 모든 제품과 브랜드는 상징적 의미를 가지고 있다. 예를 들어, 전기 자동차라는 제품은 친환경, 담배 브랜드인 말보로는 강한 남성성 그리고 기업 브랜드인 애플은 혁신이라는 상징적 의미를 가진다. 소비자의 구매 의사결정은 마케팅 자극이 전달하는 상징적 의미에 영향을 받는다. 이때 마케팅 자극의 상징적 의미가 후각, 촉각, 미각 등의 감각 기관을 통해 비언어적으로 전달될 때, 마케팅 자극이 소비자의 구매 의사결정에 미치는 영향이 크다.

구체적으로, 마케팅 자극의 상징적 의미가 소비자의 감각 기관을 통해서 전달되면, 소비자는 마케팅 자극과 관련된 이미지를 전의식 수준에서 자유롭게 떠올린다(인지). 이와 같은 소비자의 인지는 마케팅 자극에 대한 기쁨, 갈망, 황홀함 등의 감정을 불러일으킨다(감정). 이들 인지와 감정을 소비자가 단순히 마케팅 자극을 볼 때도 경험할 수 있지만, 소비자가 마케팅 자극을 사용할 때 더 강하게 경험한다(행동). 한 사례로, 소비자가 반지의 제왕과 같은 판타지 영화의 예고편을 볼 때 인지 체험과 감정 체험을 경험하지만, 소비자가 판타지 영화를 직접 볼 때 인지 체험과 감정 체험을 더 강하게 경험한다. 이상의 경험 과정을 거친 후 소비자는 재미, 기쁨, 쾌락이라는 감정적 만족 또는 감각적 만족을 결과로 얻는다.

경험적 관점의 소비자 특징을 몇 가지 살펴보면 다음과 같다. 먼저, 소비자는 본인의 자원 중 금전뿐만 아니라 시간을 어떤 소비 활동(예: 여가로서 TV 시청)에 사용해서 감정적 만족 또는 감각적 만족을 최대화할 것인지에 관심을 가진다. 또한 소비자는 정보 획득의 결과보다 정보 탐색 과정 자체에서 재미를 느끼고, 소비의 주요 목적은 소비자 본인의 쾌락 추구다. 경험적 관점의 소비자는 마케팅 자극에 대한 개인적 중요성이나 관련성(제품, 브랜드 및 광고 관여도)보다 마케팅 자극이 유발하는 흥분, 관심과 같은 각성 때문에 마케팅 자극에 몰입한다. 경험적 관점에서는 감각추구 경향, 다양성 추구 경향, 새로움 추구 경향, 혁신성, 창의성 등이 소비자의 주요 특징으로 고려된다.

3) 연합주의 관점

연합주의 관점이란 소비자의 구매 의사결정을 반복 경험에 의해서 형성된 내·외적 요소들(예: 마케팅 자극, 감정, 개념) 간의 연합 결과로 이해하려는 접근 방법이다(Stuart, Shimp & Engle, 1987; VandenBos, 2015). 연합주의 관점은 정보처리 관점이 제안하는 소비자의 구매 의사결정 과정이 너무 복잡하다는 지적하에 기업의 마케팅 문제 해결에 실질적인 도움이 되면서도 소비자의 구매 의사결정 과정을 간명하게 설명하고자 1980년대 초반에 등장하였다(Nord & Peter, 1980; Peter & Nord, 1982; Rothschild & Gaidis, 1981). 연합주의 관점은 학습 이론인 고전적 조건화와 조작적 조건화를 기반으로 한다.

먼저 고전적 조건화(마케팅 자극과 긍정 감정 유발 자극 간의 연합)를 구매 의사결정자인 소비자의 특징 이해에 적용하면(Nord & Peter, 1980; McSweeney & Bierley, 1984), 마케팅 자극인 광고에는 제품이나 브랜드와 다수의 소비자가 좋아하는 광고 구성요소(예: 배경음악, 유명 광고모델)가 함께 등장한다. 이때 광고 구성요소가 경쾌한 배경음악이라면, 광고 속 제품이나 브랜드는 소비자에게 특별한 감정 반응을 일으키지 않는 중립 자극이다. 그러나 광고 속 경쾌한 배경음악은 경쾌함이라는 소비자의 감정 반응을 무조건적으로 일으키는 무조건 자극이다. 소비자는 제품이나 브랜드와 경쾌한 배경음악이 함께 등장하는 광고를 반복적으로 본다. 이후 소비자는 경쾌한 배경음악이 들리지 않아도 매장에서 광고 속 제품이나 브랜드를 보면 경쾌함이라는 감정 반응이 느끼게 된다(감정 학습). 그 결과, 소비자가 광고 속 제품이나 브랜드를 좋게 평가해서 광고 속 제품이나 브랜드를 구매할 가능성이 높아진다.

다음으로, 조작적 조건화(구매 행동과 보상 간의 연합)를 구매 의사결정자인 소비자의 특징 이해에 다음과 같이 적용할 수 있다(Nord & Peter, 1980; Peter & Nord, 1982; Rothschild & Gaidis, 1981). 소비자는 매장, 광고 등에서 마케팅 자극인 제품이나 브랜드에 노출된다. 이와 같은 제품이나 브랜드의 노출은 소비자가 제품이나 브랜드의 존재를 인지하고, 제품이나 브랜드와 관련된 지식을 쌓게 해 준다(인지학습). 소비자가 제품이나 브랜드를 알게 되고 제품이나 브랜드의 속성이 좋다는 지식(예: 내구성이 좋음)이 생기면, 소비자는 제품이나 브랜드를 시험 삼아서 구매할 가능성이 높다. 이후 소비자가 시험 삼아서 구매한 제품이나 브랜드를 사용해 보고 평가한 결과가 좋으면, 소비자는 만족을 느낀다. 이때 소비자가 사용 후 경험하는 제품이나 브랜드에 대한 만족은 제품이나 브랜드의 구매 행동에 대한 보상에 해당된다. 소비자가 수차례에 걸쳐서 특정 제품이나 브랜드를 구매해서 사용한 후 반복적으로 만족을 느끼면, 해당 제품이나 브랜드의 구매 행동은 강화된다. 그 결과, 소비자는 매장에서 이전에 만족했던 제품이나 브랜드를 보면 다른 제품이나 브랜드와의 비교 과정을 거치지 않고 그 제품이나 브랜드를 바로 구매한다. 따라서 소비자는 이전에 만족했던 제품이나 브랜드를 반복적으로 구매해서 사용한다. 조작적 조건화에 의하면, 기업이 소비자에게 동일 제품이나 브랜드를 추가로 구매할 때 가격 할인이 되는 쿠폰을 제공하는 것도 해당 제품이나 브랜드의 구매 행동과 보상(가격 할인 쿠폰) 간의 연합을 강화시키는 방법이다.

2 소비자의 구매 의사결정 과정

소비자의 구매 의사결정 과정은 문제인식, 정보탐색, 대안평가, 선택과 구매, 사용과 평가 및 사용 후 행동 단계로 구성된다(박세영 외, 2017; 양윤, 2014; Hoyer et al., 2013; Kardes, Cronley & Cline, 2015; Solomon, 2013[2]). 그런데 소비자는 이들 6개 단계를 모두 순차적으로 거쳐서 구매 의사결정을 내리기도 하지만, 경우에 따라서 이들 단계 중 일부를 거치지 않거나 이전 단계로 되돌아가서 그 단계부터 이후 단계를 다시 거쳐서 구매 의사결정을 내리기도 한다.

소비자의 구매 의사결정 과정은 소비자의 심리적 요인인 내적 요인(예: 지각, 기억, 동기와 감정)과 외적 요인(예: 광고, 가족)에 직접적으로 영향을 받는다. 예를 들어, 내적 요인인 기억과 관련해서, 소비자가 많은(vs. 적은) 수의 브랜드를 기억하면, 브랜드의 구매 의사결정 과정 중 정보탐색 단계와 대안평가 단계에서 고려하는 브랜드의 수가 많아질(vs. 적어질) 수 있

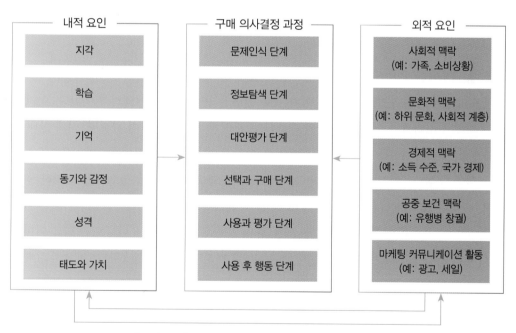

[그림 7-1] 소비자의 구매 의사결정 과정과 영향 요인

---

2) 기술 내용의 가독성을 높이기 위해서, 구매 의사결정 과정의 기술 내용 각각에 이들 서적을 개별적으로 인용하지 않았다. 별도의 인용이 없는 경우, 제5권 서적의 일부 내용을 참고해서 기술한 것이다.

다. 외적 요인 중 광고는 소비자의 구매 의사결정 과정의 문제인식 단계에 영향을 미친다. 즉, 소비자는 광고를 보고 광고에 등장한 제품이나 브랜드를 구입할 필요성을 인식한다(문제인식). 한편 내적 요인은 외적 요인에 영향을 미쳐서 소비자의 구매 의사결정 과정에 간접적으로 영향을 미칠 수 있다. 한 사례로, 위험 감수 성향(성격)이 낮은 소비자는 코로나19 대유행 기간 중 본인의 코로나19 감염 위험성을 높게 지각해서 비말 차단 성능이 좋은 KF94 마스크의 구매 필요성을 강하게 인식한다(성격 → 공중 보건 맥락 지각 → 문제인식). 거꾸로, 외적 요인은 내적 요인에 영향을 미친 후 소비자의 구매 의사결정 과정에 간접적으로 영향을 미치기도 한다. 예를 들어, 집단주의 문화에서 성장한 소비자는 집단주의 가치(예: 타인과의 조화)를 중시하고, 구매를 위해서 여러 제품이나 브랜드를 비교하는 대안평가 단계에서 주관적 규범을 중요하게 고려한다(문화적 맥락 → 가치 지각 → 대안평가).

이상의 내용을 도식적으로 정리하면 [그림 7-1]과 같다. 이후 이 장에서 구매 의사결정 과정의 각 단계를 중심으로 설명하지만, 필요한 경우에 각 단계와 관련된 소비자의 내적 요인과 외적 요인도 함께 설명할 것이다.

1) 문제인식 단계

소비자는 제품과 브랜드의 사용과 관련된 실제 상태와 이상적 상태를 비교한 후 제품과 브랜드의 구매 필요성을 인식한다. 이와 같은 활동은 문제인식 단계에서 일어난다. 문제인식 단계에서 소비자가 현재 사용 중인 제품과 브랜드에 특별한 불만이 없으면, 실제 상태(큰 문제가 없이 제품과 브랜드의 사용)와 이상적 상태(큰 문제가 없이 제품과 브랜드의 사용) 간 차이를 느끼지 못한다. 이 경우, 소비자는 제품과 브랜드를 새로 구입할 필요성을 인식하지 못한다. 그러나 20대가 사용하던 태블릿 PC를 땅에 떨어뜨려서 화면이 켜지지 않거나, 유니클로 브랜드의 의류를 입던 30대가 일본 제품 불매 운동으로 인해서 유니클로 브랜드 이미지가 나빠진 것을 인식하면, 이들은 실제 상태(제품과 브랜드를 사용하지 못함)가 이상적 상태보다 낮아진 것을 인식한다. 그 결과, 이들 소비자는 새로운 태블릿 PC 또는 새로운 브랜드의 의류를 구입할 필요성을 느낀다. 이처럼 제품이나 브랜드의 사용과 관련된 소비자의 실제 상태가 낮아져서 새로운 제품이나 브랜드의 구매 필요성을 인식하는 경우를 욕구인식이라고 한다. 즉, 소비자가 제품 고장, 브랜드 이미지 하락 등으로 인해서 현재 소유한 제품이나 브랜드에 대한 결핍을 경험해서 새로운 제품이나 브랜드의 구매 필요성을 인식하는 경우가 욕구인식에 해당된다.

한편, 소비자가 현재 사용하고 있는 제품이나 브랜드에 특별한 문제가 없더라도 이보다 더 좋은 제품이나 브랜드를 사기를 원할 수 있다. LED TV를 가진 30대 직장인이 LG OLED TV 광고를 보고 화질이 더 좋은 OLED TV를 사고 싶은 생각이 드는 경우가 있다. 또는 10대 청소년이 현재 입고 있는 패딩이 멀쩡함에도 불구하고 또래들이 선호하는 노스페이스 브랜드의 패딩을 하루라도 빨리 사서 입고 싶어 하기도 한다. 이처럼 소비자가 현재 소유한 제품과 브랜드의 문제가 없음에도 불구하고 더 좋은 제품과 브랜드를 구입할 필요성을 인식하는 것을 기회인식이라고 한다. 제품과 브랜드의 사용과 관련된 실제 상태(큰 문제가 없이 제품과 브랜드의 사용)는 변화가 없지만, 이상적 상태가 높아지면서 소비자의 기회인식이 발생한다. 외적 요인 중 광고(마케팅 커뮤니케이션 활동), 또래 문화(문화적 맥락) 등이 제품과 브랜드의 사용과 관련된 소비자의 이상적 상태를 높여서 기회인식을 일으킨다. 또한 소비자가 제품과 브랜드의 사용을 통해서 본인이 이상적으로 생각하는 자기 이미지를 타인에게 표현하려는 자기이미지 고양의 동기화가 강할수록, 더 좋은 제품과 브랜드를 구입하려는 기회인식을 자주 할 것이다(Sirgy, 1982).

2) 정보탐색 단계

소비자는 제품과 브랜드의 구매 필요성을 인식한 후 어떤 제품과 브랜드를 구매할 것인지를 결정하기 위해서 제품과 브랜드의 정보를 찾는다. 이처럼 소비자가 구매 의사결정을 내리기 위해서 제품과 브랜드의 정보를 찾고 획득하는 활동은 정보탐색 단계에서 일어난다. 일반적으로 소비자는 제품과 브랜드의 구매 필요성을 인식한 이후에 제품과 브랜드의 정보를 찾기 시작한다(구매 전 정보탐색). 그러나 일부 소비자는 특별히 제품과 브랜드의 구매 필요성을 인식하지 않더라도 본인의 취미, 관심 등과 관련된 제품과 브랜드의 정보를 평소에 탐색하고 획득하는 경우도 있다. 예를 들어, 화장품에 관심이 많은 20대 여성은 평소 인터넷, 패션 잡지 등에서 화장품과 관련된 정보를 찾는 것을 즐긴다. 이와 같은 유형을 지속적 정보탐색이라고 한다. 소비자는 호기심, 재미, 즐거움 때문에 지속적 정보탐색을 한다.

정보탐색은 소비자가 탐색하는 정보의 출처를 기준으로 내적 정보탐색과 외적 정보탐색으로 구분된다. 30대 직장인이 오늘 점심 메뉴를 고민할 때, 몇 종류의 음식이 머릿속에서 자연스럽게 떠오를 것이다. 이 직장인은 머릿속에서 떠오른 음식들 중 어제 먹었던 음식을 제외시키거나 최근 유튜브 먹방에서 본 음식을 떠올려서 새로운 선택의 대안으로 추가하기도 한다. 이처럼 소비자의 기억에 저장된 제품과 브랜드의 정보를 떠올리거나 탐색하는 활동이 내적 정보탐색이다. 이와 관련해서, 소비자가 알고 있는 모든 제품과 브랜드의 전체 집합을 인지군이라고 한다. 인지군 중 구매 의사결정을 내리는 시점에 떠오른 제품과 브랜드의 집합을 활성화군이라고 하며, 활성화군 중 구매 고려 대상이 되는 제품과 브랜드의 집합을 고려군이라고 한다. 소비자는 고려군에 포함된 제품과 브랜드 중 하나를 선택해서 구매할 가능성이 높다. 이들 집합은 '인지군 ⊃ 활성화군 ⊃ 고려군'의 포함 관계를 가진다.

소비자는 본인의 기억에 저장된 제품과 브랜드의 정보만을 내적으로 탐색하지 않는다. 앞서 소개한 30대 직장인은 동료에게 묻거나 인터넷 검색으로 새로운 점심 메뉴를 찾기도 한다. 또한 이 직장인은 점심을 먹으러 가는 길에 마주치는 여러 식당의 메뉴, 진열대 속의 음식 모형 등을 보면서 새로운 음식에 대한 정보를 계속 얻는다. 이처럼 소비자가 인터넷 검색, 지인의 조언, 매장의 진열대 등과 같은 외부 정보출처에서 제품과 브랜드의 정보를 탐색하고 획득하는 활동을 외적 정보탐색이라고 한다. 특히 소비자가 제품과 브랜드의 정보가 부족해서 내적 정보탐색이 어려우면, 외적 요인 중 마케팅 커뮤니케이션 활동(예: 광고, 진열대)에서 정보를 많이 탐색한다(Hoch & Ha, 1986).

소비자의 내적 정보탐색뿐만 아니라 외적 정보탐색도 고려군에 어떤 제품과 브랜드가 포함되는지에 영향을 미친다. 소비자의 내적 정보탐색과 외적 정보탐색이 고려군에 미치는 영향은 부분 단서 효과, 유인 효과 및 타협 효과로 설명할 수 있다. 먼저 부분 단서 효과는 소비자가 외적 정보를 탐색하는 과정에서 더 많은(vs. 적은) 수의 제품과 브랜드에 접할수록 내적 정보탐색 중 기억해 내는 제품과 브랜드의 수가 줄어드는(vs. 늘어나는) 현상이다. 즉, 소비자가 외적 정보탐색 중 많은 수의 제품과 브랜드에 접할수록 이들 제품과 브랜드는 소비자가 다른 제품과 브랜드를 기억해 내는 것을 억제해서, 소비자의 고려군에 포함되는 제품과 브랜드의 수가 줄어든다. 부분 단서 효과에 의하면, 비교 광고에서 자사 브랜드와 다수의 경쟁 브랜드들을 함께 소비자에게 제시하면, 소비자는 비교 광고에 등장한 경쟁 브랜드들 이외의 다른 경쟁 브랜드를 머릿속에서 떠올려서 이들 브랜드의 구매를 고려할 가능성이 낮다.

소비자가 내적 정보탐색 후 고려군에 포함시킨 제품과 브랜드보다 외적 정보탐색 중 열등한(vs. 우월한) 제품과 브랜드를 보면, 고려군에 속한 기존 제품과 브랜드의 매력도는 커져서(vs. 작아져서) 외적 정보탐색 중 본 열등한(vs. 우월한) 제품과 브랜드는 소비자의 고려군에 포함되지 않는다(vs. 포함된다). 이처럼 소비자는 고려군에 속한 기존 제품과 브랜드 그리고 이후 정보탐색 과정 중 본 새로운 제품과 브랜드 간의 우수성을 비교한 후 새로운 제품과 브랜드를 고려군에 추가하거나 추가하지 않는다. 이와 같은 현상을 유인 효과라고 한다. 일반적으로 비교 광고는 한 기업의 경쟁자인 시장 내 1위 제품이나 브랜드의 단점을 강조하면서, 자사 제품이나 브랜드의 강점을 부각시킨다. 한 사례로, 칠성 사이다의 비교 광고에서 시장 점유율이 높은 경쟁 제품인 콜라가 가진 단점인 카페인 있음, 색소 있음, 로열티를 지불함을 지적하면서, 칠성 사이다의 강점인 무카페인, 무색소, 노 로열티를 강조하였다. 이처럼 비교 광고에서 기업이 품질, 가격, A/S 등의 차원에서 경쟁 제품과 브랜드의 단점을 강조하면서 자사 제품과 브랜드의 강점을 부각시키는 이유를 유인 효과로 설명할 수 있다.

소비자는 종종 정보탐색 중 품질은 좋지만 가격이 비싸거나, 가격이 싸지만 품질은 나쁜 제품이나 브랜드를 접한다. 이 경우, 소비자는 각 제품이나 브랜드가 좋은 점과 나쁜 점을 모두 가지고 있기 때문에 접근(좋은 점 때문에 접근)-회피(나쁜 점 때문에 회피) 갈등을 경험하고, 어떤 제품이나 브랜드이든 구매하면 나중에 후회할 수 있다고 생각한다. 이처럼 소비자가 제품이나 브랜드를 잘못 구매하는 것을 걱정하기 때문에, 소비자는 정보탐색 과정 중 품질, 가격, A/S 등의 모든 차원에서 중간 수준의 평가를 받는 제품이나 브랜드를 고려군에 포함시킨다. 이 현상을 타협 효과라고 한다. 예를 들어, 소비자는 톡 쏘는 청량감 때문에 탄산음료를 좋아하지만(접근) 높은 칼로리 때문에 탄산음료를 꺼린다(회피). 그런데 제로 칼로리 탄산음료는 칼로리는 낮아서 좋지만(접근) 밍밍한 맛 때문에 구매를 꺼릴 수 있다(회피). 반면, 텐 칼로리 탄산음료는 청량한 맛과 낮은 칼로리이기 때문에 탄산음료에 대한 소비자의 접근-회피 갈등을 해결해 준다.

소비자는 정보탐색을 하면서 제품과 브랜드의 특징뿐만 아니라 제품과 브랜드의 구매와 사용 중 발생할 것으로 예상되는 부정적 결과에 대한 신념인 지각된 위험도 탐색한다. 소비자의 지각된 위험은 소득이 적은 소비자가 민감하게 탐색하는 재정적 위험(잘못된 제품과 브랜드의 구매로 인한 금전 또는 재산상의 손해, 예: 주식), 실용적 소비자가 주로 탐색하는 기능적 위험(제품과 브랜드가 사용 중 기대 이하의 성능을 발휘함, 예: 노트북), 노약자나 질병이 있는 소비자가 민감하게 탐색하는 신체적 위험(제품과 브랜드의 사용이 몸에 해로움, 예: 진통제), 과시적 소비 성향을 가지거나 자신감이 낮은 소비자가 주로 탐색하는 사회적 위험(제품과 브랜드의 구매와 사용이 소비자 본인의 사회적 체면을 손상시킴, 예: 패션 의류), 자존감이 낮은 소비자가 민감하게 탐색하는 심리적 위험(제품과 브랜드의 구매와 사용이 소비자가 지각한 본인의 자기이미지를 부정적으로 만듦(예: 고가의 명품 속옷) 등으로 세분화된다. 일반적으로 제품과 브랜드의 구매와 사용에 대한 지각된 위험이 높을수록, 소비자의 외적 정보탐색의 양과 시간이 증가한다.

2020년에 발생한 코로나19 대유행이라는 공중 보건 맥락은 소비자가 식당과 관련된 정보를 탐색하는 과정에서 신체적 위험을 중요하게 고려하도록 만들었다. 그 결과, 소비자는 식당을 선택할 때 식당에 가림판이 설치되었는지, 테이블 간 간격을 두고 있는지, 식당 내 손님의 수가 적은지 등을 탐색한다. 한편, 최근 많은 소비자가 이용하는 온라인 쇼핑의 경우, 시간 손실 위험(예: 제품과 브랜드 수령까지 긴 기다림), 개인 위험(예: 개인정보 도용), 사생활 위험(예: 제품과 브랜드 판매자의 소비자 개인정보 관리 부실) 및 판매자 위험(예: 제품과 브랜드 판매자에 대한 불신)이 지각된 위험의 종류로 추가된다(Lim, 2003).

3) 대안평가 단계

소비자는 제품과 브랜드의 구매를 결정하기 위해서 제품과 브랜드의 정보를 취합한 후 이를 근거로 몇 개의 선택 대안을 선정해서 이들 대안을 비교한다. 이와 같은 활동은 대안평가 단계에서 일어난다. 소비자는 대안평가 중 제품과 브랜드가 가진 속성, 제품과 브랜드가 본인이 원하는 좋은 속성을 가질 가능성(신념) 및 제품과 브랜드의 가치를 기반으로 몇몇 제품과 브랜드를 선택 대안으로 평가한다. 이때 속성이란 제품과 브랜드가 가지고 있거나 가지고 있지 않은 물리적 특징(예: 가격, 크기) 또는 상징적(예: 프리미엄 이미지) 특징이며, 가치란 소비자가 제품과 브랜드의 구매와 사용으로 인해 얻을 것으로 예상하는 결과의 좋고 나쁨에 대한 주관적 평가다.

(1) 속성 기반의 대안평가

소비자는 제품과 브랜드와 관련된 정보를 탐색하는 중이나 정보를 탐색한 이후 선별한 선택 대안인 몇 개의 제품과 브랜드의 속성, 신념 그리고 중요도를 비교하면서 어떤 제품이나 브랜드가 좋은지를 평가한다. 태블릿 PC를 예로 들면, A 브랜드는 화면 크기가 26.2㎝, 무게는 476g, 내장 메모리가 64GB, RAM은 3GB, CPU 속도는 2.0GHz, 인터넷 최저 판매 가격은 27만 9,600원이다. 반면, B 브랜드는 화면 크기가 27.6㎝, 무게는 460g, 내장 메모리가 64GB, RAM은 4GB, CPU 속도는 2.0GHz, 인터넷 최저 판매 가격은 70만 4,570원이다. 이처럼 두 브랜드는 화면 크기, 무게, 인터넷 최저 판매 가격 등의 속성이 다르다. 그런데 소비자는 이들 속성의 정확한 수치를 기억하기 어렵거나 기억하지 않는다. 대신 소비자는 속성별로 제품과 브랜드가 각 속성을 어느 정도의 수준으로 가지고 있다고 믿는 정도인 신념을 가진다. 또한 소비자는 제품과 브랜드를 비교할 때 각 속성별로 구매 의사결정 시 고려하는 중요 정도를 다르게 평가한다. 이를 각 속성의 중요도라고 한다. 결론적으로 소비자는 제품과 브랜드의 속성, 신념 및 중요도를 비교하면서 대안을 평가한다. 이때 소비자는 보상적 방법

2. 소비자의 구매 의사결정 과정 🛒 **203**

과 비보상적 방법을 이용한다.

① 보상적 방법

다속성 태도 모형에 의하면, 소비자는 다음과 같은 방법으로 여러 선택 대안들을 보상적으로 비교하고 평가한다. 각 속성에 대한 중요도와 각 속성에 대한 특정 제품이나 브랜드의 신념을 곱한 후 합산한 점수가 해당 제품이나 브랜드에 대한 소비자의 태도 추정치다. 〈표 7-1〉에서 A 브랜드에 대한 태도 추정치는 (7점 × 7점) + (6점 × 7점) + (5점 × 2점) + (4점 × 1점) + (3점 × 5점) = 120점이다. 동일한 방법으로 산출한 B 브랜드에 대한 태도 추정치는 95점, C 브랜드에 대한 태도 추정치는 128점이다. C 브랜드에 대한 태도 추정치가 가장 높기 때문에, 소비자가 C 브랜드의 구매를 다른 브랜드보다 우선적으로 고려할 가능성이 크다. 여러 선택 대안을 평가할 때, 다속성 태도 모형의 적용이 보상적이라고 하는 이유는 한 제품이나 브랜드가 한 속성에서 낮은 신념 점수를 받더라도 다른 속성에서 받은 높은 신념 점수가 이를 보완 또는 보상하면서 최종 태도 추정치가 산출되기 때문이다.

〈표 7-1〉 태블릿 PC 대안평가에 대한 가상 사례

속성	중요도	A 브랜드	B 브랜드	C 브랜드
화면이 크다.	7*	7**	7	3
무게가 가볍다.	6	7	2	6
저장 용량이 크다.	5	2	2	6
처리 속도가 빠르다.	4	1	3	5
가격이 싸다.	3	5	4	7

* 소비자가 각 속성의 중요도를 1점(전혀 중요하지 않다) ~ 7점(매우 중요하다)으로 평가함.
** 소비자가 각 속성의 신념을 1점(전혀 그렇지 않다) ~ 7점(매우 그렇다)으로 평가함.

② 비보상적 방법

소비자는 대안평가 중 비보상적 방법을 활용하기도 한다. 이때 소비자가 특정 제품이나 브랜드와 관련해서 한 속성의 신념을 낮게 평가하면, 다른 속성의 신념을 높게 평가해도 한 속성의 낮은 신념 점수를 보완 또는 보상하지 못한다. 이와 같은 이유로 다음에 소개하는 대안평가 방법을 비보상적 방법이라고 부른다.

첫째, 사전체계 규칙(속성 중요도의 내림차순으로 좋은 대안 남기기)에 의하면, 소비자는 가장 중요한 속성에서 가장 높은 신념 점수를 받은 제품이나 브랜드의 구매를 우선적으로 고려한다. 만약 가장 중요한 속성에서 2개 이상의 제품이나 브랜드의 신념 점수가 동일하면, 소비자는 다음으로 중요한 속성에서 가장 높은 신념 점수를 받은 제품이나 브랜드의 구매를 우선적으로 고려한다. 〈표 7-1〉의 사례에서 가장 중요한 속성은 화면 크기(7점)다. 그런데 화면 크기에 대한 신념 점수는 A 브랜드(7점)와 B 브랜드(7점)가 동일하다. 다음으로 중요한 속성(6점)인 무게에 대한 신념 점수는 A 브랜드(7점)가 B 브랜드(2점)보다 높다. 그 결과, 소비자는 A 브랜드의 구매를 우선적으로 고려할 것이다.

둘째, 부분별 탈락 규칙(속성 중요도의 내림차순으로 나쁜 대안 버리기)은 소비자가 본인이 판단하기에 가장 중요한 속성에 대한 최저 신념 점수를 정하고, 이 점수를 넘긴 제품이나 브랜드의 구매를 가장 먼저 고려한다고 제안한다. 만약 2개 이상의 제품이나 브랜드가 가장 중요한 속성에 대한 최저 신념 점수를 함께 넘기면, 소비자는 그다음으로 중요한 속성에 대한 최저 신념 점수를 정하고 이 점수를 넘긴 제품이나 브랜드의 구매를 우선적으로 고려한다. 〈표 7-1〉의 사례에서, 소비자가 화면 크기(7점)를 가장 중요한 속성으로, 화면 크기는 최소 6점 이상으로 정했다고 가정하자. 이 경우, 화면 크기에 대한 A 브랜드의 신념(7점)과 B 브랜드의 신념(7점) 모두가 최소 신념 점수(6점)를 넘는다. 만약 소비자가 그다음으로 중요하게 생각하는 속성이 무게(6점)이며, 이 속성에 대한 최소 신념 점수를 6점으로 정했다고 가정하자. 부분별 탈락 규칙에 의하면, 소비자는 무게의 신념 점수가 2점인 B 브랜드를 탈락시키고 7점인 A 브랜드를 3개 브랜드 중 가장 좋게 평가할 것이다.

셋째, 결합 규칙(모든 속성을 기준으로 나쁜 대안 버리기)에 의하면, 소비자는 각 속성의 최저 신념 점수를 정하고 모든 속성에서 이 점수를 넘기지 못한 제품이나 브랜드를 제외하고 남은 제품이나 브랜드의 구매를 고려한다. 〈표 7-1〉의 사례에서 소비자가 모든 속성에 대한 최저 신념 점수를 3점으로 정하면, 5개 속성에 대한 신념이 최소 3점 이상인 C 브랜드를 가장 좋게 평가할 것이다.

마지막으로 분리 규칙(일부 속성을 기준으로 좋은 대안 남기기)은 소비자가 중요하다고 생각하는 몇 개의 속성 중 적어도 한 속성에서라도 최저 신념 점수를 넘긴 제품이나 브랜드를 가장 좋게 평가한다고 제안한다. 〈표 7-1〉의 사례에서, 소비자가 처리 속도와 가격을 중요한 속성으로 생각하고 두 속성에 대한 최저 신념 점수를 모두 6점으로 정했다고 가정하자. 분리 규칙에 의하면, 소비자는 최소한 가격에서 6점을 넘긴 C 브랜드(7점)의 구매를 우선적으로 고려한다.

③ 속성 이외의 대안평가 기준

소비자가 대안평가 중 적용하는 보상적 방법과 비보상적 방법은 다음과 같은 한계를 가진다. 먼저 보상적 방법과 비보상적 방법은 소비자가 제품이나 브랜드에 대한 태도 추정치를 기반으로 대안을 평가한다고 가정한다. 그런데 제품이나 브랜드에 대한 소비자의 태도 추정치는 제품이나 브랜드를 구매하는 행위에 대한 소비자의 태도 추정치보다 제품이나 브랜드의 실제 구매 행동과의 관련성이 낮다. 즉, 보상적 방법과 비보상적 방법에서 사용되는 제품이나 브랜드에 대한 소비자의 태도 추정치보다 제품이나 브랜드를 구매하는 행위에 대한 소비자의 태도 추정치가 제품이나 브랜드의 실제 구매 행동을 더 잘 예측한다. 또한 보상적 방법과 비보상적 방법은 사회적 요인이 대안평가에 영향을 미칠 수 있음에도 불구하고 이를 배제하고, 소비자 그리고 제품이나 브랜드 간의 관계만을 고려한다.

보상적 방법과 비보상적 방법이 가진 한계를 해결하기 위해서 합리적 행위 이론이 소비자의 대안평가 방법으로 적용된다. 합리적 행위 이론에 의하면, 소비자는 선택 대안을 평가하는 과정에서 특정 제품이나 브랜드를 구매하는 행위에 대한 본인의 태도(좋거나 나쁨)와 본인이 해당 제품이나 브랜드를 구매하는 것에 대한 다른 사람들(예: 가족, 친구)의 생각인 주관적 규범(좋거나 나쁨)을 함께 고려한다. 특정 제품이나 브랜드의 구매 행위에 대한 본인의 태도와 주관적 규범은 해당 제품이나 브랜드의 구매 의도에 긍정적인 영향을 미치고, 구매 의도는 실제 구매 행동을 예측한다. 예를 들어, 20대 후반의 대학생이 본인이 자동차를 사는 행위를 좋게 평가한다(구매 행위에 대한 긍정적 태도). 그런데 이 대학생이 부모님이 본인이 자동차를 사는 행위를 대학생의 신분에 맞지 않는 다소 사치스러운 소비로 평가할 것이라고 지각한다(부정적 주관적 규범). 이 경우, 이 대학생은 자동차를 살 의도가 낮고, 실제로 자동차를 사지 않을 가능성이 크다.

앞서 소개한 20대 후반의 대학생 사례에서, 이 대학생이 본인이 자동차를 사는 행위를 긍정적으로 평가한다(구매 행위에 대한 긍정적 태도). 또한 이 대학생은 부모님이 집과 학교 간 대중교통이 불편해서 본인이 자동차를 사서 타고 다니는 행위를 긍정적으로 평가할 것이라고 지각한다(긍정적 주관적 규범). 그러나 이 대학생이 자동차를 살 금전적 여유가 없다(경제적 맥락)고 지각하면, 이 대학생이 자동차를 살 의도와 실제로 자동차를 살 가능성이 낮다. 즉, 특정 제품이나 브랜드의 구매 행위를 실제로 수행할 때 얼마나 큰 어려움이 있다고 지각하는지(지각된 구매 행위 통제)가 구매 의도와 실제 구매 행동에 영향을 미친다. 이와 같은 설명은 계획된 행위 이론을 기반으로 한다. 계획된 행위 이론은 앞서 소개한 합리적 행위 이론에 지각된 구매 행위 통제를 추가해서 소비자의 대안평가 방법을 설명한다. [그림 7-2]에서

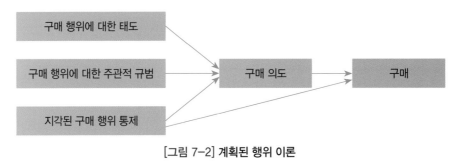

[그림 7-2] 계획된 행위 이론

출처: 양윤(2014, p.233)의 [그림 7-5]를 수정.

구매 행위에 대한 태도, 구매 행위에 대한 주관적 규범, 구매 의도 및 구매의 관계는 합리적 행위 이론에 해당되며, 구매 행위에 대한 태도, 구매 행위에 대한 주관적 규범, 지각된 구매 행위 통제, 구매 의도 및 구매의 관계는 계획된 행위 이론에 해당된다.

(2) 가능성 기반의 대안평가

소비자가 대안평가 중 제품이나 브랜드의 모든 속성을 파악하기 어려운 경우가 많다. 이 경우, 소비자는 제품이나 브랜드가 본인이 생각하는 좋은 속성을 가지고 있을 가능성을 편의적으로 판단한다. 이와 같은 편의적인 가능성 판단을 간편법(휴리스틱스)이라고 한다. 주요 간편법으로 대표성, 가용성 및 기준점과 조정 간편법이 있다(마정미, 2016; 하영원, 2014).

① 대표성 간편법

어떤 소비자가 BMW 자동차의 품질을 좋게 평가한다고 가정하자. 이 소비자가 BMW 오토바이를 처음 보면, 가장 먼저 BMW 자동차와 BMW 오토바이 간의 유사성을 살펴볼 것이다. 이 소비자가 BMW 자동차와 BMW 오토바이가 물리적 특징(예: 이동용 기계)과 상징적 특징(예: 세련됨)에서 유사하다고 판단하면, BMW 오토바이를 BMW가 생산하는 대표 제품 중 하나라고 생각한다(범주화). 그 결과, 이 소비자는 BMW 오토바이의 품질이 BMW 자동차의 품질만큼 좋을 것이라고 추론한다. 즉, 대표성 간편법은 소비자가 2개의 제품이나 브랜드가 서로 유사하다고 판단하기 때문에 한 제품이나 브랜드가 다른 제품이나 브랜드를 대표한다고 생각해서 2개의 제품이나 브랜드 간 속성이 동일할 것이라고 추론하는 대안평가 방법이다.

② 가용성 간편법

가용성이란 소비자가 제품이나 브랜드를 본인의 기억에서 쉽게 떠올리는 정도를 말한다. 소비자가 대안평가 중 본인의 기억에서 쉽게 떠오른 제품이나 브랜드는 소비자에게 좋은 평가를 받게 된다. 제품이나 브랜드가 소비자에게 친숙할수록, 다른 제품이나 브랜드보다 뛰어난 속성을 가질수록 그리고 마케팅 커뮤니케이션 활동(예: 광고)을 통해 최근에 본 제품이나 브랜드일수록, 소비자가 대안평가 중 이 제품이나 브랜드를 본인의 기억에서 쉽게 떠올릴 가능성이 높다. 그 결과, 소비자는 이 제품이나 브랜드가 본인이 원하는 좋은 속성을 가진 것으로 판단한다.

③ 기준점과 조정 간편법

소비자는 본인이 알고 있는 기존 지식을 이용해서 제품이나 브랜드가 가진 속성의 좋고 나쁨을 판단하는 기준점을 설정하고, 이에 맞추어서 적절하게(조정해서) 처음 본 제품이나 브랜드의 속성이 좋은지 또는 나쁜지를 판단한다. 예를 들어, 소비자가 편의점에서 판매되는 비타민 음료수의 평균 가격을 병당 800원으로 알고 있다(기존 지식). 이 소비자가 병당 800원을 비타민 음료수 가격의 기준점으로 설정했기 때문에, 이 소비자는 병당 5,000원으로 판매되는 새롭게 출시된 비타민 음료수의 가격이 비싸다고 평가한다. 그런데 이 소비자가 새롭게 출시된 병당 5,000원짜리 비타민 음료수의 희망소비자 가격이 병당 7,000원(기준점)이란 사실을 알면, 이 소비자는 병당 5,000원짜리 비타민 음료수는 좋은 성분으로 만들었기 때문에 5,000원이라는 가격이 비싸지 않다고 평가할 수 있다(조정).

(3) 가치 기반의 대안평가

소비자는 대안평가 중 제품이나 브랜드의 구매 의사결정의 예상된 결과가 본인에게 좋을 것인지 아니면 나쁠 것인지에 관한 가치 판단을 한다. 소비자의 구매 의사결정과 관련된 가치 판단 방법을 설명하는 주요 이론으로 조망 이론과 프레이밍 효과, 해석수준 이론 및 조절초점 이론이 있다(마정미, 2016; 하영원, 2020).

① 조망 이론과 프레이밍 효과

예를 들어, 20대 직장인이 투자했던 비트코인이 급등해서 하루에 200만 원의 수익을 얻었다. 그런데 다음 날 이 직장인은 비트코인이 급락해서 하루만에 200만 원의 손실을 보았다. 똑같은 200만 원이지만, 이 직장인이 200만 원의 수익을 얻었을 때 느끼는 기쁨의 강도와

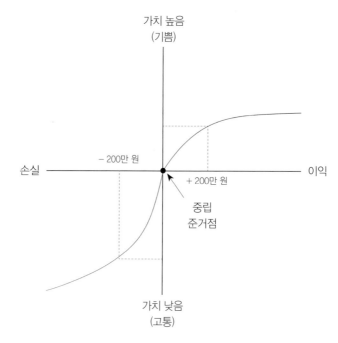

[그림 7-3] 조망 이론의 지각된 가치함수 그래프

출처: 양윤(2014, p. 369)의 [그림 11-1]과 Kardes 등(2015, p. 297)의 [그림 11-1]을 통합.

200만 원의 손실을 봤을 때 느끼는 고통의 강도는 다르다. 이와 같은 현상을 설명한 이론이 조망 이론이다. 조망 이론에 의하면, 소비자는 중립 준거점을 기준으로 특정 선택 대안의 구매 의사결정의 결과가 얼마나 큰 가치를 가지는가를 예상한다(또는 조망한다). 소비자의 입장에서 특정 대안의 구매 의사결정의 예상 결과가 중립 준거점 이상이면 이익이지만, 중립 준거점 이하이면 손실이다([그림 7-3]의 가로축 참조). 특정 대안의 구매 의사결정의 예상 결과에 따른 준거점의 변화(이익 vs. 손실)는 소비자가 지각한 결과의 가치의 변화에 영향을 미친다([그림 7-3]의 세로축 참조). 특정 대안의 구매 의사결정의 결과와 관련된 준거점의 변화와 그에 따른 결과에 대한 지각된 가치의 변화를 연결하면, 비대칭적 S형태의 가치함수 그래프가 산출된다([그림 7-3] 참조). 이 가치함수 그래프의 특징은 다음과 같다.

첫째, 특정 대안의 구매 의사결정의 결과가 중립 준거점 이상이든 이하이든 중립 준거점으로부터 멀어질수록(이익이 증가하든 손실이 증가하든), 그 결과에 대한 지각된 가치는 감소한다. 구매 의사결정의 결과로 예상 손실이 증가하면, 지각된 가치는 급격히 감소한다. 반면, 구매 의사결정의 결과로 예상 이익이 증가하면, 초기에는 지각된 가치가 다소 급격하게 증가하다가 이후 가치 증가의 폭이 감소한다. 이는 고전 경제학의 한계 효용 체감의 법칙과 동일하다. 몹시 허기가 진 소비자가 프라이드 치킨을 먹는 상황을 가정하자. 이 소비자가 프라이드 치킨의 첫 번째 조각, 두 번째 조각, 세 번째 조각을 계속 먹을수록, 점점 포만감이 커지면서 한 조각의 프라이드 치킨 맛(가치)이 떨어지는 현상이 한계 효용 체감의 법칙이다.

둘째, 조망 이론의 가치함수 그래프에서 특정 대안의 구매 의사결정의 결과가 중립 준거점 이상(이익)일 때보다 중립 준거점 이하(손실)일 때 가치의 변화가 더 가파르다. 앞서 소개한 사례에서, 20대 직장인은 200만 원의 수익을 얻을 때(이익)보다 200만 원의 손실을 볼 때(손실) 가치의 하락을 더 크게 지각한다. 즉, 이 직장인은 200만 원의 수익 때 느낀 기쁨의 강도보다 200만 원의 손실 때 느낀 고통의 강도가 더 강하다. 따라서 소비자는 대안평가 중 본인에게 손실을 줄 것으로 예상되는 대안의 구매 고려를 기피하는 경향이 있다. 이를 손실 회피라고 한다.

기업은 소비자의 성향인 손실 회피를 활용한 마케팅 커뮤니케이션 기법을 통해 소비자의 대안평가에 영향을 미칠 수 있다. 이 기법이 프레이밍이다. 프레이밍은 소비자가 대안을 평가할 때 대안의 구매 의사결정의 결과에 대한 가치 판단의 준거점을 변화시키는 기법을 말한다(Kang & Lin, 2015). 가치 판단의 준거점을 변화시킬 때, 특정 대안의 구매 의사결정의 결과와 관련된 이익을 강조하면 이익 프레이밍이고, 특정 대안의 구매 의사결정의 결과와 관련된 손실을 강조하면 손실 프레이밍이다. 예를 들어, 수학능력시험을 1개월 앞둔 수험생 중 어떤 수험생은 '한 달이나 남았군.'(이익 프레이밍)이라고 생각하고, 어떤 수험생은 '한 달밖에 남지 않았군.'(손실 프레이밍)이라고 생각할 수 있다. 기업의 마케팅 커뮤니케이션 활동과 관련해서, 동일한 소고기인데 한 종류의 포장 라벨에는 '75% 살코기'(이익 프레이밍)라고 적혀 있고, 다른 종류의 포장 라벨에는 '25% 지방'(손실 프레이밍)이라고 적혀 있다(Levin & Gaeth, 1988). 이 경우 소비자는 '25% 지방' 라벨보다 '75% 살코기' 라벨이 붙은 소고기를 더 좋은 것으로 평가한다. 또한 기업은 호텔 객실 상품의 프로모션을 다음과 같이 프레이밍할 수 있다(임화남, 윤지환, 2015). 소비자는 호텔 예약 사이트에서 2박을 투숙하면 추가로 1박 투숙이 무료인 가치부가 프로모션(이익 프레이밍: 이익 확대)과 3박을 투숙하면 33%의 할인을 받는 가격할인 프로모션(손실 프레이밍: 손실 감소) 중 하나를 선택할 수 있다. 이때 소비자가 두 프로모션 이용에 소요되는 금액은 동일하다. 소비자는 이 두 프로모션 중 가치부가 프로모션을 가격할인 프로모션보다 더 가치가 있는 것으로 평가하고 선택할 의도가 더 높다. 소비자는 1박 투숙 무료를 2박 투숙 비용과 분리해서 평가하기 때문에 1박 투숙 무료를 할인이 아닌 추가 이득이라고 생각한다. 그 결과, 소비자는 가치부가 프로모션을 가격할인 프로모션보다 더 가치가 있다고 판단한다.

② 해석수준 이론

소비자가 제품이나 브랜드의 대안평가 중 구매 의사결정을 내리는 시점과 그 결과를 얻는 시점 간의 시간 간격(시간적 거리)을 짧게 또는 길게 예상하는지에 따라서 동일한 제품이나 브랜드의 가치를 다르게 해석한다. 소비자가 시간적 거리를 짧게 예상할수록, 제품이나 브랜드의 구체적이고 세부적인 속성을 중심으로 제품이나 브랜드의 가치를 해석한다(하위 수준의 해석). 반면, 소비자가 시간적 거리를 길게 예상할수록, 제품이나 브랜드의 추상적이고 일반적인 속성에 주목해서 제품이나 브랜드의 가치를 평가한다(상위 수준의 해석).

예를 들어, 10대 청소년의 담배 소비(흡연) 결정 기저의 심리적 기제를 해석수준 이론으로 다음과 같이 설명할 수 있다(윤예은, 강정석, 2017). 흡연을 하지 않는 10대 청소년은 담배의 속성을 부정적인 신체적 폐해 발생 측면(예: 체력 저하)과 긍정적인 심리·사회적 효용성 측면(예: 스트레스 해소, 또래에게 쿨한 이미지 전달)으로 나누어서 생각한다. 이때 담배가 유발하는 신체적 폐해는 구체적이고 세부적인 속성이지만, 담배가 제공하는 심리·사회적 효용성은 추상적이고 일반적인 속성에 해당된다. 이 10대 청소년이 담배 소비인 흡연 시작(구매 의사결정 시점)으로 인해서 폐암과 같은 질병(결과 발생 시점)에 걸리는 시간적 거리를 짧게 예상할 수도 있고, 길게 예상할 수도 있다. 만약 이 10대 청소년이 흡연 시작 시점과 질병 발생 시점 간의 시간적 거리를 짧게 예상하면, 담배가 제공하는 구체적이고 세부적인 속성인 부정적인 신체적 폐해에 주목해서 담배 소비가 가치가 없는 것으로 해석한다. 그 결과, 이 10대 청소년은 금연을 계속 유지할 의향이 높다. 그러나 흡연 시작 시점과 질병 발생 시점 간의 시간적 거리를 길게 예상하면, 담배가 제공하는 추상적이고 일반적인 속성인 긍정적인 심리·사회적 효용성에 집중해서 담배 소비가 가치가 있는 것으로 평가한다. 이때 이 10대 청소년의 지속적 금연 유지 의향은 낮다. 즉, 이 10대 청소년은 가까운 시일 내에 흡연을 시작할 가능성이 있다.

③ 조절초점 이론

소비자는 대안평가 중 제품이나 브랜드의 구매와 사용을 통해 기쁨을 얻고자 하는 목표와 고통을 피하려는 목표를 고려한다. 소비자가 대안평가 중 기쁨 추구 목표와 고통 회피 목표를 달성하기 위해서 서로 다른 종류의 조절초점 동기화를 경험한다. 이처럼 서로 다른 조절초점 동기화로 인해서 소비자는 제품이나 브랜드의 구매와 사용의 가치를 다르게 지각하고, 제품이나 브랜드의 구매 의향을 결정한다. 이때 조절초점 동기화는 성취 욕구, 성장 욕구, 진보 욕구 등이 유발하는 향상초점 동기화와 보호 욕구, 안전 욕구, 책임 욕구 등이 유발하는 예방초점 동기화로 구분된다.

향상초점으로 동기화된 소비자는 제품이나 브랜드의 구매와 사용으로 인해 발생할 수 있
는 기쁨을 얻고자, 제품이나 브랜드의 구매와 사용이 본인의 이상적 상태 도달에 도움이 되
는지에 주목해서 대안을 평가한다. 이 소비자는 이상적 상태 도달에 도움이 될 것으로 기대
하는 제품이나 브랜드의 구매를 우선적으로 고려한다. 반면, 예방초점으로 동기화된 소비
자는 제품이나 브랜드의 구매와 사용을 통해 부정적 결과(고통)를 피할 수 있는지에 대해 주
의하면서 대안을 평가한다. 그 결과, 이 소비자는 부정적 결과 회피에 도움이 될 것이라고
예상하는 제품이나 브랜드를 구매하려고 한다. 예를 들어서, 화장품은 여성 고령자에게 노
화와 관련된 향상 기능(예: 노화된 피부의 촉촉함 강화)과 예방 기능(예: 노화로 생기는 피부의 잡
티 감추기) 모두를 제공할 수 있다. 이때, 향상초점으로 동기화된 여성 고령자는 화장품의 향
상 기능에 주목하고, 예방초점으로 동기화된 여성 고령자는 화장품의 예방 기능에 주목한
다. 그리고 향상초점으로 동기화된 여성 고령자는 향상 기능이 우수한 화장품을, 예방초점
으로 동기화된 여성 고령자는 예방 기능이 좋은 화장품을 구매하려고 한다(여성 고령자와 화
장품의 기능 간 조절 적합도가 높은 구매 상황). 또한 유명 광고모델이나 전문가가 등장하는 광
고, 비교 광고 등은 향상초점으로 동기화된 소비자의 설득에 효과적이며, 공포 소구 광고,
호기심 유발 광고 등은 예방초점으로 동기화된 소비자의 설득에 효과적이다.

4) 선택과 구매 단계

소비자는 대안평가 중 몇몇 제품이나 브랜드의 구매를 고려하고, 최종적으로 이들 중 하
나를 선택해서 구매한다. 이 활동은 선택과 구매 단계에서 일어난다. 이때 소비자는 앞서 소
개한 제품이나 브랜드의 특징(속성, 가능성 및 가치)만을 고려해서 특정 제품이나 브랜드를
선택하지 않는다. 소비자 주변의 상황 요인이 제품이나 브랜드의 선택과 구매에 영향을 미
친다(Belk, 1975).

다음과 같은 소비자 주변의 상황 요인이 특정 제품이나 브랜드의 선택과 구매에 영향을
미친다.

첫 번째 상황 요인으로, 제품이나 브랜드의 판매 장소와 관련된 음악, 향기, 조명 등으로
구성된 물리적 환경이 있다. 음악의 경우, 꽃집에서 꽃의 이미지와 강하게 연합된 낭만적인
음악을 틀면 대중음악을 틀거나 음악을 틀지 않을 때보다 소비자가 꽃을 더 많이 사는 것으
로 밝혀졌다(Jacob, Guéguen, Boulbry, & Sami, 2009). 또한 교보문고는 책 향이라는 시그니처

향을 개발해서 이를 매장에서 활용하고 있다. 이 책 향은 소비자가 교보문고에 더 오랜 시간 동안 머물게 유도해서 서적, 식음료 등의 매출을 높이는 데 기여한다.

두 번째 상황 요인은 사회적 환경으로, 사회적 환경은 타인의 존재 또는 혼잡도를 말한다. 예를 들어, 소비자가 타인에게 제품의 구매가 노출되면 당혹스러운 제품(예: 콘돔)을 구입할 때, 매장 안에 다른 사람이 많으면 당혹감을 느끼고 그 제품을 구입하는 것을 꺼린다(Dahl, Manchanda, & Argo, 2001). 또한 소비자가 식사를 하러 들어간 식당에 손님이 한 명도 없으면, 그 식당에서 식사하는 것을 꺼릴 수 있다.

세 번째 상황 요인으로 하루, 1년 등의 시간이 있다. 직전에 제품이나 브랜드를 구매한 이후 시간이 얼마나 지났는지, 구매에 대한 지불을 할 시점까지 시간이 얼마나 남았는지, 또는 제품이나 브랜드의 구매에 사용할 수 있는 시간이 얼마나 있는지 등이 소비자의 선택과 구매에 영향을 미친다. 예를 들어, 제품이나 브랜드의 구매에 쓸 수 있는 시간이 부족할수록(시간 압박이 클수록), 소비자는 정보탐색 후 얻은 제품이나 브랜드의 정보를 덜 고려하고, 구매 결정을 할 때 부정적 정보에 더 민감하다. 시간 압박이 매우 큰 경우, 소비자는 구매를 포기하거나 연기한다.

네 번째 상황 요인은 구매 목적이다. 구매 목적은 소비자가 제품이나 브랜드를 구입하는 이유가 본인이 사용하기 위한 것인지 아니면 타인에게 선물로 주기 위한 것인지로 크게 구분할 수 있다. 소비자가 타인 선물용으로 제품이나 브랜드를 구매하는 이유가 지인의 결혼식과 같이 드물게 발생하는 이벤트 때문이면 지인의 생일과 같이 자주 발생하는 이벤트 때문일 때보다 더 비싸고 더 품질이 좋은 제품이나 브랜드를 구입한다.

다섯 번째 상황 요인은 선행 상태다. 선행 상태는 소비자가 제품이나 브랜드를 선택할 때 경험하는 일시적 기분이나 일시적 생리 상태(예: 피로, 배고픔, 갈증)를 말한다. 배가 고픈 소비자는 식료품을 구매할 때 충동구매를 할 가능성이 크다. 또는 기분이 좋은 소비자가 옷을 살 때 충동구매를 할 수 있다. 이때 충동구매란 소비자가 제품이나 브랜드의 향후 필요성을 고려하지 않고 제품이나 브랜드가 유발하는 강한 감정적 경험 때문에 즉흥적으로 구매하는 현상을 말한다. 소비자의 일시적 기분이나 일시적 생리 상태는 충동구매를 유발할 수 있다.

최근 온라인 쇼핑몰, 모바일 쇼핑몰 등과 같은 온라인 매장이 증가하고 있다. 이와 같은 추세로 인해 소비자의 정보탐색, 대안평가 그리고 선택과 구매가 오프라인 매장과 온라인 매장을 옮겨 가면서 진행되는 현상이 나타난다. 예를 들어, 소비자가 오프라인 매장에서 제품이나 브랜드의 정보를 탐색하고 대안을 비교하고 평가한 후 선택과 구매는 온라인 매장에서 하는 쇼루밍이 있다(장흥훈, 강성구, 주연, 2014). 반대로 소비자가 온라인 매장에서 제품이나 브랜드의 정보를 탐색해서 대안을 비교하고 평가한 후 선택과 구매는 오프라인 매장에서 하는 역쇼루밍도 있다.

5) 사용과 평가 단계

소비자는 사용과 평가 단계에서 본인이 구매한 제품이나 브랜드를 사용하면서 또는 사용한 이후 제품이나 브랜드의 구매 의사결정이 좋은지 아니면 나쁜지를 평가한다. 소비자가 제품이나 브랜드의 사용 중 또는 사용 후 제품이나 브랜드의 구매 의사결정을 좋게(vs. 나쁘게) 평가하면, 긍정적인(vs. 부정적인) 느낌인 만족(vs. 불만족)을 경험한다. 소비자의 만족 또는 불만족은 다음과 같은 심리적 기제를 거쳐서 발생한다.

첫째, 인지부조화 이론에 의하면, 소비자는 제품이나 브랜드의 사용 중 또는 사용 후 본인이 구매한 제품이나 브랜드와 본인이 구매를 고려했지만 구매하지 않는 제품이나 브랜드를 비교한다. 그 결과, 소비자가 본인이 구매한 제품이나 브랜드를 본인이 구매하지 않은 제품이나 브랜드보다 좋다고 판단하면, 소비자는 인지부조화를 경험하지 않고 만족한다. 반면, 소비자가 본인이 구매한 제품이나 브랜드를 본인이 구매하지 않은 제품이나 브랜드보다 나쁘게 평가하면, 소비자는 인지부조화를 경험해서 불만족을 느낀다. 즉, 소비자가 본인이 구매한 제품이나 브랜드의 구매(행동)와 인지적 평가(태도) 간의 불일치(인지부조화)를 지각하면, 유쾌하지 않은 긴장 상태를 경험하고 불만족을 느낀다.

둘째, 기대 불일치 모형에 따르면, 소비자는 제품이나 브랜드를 구매하기 전 제품이나 브랜드의 성능이 얼마나 좋은지에 대한 기대를 한다. 그리고 소비자는 제품이나 브랜드를 사용하는 과정 또는 사용한 이후 본인이 기대했던 제품이나 브랜드의 성능과 실제 경험한 제품이나 브랜드의 성능을 비교한다. 만약 소비자가 기대했던 제품이나 브랜드의 성능보다 실제 경험한 제품이나 브랜드의 성능이 더 우수하면, 소비자는 만족을 경험한다. 그러나 소비자가 기대했던 제품이나 브랜드의 성능보다 실제 경험한 제품이나 브랜드의 성능이 더 열등하면, 소비자는 불만족을 경험한다.

셋째, 성능 수행 기반의 만족 모형은 제품이나 브랜드의 성능에 대한 소비자의 초기 기대를 가정하지 않는다. 대신 소비자는 제품이나 브랜드의 사용 중 또는 사용 후 실제로 경험한 성능이 일반적으로 알려진 최상의 성능과 비교했을 때 얼마나 좋은지를 평가한 후 만족이나 불만족을 경험한다. 즉, 소비자가 실제로 경험한 제품이나 브랜드의 성능이 흔히 알려진 최상의 성능과 큰 차이가 없으면(vs. 있으면) 소비자는 만족(vs. 불만족)을 느낀다.

넷째, 귀인 이론은 소비자가 제품이나 브랜드의 사용 중 또는 사용 후 발생한 문제의 원인이 무엇이라고 생각하는가에 따라서, 소비자가 만족하거나 불만족할 것이라고 제안한다. 예를 들어, 소비자가 스마트폰을 새로 구매해서 사용하는데 화면이 자주 꺼진다고 가정하자. 이 소비자가 스마트폰 화면의 꺼짐 문제가 지속적으로 발생하고, 스마트폰이 불량품이어서 본인이 손을 쓸 방법이 없다고 생각하면, 매우 강한 불만족을 경험할 것이다. 그러나 이 소비자가 스마트폰 화면의 꺼짐 문제가 일시적으로 발생하고, 본인이 스마트폰의 기능을 잘 몰라서 일어나는 것으로 생각하면, 불만족을 느끼지 않는다. 즉, 소비자가 생각하는 제품이나 브랜드의 문제 발생이 지속적인 것인가 아니면 일시적인 것인가(안정성), 기업의 탓인가 아니면 소비자 탓인가(인과성의 소재) 그리고 소비자가 통제할 수 있는 것인가(통제 가능성)에 따라서 소비자의 만족과 불만족이 결정된다.

다섯째, 형평 이론에 의하면, 소비자는 판매자와의 거래가 공정하다고 생각하면 만족을 경험하지만, 공정하지 않다고 생각하면 불만족을 경험한다. 한 사례로, 20대 소비자가 오프라인 매장에서 최신형 스마트폰을 구매했다고 가정하자. 그런데 이 소비자가 본인의 친구가 동일한 스마트폰을 온라인 매장에서 더 싼 가격으로 구매한 것을 알게 되었다. 이 경우, 이 소비자는 오프라인 매장의 판매 직원이 본인을 대상으로 바가지를 씌운 불공정한 거래를 했다고 생각하고, 본인의 구매 의사결정에 큰 불만족을 느낄 것이다.

여섯째, 소비자는 제품이나 브랜드의 사용 과정 중 긍정적 감정이나 부정적 감정을 느낄 수 있다. 이와 같은 감정을 구매 의사결정 후 감정이라고 한다. 소비자는 제품이나 브랜드의 성능에 대한 기대나 실제 경험한 성능에 대한 평가가 없더라도 제품이나 브랜드를 사용하면서 긍정 또는 부정 감정을 경험한다. 소비자의 구매 의사결정 후 감정이 긍정적이면 소비자는 만족을 경험하고, 부정적이면 소비자는 불만족을 경험한다.

6) 사용 후 행동 단계

소비자의 사용 후 행동은 크게 불평행동, 충성도 형성 및 처분으로 구분할 수 있다. 먼저 소비자가 제품이나 브랜드의 구매 의사결정에 대해서 불만족하면, 소비자는 다양한 유형의 불평행동을 한다. 예를 들어, 제품이나 브랜드에 대해 불만족한 소비자는 제조사나 판매사를 대상으로 환불, 반품, 제품 교환 등을 요구한다. 또한 소비자는 본인이 경험한 제품이나 브랜드의 불만 또는 불편 사항을 친구, 가족 등에게 전화로 또는 만나서 이야기하거나, 페이스북, 인스타그램 등에 글과 사진을 올려서 널리 알리기도 한다. 특히 온라인 부정적 구전 정보는 최근 다양한 온라인 매체의 등장으로 인해 확산 속도가 빨라지면서, 제조사나 판매사의 매출, 이미지 등에 치명적인 영향을 미칠 수 있다. 경우에 따라서, 소비자는 한국소비자원, 신문사 등의 제3의 기관에 불만 또는 불편 사항을 신고나 제보를 하거나, 제조사와 판매사를 대상으로 법적 고발이나 고소를 한다. 그런데 소비자가 가장 많이 하는 불평행동은 특별한 조치를 취하지 않고 동일한 제품이나 브랜드를 이후에 구매하지 않는 것이다. 반면, 소비자가 제품이나 브랜드의 구매 의사결정에 대해서 만족하면, 그 제품이나 브랜드에 대한 충성도가 형성된다. 이때 충성도란 소비자가 특정 제품이나 브랜드를 매우 좋아하기 때문에 그 제품이나 브랜드를 반복적으로 구매하는 현상을 말한다.

처분이란 소비자가 본인에게 더 이상 필요하지 않은 제품이나 브랜드를 없애는 활동을 말한다. 처분은 다양한 유형으로 세분화가 가능하다. 예를 들어, 소비자는 본인에게 더 이상 필요하지 않지만 고장이 나지 않은 제품이나 브랜드를 당근마켓 등의 중고 거래 사이트에 올려서 판매하거나, 아름다운가게와 같은 단체나 개인에게 무상으로 제공하는 활동인 기부를 할 수 있다. 제품이나 브랜드가 완전히 고장이 나서 사용할 수 없는 경우, 소비자는 이 제품이나 브랜드를 향후 재활용할 수 있도록 분리수거의 원칙을 지켜서 버리기도 한다. 최근 환경오염, 친환경 소비 등이 사회적 이슈로 부각되면서, 제품이나 브랜드의 재활용에 대한 정부, 기업, 소비자 등의 관심이 높아지고 있다. 한 사례로, 롯데칠성음료에서 재활용을 촉진하고 소비자의 분리수거 노력을 덜어 주기 위해서, 브랜드 띠가 없는 투명 페트병의 아이리스8.0 생수를 출시하였다.

요약

1. 소비자는 구매 의사결정을 내릴 때, 소비자 자신의 특징을 포함한 다양한 요인의 영향을 받고, 일련의 결정 과정을 거쳐 제품이나 브랜드를 구입하는 것을 결정한다.

2. 구매 의사결정자인 소비자는 마케팅과 관련된 실용적 욕구, 상징적 욕구, 경험적 욕구 등을 고려하여 마케팅 정보를 순차적으로 처리한다. 또한 정보처리에 대한 자신의 능력과 동기를 거쳐 정보를 분류하고 처리하는 경향은 향후 소비자 태도와 구매 의사결정에 관여한다(정보처리 관점).

3. 소비자는 정보처리 위주의 구매 의사결정 외에, 마케팅 자극이 제공하는 상징적 의미, 감각적 차원의 경험(인지-감정-행동)에 의해 구매를 결정하기도 한다(경험적 관점).

4. 소비자는 결정 과정에서 반복 경험에 의해 연합된 요소들에 영향을 받기도 하는데, 주로 고전적 조건화와 조작적 조건화 체계를 따라 소비자 태도의 증가나 구매 행동이 발생할 수 있다.

5. 소비자의 구매 의사결정 과정은 문제인식-정보탐색-대안평가-선택과 구매-사용과 평가-사용 후 행동으로 구성된다. 모든 소비자의 결정 과정이 6단계를 순차적으로 거쳐 형성되는 것이 아니며 내적 특성과 상황적 요인에 따라 달라지는 유동적인 과정이다.

6. 문제인식 단계는 소비자의 실제 상태와 이상적 상태의 불균형에서 발생하며, 이러한 상태에서 구매의 필요성을 지각하는 '욕구 인식'이 발생한다. 이외에도 상태적 불균형이 없음에도 구매의 필요성을 지각하는 경우를 '기회 인식'이라고 한다.

7. 정보탐색 단계는 제품과 브랜드에 대한 정보를 탐색하는 과정인데, 소비자의 기억에서 주로 발생하는 내적 정보탐색, 외부 출처를 통해 정보를 획득하는 외적 정보탐색으로 구분한다. 소비자는 인지군-활성화군-고려군으로 정보를 구매 가능성에 따라 분류하는데, 이는 부분 단서 효과, 유인 효과, 타협 효과, 지각된 위험과 같이 외적 요인에 영향을 받는다.

8. 소비자는 여러 개의 대안을 비교하여 결정을 내리는데, 속성의 중요도를 기반으로 평가하거나 자신의 태도, 주관적 규범, 지각된 행위 통제를 바탕으로 평가하기도 한다(합리적 행위 이론, 계획된 행위 이론). 이외에도 가능성을 기반으로 평가하거나(대표성 간편법, 가용성 간편법, 기준점과 조정 간편법) 대안의 가치를 중점적으로 고려하여 대안을 비교하고 결정을 내린다(조망 이론, 프레이밍, 해석 수준 이론, 조절 초점 이론).

9. 소비자가 최종적으로 선택하고 구매하는 단계는 물리적 환경, 사회적 환경, 시간, 구매 목적, 선행 상태와 같은 상황적 요인에 큰 영향을 받는다.

10. 소비자는 선택한 대상을 사용하고 여러 기준에 따라 평가하면서 만족/불만족을 경험한다. 이를 인지부조화 이론, 기대 불일치, 성능 수행 기반 모형, 귀인 이론, 형평 이론, 구매 의사결정 후 감정으로 설명할 수 있다.

참고문헌

김완석(2008). 광고심리학. 학지사.

마정미(2016). 소비자는 합리적인 존재인가: 행동경제학의 광고학 적용을 위한 개념적 연구. 광고연구, (111), 101-131.

박세영, 권혁철, 박창호, 강혜자, 이영순, 김호영, 강정석, 서장원(2017). 심리학개론. 센게지이러닝 코리아.

성영신(1989). 소비자 행동연구의 경험론적 접근. 광고연구, (3), 5-17.

성영신, 강정석 (2000). 소비자·광고 심리학의 새지평: 객관성과 보편성을 넘어서. 한국심리학회지: 사회문제, 6(3), 121-139.

양윤(2014). 소비자 심리학. 학지사.

윤예은, 강정석(2017). 비흡연 청소년의 금연유지 의향 제고에 있어서 시간적 거리의 역할. 광고학연구, 28(8), 27-48.

임화남, 윤지환(2015). 특1급 호텔 객실상품 프로모션 프레이밍이 지각된 가치와 구매의도에 미치는 영향. 호텔경영학연구, 24(4), 129-144.

장홍훈, 강상구, 주연 (2014). 온라인과 오프라인 유통시장의 새로운 소비행태에 관한 연구-쇼루밍과 역쇼루밍을 중심으로. 전자무역연구, 12(1), 29-51.

하영원(2014). 의사결정의 심리학. 21세기북스.

하영원(2020). 소비자 의사결정 연구의 과거, 현재, 그리고 미래: 행동의사결정론적 접근을 중심으로. 소비자학연구, 31(5), 123-143.

Belk, R. W. (1975). Situational variables and consumer behavior. *Journal of Consumer Research*, 2(3), 157-164.

Bettman, J. R. (1970). Information processing models of consumer behavior. *Journal of Marketing Research*, 7(3), 370-376.

Bettman, J. R., Luce, M. F., & Payne, J. W. (1998). Constructive consumer choice processes.

Journal of Consumer Research, 25(3), 187-217.

Dahl, D. W., Manchanda, R. V., & Argo, J. J. (2001). Embarrassment in consumer purchase: The roles of social presence and purchase familiarity. *Journal of Consumer Research, 28*(3), 473-481.

Hoch, S. J., & Ha, Y. W. (1986). Consumer learning: Advertising and the ambiguity of product experience. *Journal of Consumer Research, 13*(2), 221-233.

Holbrook, M. B., & Hirschman, E. C. (1982). The experiential aspects of consumption: Consumer fantasies, feelings, and fun. *Journal of Consumer Research, 9*(2), 132-140.

Hoyer, W. D., MacInnis, D. J., & Pieters, R. (2013). *Consumer behavior.* Cengage Learning.

Jacob, C., Guéguen, N., Boulbry, G., & Sami, S. (2009). 'Love is in the air': Congruence between background music and goods in a florist. *International Review of Retail, Distribution and Consumer Research, 19*(1), 75-79.

Kang, J., & Lin, C. A. (2015). Effects of message framing and visual-fear appeals on smoker responses to antismoking ads. *Journal of Health Communication, 20*(6), 647-655.

Kardes, F. R., Cronley, M. L., & Cline, T. W. (2015). *Consumer behavior.* Cengage Learning.

Keller, K. L. (1993). Conceptualizing, measuring, and managing customer-based brand equity. *Journal of Marketing, 57*(1), 1-22.

Levin, I. P., & Gaeth, G. J. (1988). How consumers are affected by the framing of attribute information before and after consuming the product. *Journal of Consumer Research, 15*(3), 374-378.

Lim, N. (2003). Consumers' perceived risk: Sources versus consequences. *Electronic Commerce Research and Applications, 2*(3), 216-228.

MacInnis, D. J., & Jaworski, B. J. (1989). Information processing from advertisements: Toward an integrative framework. *Journal of Marketing, 53*(4), 1-23.

MacInnis, D. J., Moorman, C., & Jaworski, B. J. (1991). Enhancing and measuring consumers' motivation, opportunity, and ability to process brand information from ads. *Journal of Marketing, 55*(4), 32-53.

McSweeney, F. K., & Bierley, C. (1984). Recent developments in classical conditioning. *Journal of Consumer Research, 11*(2), 619-631.

Nord, W. R., & Peter, J. P. (1980). A behavior modification perspective on marketing. *Journal of Marketing, 44*(2), 36-47.

Peter, J. P., & Nord, W. R. (1982). A clarification and extension of operant conditioning principles in marketing. *Journal of Marketing, 46*(3), 102-107.

Rothschild, M. L., & Gaidis, W. C. (1981). Behavioral learning theory: Its relevance to marketing and promotions. *Journal of Marketing, 45*(2), 70-78.

Sirgy, M. J. (1982). Self-concept in consumer behavior: A critical review. *Journal of Consumer Research*, *9*(3), 287–300.

Solomon, M. R. (2013). *Consumer behavior: Buying, having and being*. Pearson.

Stuart, E. W., Shimp, T. A., & Engle, R. W. (1987). Classical conditioning of consumer attitudes: Four experiments in an advertising context. *Journal of Consumer Research*, *14*(3), 334–349.

VandenBos, G. R. (2015). *APA concise dictionary of psychology*. American Psychological Association.

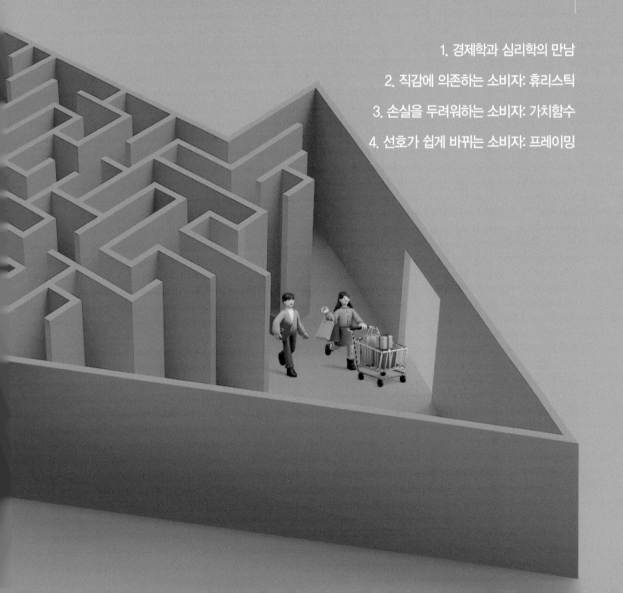

소비자가 제품을 선택할 때 언제나 합리적이며 일관된 선호를 바탕으로 판단을 내릴까? 전통적인 경제학의 관점은 인간이 합리적이며 일관된 선호를 지니면서, 이기적이고 결과 지향적이라고 가정한다. 그러나 소비자는 새로 출시된 스마트폰이 소유하고 있는 기존 제품보다 기능적으로 더 나은 부분이 없음에도 할인된 가격을 보게 된다면 구매를 고려하게 되며, 구매한 주식이 큰 손실을 보더라도 그것을 쉽게 팔지 못하고 계속 보유하려 든다. 이처럼 현실에서 소비자의 행동은 직관이나 감정에 따른 단순화된 의사 결정 과정을 통해 나타나기도 하며, 기대되는 행동 방식에서 벗어나거나 비합리적인 경우가 많다.

이러한 비합리적인 인간의 행동을 설명하기 위해 등장한 것이 바로 행동경제학이다. 경제학에서 설정한 인간의 존재와는 달리 심리학은 인간이 항상 합리적이지는 않으며, 선호도가 일관되지 않고 변화할 수 있고, 때론 이타적이며, 경제적인 유인가가 있다 해도 행동하지 않는 경우가 있다고 가정한다. 행동경제학은 심리학적 접근을 통해 인간의 경제 활동을 설명함으로써 전통 경제학이 갖고 있는 한계점들을 보완해 사람들의 실제 의사결정이 어떠한 방식으로 나타나는가를 설명한다.

이 장에서는 먼저, 경제학만으로 설명하기 어려운 소비자의 행동에 대하여 심리학적 접근이 어떻게 이루어졌는지와 그 배경을 살펴볼 것이다. 다음으로는 '직감에 의존하는 소비자' '손실을 두려워하는 소비자' '변덕스러운 소비자'라는 맥락에서 이성에서 벗어나 편견과 감정에 좌우되어 행동하는 휴리스틱 전략, 득실에 대한 개인의 주관적 가치를 설명하기 위한 가치함수, 선호가 맥락에 따라 쉽게 달라질 수 있음을 설명하는 심적 회계 등의 다양한 이론을 소개하고자 한다. 이 장에서는 우리의 일상생활에서 작용하는 다양한 의사결정의 사례를 함께 제시하였다. 사례들을 통해 우리 생활의 여러 영역에서 이와 유사한 현상이 어떻게 작용하고 있는지를 생각해 보도록 하자.

1 경제학과 심리학의 만남

행동경제학이 주목을 받고 나서 적지 않은 시간이 흘렀다고 생각된다. 이제는 일반인들조차도 행동경제학이 어떤 학문인지 조금씩 이해의 폭을 넓히고 있다. 하지만 행동경제학과 심리학이 매우 깊이 관여되어 있다는 사실을 아는 사람은 많지 않은 듯하다. 이 장에서는 행동경제학에서 소비자심리학과 관련성이 높은 이론에 대해서 학습하는 기회를 갖고자 한다.

행동경제학적 이론은 규범적인 이론이라기보다 기술적인 이론이다. 전통 경제학의 표준 이론이 '당연히 이렇게 되어야 한다.'라는 규범적인 이론이라면, 행동경제학은 심리학과 마찬가지로 실제로 혹은 경험적으로 행동이 어떻게 나타나는가에 대한 이론이다. 즉, 경제학에 중요한 가치를 부여한 규범적 이론(당연성의 설명과 가치)과 기술적 이론(행동 이론, 실제의 행동 현상)의 충돌로서 시작된 것으로 볼 수 있다.

다시 말해, 행동경제학은 인간의 '합리성'이나 시장 참가자의 '완전한 지식' 등 실제 현실에 존재하지 않는 인간을 설정하고 그 전제 위에서 이론이나 모델을 만들어 온 경제학의 한계를 극복하고자 태동한 학문이라고 할 수 있다. 이는 규범적 학문인 경제학이 행동 기술적인 심리학의 발견과 이론들을 수용함으로써 새롭게 등장한 학문 분야로, 전통 경제학자나 경제학 분야에서는 신선한 반향을 불러왔다고 할 수 있다. 한편, 이전부터 감성적이고 그다지 합리적이라고 할 수도 없는 보통의 인간 행동에 대한 현상을 탐구해 온 심리학의 관점에서 본다면 행동경제학의 이론은 지극히 당연하고 보편적인 심리이론으로서 이미 정립되어 있었기 때문에 새로운 느낌이 그나시 크시는 않을 수 있다.

그럼에도 행동경제학은 심리학에 몇 가지 중요한 영향을 미쳤다. 하나는 심리학이라는 학문의 접근 방식이 다른 학문과 차이가 있다는 사실을 깨닫게 해 준 계기가 되었으며, 또한 심리학적 접근 방식이 인간 행동에 대해 구체적이고 사실적인 설명에만 그치지 않고 사회나 조직과 같은 전체적 현상에 대한 설명에도 기여할 수 있다거나, 혹은 모든 조건을 갖춘 인간(합리적이고, 정보 통제적이고, 이기적인 인간)의 규범적인 행동의 설명에도 기여할 수 있다는 점을 깨닫게 해 주었다는 점이다. 더욱이 단지 이론과 가정으로만 그칠 수 있는 심리학적 연구의 범위를 보다 확장시켜 현실적인 주제를 실증적으로 규명하도록 유도하였다는 점은 중요한 기여라고 할 수 있다. 특히 리스크(위험)와 불확실성이 큰 상황에서의 의사결정이나, 성인들의 주요 의사결정 영역인 금융이나 투자에 관한 소비 행동의 현상과 법칙을 다수

확인했다는 것은 소비자심리학의 연구 범위 확대와 더불어 현실과의 접점을 크게 넓혀 주는 기회를 제공하였다고 할 수 있다.

1) 경제 행동에서 심리적 영향에 관한 주장

만일 개인 소비자나 기업가들을 단순히 경제학의 기본적인 가정에 따라서 효용만을 극대화하는 합리적 · 이기주의적 · 개인주의적인 주체로만 바라본다면, 사회는 모두 자신의 이익은 최대화하고 비용은 최소화하려는 무임승차자들(free riders)로 넘쳐 날 것이다. 하지만 소비자의 경제 행동이란 오로지 탐욕 동기에만 좌우되는 것이 아니라, 인간의 본능, 인지상의 한계, 주변의 자극, 사회적 규범 등과 같은 요인의 지배를 받고 있다. 따라서 사람의 경제 행동을 보다 더 현실적으로 설명하려면 전통적인 경제모형에서 벗어날 필요가 있을 것이다. 이윤이나 효용을 극대화하는 것이 인간 마음의 산물이듯이 일상적으로 나타나는 본능, 도덕성, 동정, 충성, 이타주의 및 책무도 엄연한 인간 마음의 산물이다.

이 같은 주장들이 체계적인 성과를 통해 행동경제학이라는 학문의 태동과 결실로 이어진 것은 1974년에 트버스키와 카네만(Tversky & Kahneman, 1974)이 주장한 프로스펙트 이론이 가장 큰 전환점이 되었지만, 실제로 경제 행동에서 심리적인 개념과 이해를 포함하려는 학자들의 노력은 오래전부터 있었다. 특히 1950년대 헤이즈(Hayes, 1950)는 현실과 동떨어진 예측을 일삼는 경제 이론에서 보완되어야 할 심리적 문제가 적지 않다고 지적한 '경제학에서의 심리적 문제(some psychological problems of economics)'를 언급한 논문에서 심리학과 경제학의 차이점을 명확히 두면서, 경제학의 발전 방향에 심리학 이론을 어떻게 반영하여야 할지에 대해서 다음과 같은 몇 가지를 지적하고 있다.

첫째, 경제학이 인간의 합리성을 가정하는 바람에 인간의 사고 과정을 연구할 필요가 없도록 만들었다. 그러나 심리학의 관점에서 보면 이 과정은 비현실적인데, 예를 들어 사람들은 이용가능한 대안 가운데에서 항상 가장 최선의 대안을 선택하지는 않는다.

둘째, 경제학은 사람들의 선호가 이미 주어져 있으며 시간에 걸쳐 그다지 변하지 않고 안정적이라고 가정한다. 따라서 사람들의 행동에 변화가 일어났다면 이는 그의 선호가 변한 것이 아니라 그를 둘러싼 환경이나 계약 조건에 변화가 일어났기 때문이라고 한다. 그러나 교육이나 광고 등에 의해 사람들의 선호가 바뀔 수 있다는 사례는 수없이 많다.

셋째, 경제 이론에 의하면 무임승차와 같이, 즉 기업이나 소비자는 편익만을 취하기만 하고 자신은 노력을 기울이지 않는 이기적 행동이 우선적으로 일어날 것이라고 보고 있다. 그러나 경제 예측과는 달리, 현실에서는 사람들의 40~60%가 공공재를 생산하는 데 자발적으로 기여하는 것으로 알려졌다. 가령 모르는 사람을 위해서 헌혈을 한다거나, 보상을 기대하지 않고도 자발적으로 불쌍한 사람이나 노인들을 돕는 경우다.

넷째, 경제 이론이 현실을 설명하지 못하는 현상이 적지 않다. 경제 이론은 행동이 발생하는 데 경제적 유인가의 힘이 항상 작용한다고 예측한다. 하지만 소비자들은 경제적 보상(심리학에서는 강화, 유인가 등)이 없어도 수행했을 행동에 대하여 경제적 보상이 주어질 때 오히려 수행하지 않는 '과잉정당화(over-justification)' 효과를 종종 보이곤 한다. 과잉정당화란 물질적으로 보상이 이루어질 때 어떤 행동의 본원적 동기가 오히려 파괴되는 현상을 말한다.

다섯째, 사람들은 경제적 결과와 더불어 과정에도 관심을 둔다. 가령 환경친화적으로 생산된 값비싼 재화(상품)가 환경에 유해한 값싼 재화(상품)보다 수요가 더 높을 수 있다. 어떤 작업이 사회가 요구하는 바와 부합하지 않는 방법으로 보수를 획득하는 경우일 때 작업 과정이 중요한 역할을 차지한다. 이것은 브랜드 가치나 성장성이 아무리 큰 기업이라도 도덕성 시비에 휘말리는 경우 치명적인 타격을 받을 수 있다는 사실을 일깨워 주고 있다.

〈표 8-1〉 경제학과 심리학의 차이점(Hayes, 1950)

경제학	심리학
인간은 합리적 존재	인간은 항상 합리적이지 않음
사람들의 선호는 안정적이고 일관적	사람들의 선호는 변할 수 있음
인간은 자신의 이익에 관심 있는 이기적인 존재	인간은 이타적 행동을 하기도 함
경제적 유인가가 행동을 이끎	경제적 유인가로 인해 오히려 행동하지 않기도 함
행동의 경제석 결과가 중요	행동의 과정도 중요

2) 경제학이 답하지 못하는 소비자 행동

이어서 다음의 몇 가지 질문을 보자. 기존 경제 이론만으로는 잘 설명되지 않는 현상들이지만, 심리학적 이론들을 수용한 오늘날의 행동경제학은 충분히 설명가능할 것이다.

질문1) 왜 사람들은 겨우 1,000원 정도 더 싼 배추를 사기 위해 차비를 들여 좀 더 먼 곳까지 장 보러 다닐까?

질문2) 왜 사람들은 주가가 내려간 주식은 팔지 않고 보유하고 있으려 하고, 대신에 주가가 올라가는 주식은 팔려고 할까?

질문3) 왜 사람들은 자신이 구입한 와인은 비싸게 팔려고 하고, 동일한 와인을 그보다 훨씬 싼 가격에 사려고 할까? 즉, 중고 거래에서 팔려는 자와 사려는 자의 가격 차이는 왜 이렇게 벌어질까?

질문4) 왜 제품 가격을 더 높게 책정할수록 잘 팔리는 것일까?

질문5) 왜 사람들은 자동차 타는 것보다 비행기 타는 것을 더 위험하다고 생각할까?

질문6) 왜 사람들은 선물을 한꺼번에 포장하지 않고 왜 낱개로 포장하는 것을 좋아할까?

질문7) 출시 전에 실시한 마케팅 조사에서는 '출시되는 신제품이 좋아 보인다. 꼭 구입하고 싶다.'고 응답한 소비자들이 실제로 제품이 시장에 출시되었을 때 왜 구매하지 않는 것일까?

결론적으로, 소비자들이 효용을 극대화하려고 한다는 매우 간단한 전제와 법칙으로 이루어진 경제 이론만으로는 위와 같은 사례를 설명하기 어려울 수도 있다. 실제의 우리 현실에는 상품의 기능을 추구하기보다 오히려 제품을 과시하려는 소비자들도 있고, 제시되는 맥락(프레임)에 따라서 제품의 가치가 역전되기도 하고, 또한 제품에 관한 지식에 따라서 보는 관점이 달라지기도 하고, 이미 소유하고 있거나 구매 시점 및 제품과의 심리적 거리에 따라서도 다른 구매 행동을 보이기도 한다.

이에 대해서는 이후에 등장하는 '직감에 의존하는 소비자' 그리고 '손실을 두려워하는 소비자' 그리고 '변덕스러운 소비자'라는 단락에서 심리학적 이론들과 함께 검토해 보기로 하자.

2 직감에 의존하는 소비자: 휴리스틱 정보처리의 법칙

경제학에서는 사람들이 합리적으로 의사결정을 하고, 편견에 좌우되지 않는 판단을 한다고 가정하고 있다. 그러나 현실을 보면 사람들은 이성적으로 행동하고자 노력하기도 하지만, 대개는 편견과 감정에 좌우되어 행동하는 경우가 많다. 이러한 이유 중에서 가장 중요한 관점은 소비자들이 자신에게 부딪친 수많은 정보를 완벽하게 처리할 수는 없다는 것이다. 즉, 경제적 본능에 맞추어 자신의 에너지를 절약하는 방향으로 정보를 처리하게 된다.

다시 말해, 소비자들은 자신에게 주어진 모든 정보에 꼼꼼하게 주의를 기울이거나 정보처리를 하지 않으며, 이 정보 중에서 일부만을 고려하게 된다. 물론 제품에 대한 모든 정보가 주어지는 경우도 극히 드물지만, 이보다 중요한 점은 실제로 소비자들에게 주어지는 정보가 항상 그들이 처리할 수 있는 양보다 더 많다는 것이다. 결과적으로 소비자들은 제품에 대한 일부(특정) 정보만을 고려하게 된다. 이러한 과정이 휴리스틱을 통해 이루어진다고 할 수 있다.

휴리스틱은 경험에 의거한 법칙으로서 개인이 의사결정에 들이는 노력을 줄이기 위해 무의식적으로 적용하는 방식이다. 인간의 인지적 용량이 제한되어 있기에, 휴리스틱의 사용은 복잡한 문제 해결에 동반되는 정신적 피로를 줄이고 문제를 상대적으로 쉽고 빠르게 해결하도록 한다. 휴리스틱은 보통 소비자들이 제품과 서비스에 관심이 없어 의사결정에 노력을 들이고 싶지 않거나, 많은 노력을 요구하는 복잡한 의사결정에 사용되는 경우가 많다.

그러나 휴리스틱 사용은 우리가 항상 옳은 결정을 하도록 도와주기보다는 종종 오류나 편향으로 이끈다는 문제점이 있다. 예를 들어, [그림 8-1]의 (a)처럼, 우연히 친구가 사용하는 새로 출시된 전기자동차에 문제가 있는 하나의 사례를 보고서 모든 전기자동차는 아직 안전하지 않다거나 신뢰할 수 없다고 결론지어 버릴 수 있다. 이렇듯 타인으로부터 얻는 극히 일부의 정보에 기초해서 제품에 대한 의사결정을 내린다면, 결과적으로 소비자는 제품에 대한 합리적 판단을 하지 못할 수도 있다. 즉, 휴리스틱을 적용하여 의사결정을 하는 것은 소비자들이 특정한 한 가지 정보만을 사용한다는 것을 의미하기 때문에 휴리스틱은 의사결정을 단순화시킨다는 특징을 갖는다.

[그림 8-1] 휴리스틱 사용의 예시

1) 가용성 휴리스틱: 입수가능한 정보에 의지한다

사람들은 어떤 사건이 일어날 확률이나 어느 분류에 속하는가를 평가하는 경우, 사건이 자신의 기억에서 얼마나 쉽게 떠오르는가에 따라 평가를 달리하게 된다. 예를 들어, 암의 가능성을 평가할 때 자신이 알고 있는 가족이나 친구들에게서 일어난 사건을 떠올리면서 평가한다. 이러한 판단을 '가용성 휴리스틱(availability heuristic)'이라고 한다.

즉, 가용성 휴리스틱은 확률이나 빈도를 판단하는 의사결정에 있어서 관련 정보가 얼마나 쉽게 떠오르는지가 판단에 영향을 미치는 것을 의미한다.

빈도 판단이 머릿속에 쉽게 떠오른 것에 의해 영향을 받는다는 사실에 대해서 트버스키와 카네만(1973)은 다음과 같은 전통적인 실험연구를 통해서 증명하고 있다.

> 그들은 참여자에게 R로 시작하는 단어를 물어보고, 이후 R이 세 번째에 들어가는 단어를 생각해 보라고 하였다. 실제로는 R이 세 번째에 들어간 단어가 더 많음에도 불구하고, 피험자들은 R로 시작하는 단어를 더 쉽게 떠올리기 때문에 R로 시작하는 단어가 더 많다고 판단한다는 사실을 확인하였다.

이러한 휴리스틱은 종종 소비자들에게 유용하게 작용하여, 잘못된 결정을 내릴 수도 있는 위험에서 소비자들을 보호해 줄 수도 있다. 예를 들어, 한 소비자가 우유와 음료를 A 편의점에서 다른 편의점보다 더 비싼 가격을 지불했던 경험을 쉽게 떠올리게 된다면, A 편의점에서 팔고 있는 모든 제품이 다른 편의점보다 더 비쌀 것이라 여기도록 생각하게 되며, 결과적으로 이 소비자는 앞으로는 A 편의점이 아닌 다른 편의점을 이용할 가능성이 높아질 것이다.

하지만 가용성 휴리스틱이 소비자의 의사결정에 항상 도움이 되는 것은 아니다. 왜냐하면 소비자들은 자신에게 주어진 정보를 최대한으로 이용하고자 하며, 그 정보가 얼마나 관련이 있는지는 상관하지 않는다([그림 8-1](b) 참조). 다음 사례를 살펴보자.

> 예를 들면, 우리들이 시청하는 미디어 뉴스의 경우를 보자. 뉴스는 사람들이 관심을 갖거나 가장 센세이션한 이야기에 초점을 두게 된다. 그러다 보니 자동차 사고는 잘 다루지 않지만, 비행기 사고에 대해서는 크게 다루고 강조해서 다루게 된다. 이로 인해서 차 사고를 당할 확률이 실제로 더 높음에도 불구하고 사람들은 비행기 사고를 더 쉽게 떠올리게 되며, 비행기 타는 것을 더 두려워하게 된다.

이같이 어떤 것이 더 쉽고 빠르게 떠오르는지가 소비자들의 의사결정을 편향된 방향으로 유도할 수도 있으므로, 우리들의 의사결정이 잘못되지 않기 위해서는 이러한 휴리스틱이 유용하게 혹은 부정적으로 작동하고 있는지에 대해서 항상 관심을 가져야 할 것이다.

그러나 어떤 정보가 소비자의 마음속에 존재하고 이용 가능한지, 그리고 그 정보가 소비자의 의사결정에 어떻게 영향을 미칠지는 정확히 알 수는 없다. 특히 개인적인 경험에 의한 정보일수록 마케터나 기업이 그 정보를 이용해서 할 수 있는 일은 없을지도 모른다. 반대로 일반적인 의견이나 미디어에서 나오는 이야기와 관련된 정보가 쉽게 이용 가능할 경우에는 소비자에게 추가적인 정보를 제공하여 그들의 결정에 영향을 미칠 수 있다.

소비자 행동 영역에서 가용성 휴리스틱과 직접적으로 관련될 수 있는 하나의 예로서, '패킹 효과와 언패킹 효과(packing vs. unpacking effect)'를 들 수 있다.

오늘날 한국인이 가장 많이 걸리는 주요 5대 암은 위암, 간암, 대장암, 유방암, 자궁경부암이라고 한다.

예를 들어, 여러분에게 보험 상품을 권유하는 두 회사가 있다고 가정해 보자. 한 회사는 '주요 5대 암을 보장해 준다.'고 제시하고, 또 다른 회사는 '위암, 간암, 대장암, 유방암, 자궁경부암을 보장해 준다.'고 한다. 여러분은 어떤 보험회사의 상품에 가입하고 싶은가?

사실 이 두 회사가 이야기하는 핵심적인 메시지는 동일하다. 단지 전체적인 특징을 강조했는지 혹은 세부적인 사항을 설명했는지만 다를 뿐이다. 그럼에도 불구하고, 이러한 제시 방식의 차이에 의해 보험 가입에 대한 여러분의 결정은 바뀔 수 있다. 왜 그럴까? 앞서 설명한 이용 가능성 휴리스틱 맥락에서 생각해 보자. 사건들을 큰 범주로 묶어서 제시하지 않고 낱개로 풀어서 묘사하게 되면, 각 사건은 우리의 머릿속에 더 생생하고 쉽게 떠오르게 된다. 위암에 걸린 주위 사람도 생각이 나고, 얼마 전에 대장암 수술을 받은 지인이 생각날지도 모른다. '모든

(a) Packing 사례: 우체국 보험 광고 포스터

(b) Unpacking 사례: AIA 손해보험 TV 광고

[그림 8-2] packing vs unpacking 제시 방식의 상품설명

암을 보장해 준다.'라거나 혹은 '주요 5대 암을 보장한다.'라는 메시지보다 훨씬 많은 생각들이 생생하게 떠오를 것이다. 즉, 요소들을 풀어서 세부적으로 묘사하면 머릿속에 그 상황의 이미지가 더 잘 떠오르고 사건의 다양한 측면들이 함께 고려될 수밖에 없는 것이다. 따라서 사건이 더 현저하게 느껴지고, 미래에 발생할 가능성이 높은 것으로 판단하기 쉽다.

2) 대표성 휴리스틱: 대표성에 의해 판단한다

대표성 휴리스틱(representativeness heuristic)은 특정 사건이 일어날 확률에 대해서 판단할 때 해당 사건이 전형적인 사건과 얼마나 유사한지 정도에 따라 판단을 달리하는 것으로, 이때 기저율을 무시하고 판단을 내린다는 특징이 있다. 이와 같은 특징을 트버스키와 카네만(1974)은 실증적인 연구를 통해서 확인하였다.

예를 들어, 참여자들에게 '린다'라고 불리는 여성에 대해서 간략하게 기술한 것을 제시하였으며, 이 기술문에는 '린다는 사회 정의에 깊은 관심을 보인 철학 전공자'라고 언급되었다. 이후 8개의 진술문을 제시하여, 린다가 해당 진술문과 얼마나 부합하는 인물인지에 대해서 점수를 매기게 하였다.

결과에 의하면, 사람들은 린다가 그냥 은행직원인 경우보다 은행직원이면서 페미니스트일 가능성이 더 높다고 생각하였다. 은행직원이라는 범주가 페미니스트인 은행직원을 포함하는 더 큰 범주임에도 불구하고 사람들은 더 작은 범주의 발생 가능성을 더 크게 판단하는 것과 같은 오류를 범하곤 한다. 이는 참여자들이 은행직원의 기저율은 무시하고, 해당 진술

"린다는 31세이고 독신이며, 본인 생각을 기탄없이 이야기하는 성격이고 머리가 매우 좋다. 대학에서는 철학을 전공했다. 학창 시절 그녀는 인종차별과 사회 정의에 깊이 관여하는 한편 반핵 시위에도 참여했다."

현재 린다의 직업은 무엇일까?

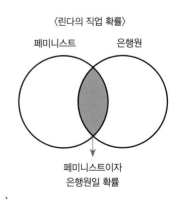

〈린다의 직업 확률〉

페미니스트   은행원

페미니스트이자
은행원일 확률

[그림 8-3] 린다 문제(Linda Problem)

문이 린다의 기술문과 얼마나 유사한지에 따라 평가했다는 것을 증명하고 있다.

대표성에 직접 영향을 미치지는 않지만 확률에 주요한 영향을 미치는 요소의 하나가 '사전 확률'이다. 가령, 앞의 예에서, 그냥 은행직원일 확률보다 은행직원이면서 페미니스트일 확률은 더 낮다. 어떤 사건의 발생 가능성에 대해서는 이와 같은 사전 확률이 고려되어야 하지만, 사람들은 유사성, 대표성을 바탕으로만 평가하게 되고, 사전 확률이나 기저율을 무시하게 되는 경우가 많다. 이러한 대표성에 의한 판단은 우리의 의사결정에 매우 강력한 영향을 미쳐, 사전 확률을 미리 알려 준 경우에도 적용된다는 사실이 실험을 통해서 검증되었다.

예를 들어, 직업이 엔지니어 또는 변호사인 100명의 사람들로부터 무작위로 몇 사람을 선발하였다고 가정해 보자. 선발된 사람의 성격을 피험자들에게 알려 주고 나서, 그들이 변호사라기보다 엔지니어에 속할 확률이 얼마인지를 물어보았다. 이때 첫 번째 집단에게는 전체 100명 중에서 엔지니어가 70명이고 변호사가 30명인 집단으로부터 무작위로 선발된 사람이라고 사전 확률을 제시해 주었다. 두 번째 집단에게는 변호사가 70명이고 엔지니어가 30명인 집단으로부터 무작위로 선발되었다고 사전 확률을 제시해 주었다. 이후 선발된 사람을 엔지니어 또는 변호사의 특성에 부합하게 묘사하였다.

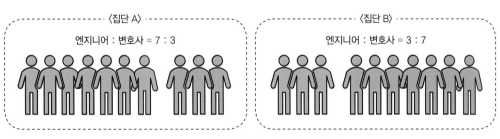

[그림 8-4] 엔지니어-변호사 패러다임

여기서 첫 번째 집단은 선발된 사람이 엔지니어일 확률이 높다고 판단하고, 두 번째 집단은 선발된 사람이 변호사일 것이라고 대답할 것으로 기대된다. 왜냐하면 첫 번째 집단에서는 엔지니어의 사전 확률이 0.7이고 변호사의 사전 확률이 0.3이지만, 두 번째 집단은 그 반대이기 때문이다. 즉, 피험자들이 사전 확률을 고려하여 무작위로 선발된 사람의 직업을 판단한다면 첫 번째 집단에서는 엔지니어라고 응답할 확률이 높을 것이고, 두 번째 집단에서는 변호사라고 응답할 확률이 높을 것이다.

그러나 두 참가자 집단 모두 사전 확률을 고려하기보다는 확률 제시 이후 묘사를 보고 그 성격이 어떤 직업을 전형적으로 대표하는지에 따라 직업을 더 판단하고 판정하였다. 이러한 현상을 '사전 확률의 무감각'이라고 한다.

3) 기준점-조정 휴리스틱: 고정관념의 편견

기준점-조정 휴리스틱(anchoring-adjustment heuristic)은 의사결정자가 첫 판단(기준점)을 내린 후, 그 판단을 위로 또는 아래로 조정하는 것을 의미한다. 이는 배가 정박하기 위해 닻(앵커)을 내리면 배가 닻을 내린 지점의 일정 범위에서만 머물듯이, 사람의 심리 또한 특정한 기준점(앵커)이 제시되면 그 기준점을 중심으로 제한된 판단을 하게 됨을 비유해서 일컫는 용어다. 즉, 소비자의 최종 판단은 대부분 처음 기준점과 가까우며, 이는 제품이나 서비스에 대한 첫인상이 쉽게 바뀌지 않는다는 것을 의미한다.

노스크래프트와 닐(Northcraft & Neale, 1987)은 집을 실제로 보기 이전에 먼저 대학생들과 부동산 중개인에게 집의 가격을 실제 가격과 다른 최저, 중간, 또는 최고 가격으로 보여 주고, 집을 본 이후 집의 가격에 대해 평가하도록 하였다. 그 결과, 〈표 8-2〉와 같이 대학생(아마추어)뿐 아니라 부동산 중개인(전문가)들도 연구자들이 사전에 제시한 집의 가격에 거의 가깝게 그 가치를 평가하였다. 부동산 중개인은 보통 사람들보다 부동산에 대해서 많은 지식을 갖고 있기에 당연히 집의 가격을 더 정확하게 평가해야 함에도 불구하고, 이들은 대학생들과 비슷하게 연구자들이 보여 준 최초 가격(준거점)과 가까운 판단을 내렸다. 이러한 사실은 전문가들조차 기준점-조정 휴리스틱의 영향을 받기 쉽다는 사실을 보여 주고 있다.

또 다른 사례로, 잘트먼(Zaltman)은 『How Consumers Think』에서 마케터가 시장조사를 하는 과정에서 소비자에게 질문을 던지는 순서에 따라 응답 결과도 크게 달라진다는 사실을 제시하였다. 예를 들어, 유럽의 자동차 제조 업체가 일본인을 상대로 수행한 조사에서 소비자 만족도가 아주 높게 나타났는데, 질문의 순서를 다소 바꾸어 자동차 제조회사가 소비자에게 수리한 횟수를 먼저 질문하고 나서 이후에 만족도를 질문하였을 때 소비자 만족도가

〈표 8-2〉 기준점 효과의 연구 결과

실제 가격	주택주인이 제시한 가격	대학생 평가	부동산 중개업자 평가
$74,900 (제시x)	(최저 가격) $65,900	$63,571	$67,811
	(최고 가격) $83,900	$72,196	$75,190

출처: Northcraft & Neale (1987).

현저하게 떨어졌다는 사실을 확인하였다. 즉, 만족도를 먼저 물을 것인가, 수리한 횟수를 먼저 물을 것인가에 따라서 응답 결과는 크게 달라진다는 사실을 보여 준다. 이처럼 질문 순서에 따라 앵커링 효과가 일어난다는 사실은 쉽게 찾을 수 있다.

기준점 조정 휴리스틱이 적용된 것으로 가정되는 주요한 사례로서 디폴트 옵션(default option)과 소비자 선택에 대해서 검토해 보자. [그림 8-5]는 유럽의 여러 국가에서 장기기증 의사가 있는 사람들의 비율을 제시하고 있다. 왼쪽의 국가들은 장기기증 의사가 거의 없는 것으로 보이며, 오른쪽의 국가들은 장기기증 의사가 있는 사람들이 많음을 보여 주고 있다. 국가별로 이러한 차이는 왜 나타나는 것일까? 덴마크, 네덜란드, 영국, 독일 사람들은 도덕성이 낮기 때문인가? 혹은 문화적인 차이 때문인가?

사실 진짜 이유는 장기기증 선택지의 기본값(default option)에 있다. 장기기증 의사 비율이 낮은 왼쪽의 국가들의 경우에는 '장기기증 프로그램에 참여하려면, 아래 박스에 체크하세요.'로 신청 양식이 만들어져 있다. 이 경우 사람들은 체크를 하지 않았고, 결국 기증에 참여하지 않는 결과를 가져오게 되었다. 한편, 오른쪽에 있는 국가들의 경우에는 '장기기증에 참여하지 않으려면, 아래 박스에 체크하세요.'라고 신청 양식을 만들어 두었는데, 역시 이 경우에도 사람들은 체크를 하지 않았고, 이는 많은 사람이 장기기증에 참여하는 결과를 가져온 것이다.

사람들은 이러한 작은 선택 양식의 변화가 자신의 선택과 행동에 엄청난 영향을 미칠 것이라 예상하지 못하지만 일단 어떤 것을 기본값으로 설정하는 순간, 사람들의 의사결정은 크게 달라질 수 있다. 사람들은 기본적으로 설정된 값에서 바꾸지 않으려는 현상 유지 편향이라는 심리적 기제를 지니고 있으므로, 기업이나 마케터가 어떤 기본값을 제시하는가가 소

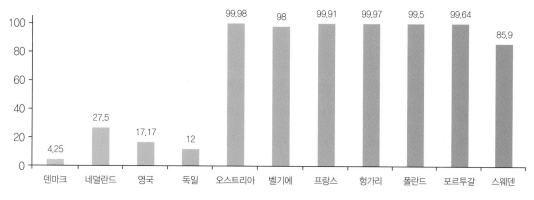

[그림 8-5] 국가별 장기기증 의사 비율

출처: Johnson & Goldstein (2003).

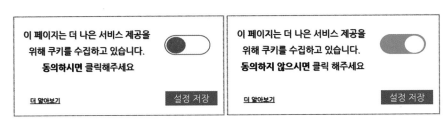

[그림 8-6] opt-in(사전 동의)과 opt-out(사후 거절) 방식 예시

비자 선택에 영향을 미치게 된다. 예를 들어, 우리가 통신사의 부가서비스나 보험에 가입할 때, 특정 특약의 가입을 선택하도록 하여 가입하지 않는 것을 기본값으로 해 두는 방식(opt-in)인지, 혹은 가입을 기본값으로 하고 원하면 빼 주는 탈퇴 방식을 선택하게 하는지(opt-out)가 해당 서비스의 가입 여부에 영향을 미칠 수 있다([그림 8-6] 참조).

3 손실을 두려워하는 소비자: 가치함수

1) 이익과 손실은 서로 다른 효용함수

경제학에서는 이득에서 오는 만족의 증가와 손실에서 오는 고통이 체감함에 따라 증가하는 하나의 '효용함수'로 소비자의 선호를 설명하려고 한다. 그러나 현실의 소비자들을 살펴보면 [그림 8-7]의 (a) 효용함수 모양대로 행동하지 않음을 발견할 수 있다.

1979년 경제학자 카네만과 트버스키(Kahneman & Tversky, 1979)는 사람들이 전통적인 경제이론과 다르게 선택하는 심리를 'Prospect theory: An analysis of decision under risk'란 주제로 『Econometrica』라는 경제학 연구 논문집에 발표하였다. 20만 원을 주고 와인을 구매한 여성이 있다고 가정해 보자. 만약 다른 사람이 그녀에게 25만 원을 준다고 해도 그녀가 와인을 되팔려고 하지 않는다면, 이러한 현상을 어떻게 설명하여야 할까? 되팔아서 5만 원의 이익을 본다면 당연히 팔아야만 하는데 그렇게 하지 않는 이유는 전통적 경제 이론으로는 쉽게 설명이 되지 않는다. 이에 대해서 알아보자.

[그림 8-7]의 (a) 효용함수를 보면 소비자의 처음 총자산은 '0'이며, 효용점은 b이다. 이때 와인을 구입함에 따라 효용점 b가 점 c로 내려가 총자산은 −2가 된다. 만약 소비자가 구매한 가격보다 더 비싸게 와인을 되판다면, 그의 효용점은 c에서 a로 올라가 +0.5가 될 것이며, 이는 처음 총자산보다도 높은 점수다. 그렇기 때문에 위의 예시에서처럼 와인을 되팔아

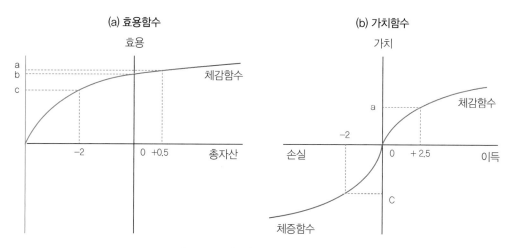

[그림 8-7] **효용함수와 가치함수**

얻는 효용 ca가 당초 와인의 가치 bc보다 높은데도 되팔지 않는 것은 모순이다. 오히려 소비자는 와인을 되팔아 ab만큼의 순효용을 얻을 수 있기 때문이다.

와인을 되팔지 않는 이러한 현상을 설명할 수 있는 하나의 해결 방법은 이득과 손실에 각각 다른 모양의 효용함수가 있다는 것을 가정하는 방법이다. 즉, 전망 이론에서 제시하는 가정은 다음과 같은 성질을 갖는 '가치함수'의 존재를 전제로 한다.

첫째, 이득과 손실 가치(전망)는 어떤 자연적 기준점(현재 상태)을 기준으로 정리된다. 기준점에 변화로 선택을 바꿀 수 있다.

둘째, 한계가치가 이득에서는 체감하지만 손실에서는 체증한다.

셋째, 가치함수는 이득보다 손실에서 더 가파른 모양을 갖는다.

이러한 성질의 가치함수를 [그림 8-7]의 (b)에 표시하였다. 와인 구입은 주머니에서 나가는 돈이므로 손실로 나타나고, 따라서 구입 가격에 가치는 손실의 가치함수로부터 추론할 수 있다. 그리고 판매는 돈이 들어오므로 이득으로 간주되어 판매가격의 가치는 이득에 대한 가치함수로부터 추론할 수 있다. 그러면 와인 구입과 판매로 인한 가치의 크기를 [그림 8-7] (b)의 가치함수의 모양에서 찾아보자.

와인을 구입하는 경우 돈이 나가므로 와인의 가치는 c이다. 그런데 와인을 되팔면 돈이 들어오므로 a 만큼의 효용이 늘어난다. 와인을 팔아 얻는 돈의 가치 a는 와인을 사서 잃는 돈의 가치 c에 미치지 못한다. 다시 말하면 와인을 팔지 않으려고 하는 까닭은 c가 a보다 크기 때문이다(그림에서 a가 c보다 항상 작다). 그러므로 가치함수에 따르면 소비자의 입장에서 와인을 계속 갖고 있는 것이 되파는 것보다 이득이다.

2) 가치함수의 배경과 특징

다음은 카네만과 트버스키(1979)가 제창한 프로스펙트 이론 및 가치함수의 특징에 대해서 좀 더 기술하면서 비합리적 의사결정의 주장에 대해서 알아보자.

(1) 사람들의 의사결정은 비합리적인 경우가 많다

프로스펙트 이론의 가장 중요한 특징은 사람들의 실제 행동을 설명하는 가장 현실에 가까운 이론이라는 점이다. 이것으로 인해, 인간의 합리성을 전제로 하는 전통적 이론에서는 설명할 수 없었던 현상들을 분석할 수 있게 되었다. 또한 실제 행동을 설명하기 위해 인간의 가치에 대한 이론화 · 수량화가 가능하게 되었다.

제창자인 카네만과 트버스키가 얻은 결론의 하나를 기술하면 다음과 같다. "사람들의 의사결정 근간에 있는 가치는 특정의 상태에서의 변화, 즉 기준점(준거점)에서 벗어남으로써 발생하는 메리트(이익, 효용)나 디메리트(손실)에 크게 의존한다."는 것이다.

이들이 이 과정에서 생각해 낸 것은 바로 '가치함수'를 기반으로 하는 이론이다. 이것은 어떤 사상이 일어났을 때 그것으로부터 사람들이 얼마만큼 가치를 지각하는가를 나타내는 지표다. 우리가 의사결정을 행할 때 '어떤 것을 선택함으로써 얼마만큼의 가치를 얻을 수 있을까' 하는 것이 가장 중요한 요소가 된다. 즉, 그 가치를 근거로 의사결정을 행하는 것이다. 가치함수란 '의사결정자가 얻게 되는 이익과 손실을 의사결정자의 주관적인 가치(그래프상의 수직축)에 대응시킨 함수'다([그림 8-7]의 (b) 및 [그림 8-8] 참조).

가치함수의 형태는 판단의 기준점을 중심으로 하고 있으며, 그 점으로부터의 위치 관계나 거리에 의해 주관적인 가치를 나타내고 있다. 게다가 가치함수는 의사결정자가 손실을 겪게 되는 마이너스 영역 또한 나타내고 있다는 사실에 주목할 필요가 있다. 이 손실 영역에서는 전통적인 기대 효용 이론에서는 설명할 수 없는 고위험 의사결정 프로세스를 설명할 수 있다.

[그림 8-8]의 A 지점에서 소비자는 이미 이익을 보고 있다. 이때 이익을 한 단위 더 높임으로써 얻게 되는 '가치의 상승'은 기준점에서 한 단위 높았을 때만큼 크지 않다. 한편, A에서 이익이 감소하여 기준점(준거점)의 수준으로 돌아가는 것은 큰 폭의 '가치 하락'을 의미한다. 따라서 더 높은 이익을 위해서 노력하다가 실패해서 결과적으로 큰 폭의 가치 하락을 가져오는 것보다 현재 발생한 이익을 실현(확정)함으로써 현재의 가치를 유지하는 편이 더 나을 것으로 생각될 것이다.

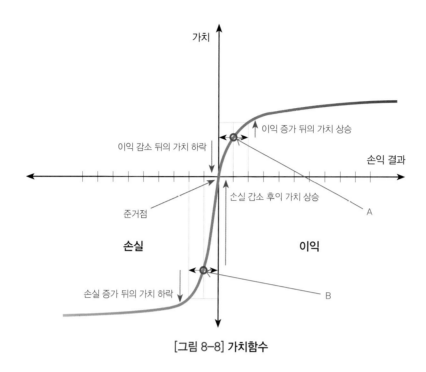

[그림 8-8] 가치함수

다음으로 포인트 B는 손실이 발생한 상태다. 이 상태에서 한 단위의 손실이 더 증가하더라도 손실에 대한 느낌은 상대적으로 둔감해진다(이를 '민감도 체감'이라고 한다). 즉, 기준점에서 한 단위 손실이 일어나서 B에 도달한 만큼의 큰 가치 하락은 일어나지 않는다(심리적충격이 약해진다). 반대로, 한 단위 손실이 감소해서 기준점으로 돌아오는 것은 큰 폭의 가치 상승을 의미한다. 따라서 사람들은 '위험에 처해 있다고 해도 현상을 유지하면서 개선을기다리는 편이 현명하다고 생각하기 쉽다.'라는 사실을 알 수 있다. 이것을 '현상 유지 편향(status quo bias)'이라고 한다.

(2) 손실과 이익은 비대칭적이다

전통적인 이론들은 가치함수의 플러스 가치가 발생한 경우(기준점의 우측)만을 다루어 왔지만, 프로스펙트 이론은 현실에서 손실이 발생하는 상황이 많기에 마이너스 가치 영역(기준점의 좌측)을 고려하여 가치함수를 제시했다는 점은 매우 중요한 사실이다. 그 이유는 기준점으로부터의 위치 관계, 거리에 의해서 주관적 가치를 표현할 수 있기 때문이다.

예컨대, 특정 주식을 1만 원으로 구입하고 그 주식이 1만 2천 원으로 오른다면, 절대값으로서 '2천 원의 가치'가 발생한 셈이 된다. 반대로 1만 원으로 구입한 주식이 8천 원으로 떨어진다면 절대값으로 '마이너스 2천 원의 가치(손실)'가 되는 셈이다. 하지만 이때 사람들이

2천 원에 대해 체감하는 주관적 가치는 반드시 동일하지 않다. 즉, 2천 원을 벌었을 때의 '기쁨'과 같은 금액인 2천 원을 잃었을 때의 '슬픔'의 크기는 같지 않다고 알려져 있다. 더욱이 4천 원의 이익에서 오는 '기쁨'은 2천 원의 이익에 따른 '기쁨'의 2배라고 할 수도 없으며, 일반적으로 이익을 보는 금액이 커져도 그 기쁨은 점차 체감(둔감)되는 것으로 알려져 있다. 다시 말해, 가치함수에 따르면 '의사결정은 기준점에서 떨어진 거리에 영향을 받는다'라고 할 수 있다. 이익이나 손실에 직면했을 때, 사람들은 주관적 기준점에서의 거리만큼 얻게 되는 '기쁨(=효용)'을 근거로 의사결정을 행하고 있다.

(3) '마음의 기준'은 수시로 변한다

기준점은 주관적이기에, 개인이 생각하기에 따라서 바뀔 수 있다. 적절한 의사결정을 위해서는 지금 자신의 기준점이 어디에 놓여 있는가를 알아야 한다. 기준점은 참조점이라고 하며, 어떤 사람이 대상을 인식하거나 평가할 때 사용하는 기준이 된다. 사람들이 대상에 대해서 어느 정도의 가치를 도출해 내는가는 그 사람의 주관의 문제다. 동일한 대상이 어떤 사람에게는 높은 가치를 갖지만, 다른 사람에게는 그다지 높은 가치가 아닌 경우도 충분히 있다.

프로스펙트 이론을 전개하는 데 있어서 가장 중요한 것이 '기준점의 이동'이다. 출근 시간에 택시 승강장에 줄을 서 있는 모습을 생각해 보자. 만약 어떤 사람이 평상시에 5분 정도 기다렸을 때 탑승이 가능했다면, [그림 8-9]의 좌측 그래프에서처럼 이 사람의 기준점은 5분이 된다. 이 사람이 어느 날 택시를 탑승하기 위해 10분을 기다렸다면, 기준점인 5분으로부터 손실이 발생하기 때문에 가치가 하락하고 스트레스를 느끼게 될 것이다. 반면, [그림 8-9]의 우측 그래프처럼 평상시에 15분을 기다려 택시를 탑승했던 사람의 기준점은 15분이 되고, 따라서 동일한 10분을 기다리더라도 기준점에서 이익의 방향으로 이동하기 때문에 스트레스를 느끼지 않을 것이다. 즉, 전망 이론에서는 대상의 객관적인 가치가 아니라 개인의 기준점으로부터의 거리에 따른 주관적 가치를 강조한다.

또한 간절히 갖고 싶어 하는 것을 실제로 구매하거나 손에 넣게 되면 점차 그 기쁨이 옅어지는 경우도 자주 경험하는 일이다. 이 가치를 측정하는 기준이 되는 것이 기준점으로, 그 출발점은 가치함수의 원점, 즉 '0'이다. 쉽게 말하면, 원하던 물건을 몇 개씩이나 손에 넣어서 기준점인 0으로부터 벗어난다면 '감사하다는 느낌'은 상대적으로 감소하게 된다. 정리하자면, 주관적 가치는 기준점에서 떨어진 거리에 따라 정해진다.

이것의 교훈은 기준점의 존재를 명확하게 의식해야 하며, 기준점이 명확하지 않으면 가치

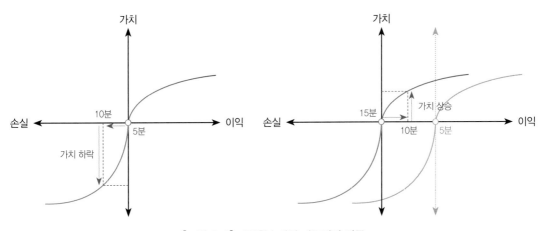

[그림 8-9] 가치함수에서 기준점의 이동

함수를 만들 수가 없기에 특정 제품에 도대체 얼마의 대가를 지불해야 적절한지를 전혀 판단할 수 없게 된다는 사실이다. 따라서 자주 구매 행동을 하는 소비자들이 항상 돈이 부족하다고 느끼기 쉽다. 이처럼 기준점의 가정은 우리들의 일상생활 속에서 쉽게 찾아볼 수 있다.

(4) 여하튼 사람들은 손해를 보기 싫어한다

사람들은 손실이 확정되는 것을 두려워하고 이를 피하려고 한다. 이것은 의사결정 방식에도 영향을 미친다. 기준점에서 자신이 현재 손실 국면에 있는가 혹은 이익 국면에 있는가를 파악하는 것은 매우 중요하다.

손실이 주는 슬픔은 이익이 주는 기쁨보다 강력하다. 즉, 프로스펙트 이론에 의하면, 이익이 발생하고 있는 상황에 비해, 손실 국면의 상황에서 리스크 허용도(위험추구성향)가 더 높다. 이것은 대개의 투자가들이 수익(이익)을 얻게 되면 더 이상의 위험을 허용하지 않고 서둘러 해당 주식을 매각하여 이익을 확정시키려 한다는 것을 의미한다. [그림 8-8]에서 가치함수의 '그래프의 기울기의 변화'를 주목해서 보자. 손실 국면에 비해서, 이익이 나타나고 있는 상황에서는 빠르게 민감도 체감이 일어나고 있다. 이것이 투자가들이 이익이 난 경우에는 빠르게 이익을 확정지어 버리고 싶어 한다는 사실을 의미한다. 또한 동일 금액의 손실과 이익에서 사람들이 느끼는 심리적 스트레스는 손실 쪽이 상대적으로 더 큰 영향을 미친다.

또한 투자가들은 이익의 평가에 있어서 상승한 이후에 다시 가격이 하락해서 손실 영역으로 가는 국면을 싫어하는 경향이 있기 때문에 이익을 확정하려는 시점이 더 빨리 나타난다고 볼 수 있다. 보유하고 있는 금융상품을 매각하는 것 이외에는 미래의 불확실성으로부터 피할 수 있는 길은 없다. 이러한 행동은 장래의 가치 상승(즉, 돈을 벌 수 있는)의 가능성도 배제하고 마는 셈이지만, 대다수의 사람들은 여하튼 손실을 피하고 싶어 하는 존재라고 할 수 있다.

4 선호가 쉽게 바뀌는 소비자: 프레이밍

1) 심적 회계

탈러(Thaler)는 사람들이 금전에 대한 의사결정을 할 때는 많은 요인을 고려하고 선택 대안을 종합적으로 평가하여 합리적으로 결정을 하는 것이 아니라, 비교적 좁은 프레임을 만든 다음 그 프레임에 끼워 넣어 결정한다고 주장한다. 탈러는 이 같은 프레임을 기업의 회계 장부나 가정의 가계부에 비유하여 '심적 회계(mental accounting)'라고 명명하였다. 심적 회계는 사람들이 금전에 대한 행위를 평가, 관리 및 기록을 위해 사용하는 심리적 조작이며, 무의식적으로 이루어지는 경우가 많다. 심적 회계는 다음과 같은 3가지 요소로 구성된다.

첫째, 거래나 매매의 평가 수단에 대해 프로스펙트 이론의 사고를 기초로 부(富)나 자산 전체가 효용을 갖는 것이 아니라 준거점으로부터의 변화나 손실회피성을 중요시한다.

둘째, 가계부에 기입할 때 '식비, 난방비, 오락비' 등의 항목으로 분류하는 것과 마찬가지로 거래마다 마음속으로 계정 항목을 설정하고 손실(적자)이나 이익(흑자)을 계산한다.

셋째, 각각의 항목이 손실인지 이익인지를 평가할 때 시간 간격을 어떻게 두는가가 중요하다. 즉, 평가를 하루 단위로 할지, 일주일이나 1개월 간격으로 할지, 또는 더 길게 잡을 것인지를 중요시한다. 경마장을 예로 들면, 경기 당일의 최종 레이스에서는 예상 밖의 결과를 기대하며 돈을 거는 사람들이 많아지는 경향(편향)이 있다. 이는 경마에서 손해를 본 사람이 많기 때문에 그 손실을 만회하려고 최종 레이스에서는 예상 밖의 주자(경주마)에 돈을 걸어 큰 당첨금을 기대하는 심리 때문에 일어나는 일이다. 즉, 경마의 수지(이익과 손실의 결산)를 하루 단위로 하여 계산하고 있는 셈이다. 1개월 또는 1년을 단위로 경마 성적을 합산하여 생각했다면 이 같은 행동은 틀림없이 줄어들 것이다.

심적 회계의 대표적인 사례로 자주 거론되는 것은 카네만과 트버스키(Kahneman & Tversky)가 1984년의 『Choices, Values, and Frames』에서 제시한 다음과 같은 예다.

[질문A] 당일 티켓이 50달러인 콘서트장에서 티켓을 사려는데 50달러 지폐를 잃어버린

사실을 알았다. 50달러를 지불하고 콘서트 티켓을 다시 살 것인가?

[질문B] 전날 50달러를 지불하고 산 티켓을 가지고 콘서트장에 갔는데 그 티켓을 잃어버린 사실을 알았다. 당일 티켓 역시 50 달러인데 콘서트 티켓을 다시 살 것인가?

그 결과 '네'라고 대답한 사람은 위 질문 A에서는 88%, 아래의 질문 B에서는 46%이었다. 양쪽 모두 50달러의 가치를 잃어버린 것에는 변함이 없으나, 답변이 달라진 이유는 심적 회계로 설명할 수 있다([그림 8-10] 참조). 티켓을 구매하는 행위는 '오락비'라는 계정 항목에 포함되어 있는데, 질문 A에서처럼 현금 50달러를 분실한 것은 이 '오락비' 계정 항목의 수지에 영향을 주지 않기 때문이다. 반면, 질문 B에서는 똑같은 콘서트를 보는데 총 100달러를 지불하는 셈이므로 '오락비'로는 너무 과하다는 생각이 들어서 지출을 주저하게 만들었을 것이다.

이것은 주류 경제학에서 가정한 **화폐의 대체성**(fungibility)에 역행한다. 화폐의 대체성이란 화폐를 어떤 경로로 얻건, 어떤 일에 지출이 되었건 간에 같은 화폐이기 때문에 완전히 서로 다른 용도로 변경(대체)이 가능한 것을 의미한다. 이는 합리적 행동을 위해 필요한 원칙이라 할 수 있으나 실제로는 심적 회계에 따라 각 계정에 할당된 돈은 각각의 계정별로 사용된다.

실제로 리조트를 운영하는 클럽메드(Club Med)는 식사, 숙박, 레크리에이션 등을 포함하는 고정요금 정책을 채택하고 있다. 이렇게 함으로써 두 가지의 이점이 있는데, 하나는 일단 고정 요금을 지불하는 고객들은 식사 과정에 추가되는 비용을 얼마 되지 않는 것으로 평가한다. 또 다른 하나는 식사, 숙박, 레크리에이션 각 비용에 대한 청구서를 수령하는 데서 오는 고객들의 심리적 고통을 줄일 수 있다고 보고 있다. 마찬가지로 TV나 오디오 등 가전제

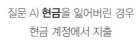

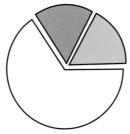

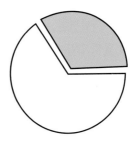

[그림 8-10] Kahneman & Tversky(1984)의 실험에서 심적 회계

품을 사면 5,000원으로 2년간 품질을 보증하는 보험에 가입하지 않겠냐는 권유를 받고, 자신도 모르게 가입한 사람도 많을 것이다. 그러나 현재 TV 오디오를 2년 동안 보험 없이 사용하고 있는 사람이 일부러 새롭게 2년간 보증해 주는 보험에 가입할지 생각해 보자.

이상의 사례는 모든 돈의 가치가 동일한 심적 회계 내에서 들어가고 나가고 하는 것이 아니라, 서로 다른 계정에서 수지를 평가하는 심리적 계산이 존재한다는 것을 의미한다. 이러한 심리적 계산이 심적 회계이며, 여기서는 앞서 말한 가치함수가 적용된다.

2) 매몰 비용 효과

경제 이론에 따르면 과거에 발생한 비용은 현재 의사를 결정하는 데 의미가 없기 때문에, 합리적인 사람은 단지 추가로 증가되는 비용과 편익, 즉 한계 비용과 한계 편익만을 고려한다고 예측한다. 이때 과거에 지불한 후 되찾을 수 없게 된 비용을 '매몰 비용(sunk cost)'이라고 한다. 따라서 현재의 의사결정에는 장래의 비용과 편익만을 고려 대상에 넣어야 하며 과거의 매몰 비용은 계산하지 않는 것이 바람직하다.

그러나 이미 지불한 매몰 비용은 장래의 의사결정에 큰 영향을 끼친다. 매몰 비용 효과란, 앞으로의 의사 결정과 관계가 없는 매몰 비용을 고려 대상에 넣었기 때문에 비합리적인 결정을 해 버리는 것을 말한다. 이때 매몰 비용에는 금전적인 비용만이 아니라 노동력이나 시간도 포함된다.

'막대한 노동력과 시간을 이미 들였기 때문에 끝까지 실행에 옮겨야 한다.'라는 주장은 개인이나 기업으로부터 자주 들을 수 있을 것이다. 특히 이미 (과거에) 지불한 금액이 더 클수록 미래의 결정에 더 큰 영향을 미치게 된다. 탈러(Thaler)가 「Toward a Positive Theory of Consumer Choice」(1980)에서 매몰 비용의 사례로 들고 있는 것은 다음과 같다.

사례 1 집에서 90km나 떨어져 있는 곳에서 벌어지는 야구 경기를 보러 가기 위해 4만 원을 지불하고 표를 구입하였다. 경기 당일 공교롭게 주위에 폭설이 내려 경기를 보러 갈지 말지 갈등이 일어났다. 표가 공짜였으면 집에 머물고 말았을 터인데 표값이 아까워 경기를 관람하려고 폭설이 내린 곳을 위험을 무릅쓰고 지나갔다.

사례 2 한 남자가 연간 60만 원을 지불하고 테니스 클럽에 가입하였다. 2주가 지나자 테니스 엘보가 와서 클럽에 계속 다닐지 갈등하게 되었다. 그러나 그는 "나는 몇십 만 원의 돈을 버리고 싶지 않다."고 중얼거리며 테니스를 고통스럽게 계속한다.

탈러(Thaler)는 또한 우리가 경험하는 실제의 사례로서, 비싼 가격으로 구두를 구입했지만 구두가 발에 잘 맞지 않아서 발이 아픈 경우에 구두를 어떻게 할지 생각해 보면 이해하기 쉬울 것이라고 한다. 우선 몇 번인가 구두를 신기 위한 시도를 하기도 하고, 발이 아파서 구두를 신고 외출은 못하지만 신발장에 넣어 두고 버리지는 않을 것이다. 특히 신발장에 두는 보관 기간은 값싼 구두보다도 비싼 구두 쪽이 더 길 것이다. 하지만 아무리 비싼 구두라도 시간이 한참 지나고 나서는 버릴 결심을 하게 된다. 이는 시간이 흐름에 따라 구둣값에 대한 지불이 '상환된' 것으로 간주하고 매몰 비용 효과가 점차 소멸해 가기 때문이다.

매몰 비용 효과는 '콩코드(Concorde)의 착각'으로 불리기도 한다. 실제로 영국과 프랑스가 공동 개발에 착수한 초음속 여객기 콩코드는 개발 기간에 엄청난 경비가 투입되었으나 너무 시간이 지체됨에 따라 완성하더라도 채산을 맞출 가망성이 없었다고 한다. 그럼에도 불구하고 이미 거액을 개발 자금으로 투자했기 때문에 도중에 중지하는 것은 더 큰 낭비라는 이유로 개발 작업이 계속 이어졌다고 한다.

국책 사업으로 진행되는 국내의 사업에서도 위와 같은 경우는 적지 않을지도 모른다. 즉, 장래의 채산성이 나쁘고 환경파괴를 초래할 가능성이 높고 계획한 목적을 달성할 수 없다는 것을 알게 되었다면, 즉각 사업을 중지해야 하는데도 불구하고 '지금까지 투자한 것이 헛되게 된다.'는 이유로 사업을 중지하지 않고 강행하는 사례가 적지 않았을 것이다. 이런 것들이 바로 매몰 비용에 얽매어 더 큰 손실을 야기하는 사례다.

3) 유인 효과와 타협 효과: 선호는 상황에 따라 변한다

주류 경제학에서는 선호에 대해 꽤 엄격한 가정하에서 설명하는데, 선호는 일관성이 있어 모순되지 않고 어떤 상황에서나 시간이 지나도 일정하며 불변하기 때문에 선택한 대안을 보면 선호에 대한 평가 및 판정을 내릴 수 있다고 보고 있다. 예를 들어, 'A 브랜드와 B 브랜드 중에서 어느 쪽을 좋아하는가?'라고 물었을 때, 어느 쪽을 선택하는지가 결정되었다면 그 사람의 선호를 알 수 있다. 소비자(의사결정자)는 이와 같은 선호 리스트를 가지고 있으며 그 내용을 숙지하고 있어서 대안의 선택 문제가 발생하면 선호 리스트와 대조해 보고 가장 선호하는, 즉 가장 효용이 큰 대안을 선택한다고 한다.

라면보다 짜장면이 좋고, 짜장면보다 스파게티를 좋아한다면, 라면보다 스파게티를 좋아한다는 선호 체계(리스트)는 자연스럽다고 할 수 있다. 이처럼 취향이 일관되어 있고 모순이 없는 것을 '선호의 이행성(移行性, transitivity)'이라 한다. 그러나 현실에서는 이처럼 극히 자연스러운 성질조차 만족시키지 않는 경우가 있다. 그 예로 과자를 사러 갔다고 가정했을 때, 과자 종류의 가격 차이가 500원 이내라면 질이 좋은 쪽을 선택하고, 그 이상 가격 차이가 벌어진다면 싼 쪽을 선택하는 경우가 적지 않으며, 이것이 일반적인 쇼핑에서 타당한 기준이 되기도 한다. 구체적인 예로, 사도 좋을 만한 과자 세 종류가 있는데, 품질에 따라 a는 2,500원, b는 2,000원, c는 1,500원이라 하자. 기준에 따르면 a와 b 중에서는 a(좋은 품질)를 선택하게 되고, b와 c 중에서도 b(좋은 품질)를 선택하지만, a와 c 중에서는 a(좋은 품질)가 아니라 c(가격이 싸다)를 선택하는 경우가 많다. 즉, 선호의 이행성을 충족시키지 못한다.

또한 합리적인 선호 기준이라면 '관계없는 선택 대안으로부터의 독립성'이라는 기준이 충족되지 않으면 안 된다. 이것은 선택 대안 2개 사이에서 선호의 순서는 새로운 제3의 선택 대안이 등장해도 변하지 않아야 하는 것을 의미한다. 예를 들어 보자. 식당에 갔더니 오늘의 추천 정식으로 불고기 정식과 돈가스 정식이 있었다. 당신은 '불고기 정식'이 좋아서 그것으로 결정했는데, 주문을 하려는 찰나 식당 주인이 '햄버거 정식'도 있다고 했다면, 갑자기 '돈가스 정식'이 '불고기 정식'보다 더 좋아지는 것으로 당신의 선호가 바뀔 수 있는 것일까? 경제학적 이론에 따르면 '불고기 정식'과 '돈가스 정식' 간 선호는 새로운 선택지인 '햄버거 정식'이 추가된다고 해서 변하지 않기 때문에 당신은 선택을 바꾸지 않아야 할 것이다. 그러나 실생활에서는 식당 주인이 제시한 대안(최초 선택지의 선호 판단에 영향받지 않을 대안) 때문에 기존의 선택이 깨지고 다른 대안을 선택하는 일이 수많은 사례에서 확인되고 있다.

기존의 경제학적 관점에서는 사실 이러한 미끼 역할을 해 주는 대안이 있든 없든, 하나의 동일 제품에 대한 가치는 변함이 없다고 가정한다. 각 대안에 대한 선호는 어느 상황에서나 일정하며 바뀌지 않음을 가정하는 것이다. 그러나 앞의 예처럼 새로운 대안의 등장으로 인해 기존 대안의 매력도가 상대적으로 높게 평가될 수 있다. 이를 유인 효과(attraction effect, decoy effect)라 한다. 이러한 소비자 심리는 실제 기업에서 의도적으로 약간 열등한 새로운 대안을 추가하여 기존 대안을 선택하게끔 유도할 수 있음을 시사한다. 즉, 미끼를 던져 기존 대안으로 오게끔 유인할 수 있다는 것이다. 이에 대한 좀 더 구체적인 실험 사례가 있다. 미국의 유명한 행동경제학자인 에리얼리(Dan Ariely)는 『이코노미스트』 인터넷판에서 우연히 정기구독 광고를 보고 실험을 하나 짜 보았다. 〈표 8-3〉처럼 A, B, C의 세 가지 선택지를 주고, 학생들에게 무엇을 고를 것인지 물어본 결과, 대부분은 C를 선택했으며(84%), B(오프라인 정기구독)를 선택하는 사람은 아무도 없었다. 아무도 원하지 않는 B를 제거해 버린다고 해도 선택의 결과는 똑같지 않을까? 연구자들은 선택지에서 B를 제거한 후 A와 C만을 제시하여 다른 학생 집단에게 무엇을 고를지를 다시 물어보았다. 결과는 어떻게 되었을까? 사람들의 선택은 크게 달라졌다. 가장 인기 있었던 C에 대한 선택이 32%로 줄고, A를 선택하는 사람들이 68%로 크게 증가한 것이다. 이는 순서를 바꾸어서 보면, 2개(A와 C)의 선택지에서 A를 선택했던 사람들이 B라는 미끼(decoy) 역할의 대안(오프라인 정기구독 125달러)이 등장함에 따라서 C(오프라인 및 온라인 정기구독 125달러)로의 선호가 급격하게 이행된 것이다.

〈표 8-3〉 유인 효과에 따른 선호 이행에 관한 Dan Ariely의 실험 결과

	선택 비율	
A) 온라인 정기구독: 59달러	16%	**68%**
B) 오프라인 정기구독: 125달러	0%	(제시 X)
C) 오프라인 및 온라인 정기구독: 125달러	**84%**	32%

선호가 상황에 따라서 변하는 또 하나의 현상으로서 '중간 대안 선택 경향성(타협 효과)'이 있다. 이에 대해 시몬슨과 트버스키(Simonson & Tversky)는 품질이 좋은 순으로 가격도 올라가는 3가지 미놀타 카메라로 같은 실험을 하였다.

> 카메라 a는 성능은 떨어지지만 값은 싸고(169.99달러), b는 양쪽의 중간값(239.99달러), c는 고성능이지만 비싼 카메라다(469.99달러).
> 우선, 실험 참가자 106명에게 a와 b 중 어떤 카메라를 선택할지 물었더니 정확히 a와 b의 비율이 각각 50%씩이었다. 그런데 c를 추가해 세 종류 중에서 어떤 카메라를 선택할지 묻자 a가 22%, b가 57%, c가 21%가 되었다.

양극단의 카메라는 배제되고 중간 대안(compromising alternative)이 선택된 것이다. 이러한 현상을 **극단 회피성** 혹은 **타협 효과**(compromise effect)라고 한다.

이어서 그들은 더욱 인상적인 실험을 하였는데, 이번에는 탁상용 전자계산기 다섯 종류를 준비하고 a부터 e의 순서로 기능은 많아지지만 고장률도 높아진다고 가정하였다.

> 우선 a, b, c 세 종류를 보여 주고 선택하게 했더니 5%, 48%, 47%로 나타났다. 그다음 b, c, d 3종류에서는 순서대로 26%, 45%, 29%였고, b와 c 사이의 선호는 역전되었다. 뿐만

아니라 c, d, e에서는 순서대로 36%, 40%, 24%가 되어 c와 d 사이의 선호가 역전되었다. 어떤 경우에서든 중간에 놓인 선택 제안이 선택된 것이다.

〈표 8-4〉 시몬슨과 트버스키(Simonson & Tversky)의 실험

계산기 a	계산기 b	계산기 c	계산기 d	계산기 e
5%	48%	47%		
	26%	45%	29%	
		36%	40%	24%

소비자들의 이런 성향은 마케팅에서 자주 이용되고 있다. 매장을 잘 둘러보면 마케터들이 특히 팔고자 하는 상품을 의도적으로 중간에 두는 경우를 볼 수 있을 것이다.

1. 행동경제학은 전통적인 경제학이 인간을 완전히 합리적이고, 일관적이며, 이기적이고, 결과 지향적이라고 가정함으로써 발생하는 비현실성을 극복하기 위해, 심리학적 접근을 경제학의 영역으로 확장하여 경제 이론만으로 설명하기 힘든 현실적인 인간의 의사결정을 설명한다.

2. 휴리스틱이란 축적된 경험과 지식으로 형성된 순간적인 판단력을 통해 무의식적으로 문제를 해결하는 절차 혹은 전략을 뜻하며, 이러한 의사결정 과정의 단순화는 복잡한 문제 해결에 동반되는 정신적 피로를 줄여 주고 쉽고 빠른 판단이 가능하게 한다.

3. 가용성 휴리스틱은 특정 사건의 발생 확률이나 빈도를 판단할 때 그 사건과 관련된 사건이 기억에서 쉽게 떠오르는 정도가 그 판단에 영향을 미치게 된다는 점을 특징으로 한다.

4. 대표성 휴리스틱은 특정 사건의 발생 확률이나 빈도를 판단할 때 그 사건이 전형적인 사건과 얼마나 유사한지가 그 판단에 영향을 미치게 된다는 점을 특징으로 한다. 이러한 추론 과정에서 전형적이거나 대표적인 사건을 확대하고, 사전 확률을 고려하지 않는 '사전 확률의 무감각' 현상이 나타날 수 있다.

5. 기준점-조정 휴리스틱은 의사결정자가 기준점이 되는 첫 판단을 내린 후에 그 판단을 기점으로 이후의 판단을 내리는 경향성을 설명하며, 이러한 점은 판단의 출발점이 최종 판단에 큰 영향을 미친다고 할 수 있다.

6. 전망 이론에서 제시한 가치함수는 경제학에서 제안하는 효용함수의 한계를 보완하는데, 가치함수는 이득 영역과 손실 영역의 각 영역이 의사결정자의 현재 상태를 기준으로 하며, 이득의 영역에서는 가치가 체감하는 반면 손실의 영역에서는 체증하며, 득실에 대한 가치 지각은 이득보다 손실의 영역에서 더 가파른 모양을 보이는 성질을 갖는다.

7. 사람들의 손실 회피 경향이 행동적으로 영향을 미치게 되는데, 그 예로 사람들이 어떤 물건이나 상태를 소유하고 있을 때 그것을 지니고 있지 않을 때보다 높게 평가하는 경향을 설명하는 '보유 효과'가 있으며, 나쁘지 않은 현재 상황이 변화함을 고려할 때 나빠질 가능성을 과대평가하여 현재 상태를 유지하려는 경향을 설명하는 '현상 유지 편향'이 있다.

8. 심적 회계란 사람들이 금전에 대한 행위를 평가, 관리 및 기록하기 위해 사용하는 심리적인 회계장부로, 탈러(Thaler)는 사람들이 항목별, 시간별 등 다양한 심리적인 계정들을 각기 설정하여 각자의 항목 속에서 손실과 이득을 계산하여 결정한다고 주장한다.

9. 매몰 비용 효과는 현재의 의사결정과는 관계가 없는 과거의 비용을 지금 단계의 의사결정에서 고려한 결과로 비합리적인 결정을 해 버리는 현상을 의미한다.

10. 새로운 대안의 등장으로 기존 대안에 대한 선호는 변화할 수 있다. 기존의 대안보다 비교적 열등한 새로운 대안이 추가됨에 따라 기존 대안의 매력도를 높이는 효과를 '유인 효과(attraction effect)'라 하며, 매력적인 대안과 가장 매력적이지 않은 대안이 존재하는 상황에서 양극단을 배제하고 중간지점의 대안을 선택하게 되는 현상을 '타협 효과(compromise effect)'라 한다.

참고문헌

Arkes, H. R., & Ayton, P. (1999). The sunk cost and concorde effects: Are humans less rational than low animals? *Psychological Bulletin, 125*(5), 591-600.

Huber, J., & Puto, C. (1983). Market boundaries and product choice: Illustrating attraction and substitution effects. *Journal of Consumer Research, 10*(1), 31-44.

Hayes, S. P. (1950). Some psychological problems of economics, *Psychological Bulletin, 47*(4), 289-330.

Johnson, E. J., & Goldstein, D. (2003). Do Defaults Save Lives?, *Science, 302*(21), 1338-1339.

Kahneman, D., Slovic, P., & Tversky, A. (1982). *Judgment under uncertainty: Heuristics and biases.* Cambridge University Press.

Kahneman, D., & Tversky, A. (1979). Prospects theory: An analysis of decisions under risk. *Econometrica, 47*(2), 263-291.

Kahneman, D., & Tversky, A. (2000). *Choices, values, and framing.* Cambridge University Press.

Northcraft, G. B., & Neale, M. A. (1987). Experts, amateurs, and real estate: An anchoring and-adjustment perspective on property pricing decisions. *Organizational Behavior and Human Decision Processes, 39*, 84-97.

Simonson, I., & Tversky, A. (1992). Choice in context: Tradeoff contrast and extremeness aversion, *Journal of Marketing Research, 29*, 281-295.

Thaler, R. (1980). Toward a positive theory of consumer choice. *Journal of Economic Behavior and Organization, 1*(1), 39-60.

Thaler, R. H. (1985). Mental accounting and consumer choice, *Marketing Science, 4*, 199-214.

Tversky, A., & Kahneman, D. (1974). Judgment under uncertainty: Heuristics and biases. *Science, 185*(4157), 1124-1131.

Tversky, A., & Koehler, D. J. (1994). Support theory: A non-extensional representation of subjective probability. *Psychological Review, 101*, 547-567.

Zaltman, G. (2003). *How customers think : Essential insights into the mind of the market.* Harvard Business School Press.

제**4**부

소비자 환경

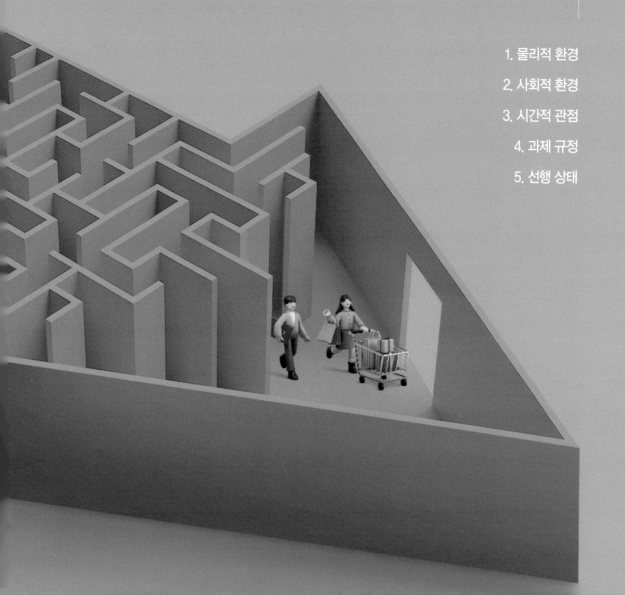

소비자 상황

'원래는 구매할 생각이 없었는데 홀린 듯이 구매하게 되더라.' 최근 온라인 시장이 커져 가면서 오 프라인 매장에서는 소비자에게 온라인에서 겪을 수 없는 특별한 경험을 선사하는 마케팅이 대두되 고 있다. 예를 들어, 척추 안마기기 회사인 '세라젬'은 체험형 매장인 '웰카페'를 통해 소비자가 직 접 경험하고 구매할 수 있는 환경을 구축하여 매출을 증진하였다. 또한 LG전자는 새로운 플렉스 디스플레이를 게임이나 영화를 통해 직접 체험하도록 하는 '금성오락실'과 같은 팝업스토어를 오픈 하였다. 이처럼 고객들이 매장을 방문하고 경험을 통해 매출로 이어지게 만드는 '체험 마케팅'은 매 장을 통해 브랜드와 제품을 차별화하고 고객들에게 상황적 요인으로 영향을 미치고 있다. 소비자 는 일반적으로 제품에 대한 주의와 욕구를 가지게 되고, 제품을 탐색 및 비교하며 구매하는 과정을 거치게 된다. 하지만 항상 제품을 합리적으로 고려하고 구매하는 것이 아니라 상황적 요인에 따라 계획하지 않은 구매가 일어날 수도 있다. 이에 대해 소비자 행동을 설명하고 상황의 개념을 제시한 벨크(Belk, 1975)는 소비자 상황이란 특정한 시간과 장소에서 관찰되고 소비자 행동에 명백하고 체계적 영향을 미치는 외적 요인이라고 정의하였다.

이 장에서는 소비자에게 영향을 미칠 수 있는 외적 요인인 상황적 요인에 대해 알아볼 것이다. 특 히 매장에 대한 다양한 요소를 설명하는 물리적 환경, 가족이나 친구 등 개인을 둘러싼 사회적 환 경에 대해 논의할 것이다. 또한 시간에 대해 사람들이 가지고 있는 시간적 관점을 살펴보고, 소비자 가 처한 상황에 대한 욕구에 따른 과제 규정 및 구매 전 감정이나 신체적 상황에 대한 선행 상태에 대한 소비자 상황에 대해 알아보고자 한다.

1 물리적 환경

조명, 색채, 음악, 실내 온도, 매장의 배치 등과 같은 환경 내 다양한 물리적 요소들은 소비자 태도와 행동에 영향을 미친다. 예를 들면, 매장에서 흘러나오는 음악의 속도에 따라 소비자들은 빠르게 또는 여유롭게 움직인다. 빠른 비트의 음악은 소비자 행동을 빠르게 유도하여 테이블의 회전율을 높이거나 세일기간 쇼핑 속도를 끌어올릴 수 있다. 반면, 한가한 평일에 매장 내에서 흘러나오는 느리고 편안한 클래식 음악은 소비자들의 발걸음을 늦출 수 있다. 소비자가 매장에 최대한 오래 머무르도록 하는 전략이다.

물리적 환경(physical surrounding)은 소비자의 시각, 청각, 후각, 촉각, 미각의 감각 기제를 통해 소비자 지각에 영향을 준다. 물리적 환경의 중요성은 매장을 활용한 마케팅에서 특히 두드러지는데, 매장 공간의 다양한 요소에 의해 매력적인 특성을 살리고 소비 욕구를 상승시키는 분위기가 창출될 수 있기 때문이다. 최근 각광을 받고 있는 감각 마케팅은 오감(五感)을 통해 소비자들의 감성을 자극하여 매장 내 특별한 경험을 제공하고자 하는 일련의 활동으로, 매장 내 기분 좋은 향기가 퍼지게 하여 브랜드에 대한 소비자들의 선호도를 증가시키거나 소비자들에게 원하는 음식을 맛보게 하는 시식 활동을 통해 소비자들의 미각을 자극하여 구매로까지 이어지게 한다.

1) 음악과 향기

매장과 같이 특정 물리적 공간에서 흘러나오는 배경음악은 소비자들이 청각자극을 통해 그들의 태도와 행동에 영향을 미치게 되는데, 이는 소비자들이 의식적으로 자각하지 않은 무의식 상태에서도 이루어진다(Milliman, 1982). 슈퍼마켓과 식당에서 진행된 밀리먼의 연구(Milliman, 1982, 1986)에 따르면, 느린 템포의 음악이 나왔을 때 소비자들은 시간이 천천히 간다고 생각하여 각각의 물리적 공간 내에서 더 많은 시간을 보냈고, 이는 더 높은 구매 행동으로 이어졌음을 확인했다. 반대로 빠른 템포의 음악이 나오면 사람들의 움직임과 행동은 빨라졌다.

그러나 이와 같은 음악 마케팅은 음악이 소비자 구매상황과 맥락이 일치할 때 더욱 효과적일 수 있다. 예를 들면, 스포츠나 영제품군을 판매하는 매장 공간이나 쇼핑객들이 많은 오후 시간대에는 활동적이고 빠른 템포의 음악이 효과적일 수 있다. 반면, 명품관이나 쇼핑객들이 적은 오전에는 천천히 상품을 둘러볼 수 있도록 비교적 부드럽고 잔잔한 템포의 음악을 내보내는 것이 소비자들이 매장을 더 고급스럽게 인식하게끔 하고 그들의 구매 심리를 자극할 수 있다. 브랜드의 이미지에 맞는 배경음악을 틀어 놓으면 일치 효과(congruency effect)가 발생하여 소비자의 머릿속에 브랜드를 자연스럽게 각인시킬 수 있기 때문이다.

후각적 요소는 향기 마케팅이라는 형태로 산업 전반에 걸쳐 다양하게 활용되고 있는데, 단순히 좋은 향기로 매장 방문과 구매를 유도할 뿐만 아니라 브랜드 고유의 향을 개발하여 브랜드 가치를 강화시키기도 한다. 교보문고는 2015년부터 시트러스, 피톤치드, 천연 소나무 오일 등을 조합한 '책 향'을 개발하여 일부 매장에서 향기 서비스를 제공하기 시작했다. 이는 고객들이 매장에 왔을 때 편안하고 긍정적인 감정을 느낄 수 있게 하며 울창한 나무 숲을 거니는 듯한 향기로 독서의 즐거움과 매장에서의 책 읽기 경험을 오래 기억할 수 있도록 돕고자 한 것이다. 이뿐만 아니라, 책을 연상시키는 나무 향은 교보문고와 브랜드 이미지를 각인시키는 역할을 할 수 있다.

음악과 향기 등과 같이 인간의 오감을 자극하는 매장의 환경적 요소는 소비자들에게 특별한 총체적 경험을 제공하기 위해 엄선된다. 이는 매장의 개별 환경적 요소가 서로 조화를 이루었을 때 가장 높은 효과가 있을 수 있음을 시사한다. 예를 들면, 느린 템포의 배경 음악에 노출된 고객들의 경우 동시에 라벤더 향기와 같은 은은한 향기를 맡았을 때 높은 만족감과 긍정적인 쇼핑 경험이 형성되었다(Anna & Jochen, 2001). 과거에 대한 향수를 불러일으켜

[그림 9-1] 교보문고의 향기 마케팅 예시

출처: https://www.hani.co.kr/arti/culture/book/843678.html#csidx3e1829e65e10addac8cfd382ed2949c

소비자의 감성을 움직이는 노스탤지어 마케팅(nostalgia marketing)의 경우, 과거의 소중한 추억을 떠올리게 하는 레트로 디자인을 전면에 내세워 시각적으로 부각시키는 동시에 과거를 떠오르게 하는 배경음악을 사용하여 그들의 향수 자극 효과를 극대화시킬 수 있다. 복고 열풍을 일으켰던 드라마 〈응답하라〉 시리즈는 시각적 복고 콘텐츠와 더불어 과거 시대의 명곡을 드라마 배경음악으로 삽입하여 시청자들의 향수 감정을 자극하고 공감을 이끌어 낸 성공적인 노스탤지어 콘텐츠 사례다.

2) 온도

온도 변화는 소비자의 감정 상태와 욕구에 변화를 일으켜 소비 구매 행동에 영향을 미칠 수 있다(Parker & Tavassoli, 2000). 예를 들면, 호우, 폭설, 태풍 등의 자연재해 상황의 경우 사람들이 백화점과 같은 오프라인 매장을 방문하기에 신체적·심리적인 불편이 발생하므로 매장의 상품 판매량은 전반적으로 감소한다(Steele, 1951). 뿐만 아니라 날씨와 계절에 따라 특정 상품을 구매하는 소비자 행동 역시 변화하고 이는 상품 판매량과 기업의 매출에 직결된다. 여름과 같은 고온의 날씨에는 빙과류를 포함한 식음료 판매량이, 기온이 내려가는 겨울에는 의류 및 신발 판매량이 증가할 가능성이 높다(Roslow & Nicholls, 2000).

이처럼 기온, 날씨, 계절에 따라 소비자 행동에 변화가 있다는 것에 착안하여 기상정보를 적극적으로 활용해 소비자의 긍정적인 감정을 유발하고 소비 욕구를 촉진시키고자 하는 마케팅이 다양하게 활용되고 있다. 날씨와 계절 변화에 따라 상품 생산과 판매 품목 조절, 매장 상품 진열 방식까지 차별화하는 것은 물론, 소비자들의 불쾌지수를 최소화하기 위하여 매장 내 온도를 조절하는 전략을 내세우고 있다. 예를 들면, 대형 유통매장의 경우 쇼핑객이 몰리는 오후 시간대에 체감온도가 올라갈 것을 대비하여 쇼핑객들에게 생수나 음료를 제공하는 '쿨 마케팅'을 선보이거나, 코로나19 팬데믹 시대에는 직원과 고객 모두 마스크를 착용하고 있는 것을 고려해 매장 실내온도를 평균 1~2도 정도 낮춰 운영한다.

신체적 감각이 개인의 태도 및 의사결정 과정에 영향을 미칠 수 있다고 보는 체화된 인지(embodied cognition) 연구에 따르면, 온도를 통한 경험은 소비자의 사회적인 소비 행태와 관련이 있다. 사람들은 물리적으로나 환경적으로 차가운 온도를 경험하게 되면 마음속으로 경험하게 되는 심리적 온도가 떨어지게 되는데 그 경험을 상쇄하기 위하여 더 따뜻한 방향으로의 소비를 추구하는 자기조절 행동을 보인다는 것이다(Lee, Rotman, & Perkins, 2014). 연구에 의하면 차가운 온도를 경험한 사람들은 로맨스 영화에 대한 호감도가 증가하였고 타인

[그림 9-2] 코카콜라사 스프라이트의 여름 캠페인 광고 예시

출처: https://cnews.thekpm.com/view.php?ud=20210720095328207612450 6bdf1_17

과 함께 소비하는 2인용 영화 관람 패키지에 대한 선호도가 증가하는 것을 확인할 수 있었다(Hong & Sun, 2012; Lee et al., 2014). 이는 소비자들이 차가운 온도를 경험했을 때 친사회적인 의사결정을 내리고 더 나아가 타인에게 좋은 인상을 주기 위한 구매 행동을 시도할 가능성이 높다는 것을 시사한다.

3) 배치와 진열 방식

효율적인 매장 배치 전략은 고객의 동선을 최소화하여 쇼핑의 편의를 증진시키는 동시에 판매를 증가시켜 매출 확대의 가능성을 높이는 것이다. 계산대 부근, 에스컬레이터 주변 등과 같이 사람들이 머무르는 시간이 상대적으로 긴 장소는 구매 장벽이 높지 않은 중저가 브랜드 제품을 주로 진열하여 지나가는 소비자들의 시선을 사로잡을 수 있다. 반면, 고가 브랜드는 에스컬레이터와 떨어진 구석진 벽면 매장에 위치시켜 이를 찾는 고객들이 조용한 분위기에서 상품을 천천히 보면서 구매를 결정할 수 있도록 한다. 이와 비슷한 이유로 할인상품은 대부분 매장의 전면에 배치된다. 하지만 할인상품과 궁합을 이루는 상대적으로 가격이 높은 관련 상품들이 함께 진열되기도 하는데, 이는 연관 상품들에 대해서도 소비자들로 하여금 지갑을 열게 유도하려는 전략이다.

매장 배치뿐만 아니라 제품이 진열되는 디스플레이 방식도 소비자 인식에 영향을 미친다. 할인상품의 경우 높이가 낮은 판매대에 풍성하게 진열하여 소비자가 쉽게 상품을 고를 수 있도록 한다. 반대로 고가의 상품의 경우는 어떨까? 연구에 의하면 제품을 올려다보는 상향각도로 제시될 때가 제품을 내려다보는 하향각도로 제시될 때보다 제품에 대해 고급스럽다는 인식을 더 확보하는 것으로 나타났다(Van Rompay, De Varies, Bontekoe, & Tanja-Dijkstra, 2012). 또한 럭셔리 제품의 경우 수직적인 배경을 바탕으로 진열되었을 때 소비자들이 제품을 더 고급스럽게 인식하고 높은 가격 기대치를 가졌다.

그러나 어떤 제품이냐에 따라 소비자가 구매를 결정하는 기준이 다르므로 진열 전략을 수립하는 데 있어서 이를 면밀하게 감안하여야 한다. 예를 들면, 일반적으로 매장에서는 상품을 깔끔하고 정돈된 방식으로 진열하고 선반에 상품이 가득 차 있는 느낌이 들도록 관리

[그림 9-3] 여의도 더현대 1층에 설치된 '인더숲' 팝업스토어 예시

출처: https://www.dnews.co.kr/uhtml/view.jsp?idxno=202109161038358760545

하고 있는데 섭취 목적의 식용 상품이 아닐 경우 매장 진열에서의 정돈의 중요성은 그다지 크지 않을 수 있다. 오히려 진열대 빈자리에 상품이 채워지지 않고 정리 정돈되지 않은 상태를 보았을 때 다른 소비자들이 많이 찾는 인기가 있는 제품이라는 인식을 제공할 수 있다. 반면, 식품 제품군일 경우 깔끔하지 못한 어수선한 상품 진열 상태는 타인으로부터 상품이 오염되거나 훼손되었을 수 있다는 인식을 줄 수 있고 이는 부정적인 소비자 반응을 불러일으킨다(Castro, Morales, & Nowlis, 2013).

최근 오프라인 매장이 위기를 맞이하면서 오프라인 매장의 전통적 개념을 뒤엎는 매장들이 생겨나고 있다. 기존의 매장 배치 공식을 탈피하여 고객의 변화와 소비 트렌드를 반영한 혁신적인 시도가 일어나고 있다. 매출이 높은 화장품과 명품 매장이 들어서 있는 백화점 1층에 라이프스타일 매장이나 카페가 들어서기도 하고 서로 다른 성격의 제품군과 브랜드로 매장이 구성되기도 한다. 코로나19로 앞당겨진 언택트 시대의 온라인 소비가 가속화되고 있는 가운데 온라인에서 경험하기 어려운 쇼핑의 재미를 극대화하려는 오프라인 매장의 노력이 이어지고 있다.

2 사회적 환경

가족, 친구와 같은 준거집단, 사회계급, 사회, 문화 등 개인을 둘러싼 사회적 환경(social surrounding)은 다양한 방식의 상호작용과 관계형성을 통하여 소비 상황에서의 의사결정과 행동에 직접 또는 간접적으로 영향을 미친다. 집단과 문화와 관련된 사회적 환경에 대해서는 제11장에서 자세히 다룰 예정이므로, 이번 장에서는 타인의 존재, 매장의 사회적 환경, 그리고 사회적으로 고립되거나 배제되는 소비자의 사회적 배제 경험이 소비 행동에 미치는 영향에 대해 살펴볼 것이다.

1) 타인

타인이 소비 상황에서 개인의 의사결정과 행동에 영향을 미치는 것은 우리 일상생활에서 쉽게 확인할 수 있다. 친구가 유행하는 최신형 핸드폰을 갖게 되었을 때 모방 소비 심리가 자극되어 꼭 필요하지는 않으나 충동적으로 동조 소비를 하는 경우가 그 예일 것이다. 이와 같은 모방행위는 소비자들이 소비자로서의 역할을 수행하는 데 필요한 지식, 기능, 태도를 습득하는 소비자사회화(consumer socialization) 과정에 해당한다(Moschis & Churchill, 1978).

소비자사회화에 영향을 미치는 주요한 작용인으로 알려져 있는 부모, 친구, 그리고 대중매체의 역할은 온라인 환경에서도 마찬가지로 중요하게 작용한다. 소셜 미디어와 같은 온라인 환경에서 친구와 같은 또래들과 소비와 관련하여 나누는 커뮤니케이션은 또래집단과의 유대감과 동일시의 강화를 통해 제품에 대한 태도와 구매의도 형성에 긍정적인 영향을 주는 것으로 나타났다(Wang, Yu, & Wei, 2012). 더 나아가 소비자들은 다른 소비자가 제품에 대해 평가하는 구매 후기나 댓글 등과 같은 단서를 통해 구매 결정에 영향을 받게 된다.

개인은 타인에 의해 소비와 관련된 의사결정에 영향을 받을 뿐만 아니라 소비 결정의 기준을 자신이 아닌 타인으로부터 찾기도 한다. 사람들은 남들 앞에서 체면을 의식하는 소비행동을 하기도 하는데, 이러한 소비자들은 자신의 평가보다 다른 사람의 평가에 더 많은 중요성을 부여한다. 자신의 부나 사회적 지위를 과시하기 위해 이에 상응하는 제품을 구매하기 위한 명분하에, 또는 소비를 통해 자신의 사회적 지위를 상승시키기 위해 유명상품의 제품만을 찾고 터무니없는 비싼 값을 지불하는 등 자신의 능력을 넘어서는 비합리적인 소비를 행하기도 한다.

타인을 의식하는 소비행동은 자기표현 및 이용자들 간의 상호작용의 창구로 활용되는 소셜 미디어의 등장으로 인하여 더욱 다양해지고 있다. 자신을 더 멋있고, 화려하고, 풍요롭게 보이기 위해 고급휴양지에서 여유를 만끽하는 사진이나 고급호텔을 다녀온 경험 후기를 SNS에 업로드하여 과시적인 자기제시를 하기도 한다. 자신의 사회적 이미지를 긍정적으로 나타내기 위한 인상관리 전략의 일환으로 친환경 제품 구매 경험을 공유하는 등 사회적으로 바람직한 소비행동을 보여 주기도 한다.

2) 매장의 사회적 환경

소비자들은 매장 내 제한된 공간 때문에 공간적 밀도(spatial density)가 높아져 자신의 움직임이 제약이 받는다고 느낄 수 있는 동시에, 주어진 매장 내 과다한 사람들로 인한 사회적 밀도(human density)로 쇼핑에 대한 즐거움과 만족도가 떨어질 수 있다(Eroglu & Machleit, 1990; van Rompay, Galetzka, Pruyn, & Garcia, 2008). 매장 환경 내에서 과다한 사람들로 인해 경험하는 주관적인 매장의 혼잡 정도를 사회적 혼잡성(social crowding)이라고 하며, 선행 연구에 따르면 소비자들은 사회적 밀도가 높은 매장에서 다른 사람들과의 뜻하지 않은 접촉과 상호작용으로 인해 개인행동의 제약과 사적 공간의 침해를 경험함으로써 불쾌한 감정과 스트레스를 경험한다(Maeng, Tanner, & Soman, 2013; O'Guinn, Tanner, & Maeng, 2015).

그러나 매장 내의 높은 사회적 밀도가 모든 소비자에게 부정적인 영향을 미치는 것은 아니다. 단체스포츠나 유흥오락과 같이 다른 사람들과 함께 하는 레저 여가 공간의 경우 다른 사람들의 존재가 쇼핑에 대한 만족감을 높이고 긍정적인 경험을 유발하는 것으로 나타났다(Machleit, Kellaris, & Eroglu, 1994; Pons, Laroche, & Mourali, 2006). 즉, 다른 사람들과 어울리고자 하는 사회적 동기가 중요하게 작용되는 제품 또는 서비스 소비 상황의 경우 사회적 밀도가 높은 환경은 오히려 소비자의 긍정적인 경험을 강화시킬 수 있다.

소비자들이 매장에 머무는 동안 접촉하게 되는 매장 내 판매원 역시 매장의 사회적 환경을 구성하는 인적 구성요인이다. 판매원은 소비자에게 정보원으로서 중요한 역할을 할 뿐만이 아니라 이들의 호의적이고 친절한 태도와 고객 응대는 쇼핑 만족도를 높이고 브랜드에 대한 긍정적인 인상을 심어 준다. 매장 내에서 판매원과의 물리적 인접성이 소비자로 하여금 수용(acceptance)의 감정을 높여 구매 의도를 높일 수 있다는 연구결과도 있다(Esmark & Noble, 2018). 반면, 판매원의 지나친 관심과 개입에 심리적 불편함을 느끼고 이를 부담스러워하는 소비자들도 존재한다. 이와 같이 방해받지 않고 혼자 조용히 하고 싶다는 소비자들이 늘어나는 가운데 비대면 서비스를 제공하는 무인 매장, 무인 테스트기, 무인 계산기(키오스크)와 같은 무인 시스템이 빠르게 확산되고 있다. 화장품 브랜드 이니스프리 매장에서는

[그림 9-4] AI 키오스크를 통해 운영되는 스마트 매장 예시

출처: https://www.chosun.com/economy/market_trend/2021/09/07/LNWFW7R5AZAEHN7JOV4OWBVWLY/

소비자가 매장 직원의 도움을 필요로 하는지를 알려 줄 수 있게끔 '혼자 볼게요' 또는 '도움이 필요해요' 라는 문구가 적힌 두 가지 종류의 바구니를 두어 소비자가 스스로 고를 수 있도록 하고 각자의 선택에 맞게 매장을 둘러볼 수 있도록 한다.

일방적으로 구매를 권유하는 매장 판매원의 태도와 과도한 응대는 소비자의 자율성을 위협하고 행동에 제약을 느끼게 하는 것으로 인식되므로 온라인에 능숙한 밀레니얼 세대의 소비 트렌드 변화에 발맞춰 도움을 원하는 소비자들에게 집중적으로 서비스를 제공하는 것이 긍정적인 매장 경험을 조성하는 데 도움이 될 것이다.

3) 사회적 배제 경험

사람들은 사회적 상호작용 과정에서 사회적 존재로서 타인과 관계를 맺고 자신이 사회적 가치를 가지는 것을 중요하게 여긴다. 그러므로 한 개인이 맺고 있는 사회적 관계에서 타인에게 거절이나 무시를 당하거나 관계 단절의 경험을 겪을 때 사람들은 소외감을 느끼고 삶의 안녕감이 감소한다. 이와 같은 전반적인 상황을 사회적 배제 경험이라고 하며, 사회적 배제를 경험한 사람들은 자신을 배제한 주체에 대하여 분노하고 공격적인 반응을 보이는 등 부정적이고 반사회적인 행동을 행하기도 한다(Twenge & Campbell, 2003).

반면, 사회적 배제를 경험한 사람들은 좌절된 관계적 욕구를 충족시키기 위해 타인으로부터 인정을 받고 사회와의 소속감을 강화시키려는 행동을 보이기도 한다. 사회적 관계를 회복하기 위한 사회적 재연결 욕구가 발현되기에 사회적 배제는 호의적이고 친사회적인 행동을 유발한다(Maner, DeWall, Baumeister, & Schaller, 2007). 사회적 배제 경험은 소비 패턴에도 영향을 미친다. 예를 들어, 사회적 배제를 경험한 소비자는 사회적 연결을 강화하기 위한 전략적인 동기로 인하여 사회적 집단 구성원임을 상징하는 제품에 대해 더 높은 구매 의도를 보이고, 결합되었던 과거를 추억할 수 있는 향수를 유발하는 제품을 선호한다(Loveland, Smeesters, & Mandel, 2010; Mead, Baumeister, Stillman, Rawn, & Vohs, 2011). 또한 일반 제품보다 의인화된 브랜드의 제품을 더 선호하였는데, 의인화된 제품과의 관계를 통하여 인간관계에 대한 욕구가 충족될 수 있기 때문이다(Chen, Wan, & Levy, 2017; Mourey, Jenny, & Carolyn, 2017). 하지만 이러한 소비자 행동은 소속 동기가 높거나, 일시적으로 배제를 경험했지만 사회적으로 다시 소속될 가능성이 높은 소비자 상황에서 일어날 수 있다.

그렇다면 자신이 다시 사회적으로 수용될 가능성을 높게 보지 않을 경우 어떨까? 이 경우 거절당한 자아를 보호하고 자신을 사회적으로 가치 있는 존재로 지각하기 위한 효능감의 동기가 발현되어 자기 스스로를 독특한 존재로 드러내고자 하는 소비 행위가 일어난다. 연구 결과에 따르면, 사회적 배제 경험은 타인과 구별되는 자신만의 고유한 특성을 나타낼 수 있는 제품이나 자주적인 성격을 가진 브랜드의 선택으로도 이어질 수 있으며(이병관, 손정식, 노환호, 임혜빈, 2020; 이병관, 윤태웅, 노환호, 임혜빈, 2019), 자신의 존재를 부각시키기 위해 과시적 소비를 하기도 한다(Lee & Shrum, 2012).

빈곤, 장애, 계층 간 차별과 불평등과 같은 사회경제적 영역에서 주로 다루어졌던 사회적 배제 경험은 최근 들어 포괄적이고 다차원적인 것으로 인식되며 현대인들의 일상생활에서 흔히 일어날 수 있는 경험이 되었다. 학교, 직장에서의 경쟁 심화를 비롯해 1인 가구의 증가와 디지털 정보 격차, 소셜 미디어를 통해 느끼는 상대적 박탈감, 팬데믹 상황으로 인한 사회적 거리두기의 장기화 등으로 인해 누구나 우리 사회 전반에서 사회적 배제를 직간접적으로 경험할 수 있게 된 것이다. 이와 같은 사회적 배제 경험의 증가는 극단적인 개인주의나 이기주의 팽배로 이어질 수 있는데, 특히 배제의 원인을 타인이 제공했다고 인식하거나 자신이 사회적으로 수용될 수 없다고 인식할 경우, 사회에 이익이 되는 목표를 추구하는 동기가 낮아지므로 개인의 이익 추구와의 충돌로 발전할 가능성이 높다.

3 시간적 관점

시간은 누구에게나 공평하게 흐르지만 이를 어떻게 바라보고 해석하느냐에 따라 시간이 주는 영향력은 달라진다. 시간은 소비자가 바라보는 관점의 대상이 될 수 있고, 가깝고 먼 거리감의 대상이 될 수 있으며, 제한이나 압박의 대상이 될 수 있다. 시간은 소비 맥락에 큰 영향을 끼치는 요인으로 시간의 활용은 중요한 마케팅 기법이 되었다. 마케터는 시간을 이용하여 새로운 고객층을 창출하기도 하고, 상황에 따라 특정 소비 행동을 유도하기도 한다. 예를 들면 고객이 많은 시간대에 런치메뉴와 같은 합리적인 가격의 제품과 서비스를 제공하기도 하지만 오히려 수요가 적은 브레이크 시간대에 할인혜택을 제공하여 잠재적인 고객층을 공략하기도 한다.

시간을 활용한 마케팅 전략은 시간적 제약이 적은 온라인 공간에서의 이커머스(e-commerce)가 활성화됨에 따라 더욱 활발히 활용되고 있다. 빅데이터에 의해 소비자 구매 패턴과 소비자를 공략할 수 있는 시간에 대한 분석이 정교해지면서 상황변수로서 시간을 활용하는 전략은 효율성과 차별화를 높일 수 있다.

1) 시간관

시간은 우리 모두에게 하루 24시간 동등하게 부여되지만 개개인들은 시간을 사용하는 방식이나 태도에 따라서 이를 각기 다르게 주관적으로 받아들이며 살고 있다. 과거, 현재, 미래에 대한 개인적이고 때로는 무의식적인 주관적인 태도를 시간관이라고 하며, 개인의 시간관에 따라 소비 행동이 다르게 나타난다(Zimbardo & Boyd, 2008). 얼마 전까지 우리나라에서 젊은 세대들 가운데에서 소비 트렌드 키워드였던 '인생은 한 번뿐'이라는 의미의 욜로(YOLO)가 있다. 이는 불확실한 먼 미래를 계획하는 대신 지금 당장의 행복과 즐거움에 집중하는 삶의 태도를 의미하는데, 욜로를 지향하는 소비자들은 현재를 중요하게 생각하는 현재지향적 시간관을 가지고 있는 것으로 이해할 수 있다. 욜로족이 하나의 트렌드로 자리 잡으면서 소비자들의 소비 패턴은 '해외에서 한 달 살기'와 같은 여행이나 자신에게 집중하는 쾌락적 가치를 내세우는 제품과 서비스를 찾는 형태를 보였다.

짐바르도와 보이드에 의하면 사람들의 시간관은 크게 과거긍정적 시간관, 과거부정적 시간관, 현재쾌락적 시간관, 현재숙명적 시간관, 미래지향적 시간관으로 분류되며 개인이 가지고 있는 시간관이 그들이 가지고 있는 생각, 감정, 그리고 행동을 예측할 수 있다고 밝혔다(Zimbardo & Boyd, 2008). 어떤 과거 시간관을 가지고 있는가에 따라 사람들은 자신의 과거에 대해 비관적이고 부정적인 태도를 갖기도 하고 긍정적인 태도를 갖기도 한다. 과거 긍정적 시간관을 가지고 있는 사람들은 행복한 추억을 떠올리며 현재의 삶을 건전하게 바라보기에 자존감과 정서적 안정감이 높은 편이다. 그렇기에 새로움을 찾기보다는 보수적인 성향이 강하고, 미래의 결과에 대해 더 신중하게 고려하는 특징을 가지고 있다. 반면, 과거부정적 시간관의 사람들은 충동조절능력과 자아통제력이 낮은 경향이 있다(Zimbardo & Boyd, 2000). 현재지향적 시간관은 주로 미래지향적 시간관과 함께 비교되어 논의되어 왔다. 현재지향적 시간관을 가진 사람들은 현재의 순간에 충실하기 위해 새로운 자극을 추구하고 작지만 즉각적인 만족과 보상을 더 선호한다(We & He, 2012). 미래지향적 시간관을 가지고 있는 사람은 미래의 성취를 위해 목표를 설정하고 계획하는 유형으로 자신의 적극적인 변화를 추구하며 발전할 기회를 얻고자 한다. 예를 들면, 건강을 위해 운동을 열심히 하거나 노후대비의 일환으로 절약과 투자를 열심히 실천한다. 이들은 당장의 즐거움을 줄 수 있는 작고 즉각적인 보상보다는 미래의 더 큰 보상을 선택할 가능성이 높았다(Wu & He, 2012).

이와 같이 사람들은 개인마다 과거, 현재, 미래 중 하나를 상대적으로 더 선호하는 성향이 있지만, 개인의 시간관은 때에 따라 또는 특정 상황에 의해 영향을 받아 변화할 수 있다

[그림 9-5] 얼굴나이 변환 기술을 이용해 노년기 얼굴을 보여 주는 페이스앱〉

출처: http://it.chosun.com/site/data/html_dir/2019/07/18/2019071801027.html

(Zimbardo & Boyd, 2015). 예를 들면, 자신이 나이 들었을 때의 모습을 보여 주는 '얼굴나이 변환(age-progression)' 가상현실기술을 통해 50년 후의 자신의 모습을 볼 수 있다면 미래에 대한 생각이 어떻게 변화하게 될까? 연구에 따르면, 이와 같은 기술이 젊은 사람들이 미래의 자신에 대해 더 구체적으로 생각할 수 있게 해 주어 은퇴 후의 삶을 대비하도록 유도할 수 있다고 한다. 실제로 노년의 자신을 본 젊은이들은 그렇지 않은 사람들에 비해 자신의 미래를 위해 더 많이 저축하겠다는 경향을 보였다(Hershfield et al., 2011). 젊은 세대에게 현재의 저축이 미래에 가져다주는 혜택과 보상의 가치를 인식하게 해 주어 미래준비적 삶을 준비할 수 있는 미래지향적 시간관을 습득하도록 유도하는 것이다.

2) 시간적 거리

내일과 같은 가까운 미래와 몇 년 후와 같은 먼 미래는 상이한 시간적 거리를 가진다. 만약 다른 조건들이 동일하다면, 내일 일어날 사건에 대해 느껴지는 심리적 거리는 가까운 반면, 몇 년 후에 일어날 일에 대한 심리적 거리는 멀다. 트롭과 리버만(Trope & Liberman, 2003)의 해석수준 이론(construal level theory)에 따르면 사람들은 자신이 인식하는 심리적 거리에 따라 사건이나 대상에 대해 다르게 인지하고 정보처리를 한다. 즉, 자신의 지각된 주관적 거리감에 따라 동일한 사건이나 대상에 대한 해석이 달라진다.

시간적 거리는 심리적 거리를 변화시키는 자극 중 하나로 시간적으로 먼 대상은 심리적으로 멀게 느껴진다는 것을 전제로 한다. 시간적 거리에 따른 해석 수준 연구는 공간적 거리, 사회적 거리, 확률적 거리와 같은 다양한 영역의 심리적 거리로 확장되어 연구되었다. 여기서는 시간이라는 소비자 행동 변수에 주목하여 시간적 거리에 대해서 살펴볼 것이다.

사람들은 시간적 거리가 가깝다고 느끼면 현실적인 면에 초점을 맞추게 되므로 훨씬 더 구체적이고 세부적인 방식으로 해석하는 경향을 보이게 된다(Trope, Liberman, & Waksak, 2007). 예를 들면, 내일 출발하는 여행과 같은 시간적 거리가 가까운 대상에 대해 사람들은 현실적인 상황을 구체적으로 떠올릴 것이다. 반면, 먼 미래에 일어날 시간적 거리가 먼 사건이나 대상에 대해서는 간단하고 추상적으로 해석한다(Trope et al., 2007).

해석수준 이론에서 설명하는 해석수준은 상위수준 해석과 하위수준 해석으로 구분되며, 상이한 방식의 해석수준은 서로 다른 속성을 강조하기 때문에 판단과 의사결정에 차이가 나타나게 된다(Trope & Lieberman, 2000). 시간적으로 먼 미래의 결과는 상위수준의 해석과정을 거치게 되는데 이는 행위의 핵심적이고 중심적인 속성, 즉 본질적 목적(why)을 중요하게 생각한다. 이와 같이 상위수준의 해석은 행위의 근원적인 목적에 가중치를 두므로 바람직성을 기준으로 판단하게 된다. 예를 들면, 먼 미래에 떠날 여행지에 가져갈 옷에 대해 떠올린다고 생각해 보자. 현 시점과 거리가 먼 미래에 떠날 여행에 대해서는 여행이라는 행위가 떠올리는 본질적인 즐거움이나 설렘에 기준하여 포괄적이고 추상적인 관점에서 사고하게 된다. 반면, 시간적으로 가까운 결과는 하위수준 해석을 하게 되고 이는 구체적이고 세부적인 속성에 가중치를 둔다. 가까운 미래(내일)에 떠날 여행에 가져갈 옷에 대한 선택을 내려야 한다고 생각해 보면 내일 날씨라든가 여행지까지의 이동수단, 함께 가는 사람들의 취향 등을 상세하게 검토하여 의사결정을 내리게 된다. 실행 과정과 방법에 집중하는 실행가능성(how)과 관련된 요소에 초점을 맞추게 되는 것이다.

해석수준 이론을 소비자 설득 맥락에 적용시켜 보면 시간적 거리에 따른 소비자 제품 선호와 평가 및 선택 행위를 이해할 수 있다. 지각하는 시간적 거리에 따라 소비자가 중요하게 여기는 속성이 상이하기 때문에 주어지는 제품 구매 및 소비 상황에서 광고 메시지가 어떤 제품의 속성을 강조하는 것이 더 적합할지에 대한 함의를 제공할 수 있다(Dhar & Kim, 2007; Trope & Liberman, 2000). 예를 들면, 가까운 시일에 구매 또는 소비하게 될 제품에 대해서는 제품의 구체적이고 세부적인 특성을 강조한 메시지가 더 선호될 것이다. 구체적으로 행동을 촉발시키는, 즉 소비자의 구매를 자극하는 즉석 할인쿠폰을 제공하는 판매촉진전략이 효과적일 수도 있다. 반면, 먼 미래에 구매하거나 소비할 제품에 대해서는 제품이 가진 바람직성을 고려하여 제품의 핵심적인 기능이 개선되거나 기능이 추가적으로 제공되는 제품을 더 선호할 수 있다. 이는 시간적 거리와 해석수준이 매칭될 때 매칭효과(matching effect)로 인하여 소비자의 선호가 가장 커질 수 있다는 것을 시사한다. 소비자가 인식하는 시간적 거리에 따라 광고 메시지에서 어떤 속성을 강조해야 하는지 메시지 표현 방식(framing)에 대한 고려가 필요할 것이다.

3) 시간 압박

소비자가 구매 및 소비행동을 수행하는 데 필요한 시간을 소비자가 얼마나 가지고 있는가는 소비자 구매의사결정에 영향을 미치는데, 소비자가 시간에 부족함을 느끼는 주관적인 심리상태를 시간 압박(time pressure)이라고 한다(Howard & Sheth, 1969). 시간 압박은 제품의 희소성 가치를 높이기 위한 방법으로 판매촉진전략에서 빈번하게 활용되어 왔다. 예를 들면, '오늘 단 하루만 한정 판매' 같은 시간 희소성 마케팅 메시지는 소비자가 제품을 구매할 수 있는 시간을 한정시켜 소비자로 하여금 시간압박감을 느끼게 함으로써 구매 심리를 자극하고 해당 제품에 대한 가치를 높이고자 하는 전략이다. '브랜드 데이' 행사나 온라인 쇼핑몰 11번가의 '십일절 특가'와 같이 브랜드가 자신의 콘셉트에 맞는 특정 기간, 특정 날짜, 또는 특정 시간대를 지정해 특별한 가격 또는 혜택을 제시하는 전략도 시간 제약을 활용한 것이다. 이와 같이 시간 압박을 활용한 메시지 전략은 소비자의 구매 욕구를 자극시켜 실질적인 구매를 유도하는 데 효과적인 수단이지만, 시간 제약이 주어진 상황에서 소비자들은 계획하지 않은 충동구매를 하기도 하고, 자신의 성급한 구매 결정에 대해 후회를 하기도 한다. 시간적 제한이 주어진 구매 및 소비 환경은 소비자의 사고와 의사결정에 어떻게 영향을 미치는 것일까?

시간 압박을 느끼는 소비자는 탐색시간이 부족하므로 정보탐색에 들이는 시간을 최소화하고자 하며 의사결정을 단순화하는 전략을 사용한다(Svenson & Maule, 1993). 이는 소비자로 하여금 휴리스틱(heuristic)에 기반한 판단과 의사결정을 내리게 한다. 단순한 정보처리로 인하여 제품에 대한 정보탐색이 제한적이므로 구매할 수 있는 시간이 한정된 제품의 가치를 무조건 높게 평가하기도 한다. 구매의사결정의 불확실성과 위험을 감소시키기 위해 기존의 구매행동을 바꾸려 하기보다는 과거의 구매 행동을 반복하는 경향이 나타난다. 이로 인해 시간 압박은 소비자로 하여금 가능한 익숙한 제품과 인지도 있는 브랜드를 구매하도록 할 것이다. 하지만 과도한 시간 압박을 받는 소비자는 구매를 결정하는 데 충분한 시간을 갖지 못하기 때문에 인지적으로는 과부하를 경험하기도 하고 자유에 대한 위협을 느껴 부정적인 감정을 느낄 수도 있다(Brehm, 1966; Hahn, Lawson, & Lee, 1992). 더군다나 시간 압박 마케팅 메시지에 자주 노출된 소비자가 늘어나면서 이와 같은 소구가 무조건 제품의 희소가치를 증대시킨다고 보기 어려울 것이다.

이에 따라 최근에 이르러 시간에 쫓기는 소비자들에게 구매와 소비에 필요한 충분한 시간을 제공하는 마케팅 전략도 각광받고 있다. 스타필드와 같은 대형 복합쇼핑몰은 소비자들에게 볼거리, 먹을거리, 놀거리 등 다양한 체험 기회를 제공하고, 넓고 편리한 주차시설을 제공하며, 그들이 오랫동안 자유롭게 시간을 보내도록 한다. 이와 같은 공간은 개방되고 쾌적한 환경과 편의성을 제공하며 고객 체류 시간의 최대화를 목표로 한다. 시간의 가치가 증가함에 따라 소비자들에게 여유와 힐링의 가치를 제공하여 쇼핑의 만족도를 높이고 구매 결정의 질을 향상시킬 수 있는 기존 매장과 차별화된 환경을 조성하는 것을 목표로 한다.

4 과제 규정

과제 규정(task definition)이란 소비자에게 주어진 과제적 상황으로 소비자가 제품과 서비스를 구매하고 소비하도록 하는 욕구를 일으키는 이유를 말한다. 이는 특정 제품과 서비스가 사용되고 소비되는 의도와 목적 또는 상황 맥락과 밀접하게 관련되어 있다. 예를 들면, 자신이 혼자 사용하기 위한 제품과 여럿이서 함께 사용하는 제품에 따라 중요하게 고려되는 제품의 속성은 다르다. 내가 혼자 사용하는 제품에 대해서는 자아 표현이나 개성 추구가 구매 선택 기준이 될 수 있겠지만, 다른 사람들과 함께 사용할 제품에 대해서는 그렇지 않을 가능성이 높다.

소비자에게 주어지는 과제는 소비자 개개인에게 제기된 역할과 소비자들의 역할 간 관계에 따른 상황을 반영하기도 한다. 소비자가 맡고 있는 역할에 따라 소비자를 문제 제기자(initiator), 영향자(influencer), 결정자(decider), 구매자(buyer), 그리고 사용자(user)와 같은 다양한 역할로 분류할 수 있다(Brassington & Pettitt, 2000). 소비자 하나가 모든 역할을 수행하는 경우도 있지만 반드시 그렇지만은 않다. 제품 구매에 대한 의사결정을 내리는 소비자가 반드시 그 제품을 구매하는 대상이 아닐 수 있고, 구매하는 구매자 자신이 항상 자신이 구매한 제품을 직접 사용하지 않을 수 있다. 예를 들면, 키즈 상품의 구매를 결정하고 직접 구매를 하는 것은 부모이지만 실제로 상품의 이용자는 아이들이다.

다수의 연구들이 구매자와 사용자가 불일치하는 상황과 역할 간 관계에 따른 상황에 대해 주목하였고 그 대표적인 예로 자기 사용을 위한 구매(personal use)와 타인에게 선물을 주기 위한 구매(gift-giving)를 비교하였다. 연구들에서 소비자가 과제적 상황에 따라 제품 선택을 위한 다른 고려 기준을 가지고 있으며 이에 따라 구체적인 소비 행동에서 차이를 보이고 있음이 검증되었다.

1) 사용 상황

당신이 살아가는 데 있어 꼭 필요한 생필품을 구매하는 상황이라고 가정해 보자. 당신은 어떤 기준으로 구매를 결정할 것인가? 아마도 실용적인 욕구를 충족시키는 효용성이 높은 제품을 고를 가능성이 높다. 반면, 즐거움을 얻기 위해 구매하는 와인이나 여행상품과 같은 제품은 감각적인 매력을 수반하거나 정서적인 쾌감을 충족시키는 속성이 더 중요하게 여겨질 것이다.

제품과 서비스가 사용되는 상황은 단순히 제품의 속성이나 물리적 특성으로부터 규정되기도 하지만 이에 대한 소비자 개개인의 니즈에 따라 달라진다. 예를 들면, 속이 좋지 않을 때 부드러운 음식을 섭취하기 위한 목적으로 죽이나 수프를 찾는 사람이 있는 반면, 누군가는 아침식사 대용이나 식사 전 입맛을 돋워 주는 에피타이저로 사용한다. 똑같은 제품일지라도 소비자들이 소비하고 사용하는 상황에 따라 이들이 제품의 어떤 특성을 중점적으로 고려하고 선호하느냐에 영향을 미친다. 그리고 소비자의 개개인의 기호에 맞춘 마케팅을 실행하기 위하여 마케터는 자사 제품이나 브랜드가 특정 상황에서 소비되고 사용되는 것과 관련지어 시장을 세분화하고 포지셔닝(positioning) 전략을 수립한다.

소비자의 사용상황은 제품과 브랜드 선택과 같이 밀접하게 관련된 소비자 행동에 영향을 미칠 뿐만이 아니라, 후속 행동에도 영향을 미칠 수 있음이 밝혀졌다. 연구에 따르면, 기본적인 생활을 영위하는 데 있어 꼭 필수적이지 않은 쾌락재를 구매할 경우 소비자들은 죄책감을 크게 느끼는 경향이 있으므로 이를 해소하기 위한 이타적인 소비행동을 할 가능성이 높다(박은아, 권윤수, 2016). 쾌락재를 구매하여 사용하는 소비자의 심리적인 비용인 죄책감을 낮춰 주기 위해 기부와 같은 친사회적 행위를 연결시키는 공익연계 마케팅이 효과적일 수 있는데(서해진, 송태호, 2019), 이는 제품의 사용상황과 기저에 깔린 소비자 심리를 반영한 마케팅 전략이다.

2) 소비자 역할

특정 제품이나 서비스를 구매하는 의도와 목적에 영향을 미치는 요인 중 하나는 소비자에게 정의된 과제적 역할이다. 소비자 개개인에게 주어진 역할 또는 소비 상황에서 대상이 되는 소비자들의 역할 간 관계는 제품이 구매되고 사용되는 상황적 맥락을 규정한다. 구매하는 주체와 사용하는 주체가 동일한 상황, 즉 자기 자신을 위해 물건을 구매할 때는 자신의 정체성을 드러내기 위한 제품이나 브랜드를 구매한다. 그러나 다른 사람에게 선물을 주기 위해 제품을 구매하는 상황일 때는 선물을 받는 사람의 기호와 선호도를 고려해야 하기 때문에 반드시 자신의 정체성과 일치하는 제품을 선택하지 않을 수도 있다(Ward & Broniarczyk, 2011). 더 나아가 선물을 주는 사람이 누구인지, 받는 사람은 누구인지, 그리고 그들이 선물을 주고받는 동기, 관계나 심리적 친밀도에 따라 또 다른 다양한 요소들이 작용할 것이다. 예를 들어, 오래된 친한 친구의 생일을 축하하기 위해 부담 없는 작은 선물을 주는 상황과 직장 동료에게 감사의 의미로 답례품을 주는 상황은 행동에 대한 동기가 다르다. 구매를 하는 주체와 사용을 하는 주체가 구분되는 선물 상황에서 각자에게 부여된 역할에 따라 추구하는 제품의 특성이 변할 수 있다. 연구에 의하면, 가족이나 친구와 같은 친밀도가 높은 대상에 대해서 선물 구매자는 실용성이 높은 선물을 선호하고, 선물을 받는 사람 역시 주는 사람의 의도에 맞게 실질 사용에 초점을 맞춘 선물을 선호한다. 반면, 친밀도가 낮은 관계에서는 선물을 주는 사람과 받는 사람 모두 서로에 대한 부정적 반응을 최소화시키기 위하여 바람직성이 높은 선물을 선호한다(유인식, 이동명, 진로, 2019).

5 선행 상태

선행 상태(antecedent state)는 소비자가 구매 행동을 하기 전 선행하는 상황을 의미하며 이는 소비자가 경험하게 되는 생리적 · 인지적 · 감정적 상태를 포함한다. 이와 같은 소비자의 선행 상태는 그들의 구매 행동에 영향을 미치게 되는데 개인의 습관 또는 기질적인 내적 특성보다는 배고픔, 갈증, 피로와 같은 일시적인 생리 상태나 신체적 상태 또는 기분과 같은 심리상태를 의미한다. 예를 들어, 사람들은 배고픔을 느낄 때 당장 식욕을 해소하고자 하는 마음이 강해져 음식에 대해 충동구매를 할 가능성이 높다. 공복 상태로 마트를 가게 되면 공복감에 계획했던 것보다 많은 식료품을 구매할 가능성이 높은 이유다.

소비자가 어떠한 기분 상태에 있느냐는 소비자의 행동에 영향을 미치는 것으로 알려져 있다. 일반적으로 사람들은 기분이 좋을 때 호의적인 평가를 내리는 경향이 있으며, 기분이 좋은 원인과 평가하는 대상 간의 관련성이 없음에도 불구하고 이러한 현상이 나타나기도 한다. 특히 구매시점에서의 소비자의 구매행동에 영향을 미치는 것으로 보고되고 있는데, 매장 환경에 의해 긍정적 기분이 유발된 소비자는 구매 의도가 증가한다는 연구결과가 있다(Donovan & Rossiter, 1982). 마찬가지로, 긍정적인 기분을 유발하는 TV 프로그램이나 동영상 콘텐츠를 볼 때 이와 함께 노출된 광고에 대한 태도가 긍정적으로 나타날 수 있다. 이와 같은 광고 효과에 대한 설명은 기분 또는 감정전이 이론(mood or emotion transfer theory)을 다룬 다수의 선행연구에 의해서도 다루어졌다.

소비자의 기분에 따라 정보처리결과가 달라진다는 무드일치 효과(mood congruency effect)에 따르면 소비자가 기쁨 또는 행복과 같은 긍정적인 기분을 느낄 때 긍정적인 정보에 더 주의를 기울이는 반면, 슬픔 또는 우울함과 같은 부정적인 기분을 느낄 때 부정적인 정보에 더 주의를 기울이는 성향을 설명한다. 하지만 기분관리 이론(mood management theory)에 따르면 사람들은 일반적으로 부정적인 기분이라는 불편한 상태를 개선하고자 노력하기 때문에 반드시 부정적인 광고태도가 형성되지는 않는다. 휴리스틱 정보처리가 일어나게 되는 긍정적인 기분 상태의 소비자와는 달리, 부정적인 기분 상태의 소비자는 자신의 기분을 관리하기 위한 전략적 노력의 일환으로 체계적인 정보처리를 하게 되기에 자신의 기분을 그대로 광고에 대한 판단에 주입하지 않을 수도 있다(양병화, 이정석, 김상원, 2014).

요약

1. 구매 상황에서의 다양한 상황적 요소는 소비자의 구매의사결정에 영향을 미친다.

2. 벨크에 따르면 소비자 상황이란 특정한 시간과 장소에서 관찰되는 명백하고 체계적인 영향을 미치는 외적 요인으로, 물리적 환경, 사회적 환경, 시간적 관점, 과제 규정, 선행 상태로 분류될 수 있다.

3. 매장 내의 다양한 물리적 요소들(음악, 향기, 온도, 배치, 진열방식 등)은 소비자의 감각 기제를 통해 소비자 지각에 영향을 줄 수 있다. 매장 내 다양한 환경적 요소가 조화를 이루어 통일된 분위기를 형성할 때 더욱 효과적인 마케팅이 될 수 있다.

4. 감각마케팅은 매장 내 물리적 요소를 활용한 마케팅으로 감각적 요소를 통해 소비자가 호의적인 태도를 형성하고, 구매를 촉진하며 브랜드 정체성을 확립하는 방식으로 활용될 수 있다.

5. 개인을 둘러싼 사회적 환경들(타인, 매장 내 사회적 환경, 사회적 배제 경험)은 다양한 방식의 상호작용과 관계 형성을 통해 소비 상황에서의 의사결정과 행동에 직·간접적 영향을 미친다.

6. 시간에 대한 관점(시간관, 시간적 거리, 시간 압박)에 따라 시간이 소비 상황에 미치는 영향은 달라진다. 시간에 대한 분석이 정교해지면서 상황변수로 시간을 활용한 마케팅을 통해 효율성과 차별성을 높일 수 있다.

7. 소비자가 어떠한 시간관을 중심으로 하는지, 시간적 거리가 가깝거나 멀다고 느끼는지, 시간적 압박을 어떻게 받아들이는지에 따라 소비 맥락이 달라질 수 있다.

8. 소비자가 제품과 서비스를 소비하게 되는 목적과 의도인 과제 규정은 소비자가 물건을 구매하는 목적에 따라 달라지며, 구매 후 행동에도 영향을 미칠 수 있다.

9. 소비자가 구매 행동을 하기 전 상황인 선행 상태들(생리적 · 인지적 · 감정적)도 소비자의 내적 상태와 다르게 구매 행동에 영향을 미칠 수 있다. 생리적 부족함이나 감정적인 부분을 관리하기 위한 전략적 노력으로 구매 행동을 이용할 수 있다.

참고문헌

박은아, 권윤수(2016). 단순 할인과 기부 연계 할인의 효과 비교: 이타성, 제품유형에 따른 차이. 한국심리학회지: 소비자·광고, 17(4), 851-873.

서해진, 송태호(2019). 공익연계마케팅의 양면적 특성과 메시지 프레임의 효과에 관한 연구: 제품 유형의 조절 효과. 경영학연구, 48(2), 435-462.

양병화, 이정석, 김상원(2014). 프로그램 전후 및 중간광고에서의 무드효과와 감정모호성에 관한 실험연구: 휴리스틱 및 체계적 처리의 상호작용. 한국심리학회지: 소비자·광고, 15(4), 527-557.

유인식, 이동명, 진로(2019). 선물의 역할 (giver-receiver) 에서 관계적 특성이 해석 수준 (construal level) 선호도 차이에 관한 연구. 소비자학연구, 30(4), 45-63.

이병관, 손정식, 노환호, 임혜빈(2020). 소비자의 사회적 배제(Social Exclusion) 경험이 자주적 브랜드 전략에 대한 평가에 미치는 영향. 한국심리학회지: 소비자·광고, 21(3), 425-451.

이병관, 윤태웅, 노환호, 임혜빈(2019). 한국형 사회적배제경험척도개발 및 타당화 연구. 한국심리학회지: 소비자·광고, 20(1), 127-152.

Anna, S., & Jochen, W. (2001). Congruency of scent and music as a driver of in-store evaluations and behavior, *Journal of Retailing, 77*(2), 273-289.

Belk, R. W. (1975). Situational variables and consumer behavior. *Journal of Consumer Research, 2*(3), 157-164.

Brassington, F., & Pettitt, S. (2000). *Principles of marketing* (Vol. 134). Financial Times Prentice Hall.

Brehm, J. W. (1966). A theory of psychological reactance.

Castro, I., Morales, A., & Nowlis, S. (2013) The influence of disorganized shelf displays and limited product quantity on consumer purchase. *Journal of Marketing, 77*(4), 118-133.

Chen, R. P., Wan, E. W., & Levy, E. (2017). The effect of social exclusion on consumer preference for anthropomorphized brands. *Journal of Consumer Psychology, 27*(1), 23-34.

Dhar, R., & Kim, E. Y. (2007). Seeing the forest or the trees: Implications of construal level theory for consumer choice. *Journal of Consumer Psychology, 17*(2), 96-100.

Eroglu, S. A., & Machleit, K. A. (1990). An empirical study of retail crowding: Antecedents and consequences. *Journal of Retailing, 66*(2), 201-221.

Esmark, C. L., & Noble, S. M. (2018). Retail space invaders: When employees' invasion of customer space increases purchase intentions. *Journal of the Academy of Marketing Science, 46*(3), 477-496.

Hahn, M., Lawson, R., & Lee, Y. G. (1992). The effects of time pressure and information load on decision quality. *Psychology & Marketing, 9*(5), 365-378.

Hershfield, H. E., Goldstein, D. G., Sharpe, W. F., Fox, J., Yeykelis, L., Carstensen, L. L., &

Bailenson, J. N. (2011). Increasing saving behavior through age-progressed renderings of the future self. *Journal of Marketing Research, 48*(SPL), S23-S37.

Hong, J., & Sun, Y. (2012). Warm It Up with Love: The Effect of Physical Coldness on Liking of Romance Movies. *Journal of Consumer Research, 39*(2), 293-306.

Howard, J. A., & Sheth, J. N. (1969). The theory of buyer behavior. New York, 63.

Lee, J., & Shrum, L. J. (2012). Conspicuous consumption versus charitable behavior in response to social exclusion: A differential needs explanation. *Journal of Consumer Research, 39*(3), 530-544.

Lee, S. H. M., Rotman, J. D., & Perkins, A. W. (2014). Embodied cognition and social consumption: Self-regulating temperature through social products and behaviors. *Journal of Consumer Psychology, 24*(2), 234-240.

Loveland, K. E., Smeesters, D., & Mandel, N. (2010). Still preoccupied with 1995: The need to belong and preference for nostalgic products. *Journal of Consumer Research, 37*(3), 393-408.

Machleit, K. A., Kellaris, J. J., & Eroglu, S. A. (1994). Human versus spatial dimensions of crowding perceptions in retail environments: A note on their measurement and effect on shopper satisfaction. *Marketing Letters, 5*(2), 183-194.

Maeng, A., Tanner, R. J., & Soman, D. (2013). Conservative when crowded: Social crowding and consumer choice. *Journal of Marketing Research, 50*(6), 739-752.

Maner, J. K., DeWall, C. N., Baumeister, R. F., & Schaller, M. (2007). Does social exclusion motivate interpersonal reconnection? Resolving the "porcupine problem". *Journal of Personality and Social Psychology, 92*(1), 42.

Mead, N. L., Baumeister, R. F., Stillman, T. F., Rawn, C. D., & Vohs, K. D. (2011). Social exclusion causes people to spend and consume strategically in the service of affiliation. *Journal of Consumer Research, 37*(5), 902-919.

Merchant, A., Rose, G., & Rose, M. (2014). The impact of time orientation on consumer innovativeness in the United States and India. *Journal of Marketing Theory and Practice, 22*(3), 325-338.

Milliman, R. E. (1982). Using background music to affect the behavior of supermarket shoppers. *Journal of Marketing, 46*(3), 86-91.

Milliman, R. E. (1986). The influence of background music on the behavior of restaurant patrons. *Journal of Consumer Research, 13*(2), 286-289.

Moschis, G. P., & Churchill, G. A. (1978). Television and interpersonal influences on adolescent consumer learning. *Journal of Consumer Research, 6*, 23-35.

Mourey, J. A., Jenny, G. O., & Carolyn, Y. (2017). Products as Pals: Engaging with Anthropomorphic Products Mitigates the Effects of Social Exclusion. *Journal of Consumer*

Research, *44*(2), 414-431.

O'Guinn, T. C., Tanner, R. J., & Maeng, A. (2015). Turning to space: Social density, social class, and the value of things in stores. *Journal of Consumer Research, 42*(2), 196-213.

Parker, P. M., & Tavassoli, N. T. (2000). Homeostasis and consumer behavior across cultures. *International Journal of Research in Marketing, 17*(1), 33-53.

Pons, F., Laroche, M., & Mourali, M. (2006). Consumer reactions to crowded retail settings: Cross-cultural differences between North America and the Middle East. *Psychology & Marketing, 23*(7), 555-572.

Roslow, S., Li, T., & Nicholls, J. A. F. (2000). Impact of situational variables and demographic attributes in two seasons on purchase behaviour. *European Journal of Marketing, 34*(9/10), 1167-1180.

Steele, A. T. (1951) Weather's effect on the sales of a department store. *Journal of Marketing, 15*(4), 436-443.

Svenson, O., & Maule, A. J. (Eds.). (1993). Time pressure and stress in human judgment and decision making. Springer Science & Business Media.

Trope, Y., & Liberman, N. (2000). Temporal construal and time-dependent changes in preference. *Journal of Personality and Social Psychology, 79*(6), 876-889.

Trope, Y., & Liberman, N. (2003). Temporal construal. *Psychological Review, 110*(3), 403-421.

Trope, Y., Liberman, N., & Wakslak, C. (2007). Construal levels and psychological distance: Effects on representation, prediction, evaluation, and behavior. *Journal of Consumer Psychology, 17*(2), 83-95.

Twenge, J. M., & Campbell, W. K. (2003). "Isn't it fun to get the respect that we're going to deserve?" Narcissism, social rejection, and aggression. *Personality and Social Psychology Bulletin, 29*(2), 261-272.

Van Rompay, T. J., Galetzka, M., Pruyn, A. T., & Garcia, J. M. (2008). Human and spatial dimensions of retail density: Revisiting the role of perceived control. *Psychology & Marketing, 25*(4), 319-335.

Van Rompay, T. J., De Vries, P. W., Bontekoe, F., & Tanja-Dijkstra, K. (2012). Embodied product perception: Effects of verticality cues in advertising and packaging design on consumer impressions and price expectations. *Psychology & Marketing, 29*(12), 919-928.

Ward, M. K., & Broniarczyk, S. M. (2011). It's not me, it's you: How gift giving creates giver identity threat as a function of social closeness. *Journal of Consumer Research, 38*(1), 164-181.

Wang, X., Yu, C., & Wei, Y. (2012). Social media peer communication and impacts on purchase intentions: A consumer socialization framework. *Journal of Interactive Marketing, 26*(4), 198-

208.

Wu, C. Y., & He, G. B. (2012). The effects of time perspective and salience of possible monetary losses on intertemporal choice. *Social Behavior and Personality: An International Journal, 40*(10), 1645-1653.

Zimbardo, P., & Boyd, J. (2008). *The time paradox: The new psychology of time that will change your life.* Simon and Schuster.

Zimbardo, P. G., & Boyd, J. N. (2015). Putting time in perspective: A valid, reliable individual-differences metric. In *Time perspective theory; review, research and application* (pp. 17-55). Springer, Cham.

확산과 구전 커뮤니케이션

얼마 전까지 이어폰은 유선이 당연했고, 휴대폰에 포함되는 하나의 구성품이었다는 것을 알고 있는가? 2016년에 1세대 에어팟이 출시되었을 때만 해도 '돈 주고 이어폰을 왜 사야 하냐!'며 반발하는 소비자들이 대다수였다. 지금은 어떤가? 2023년 기준, 20대의 83%가 다양한 브랜드의 무선 이어폰을 쓰고 있다. 물론 연령이 높아질수록 무선 이어폰의 점유율은 떨어지지만, 60대의 경우에도 44%가 무선 이어폰을 사용하고 있다. 전체 평균으로 볼 때 2020년에는 성인의 41%만 사용하였으나, 2023년에 이미 56%를 넘어섰고, 앞으로 계속해서 무선 이어폰 사용자는 꾸준히 늘어날 것으로 보인다. 이처럼 어떤 것이 사람들 사이에서 퍼져나가는 것을 확산이라고 한다. 무선 이어폰처럼 새로운 유형의 제품뿐만 아니라 인스타그램이나 넷플릭스와 같은 서비스, 임직원의 '복장 자율화'(예: 반바지 착용 가능)와 같은 사고방식이나 가치도 확산될 수 있다.

이 장에서는 '어떤 것이 어떤 사람들에게 그리고 어떤 사회나 환경에서 더 빠르게 확산되는가?' '무언가를 더 빠르게 확산시키려면 어떤 노력을 해야 하는가?'에 관한 이론과 원리를 설명하고, 심리학적 관점에서 이러한 이론과 원리를 어떻게 활용할 것인가를 집중적으로 다룬다. 더 나아가, 마케팅 측면에서 중요한 구전 커뮤니케이션, 즉 소비자들이 자발적으로 제품에 관한 정보를 확산시켜 나가는 과정을 체계적으로 살펴보고, 다른 사람들의 구매 결정에 결정적인 영향을 미칠 수 있는 대인 영향력자의 유형을 비교하여 살펴볼 것이다.

확산(diffusion)은 한 영역 안에서 어떤 물질이 퍼져 나가는 것을 의미하며, 물리적인 관점에서 그 '물질의 농도(혹은 밀도)가 높은 영역에서 낮은 영역으로 원자나 분자가 이동하여 전체 영역의 농도 차이가 시간에 지남에 따라 감소하여 균형(즉, 차이=0)에 도달하는 현상'을 말한다. 예를 들어, 흔히 실내용 방향제를 디퓨저(diffuser)라고 부르는데, 새로 산 디퓨저를 책상 위에 올려 두었을 때, 얼마 지나지 않아 향이 방 전체에 골고루 퍼지는 현상이 바로 확산이다. 특히, 확산은 분자의 이동이 모든 방향으로 무질서하게 그리고 서서히 이루어진다는 점에서, 압력에 의해 한 방향으로 분자를 빠르게 이동시키는 분출(effusion)과 구분된다. 예를 들어, 옷에 밴 음식 냄새를 제거하기 위해 섬유 탈취제를 특정 부위에 뿌리는 것과 같다.

소비자 행동의 관점에서 확산은 어떤 정보나 메시지, 혁신적인 제품이나 서비스, 그리고 아이디어나 스타일 등과 같은 것이 특정 지역이나 사회 구성원에게 퍼져 나가는 것을 말한다. 예를 들어, 틱톡의 어떤 영상 클립이 화제가 되어 사람들로부터 사람들에게 공유가 되어 가는 과정, 특정 챌린지에 참여하는 사람이 늘어 가는 과정, 넷플릭스에서 어떤 콘텐츠가 Top 10으로 올라가고, 한국뿐만 아니라 동남아시아, 북미 등 다른 지역에서도 점차 Top 10 안에 들면서 K-콘텐츠가 전 세계로 퍼져 나가는 과정 역시 확산이다. 덧붙여 태블릿이나 스마트워치 구매자가 늘어나는 것도 확산이며, 혼밥, 혼술, 혼행 같은 새로운 소비 트렌드도 확산의 일종이다.

1 확산 과정

확산은 과정이다. 어떤 한 시점의 변화나 상태에 국한된 것이 아니라, 비교적 긴 시간에 걸친 변화의 과정을 다룬다. 즉, 어떤 물질(정보, 제품, 아이디어 등)이 등장한 시점에서부터 그것이 특정 지역이나 사회의 소비자에게 골고루 퍼져 나가는 시점에 이르기까지의 모든 과정을 다룬다.

또한 확산은 어떤 물질이 일정한 비율(농도)로 골고루 퍼져 나가는 것이지 모두가 같은 분자로 대체(혹은 획일화)되는 것이 아니다. [그림 10-1]과 같이 물에 초록색 잉크가 골고루 퍼져 나가 초록색 물이 되는 것이지, 물이 초록 잉크로 대체되는 것이 아니다. 즉, 초기에는 소수의(혹은 일부의) 소비자만 하는 특이한(혹은 예외적인) 행동이었으나, 이후 이러한 행동을 하는 소비자가 점차 늘어 일반적인(혹은 평범한) 행동이 되는 것을 확산이라고 한다. 여기

[그림 10-1] **확산 과정**

서 '일반적'이라는 개념을 명확하게 정의하기는 어렵지만, 종종 그 행동을 하는 사람이 그 사회의 다수(majority)가 될 때를 의미한다. 예를 들어, 대한민국 성인 남성의 흡연율이 1990년대 후반에는 60%를 넘었지만 최근에는 34%로 줄었다. 따라서 90년대에는 흡연자가 다수였지만 최근에는 비흡연자가 다수인 것으로 보아 금연(또는 비흡연-노담)이 확산하는 것으로 볼 수 있다. 같은 맥락에서, 최근에 문신(tatoo)한 사람들이 늘고 있으나 사회적 다수가 문신한 것은 아니기에 문신은 여전히 예외적인 현상에 지나지 않는다. 물론 문신도 확산해 나가는 중일 수 있으나 그것은 특정 세대나 집단(계층)에 국한된 것일 수 있다.

마지막으로, 확산은 소비자가 자발적으로 수용하는 것이다. 소비자가 누군가로부터 강제되어 억지로 그 행동을 한 것이라면 그것은 확산이 아니다. 예를 들어, 유튜브 앱은 소비자가 직접 자신의 스마트폰에 설치하기 때문에 확산된 것이다. 하지만 아이폰에 자동으로(즉, 강제로) 설치되는 'safari' 앱은 확산된 것이 아니다. 때때로 기업은 제품 또는 서비스를 확산시키기 위해 소비자에게 특별한 혜택을 제공하거나 소비자들에게 영향력 있는 사람(유명인 또는 인플루언서)의 추천을 이용하기도 하지만, 더 많은 소비자가 자발적으로 그 제품이나 서비스를 이용하지 않는다면 확산에 성공하기는 어렵다.

이와 같은 소비자의 자발성은 디지털 미디어의 발달에 힘입어 새로운 차원의 확산 과정을 이끌고 있다. 과거에는 소비자를 확산의 대상으로서 '수동적인 수용자'로 간주해 왔으나, 최근의 소비자는 SNS를 비롯한 다양한 미디어 플랫폼을 활용하여 다른 소비자에게 확산을 전파하는 '능동적인 참여자'일 뿐만 아니라, 어떤 소비자는 콘텐츠 창조자(예: 유튜버)로 확산의 시초가 되기도 한다.

1) 확산 이론에 관한 아이디어

확산에 관한 고전적인 아이디어는 낙수(trickle-down) 효과로 설명할 수 있다. 미국에서 파티할 때 종종 여러 개의 샴페인 잔을 탑처럼 쌓고 꼭대기에 있는 잔부터 샴페인을 부어 바닥에 놓인 잔까지 채우는 퍼포먼스를 하는데, 맨 꼭대기 잔에서 넘쳐흐르는 물이 바닥까지 적시는 것을 낙수(또는 적하) 효과라 한다. 이것은 파티 농담에서 시작된 경제 용어로, '상류층(또는 대기업)의 경제적 성과가 저소득층이나 낙후 지역 또는 영세기업까지 혜택으로 돌아가 총체적으로 경기가 활성화되는 것'을 뜻한다. 확산의 측면에서 보면, 상류층의 문화나 생활양식(패션, 식생활, 여가)이 일반대중에게 퍼져 나가는(흘러내리는) 현상을 설명할 수 있다. 다만, 이 아이디어는 위계적 계층에만 적용되는 한계가 있으며, 확산 원리나 과정에 대한 체계적인 설명이 어렵다.

라자스펠드, 비어슨 그리고 고데트(Lazarsfeld, Berelson, & Gaudet, 1944)가 제안한 매스커뮤니케이션의 2단계 흐름(two-step flow) 가설은 확산 과정에 대한 더 정교한 아이디어를 담고 있을 뿐만 아니라, 디지털 기술에 기반한 소셜미디어 시대에 더 큰 시사점을 준다. 간단하게, 매스미디어를 통한 정보전달 혹은 견해(opinion)의 확산(즉, 여론)은 2단계 흐름을 보인다는 것이다. 이것은 전통적인 매스 커뮤니케이션 관점을 바꾼 아이디어다. 전통적 관점에서는 매스미디어를 통하면 곧바로 대중에게 의견을 전달하고 여론을 형성할 수 있다고 보았다. 하지만 1940년 대통령 선거를 조사하던 과정에서 매스미디어와 일반 대중 사이에 특별한 사람들이 존재한다는 것을 발견하였다. 선거에 그다지 관심이 없던 사람들이 후보를 결정할 때, 매스미디어가 아니라 가족이나 주변 지인으로부터 영향을 받았다고 언급하는 사례가 많았고, 라자스펠드 등은 이렇게 주변인의 판단에 영향을 미치는 사람들을 '의견선도자(opinion leader)'로 정의하였다. 구체적으로, 매스미디어를 통해 전달되는 정보는 특정 이슈(예: 선거)에 관심이 높고 그에 대한 신념이나 태도가 확고하여 그 이슈와 관련하여 적극적으로 행동하려고 하는 의견선도자에 먼저 접수된다(1단계). 그 이후에 의견선도자가 주변의 추종자(가족이나 지인)에게 특정한 견해를 가지도록 영향을 미치며(2단계), 이 과정을 통해서 사회 전반에 걸친 여론이 형성된다는 것이 2단계 흐름 가설의 핵심이다.

흥미로운 점은 의견선도자와 추종자의 관계가 상하의 위계적 관계가 아닐 수도 있다는 점이며, 때때로 의견선도자와 직접적인 교류가 없을지라도 영향을 받을 수 있을 뿐만 아니라 추종자 역시 나름의 견해나 태도가 있을 때조차도 영향을 받는다는 점이다. 이에 관한 구체적인 내용은 이번 장의 '대인 영향력자' 부분에서 집중적으로 다룰 것이다.

2) 혁신 확산(innovation diffusion) 이론

커뮤니케이션의 2단계 흐름 가설은 정보나 견해가 전파될 때 사람이 주도적인 역할을 할 수 있으며, 사람들 간의 역동적인 커뮤니케이션 과정을 포함하고 있다는 중요한 시사점을 주었다. 에버렛 로저스(Everrett M. Rogers)는 여러 문화권에서 혁신이 일어났던 다양한 사례를 분석해 본 결과 공통적인 패턴이 있고 일반적인 과정을 따른다고 보고 이를 '혁신의 확산' 이라 정의하였다(Rogers, 1962). 여기서 혁신이란 개인이나 집단이 '새로운 것'이라고 지각하는 사상이나 사물을 말하며, 혁신의 확산이란 새로운 아이디어나 제품 또는 서비스 등의 혁신이 사회의 구성원들 사이에서 커뮤니케이션을 통해 수용(혹은 채택)되는 과정을 말한다.

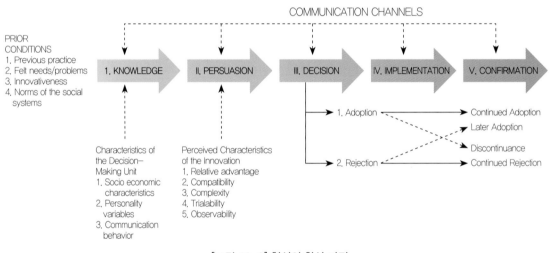

[그림 10-2] 혁신의 확산 과정

출처: Rosers (2003, p. 170).

[그림 10-2]는 한 개인의 관점에서 커뮤니케이션 채널을 통해 새로운 아이디어(즉, 혁신)를 접하고 설득되어 결정을 내리고, 그에 따른 행동(즉, 수행)을 한 이후, 그 행동을 계속해서 유지하는 과정을 도식화한 것이다. 여기서 중요한 것은 모두가 이와 같은 단계를 순차적으로 거쳐서 혁신을 수용할지라도, 어떤 혁신은 다른 혁신보다 더 빠르게 확산될 수 있을 뿐만 아니라(즉, 혁신의 특성) 어떤 사람은 다른 사람들에 비해 혁신을 더 빠르게 수용할 수도 혹은 더 느리게 수용하거나 끝끝내 혁신을 거부할 수도 있다는 점(즉, 의사결정자의 특성), 그리고 혁신을 촉진하거나 저해하는 환경요인(즉, 관행이나 규범 등)과 각 단계에서 역동적으로 작동하는 커뮤니케이션 채널에 따라서 혁신의 확산이 달라진다는 점이다.

(1) 혁신의 특성

혁신확산 이론에 근거한 후속 실증연구 중에서 가장 폭넓게 다뤄진 것은 '무엇이 더 빠르게 확산되는가?'다(Rogers, 2003). 즉, 혁신의 어떤 특성 혹은 어떤 유형의 혁신이 더 빠르게 혹은 더 쉽게 사람들에게 수용되는지를 검증한 연구가 매우 다양한 분야에서 가장 많이 이루어졌다. 로저스는 혁신의 지각된(perceived) 특성 5가지를 나음과 같이 제안하였다.

- **상대적 장점**(relative advantage): 혁신이 기존의 것에 비해서 더 나은 것이어야 확산될 수 있으며, 기존의 것으로는 얻을 수 없는 특별한 이점을 제공해 줄 때 혁신은 더 빠르게 확산될 수 있다(Agarwal & Prasad, 1998).

- **적합성**(compatibility): 혁신이라고 할지라도 기존의 가치관이나 경험, 또는 사회적 수요에 부합되는 것으로 인식될 때 확산될 수 있다. 마케팅적 측면에서 혁신 제품은 소비자의 라이프스타일에 부합되어야 하고, 사회적 규범과 조화를 이룰 수 있어야 한다(Ram, 1987). 예를 들어, 스마트워치나 영상통화는 소비자 라이프스타일과 사회적 규범에 조화롭기에 확산될 수 있지만, 타투나 피어싱은 사회적 규범이 먼저 변하지 않는다면 확산되기 어렵다.

- **관찰가능성**(observability): 소비자가 쉽게 눈으로 볼 수 있는 것일수록 확산되기 쉽다. 왜냐하면 사회학습 차원에서 다른 사람이 하는 것을 보고 배우기 쉽기 때문이며, 사회적 증거(social proof) 차원에서 이미 많은 사람이 하고 있다는 것 자체가 대세(trend)로서 사회적인 영향력(혹은 수용 압력)을 일으키기 때문이다(Rogers, 1983).

- **복잡성**(complexity): 복잡한 것은 이해하기 어려울 뿐만 아니라 배우기도 어렵다. 따라서 복잡성이 높은 혁신은 이해하고 배우는 데 더 오랜 시간과 노력을 들여야 하며, 결과적으로 혁신의 확산은 느려진다. 반대로, 이해하기 쉽고 배우기 쉬운 것일수록 혁신의 확산은 빨라진다(Venkatesh, Morris, Davis, & Davis. 2003).

- **시용가능성**(trialability): 시용가능성이란 소비자가 시험하여 사용할 수 있는 정도를 말한다. 예를 들어, 시험용 샘플을 먼저 손쉽게 사용해 볼 수 있을수록 시용가능성이 높다. 마케팅 장면에서 시험용 샘플을 '무료'로 나눠 주는 기업도 흔히 볼 수 있다. 이것의 효과는 소비자가 이전에 경험해 보지 못한 신제품(혹은 혁신 제품)일 때 더 커진다. 왜냐하면 시험용 샘플이 혁신 제품에 대한 소비자의 지각된 위험(perceived risk)을 낮춰 줄 수 있기 때문이다(Van Ittersum & Feinberg, 2010). 이와 같은 맥락에서 오스트룬트(Ostlund, 1974)는 지각된 위험을 혁신 특성의 새로운 요인으로 제안하기도 하였다. 덧붙여, 아츠

와 동료들(Arts, Frambach, & Bijmolt, 2011)도 비슷한 맥락에서 혁신 수용에 관한 77개의 실증연구를 메타 분석한 결과 지각된 불확실성(uncertainty)이 혁신 수용에 가장 큰 영향을 미친다고 제안하였다.

종합하여 정리하자면, 기존의 것에 비하여 상대적 장점이 명확하거나 클 때, 완전히 새로운 혁신일지라도 기존의 가치관이나 규범에 적합한 것일 때, 혁신된 것을 눈으로 쉽게 볼 수 있는 것일 때, 이해거나 배우기에 쉽고 간단한 것일 때 확산은 빨라지고 사람들이 더 잘(빠르고 쉽게) 수용한다(Rogers, 2003). 또한 혁신의 시용 가능성이 높을 때 더 잘 확산되는데, 그 이유는 시험-사용이 혁신과 관련된 지각된 위험이나 불확실성을 낮춰 줄 수 있기 때문이다.

후속하여, 여전히 많은 연구자가 혁신의 특성에 관한 다양한 제안을 하고 있다. 그것이 가능한 이유는 로저스(Rogers, 1995)가 제안한 혁신 특성이 다양한 하위개념을 포함하고 있는 추상적 구성개념(construct)이기 때문이다. 예를 들어, 로저스(2003)는 상대적 장점에는 경제적인 이득뿐만 아니라 편리성, 만족도, 사회적 선망(prestige) 요인도 포함된다고 하였으나, 이러한 정의는 지나치게 광범위한 것으로, 다른 사람들이 자신을 우러러보는 것과 같은 사회적 이미지는 사회적 영향력을 구성하는 개념으로 상대적 장점과 독립적인 요인이라고 본다(Tornatzky & Klein, 1982; Venkatesh & Davis, 2000). 이와 유사하게, 혁신 제품의 지각된 유용성 혹은 이용 용이성 등은 상대적 장점에 포함되는 것이기도 하지만 복잡성 요인과 관련된 것이기도 하다(Moore & Benbasat, 1991; Venkatesh et al., 2003). 이에 관한 실증연구가 앞으로도 매우 다양하게 이어질 것으로 기대된다.

(2) 혁신자의 특성과 집단 구분

누가 혁신을 더 빨리 수용하는가? 혹은 혁신을 빠르게 수용하는 사람의 특성은 무엇인가? 이 질문에 대한 가장 기본적인 대답은 혁신 성향(innovativeness)이다. 혁신 성향이란 말 그대로 다른 사람들보다 혁신을 더 빠르게 수용하는 성향을 말한다(Verdegem & De Marez, 2011). 구체적으로, 혁신 성향은 새로운 것을 경험하기를 좋아하는 성향(novelty-seeking)과 자기효능감(self-efficacy) 차원으로 구분된다. 즉, 새로운 것을 체험하는 데 적극적인(진취적이며 도전적인) 성향을 보이며 자신이 새로운 제품이나 서비스를 충분히 잘 사용하거나 쉽게 다룰 수 있다고 믿는 자기효능감이 높을수록 혁신을 더 빨리(더 쉽게) 수용한다(Ellen, Bearden, & Sharma, 1991).

[그림 10-3]은 혁신이 확산되는 과정에서 더 빨리 혹은 더 느리게 혁신을 수용하는 사람

들을 범주화한 것이다. 전체 집단 평균 x를 기점으로 좌측면은 혁신을 더 빨리 수용하는 사람들이고, 우측면은 평균보다 늦게 혁신을 수용하거나 혁신에 저항하는 사람들을 범주화시킨 것이다.

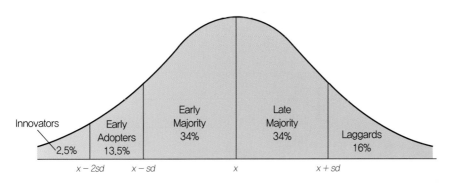

[그림 10-3] 확산 과정의 수용자 범주

출처: Rogers (2003).

먼저, 혁신가(innovators)는 혁신 수용의 평균을 기준으로 2 표준편차(SD: Standard Deviation) 이상 빠르게 혁신을 수용하는 사람으로서 전체 인구의 (상위) 2.5%에 해당한다. 이들은 매우 높은 혁신 성향을 보이고 있으며, 잠재적인 위험을 기꺼이 감수하는 경향을 보인다. 또한 이들은 상대적으로 높은 교육 수준과 소득 수준을 보이며, 사회적 이동성이 클 뿐만 아니라 종종 의견선도자로서 주변인에 대한 높은 영향력을 가진다(Gatignon & Robertson, 1985). 다음으로, 조기 수용자(early adopter)는 혁신자의 뒤를 이어 혁신을 빠르게 수용하는 사람들로 남들보다 앞서서 혁신 제품이나 기술을 사용해 보고 평가하는 것을 즐기는 경향이 있으며, 더 젊거나 소득 수준이 높은 것은 아니다(Midgley & Dowing, 1993).

초기 다수자는 전체 인구의 34%를 차지하는 사람들이고, 후기 다수자 역시 34%의 비율로 다수자는 총합 전체 인구의 64%를 차지하는 일반적이고 평범한 소비자를 대변한다. 즉, 그들이 시장의 주류이며, 혁신자와 조기 수용자는 16%에 지나지 않는 소수 시장에 불과하다. 초기와 후기의 구분은 평균을 기점으로 조금 더 빨리 혁신을 수용하는 일반인과 전체 인구의 과반이 혁신을 수용한 이후에야 혁신을 수용하기 시작하는지로 구분될 뿐 집단(혹은 개인) 특성에서 큰 차이는 없다. [그림 10-3]의 그래프를 보면, 초기와 후기 모두 평균에 근접할수록 더 많은 사람이 혁신을 수용하기 때문이다.

오히려 혁신자 및 조기 수용자에서부터 초기 다수자로 얼마나 잘 넘어가는지가 더 중요하다. 일단 초기 다수자로 혁신이 전파되었다면 시장의 주류 전체로 혁신이 확산되는 것은 시간문제에 지나지 않으나, 혁신 그룹에서부터 초기 다수자로 넘어가는 사이에 '캐즘 (chasm)'이 존재한다(Moore, 1991). 캐즘이란 지질학 용어로 '지각변동으로 인해 지층에 생기는 크고 깊은 단절'을 뜻한다. 1991년에 무어(Moore)가 이 개념을 사용하여 미국 실리콘밸리의 첨단 기술 벤처기업이 시장의 주류(mainstream customers)에 안착하기 어려운 환경을 직관적으로 설명하였고, 이후 경제 용어로서 보편적으로 사용되고 있다.

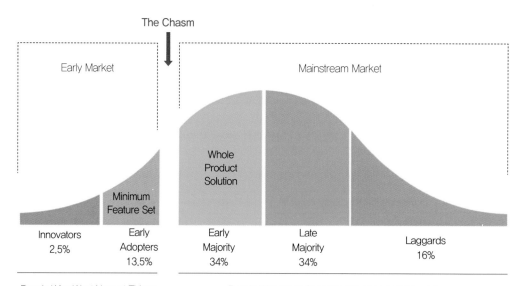

[그림 10-4] 캐즘과 혁신의 확산

출처: Moore(1991).

　구체적으로, 초기시장은 위험을 감수하고 새로운 것을 시도하는 혁신 성향이 높고, 첨단 기술을 선호하며, 제품 가격에 덜 민감한 사람들로 구성되어 있으나 시장 규모 자체가 작다. 따라서 벤처기업이 성공하기 위해서는 시장의 다수를 차지하는 실용성과 안정성을 중시하는 보수적인 소비자에게 수용되어야만 하는데, 혁신 그 자체만으로는 오히려 구매를 꺼리는 사람들이기에 많은 벤처기업이 캐즘을 극복하지 못하고 실패한다(Moore, 2001). 캐즘을 극복하기 위해서는 조기 수용자들의 피드백을 반영하여 제품/서비스의 품질을 보완하고, 제품/서비스에 대한 신뢰도를 높여야 하며(즉, 지각된 위험 및 불확실성을 낮춰야 하며), 혁신적인 제품/서비스의 고유하고 차별적인 이점을 강화하고 주류 소비자의 니즈를 반영할 수 있도록 해야 한다(Bernstein & Singh, 2008; Brdulak, Chaberek, & Jagodzinski, 2021). 덧붙여, 마케팅 및 소비자 교육에 투자를 아끼지 말아야 한다.

(3) 사회 체계 및 사회적 규범

어떤 사회는 다른 사회보다 개방적이다. 단적인 예로 대한민국과 북한을 비교해 볼 수 있다. 또한 어떤 사회는 다른 사회보다 구성원 간 유사성 및 동질성이 높다. 간단하게 인종, 언어, 종교 측면에서만 봐도 어떤 사회는 같은 인종에 같은 언어를 쓰고 하나의 종교를 믿지만, 어떤 사회는 인종 구성이 복잡하고 언어와 종교도 다양하다. 더 나아가 교육이나 소득수준에서 격차가 큰 사회도 있고 서로 엇비슷한 사회도 있다. 그렇다면 어떤 사회가 혁신과 변화에 더 민감하고 수용적일까? 개방적인 사회가 새로운 것(즉, 이질적인 것)을 더 쉽게 용인하지만, 그것이 사회 전체로 확산되기 위해서는 사회 체계가 동질적이어야 한다. 즉, 사회가 거대한 하나의 집단으로 존재하는 것이 여러 개로 분리된(이질적인) 하위-집단이 한 사회를 구성할 때보다 혁신확산에 용이하다. 국가나 문화권에 따른 혁신확산도 마찬가지다. 어떤 한 국가에서 일어난 혁신을 더 빠르게 수용하는 국가는 사회문화적으로 유사할 뿐만 아니라 물리적으로 더 가깝다(Gatignon & Robertson, 1985). 대항해시대를 시작한 스페인과 포르투갈, 동인도회사를 세워 경쟁적으로 아시아 식민지를 개척했던 영국, 네덜란드, 프랑스가 대표적인 예다.

심리학적 관점에서 볼 때, 사회 체계는 사회가 구성원(즉, 한 개인)에게 미치는 영향력을 구조적 개념으로 재설명한 것에 불과하며, 사회심리학에서 중요하게 다루는 '사회적 규범(social norm)' 또는 '주관적 규범(subjective norm)'이 한 개인의 행동에 영향을 미치는 사회적 요인을 더 적합하게 설명하는 것이다. 규범은 어떤 사회나 집단이 암묵적으로 합의한 표준적인 행동양식을 말한다(Lapinski & Rimal, 2005). 예를 들면, '대중교통 정류장에서 줄서기'나 '독서실 및 열람실에서 큰 소리 내지 않기'와 같이 명문화되어 있지 않고 누가 감시하거나 통제하는 것이 아님에도 불구하고 그 사회의 대부분이 암묵적으로 지키는 규칙을 말한다. 이와 같은 규범은 한 개인의 행동에 사회적 압력(영향력)을 가하는데, 판단하기 어렵거나 애매한 상황(예: 처음 방문한 국가의 입국 심사)뿐만 아니라, 무엇이 옳은지 명확하게 알고 있는 상황에서도(예: 관광명소에 버려진 무단 투기 쓰레기) 개인의 행동에 영향을 미친다(Asch, 1955). 따라서 혁신이 사회적 규범에 적합한 것일 때(예: paperless를 위한 태블릿), 그리고 더 많은 구성원이 동일한 사회적 규범을 가지고 있거나(예: 도드라져 보이는 것을 경계→무채색 차량), 규범에 의한 사회적 압력이 높은 사회일수록 동조(conformity)가 쉬우며, 혁신이 사회 전반으로 빠르게 확산될 수 있다(Cialdini & Goldstein, 2004; Rogers, 2003).

3) 혁신의 확산유형과 패턴

혁신확산의 표준모형에 따르면 전체 소비자(즉, 사회 구성원)의 50%가 혁신을 수용하는 지점(임계점)을 기준으로 후기-다수자의 혁신 수용이 시작된다. 또한 초기의 확산(혁신가와 조기 수용자) 기울기는 낮지만, 캐즘을 넘어 초기-다수자가 혁신을 수용하는 순간부터 후기-다수자까지 혁신이 확산되기까지의 기울기는 매우 가파르다. 즉, 다수자(주류 소비자)의 확산은 매우 빠른 속도로 이루어진다([그림 10-5] 표준모형에서 노란색 그래프 참조). 다만, 후기-다수자에서 혁신이 확산될수록 점차 완만한 감소세를 보이다가 느림보의 영역에서 확산은 급격하게 둔화한다(Gatignon & Robertson, 1985). [그림 10-5]의 혁신확산 속도에 따른 패턴은 표준모형에서 혁신 수용 그래프(즉, 노란색 선)를 기준으로 구분한 것이다. 표준적인 혁신확산은 S자 곡선의 형태가 뚜렷하지만 매우 빠른 확산은 임계점(즉, 평균)까지의 확산 기울기가 매우 가파르고, 임계점 이후(즉, 후기-다수자부터) 급격하게 둔화한다. 반면, 매우 느린 확산은 초기의 수용자(혁신자와 조기 수용자) 사이에서 서서히 확산되는 패턴을 보인다. 이후 초기-다수자로 확산될지의 여부에 따라 매우 느리지만 확산에 성공할 수도 있고, 특별한 소수에게만 확산되고 사회 전반으로는 확산되지 못하고 끝날 수도 있다.

그렇다면 언제 급격한 확산이 발생하는가? 앞에서 공부했던 바와 같이, 혁신의 특성(이점, 적합성, 복잡성, 관찰가능성, 사용가능성 등), 확산 대상(예: 표적시장 소비자)의 특성, 사회체계나 규범이 영향을 미친다. 더 나아가, 혁신확산 속도에는 외부적 개입이나 노력의 영향을 미칠

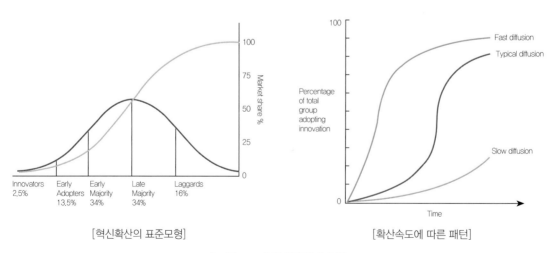

[혁신확산의 표준모형]   [확산속도에 따른 패턴]

[그림 10-5] 혁신확산의 유형

출처: Rogers (1962).

수 있다(Mahajan et al., 1990). 예를 들어, 혁신 제품을 출시한 기업의 마케팅(질과 양)이 확산 속도를 높일 수 있으며, (예전의 경우) 파급력이 큰 유명 TV쇼에서 혁신 제품이 소개 및 추천되거나 (최근의 경우) SNS나 플랫폼의 추천 알고리즘에 의해 상위권으로 추천되는 경우 확산의 속도가 증가할 수 있다. 덧붙여, 정부의 정책적인 투자 및 지원 등으로 인해 혁신 수용의 전환비용을 크게 줄일 수도 있으며(예: 친환경 차 보조금), 이것은 확산 속도를 높인다.

4) 유행의 유형과 확산

유행(fashion)은 원래 의복(옷차림)이나 장신구 등에서 특정 양식에 대한 선호를 말하는 것이었으나, 최근에는 음악·미술·건축·여가 등 소비자의 라이프스타일과 관련된 거의 모든 부분에서 사람들에게 선호되는 것에 포괄적으로 적용된다. 예를 들어, 결혼식에도 유행이 있고, MBTI 유형으로 사람을 구분하는 것도 유행이다. 다만 모든 유행은 한시적으로만 지속된다. 왜냐하면 오래될수록 그리고 더 많은 사람이 추종할수록 그 양식은 '진부한 것'이 되어 버리기 때문이다(Solomon, 2020). 바꿔 말하면 유행은 언제나, 기존에 낡고 오래된 양식을 대체하는 새롭고 신선한 양식을 선호하는 것을 말하며, 이렇게 변화된 선호가 얼마나 유지되는지에 따라 유행의 세부적인 유형을 구분하기도 한다.

먼저, 유행의 지속 기간이 짧다면 일시적인 유행(fad)이다. 때때로 시장수요가 폭발적으로 증가하는 패턴을 보여 열풍 또는 광풍(craze)으로 표현될 수도 있지만, 그것의 지속 기간이 짧다면 일시적인 유행에 지나지 않는다. 일반적인 유행은 혁신의 확산모형과 유사한 패턴으로 이루어진다. 여기서 중요한 것은 얼마나 오래 유지되는지보다 사회 전반적으로(즉, 주류 소비자층까지) 유행이 확산되는지다. 일반적으로 사회 전반에 확산되기 위해서는 시간이 오래 걸리며, 사회 전반적으로 확산된 이후에는 진부해지기 시작하면서 유행은 쇠퇴한다.

이와 같은 관점에서, 5~10년에 걸쳐 더 많은 사람에게 영향을 미치는 것을 경향(trend)이라고 한다. 다만 트렌드는 어떤 변화가 확산되는 것을 의미한다기보다 소비시장이 변화해 가는 방향이나 지향성으로 이해하는 것이 더 바람직하다(Higham, 2009). 예를 들어, 패션에서 성별 구분이 없어지는 경향을 보이며, 가볍고 실용적인 소재가 선호되는 경향이 있다. 덧붙여서, 20~30년 이상의 오랜 기간에 걸쳐 전 세계가 변화되어 갈 방향을 메가트렌드(mega trend)라고 한다. 대표적인 예로 AI 기술의 적용 또는 활용이 메가트렌드다.

때때로 어떤 유행은 고전(classic)이 되기도 한다(양윤, 2008). 간단한 예로, 청바지와 스마트폰을 들 수 있다. 청바지는 노동자들의 작업복으로 고안된 것이었으나 젊음과 반항의 상징으로 유행이 되었고, 현재는 남녀노소가 즐겨 입는 바지 양식으로 정착되었다. 물론 색과 형태 또는 장식 등으로 청바지 관련 유행이 나타났다가 쇠퇴하기도 하지만, 청바지를 입는 사람이 소멸되지는 않는다. 스마트폰 역시 마찬가지다. 2009년에는 충격적인 혁신 제품이 었으나 현재에는 전 세계적으로 가장 일반적인 휴대폰 형태가 되었다.

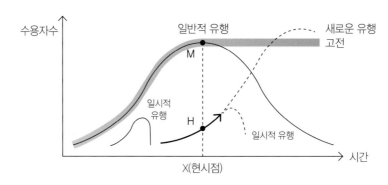

M: 대중적 유행(mass fashion)
H: 선도집단 유행(high fashion)

[그림 10-6] 유행의 주기 비교

마지막으로, 주기적인(혹은 반복되는) 유행이 있다. 대표적인 예로, 넥타이의 폭이 좁아 지거나 넓어지는 유행처럼 치마나 바지의 길이, 헤어스타일, 화장법 등이 과거에 유행했 던 양식이 시간이 흘러 다시 유행하는 주기적(반복적)인 패턴을 보인다(Miller, McIntyre, & Mantrala, 1993). 어떤 주기로 유행이 반복되는지를 일반화시키기는 어렵지만, 유행의 전환 점(tipping point)을 찾으려는 노력은 계속되고 있다(Gladwell, 2000). 일반적으로, 기술적 발 전이나 새로운 소재의 발견 혹은 강력하게 시행된 새로운 규제 등이 전환점을 만들어 내지 만, 유명한 영화나 드라마에 등장하는 것과 같이 특정한 사건으로 인해 사람들 사이에서 '장 안의 화제'가 될 때도 유행의 전환점이 될 수 있다.

(1) 유행을 설명하는 모델

유행을 설명하는 고전적인 모델은 낙수(trickle down) 이론이다(Simmel, 1904). 먼저 위계 적 사회구조에서 상류층은 하위의 사람들과 자신을 구분하려고 한다. 그 대표적인 것이 복 식과 언어에서의 차이다. 흥미로운 점은 하위 계층의 사람이 사회적 이동(즉, 신분 상승)의 사다리를 오르려고 할 때, 상류층의 양식을 수용함으로써 집단 내 신분을 상징하려고 한다 는 점이다. 즉, 상류층과 비슷하게 옷을 차려입고 상류층이 즐기는 요리를 맛보려고 하며 상류층과 비슷하게 말하고 행동하려고 한다. 따라서 유행은 상류층의 지배적 양식이 아래로 전파되는 것과 같다. 이렇게 유행이 아래로 확산되고 나면, 상류층은 다시 일반적인 다수(주류)로부터 구분되어 특별해지기를 원하며, 이에 따라 기존과 다른 새로운 양식이 주목받게 되고 이것이 다시 그 사회의 지배적인 양식으로 자리 잡게 된다. 정리하자면, 일반인(다수, 하층민)이 상류층의 지배적인 양식을 수용함으로써 유행이 발생하고, 그로 인해 그 양식이 보편적인 것이 되면 상류층은 새로운 양식을 만들어 자신을 구분 지으려고 한다. 이 두 과정이 순차적으로 반복됨으로써 유행이 끝없이 반복되는 것이다(Solomom, 1985).

이러한 패턴은 과거의 유물이 아니다. 현재에도 마찬가지로 작동하고 있다. 구시내적 신분제도는 약화되었지만, 사회적으로 선망받는 집단(상류층)은 여전히 존재한다. 심리학의 관점에서 이들은 다수의 일반적인 사람들에게 '이상적 자기(ideal self)'를 만드는 데 영향을 미친다. 여기서 이상적 자기란 자신이 생각할 때(혹은 주변의 사람들이 볼 때) 멋지거나 바람직하다고 여겨지는 이상적 자신에 대한 상(像)이며, 실제의 자신이 그와 같은 사람으로 인정받기를 원하기 때문에 사람들은 이상적 자기를 실현하기 위해 다양한 노력을 한다(Higgins, Roney, Crowe, & Hymes, 1994). 특히, 자기(self)는 사회적으로 공유된 다양한 상징(symbol)으로 표현될 수 있으며, 소비자는 특정한 이미지를 상징하는 제품(또는 브랜드)을 구매함으로써 상징적 자기를 완성하려고 한다(Gollwitzer, Wicklund, & Hilton, 1982).

따라서 사회적으로 선망받는 집단의 상징적인 양식은 일반인에게 유행이 된다. 다만, 신분과 같은 사회적 계층뿐만 아니라, 대중들에게 선망받는 사람(혹은 집단)이라면 얼마든지 유행을 만들어 낼 수 있다. 예를 들어, 영화나 드라마를 통해 대중적 인기를 얻은 배우나 인기가 높은 TV쇼의 진행자로 매우 높은 유명세를 가질 경우 유행을 만들어 낼 수 있다. 심지어 최근에는 SNS를 비롯한 디지털 미디어의 발달로 새로운 유형의 트렌드세터(trendsetter), 예를 들어 유튜버나 인플루언서의 영향력이 더욱 커지고 있다.

그렇다면 새로운 양식의 유행은 왜 만들어지는가? 심리학 관점에서 가장 유력한 변인은 독특성에 대한 욕구(needs for uniqueness)다. 독특성 욕구란 '다른 사람들로부터 자신을 구분하는 차별성을 가지려는 것'으로, 개인이 자신의 개인적 및 사회적 정체성을 만들어 가고 강화하는 과정에서 발생하며, 이러한 욕구는 차별성을 가진 소비재를 구매하거나 사용함으로써 충족되고 표현된다(Snyder & Fromkin, 1977; Tian, Bearden, & Hunter, 2001). 따라서 독특성 욕구가 높은 사람들은 일반적인 소비자와 구분되는 차별적인 것을 구매 또는 사용하려고 하며, 이 중에서 많은 사람으로부터 추종받는 것이 생기기 시작할 때 유행이 시작된다.

흥미로운 점은 수요-공급의 시장경제 상황에서 희소성(scarcity)이 독특성 욕구를 충족시켜 줄 뿐만 아니라 소비자의 자존감까지 높여 줄 수 있다는 점이다(Snyder, 1992). 간단하게, 시장에서 희귀한 제품, 즉 공급이 수요에 미치지 못하는 제품은 가격이 높아지며, 높은 가격 때문에 아무나 가질 수 없는 특별한 것으로 인식된다. 따라서 값비싼 제품을 구매하는 것은 비용을 감당할 수 있음을 보여 줄 뿐만 아니라, 자신이 특별한 사람임을 과시할 수 있는 상징이 되기도 한다(Sharma & Alter, 2012). 꼭 비싼 것이 아닐지라도, 원하는 사람은 많지만 아무나 쉽게 가질 수 없는 것들(예: 한정판 등)은 소비자의 독특성 욕구를 충족하고 자존감을 높여 줄 수 있으며(부수현, 한금만, 2016), 이와 같은 소비자의 욕구가 끊임없이 새로운 유행에 대한 갈망으로 나타날 수 있다.

(2) 밈과 문화적 트렌드

밈(meme)은 특정한 형질을 발현시키는 유전자처럼 특정한 사상과 행동을 담은 문화 단위를 말한다(Dawkins, 2016). 리처드 도킨스(Richard Dawkins)가 발표한 저서 『이기적인 유전자』(1976)에서 처음으로 사용된 용어로, 복제된 것이라는 그리스어 'mimema'를 유전자(gene)와 유사한 한 음절 단어(meme)로 만들어 냈다. 그에 따르면, 밈은 마치 유전자처럼 치열한 생존경쟁을 하며, 그 과정에서 다양한 변이가 생기고 선택(즉, 사람들에게 수용)되고 자기-복제(즉, 유전)되는 것이다(최정현, 김지호, 2024).

확산 또는 유행의 측면에서, 밈은 모방 과정을 거쳐 한 사람의 뇌에서 다른 사람의 뇌로 '도약'하는 것이며, 수많은 변이 중에서 살아남은 밈(즉, 수용자에게 선택된 변이)은 더 잘 기억될 뿐만 아니라, 마치 어떤 한 바이러스로 시작된 전염병이 기하급수적으로 퍼지는 것처럼 사회 전반에 걸쳐 급속하게 확산될 수 있다(Solomon, 2020). 심지어 낯설거나 난해한 밈은 수용자가 이미 가지고 있던 이전의 밈과 결합될 수 있다. 대표적인 예로, 영화 〈스타워즈〉의 많은 장면이 '아더왕의 전설'의 밈을 떠올리게 하고, 최신 인기곡이 때때로 표절이 아님에도 표절 시비가 붙는 이유도 밈 때문이다.

밈은 어떤 사회 또는 어떤 세대가 공유하고 있는 생각과 행동의 전형(exemplar)으로 볼 수 있다. 우리나라의 경우, 희화된 이미지나 영상 그리고 영화나 드라마의 유명한 대사가 밈으로 주로 확산되지만, 이 또한 우리 사회 혹은 그 세대가 특정한 생각과 행동을 공유하는 것이다. 무엇보다 중요한 것은 이러한 밈이 물리적 장벽을 뛰어넘어 한 개인에서부터 다른 개인에게로, 한 사회(또는 세대)로부터 다른 사회(또는 세대)로 확산되고 유전될 수 있다는 점이다(Dawkins, 2016). 특히 소셜미디어가 발달하고 누구나 손쉽게 콘텐츠를 창작(혹은 재생)할 수 있는 디지털 환경이 조성되었기 때문에 앞으로 밈이 사회 문화에 미치는 영향력은 더욱 커질 것이다.

다만 밈이 어떻게 만들어지며 어떤 밈이 어떤 과정을 거쳐 더 빠르게 확산(전이)이 되는 지, 그리고 이전의 밈과 새로운 밈이 어떻게 상호작용하고 그것이 어떤 효과를 미치는지에 관한 실증연구는 아직 많이 부족한 실정이며, 젊고 재능 있는 연구자들의 많은 관심이 필요 하다.

5) 확산과 커뮤니케이션 채널

혁신이 확산되고 유행이 전파되는 과정과 밈이 전이되는 과정은 모두 커뮤니케이션을 통해 이루어진다. [그림 10-7]에서 외적 영향은 매스미디어 등에 의해서 혁신이 전달되는 것을 의미한다. 2단계 흐름 이론에서, 제안한 바와 같이 매스미디어를 통해 전달되는 혁신(새로운 정보)은 의견선도자(혁신자 및 조기 수용자 집단)에 먼저 수용(또는 선별)되고, 이후 2단계에서 의견선도자와 주변인 사이에서 주고받는 대인 커뮤니케이션을 통해서 혁신이 점차 확산되어 간다(Lazarsfeld et al., 1944). 따라서 [그림 10-7]에서 내적인 영향에 의한 수용이란 사람들 간 커뮤니케이션 안에서 혁신(또는 새로운 정보)이 확산되는 것을 말한다(Mahjan et al., 1990).

이 모델이 시사하는 바는 다음과 같다. 첫째, 매스미디어를 활용한 커뮤니케이션은 혁신 확산 초기에 의견선도자 집단을 목표로 하는 것이 바람직하다. 하지만 혁신이 캐즘을 넘어 초기 다수자로 넘어가면 매스 커뮤니케이션의 영향력이 완만하게 감소하기 시작한다. 둘

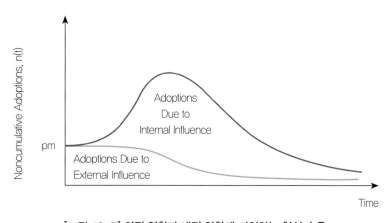

[그림 10-7] 외적 영향과 내적 영향에 기인하는 혁신 수용

출처: Mahajan et al. (1990).

째, 결국 혁신이 정상적으로 확산되기 위해서는 사람들 간의 커뮤니케이션이 중요하다. 즉, 어떤 사람들이 '써 보니 좋다.' 혹은 '○○○이 좋다고 하더라.' 등과 같은 입소문이 활성화되어야 혁신이 정상적으로 확산될 수 있다(Frenzen & Nakamoto, 1993). 여기서 입소문은 구전 (word of mouth) 커뮤니케이션을 말하며, 이것은 정보전달 및 혁신확산의 필수 커뮤니케이션 채널이다.

2 구전 커뮤니케이션과 대인 영향력자

구전(word-of-mouth)이란 '소비자 개인 간 특정 주제나 대상에 관한 의견이나 생각 그리고 자신의 직·간접적인 경험을 교환하는 의사소통 과정'을 뜻한다(황의록, 김창호, 1995). 특히 마케팅 차원에서 광고와 같이 기업의 목적 지향(즉, 상업적) 커뮤니케이션과 구분하는 측면에서 상업적인 의도 없이 소비자가 커뮤니케이션에 자발적으로 참여한다는 것이 중요하다. 더욱이 매스 커뮤니케이션 관점에서 소비자는 일방적으로 전해지는 정보를 수동적으로 수용하는 존재였으나, 소비자 상호 간 정보전달이 핵심인 구전 커뮤니케이션에서 소비자는 능동적인 참여자이자 때때로 정보(의견)의 창조자가 되기도 한다(김재휘, 김지홍, 2004).

흥미로운 점은 소비자 간 구전 커뮤니케이션이 전체 소비재 판매량의 3분의 2에 영향을 미치는 것으로 추정된다는 점이다(Shayon, 2010). 심지어 기업의 관점에서 소비자 간 구전은 공짜다. 기업이 매년 광고에 막대한 비용을 들인다는 점과 비교해 보면 그 중요성을 쉽게 파악할 수 있다. 더욱이 온라인에 형성된 커뮤니티를 기반으로 혹은 SNS 등 소셜미디어의 급속한 발전에 힘입어 새로운 유형의 대인 영향력자(influencer)가 등장하였고, 이들의 영향력은 더욱더 막강해지고 있다(김재휘, 송미란, 2008).

1) 구전 커뮤니케이션의 특성

구전 커뮤니케이션에는 두 명 이상의 소비자가 자발적으로 참여한다. 구체적으로, 구전 커뮤니케이션은 소비자 A가 자기의 경험이나 의견을 소비자 B에게 표현(또는 제안)하고 그것을 들은 소비자 B가 어떤 반응을 보이거나 반박을 하는 것([그림 10-8]에서 ①과 ❶), 또는 소비자 B가 소비자 A에게 궁금한 것을 물어보거나 자신에게 필요한 정보를 요청하고 그것을 들은 소비자 A가 답변을 하거나 설명하는 것([그림 10-8]에서 ②와 ❷) 모두를 포괄한다.

이때 소비자가 서로 주고받는 메시지에는 언어적인 것과 비언어적인 것 모두 포함된다. 더 나아가, 구전에 참여하는 소비자들은 사회적 관계를 맺고 있으며 이들의 관계는 구전 효과에 영향을 미친다. 마지막으로 구전이 이루어지는 상황이나 환경적 요인 역시 구전 효과에 영향을 미칠 수 있다(양윤, 2008).

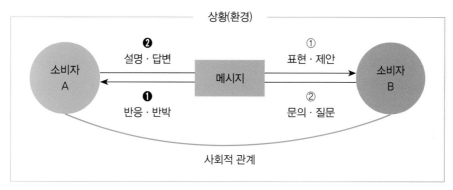

[그림 10-8] 구전 커뮤니케이션 개념도

(1) 구전 메시지의 특성

소비자는 구전 커뮤니케이션에 자발적으로 참여한다. 때로는 누군가로부터 정보를 전해 듣고 때로는 누군가에게 정보를 전해 주기도 한다. 구전 커뮤니케이션이 발생하는 다양한 상황을 간단하게 예로 들면, 우리는 주로 주변의 친밀한 사람들과 나누는 일상적인 대화 중에 소비와 관련된 경험이나 의견을 제안하고 또 물어보며, 때로 어떤 분야에서 유명한 사람이 기고한(또는 게시한) 의견을 주의 깊게 읽어 보고, 그에 관한 자신의 의견이나 생각을 표시하거나 댓글로 남긴다. 또한 사람들 사이에서(혹은 인터넷에서) 화제(hot issue)가 된 정보를 어디선가 우연히 접하고 그것을 주변의 누군가에게 전달하기도 한다. 이와 같은 상황에서 서로 주고받는 구전 메시지는 다음과 같은 차원에서 그 특성을 구분해 볼 수 있다.

첫째, 사람들 사이에서 전달되기 쉬운 메시지는 무엇인가? 바로 지각된 유용성(perceived usefulness)이 높은 메시지다(Moore, 1989). 혁신 확산 이론에서 상대적 이점의 하위 요인으로 다루었던 것이기도 하며, 기술 수용 모델에서 핵심 변인이기도 하다. 즉, 정보 전달자는 누군가에게 도움이 될 만한 정보이기에 구전하는 것이며, 수용자는 그 정보가 유용하기에 받아들이는 것이다(김창호, 황의록, 1997).

이와 같은 맥락에서, 긍정적 정보보다 부정적 정보가 더 잘 구전된다. 왜냐하면 부정성 우월(negativity dominance) 혹은 부정성 편향(negativity bias) 때문이다(Rozin & Royzman, 2001).

기본적으로, 부정적인 정보는 긍정적인 정보에 비해서 드물다. 자신의 인상을 좋게 관리하기 위해서 무언가에 관한 부정적인 평가를 쉽게 표현하지 않기 때문이며, 기업의 상업적 커뮤니케이션(마케팅 및 광고)에서 제품/서비스에 관한 단점이나 부정적 평가를 소비자가 접하는 것은 더욱더 어렵다. 따라서 부정적 정보(특히, 직접경험한 소비자의 부정적 평가)는 상대적으로 더 중요한 정보로 여겨지며, 기업이나 제품/서비스에 대한 소비자의 사전 태도가 부정적일 때 그 효과는 더욱 커진다(김재휘, 김보영, 2004).

다음으로, 새롭고 신기하며 호기심을 끄는 정보는 메시지의 현저성(salience)을 높여 사람들 사이에서 구전되기 쉽다(김재휘, 김지홍, 2004). 흔히 화제성(話題性)으로 언급되는 것으로 다른 사람이 관심을 가질 만한(즉, 이야깃거리가 될 만한) 정보는 새롭고 신기하며 재밌거나 흥미로운 내용을 담은 것이며, 이러한 내용은 모두 메시지의 현저성을 높이는 것이다. 현저성이 높은 메시지는 주의를 더 기울이게 하며, 더 쉽고 더 오래 기억할 수 있을 뿐만 아니라 차후에 더 자주 언급될 가능성이 크다.

둘째, 사람들 사이에서 전달되는 메시지이기에 생기는 특성은 없는가? 먼저, 사람들 사이에서 구전되는 메시지는 기업에 의한 상업적 메시지(즉, 광고)에 비해 높은 신뢰성(credibility)을 가진다. 이것은 상대적인 개념으로 광고와 같이 기업의 설득 의도가 강한 메시지에 비교할 때 주변인(또는 기업과 무관한 일반인)이 전하는 메시지는 더 신뢰할 수 있는 정보로 평가되는 경향이 있다(황의록, 김창호, 1995). 구체적으로, 말하는 사람의 전문성이나 객관성이 메시지의 신뢰성을 높이는 요인이 되기도 하며, 때로는 자신이 경험한 것을 토대로 정보를 전하기 때문에(즉, 주관적인 측면) 메시지의 신뢰성을 높이기도 한다(성영신, 박진영, 박은아, 2002).

다음으로, 구전을 통해 전해지는 정보는 생동감(vividness)을 얻는다(Herr, Kardes, & Kim, 1991). 일상의 어떤 장면 속에서 누구로부터 어떤 흥미롭고 유용한 얘기를 서로가 '주고받는 것'은 화자의 화술과 관계없이 '생생하게 살아 있는 정보'로서 수용되며, 이러한 생동감은 기억하기 쉽게 하고 구전 효과를 높이는 역할을 할 수 있다(황의록, 김창호, 1995).

(2) 정보 전달자의 특성

개념적으로, 구전 커뮤니케이션에 참여하는 모든 소비자는 누구나 정보 전달자가 될 수 있으나, 모든 소비자가 동등한 영향력을 발휘하는 것은 아니다. 그렇다면 어떤 소비자가 더 큰 영향력을 발휘하는가? 이 질문은 설득 커뮤니케이션에서 정보원 효과(source effect)를 묻는 것과 같다. 먼저, 정보원이 전문적인 지식과 경험이 충분히 갖추고 있을 때 그들의 영향력은 커진다. 예를 들어, 전문의가 건강에 관한 정보를 전하거나 변호사가 법률 지식을 전해 줄 때 구전되는 정보를 더 잘 수용할 것이다(윤한성, 배상욱, 2011). 다음으로, 정보원이 전문가가 아닐지라도 정직하다고 여겨지면 그들의 영향력은 커진다. 왜냐하면 그들이 전하는 정보가 '사실(fact)'이라고 믿을 수 있기 때문이다(Pasternack & Roth, 2011). 또한 높은 매력(attractiveness)을 가진 사람도 그렇지 않은 사람들보다 더 큰 영향력을 발휘한다. 이들의 영향력 원천은 상대방으로부터 호감을 쉽게 끌어낸다는 것이며, 호감은 전달되는 정보를 더 쉽게 수용하도록 하는 윤활제 역할을 할 수 있다(Pulles & Hartman, 2017). 덧붙여, 소비자들은 외모가 뛰어난 사람들뿐만 아니라, 자신과의 유사성이 높고 동질적인 사람도 매력적으로 느낀다. 왜냐하면 자신과 유사하고 동질적일수록 친숙성이 높아지고 이러한 친숙성이 편안함, 쉬움, 따뜻함 등의 긍정적 감정을 유발할 수 있기 때문이다(Oakes et al., 1995).

다른 한편으로, 왜 그들은 주변의 다른 사람들에게 정보를 전달하려 하는가? 무엇보다 주변의 다른 사람들에게 도움이 되길 원하기 때문이며, 대개 이와 같은 이타적 동기는 무조건적 사랑에 의한 것이라기보다 상호-호혜성(reciprocity)에 입각하는 것이다. 즉, '이번에 내가 그를 도와주면 언젠가 그가 나를 도와줄 것이다.'라는 사회적 믿음이 이타적 동기를 유발한다(Cropanzano & Mitchell, 2005; Gouldner, 1960). 이와 유사하게, 주변인과의 유대감을 높이고 사회적(관계적) 욕구를 충족하기 위해 구전 커뮤니케이션을 할 수 있다. 주변인에게 유용한 정보를 전달하는 것은 집단 내 사회적 상호작용을 활발하게 촉진할 뿐만 아니라 위험을 회피하고 이익을 공유하는 것과 같기에 집단 응집력을 높이는 결과를 가져온다. 또한 집단 소속감 및 집단에 대한 관여가 높을수록 구성원에게 발생한 문제를 곧 나의 문제로 여겨 이를 해결하기 위한 (공동의) 노력을 더 하게 된다(Lott & Lott, 1965).

다음으로, 주변의 누군가에게 영향력을 미침으로써 권력이나 권위에 대한 욕구를 충족시킬 수 있기 때문이다. 권력 욕구가 강한 사람은 정보를 전하는 것만으로는 욕구를 충분히 충족시키기 어렵기에, 주변인이 자신의 제안한 바를 따르도록 더 적극적으로 압력을 가하는 경향을 보인다(Keltner et al., 2008). 또한 어떤 내용을 구전하는 것이 자신의 실제 이득이 될 수 있을 때, 주변의 사람들에게 더 적극적으로 구전을 할 수 있다. 예를 들어, 어떤 정보를 주변 사람에게 전할 때마다 포인트를 받거나 주변 사람을 추천할 때 특정한 혜택을 받을 때 구전 동기는 높아진다(Hallowell, 1996).

마지막으로, 자신이 한 선택(구매)의 불확실성을 낮추고 부조화를 해소하기 위해 구전이 발생할 수도 있다. 소비자는 때때로 불확실하고 판단하기 애매한 상황에서 의사결정을 내려야 한다. 이러한 불확실성을 낮출 수 있는 가장 효과적인 방법은 신뢰할 수 있는 주변인들에게 자신의 의견(판단 혹은 행동)에 관해 피드백(feedback)을 받는 것이다. 자신이 한 행동이나 제안한 의견에 대해 주변인의 긍정적 반응과 평가가 많다면 자신이 옳은 것으로 확증할 수 있기 때문이다(Garrett, 2009).

(3) 정보 수용자의 특성

구전되는 정보를 더 잘 수용하는 사람은 누구인가? 기본적으로 관여도가 높은 소비자일수록 구전 메시지를 더 잘 수용하는 경향을 보인다(이세진 외, 2012). 구체적으로, 제품(또는 브랜드)에 대한 관여가 높거나, 구전되는 메시지에 대한 관여가 높거나, 혹은 정보를 전달하는 사람 또는 집단에 대한 관여가 높을 때 모두 구전되는 정보에 주의를 기울이고 더 정교하게 처리하는 경향이 있다. 더 나아가, 상황적 측면에서도 관여도를 높일 수 있다. 예를 들어, 제품에 대한 지식과 경험이 부족하거나, 제품과 관련된 지각된 위험(perceived risk) 수준이 높을 때, 혹은 불확실성이 높은 선택 조건에서 구전에 대한 소비자의 관여도가 높아지며, 이에 따라 구전된 정보를 수용할 가능성이 커진다(Matsumoto & Cao, 2008)

다른 한편으로, 정보를 전달하는 사람과의 동일시가 높고 상호 간 유대관계가 강할 때 구전되는 정보를 더 잘 수용하는 경향을 보인다(Deci & Ryan, 2000). 정보 전달자에 대한 깊은 신뢰나 친밀감 등의 긍정적 감정이 설득 효과를 발휘하는 것으로 볼 수 있지만, 집단에 순응하려는 동기 및 동조의 압력이 높기 때문이기도 하다. 이처럼 정보 전달자와의 유대관계가 강할 때, 소비자의 관여가 낮은 조건에서도 그리고 불확실성이 낮은 조건에서도 구전되는 정보의 영향력은 커질 수 있다.

그렇다면, 구전된 정보를 더 잘 수용하는 사람들은 어떤 욕구를 가지는가? 기본적으로, 불확실성을 줄여 안전성을 확보하려고 하며, 이는 불안감을 해소하고 자신의 선택에 확신을 가지려는 것과 같다. 앞서 언급한 바처럼, 지각된 위험 수준이 높거나 선택의 불확실성이 높을 때 자신의 선택에 대한 안전성과 확신을 얻기 위해 사회 비교(social comparison)의 차원에서 다른 사람의 견해나 행동을 참조한다(Festinger, 1954). 즉, 잘못하면 손해 보거나 뭘 어떻게 해야 할지 잘 모를 때, 다른 사람을 따라 하면서 안전함과 잘 선택했다는 확신을 느낄 수 있기 때문이다.

더 나아가, 어떤 사람은 신뢰할 수 있는 정보를 최대한 많이 탐색하고 수집하려고 한다. 이들은 정보탐색 동기가 높은 사람들로, 더 많은 구전 정보를 수집하며 그것으로 인해 더 큰 영향을 받을 수 있다. 이와 대조적으로, 정보탐색에 들이는 시간과 노력을 최소화하려는 사람들도 있으며, 이들은 구전 정보탐색을 많이 하진 않지만, 구전 정보에 대한 신뢰성이 높은 경우 그것으로 정보탐색을 종료하고 의사결정을 내리는 경향을 보인다(김창호, 황의록, 1997).

마지막으로, 관계적 측면에서 타인과의 친밀한 관계를 유지하려는 동기 그리고 집단에 소속되려는 욕구 및 집단의 의견이나 행동에 순응하려는 동기가 높을수록 구전되는 정보를 더 잘 수용하는 경향을 보인다(Festinger, 1954). 이와 유사하게, 집단 구성원으로부터 긍정적으로 인정받으려는 욕구 또한 집단의 견해와 행동을 추종하게 하는 요인이 된다.

(4) 사회적 관계의 영향

구전을 주고받는 사람들 간에 맺고 있는 사회적 관계에 따라서 구전의 영향력은 달라질 수 있다. 먼저, 의견선도자와 추종자처럼 영향력의 방향이 명확한 관계에서 구전은 더 강력하다(김창호, 황의록, 1997). 이에 관한 내용은 이 장의 '대인 영향력자' 부분에서 더 자세하게 다룰 것이다. 다음으로, 일반적인 사회적 관계에서 밀접하고 강력한 유대관계를 맺고 있는 사람(예: 가족이나 절친)이 그렇지 않은 사람들에 비해 더 큰 영향력을 발휘한다(Gershoff and Johar, 2006; Scholosser, 2005). 왜냐하면 관계적 요인으로 인해 동조(conformity)의 압력이 높아질 뿐만 아니라, 친밀감으로 인해 순응 동기 또한 높아지기 때문이다.

흥미로운 것은 사회적 유대(social ties)가 약한 경우에도 구전에 의한 영향력이 발휘될 뿐만 아니라 강한 사회적 유대와 차별적인 효과를 보인다는 점이다(Brown & Reingen, 1987). 구체적으로, 강한 사회적 유대는 사회적으로(혹은 상대적으로) 좁은 범위 내에서 집단의 의견을 수용하도록 하는 강력한 규범적 압력을 일으킬 수 있다. 반면, 약한 유대관계는 사회적으로 넓은 범위의 다양한 집단과의 연결을 의미하기 때문에 한 집단에서 구전된 정보를 다른 집단으로 확산하는 주요 통로의 역할을 하며, 구전된 정보가 사회 전반으로 확산되는 데 중요한 역할을 할 수 있다. 다만 약한 유대관계에서의 구전은 정보 확산에 이점을 가지는 것일 뿐, 강한 유대관계에서의 구전이 개인 소비자의 행동에 더 직접적이고 강력한 영향을 미친다(Brown & Reingen, 1989).

(5) 상황 및 환경적 요인

스탠리(Stanley, 1977)에 따르면, 구전에 의한 설득 효과가 높아지는 상황적 조건은 다음과 같다.

첫째, 제품의 가격이 비싸고 덜 빈번하게 구매하는 제품(즉, 고가이며 제품수명주기가 긴 제품)일 때 구전 효과가 높아진다. 이 경우 제품에 대한 경험과 지식이 충분치 않고 높은 가격으로 인해 소비자의 관여가 높아지기 때문으로 볼 수 있으며, 관련 제품에 관한 전문적인 역량을 가지고 있는 대인 영향력자(예: 의견선도자 또는 시장 숙련자)에 의한 설득 효과가 커질 수 있다(King & Summers, 1970).

둘째, 지각된 위험 수준이 높은 제품을 구매하는 경우 구전에 의한 영향을 많이 받는다. 앞서와 비슷하지만 조금 다르게, 소비자들은 자신이 잘못 선택하였을 때의 손실이나 손해를 피하고, 자신이 한 선택에 대한 확신을 얻기 위해 다른 사람의 견해를 묻고 그것에 의해 영향을 받는다(양윤, 조문주, 2000).

셋째, 제품을 사용하는 것이 다른 사람에게 노출되는 가시성(혹은 관찰 가능성)이 높고, 제품의 상징성이 높아 사용자의 위신이 쉽게 드러나는 제품일 때 구전 효과가 커진다. 왜냐하면 소비의 목적이 다른 사람들의 긍정적 평가와 인정(승인)이기 때문이다(김재휘 외, 2008). 예를 들어, 세련된 사람임을 보여 주고 싶어서 가방을 사려고 하는데, 그 가방에 대해서 다른 사람들이 어떻게 생각하는지 그리고 내가 그 가방을 샀을 때 사람들이 내가 원하던 이미지(즉, 세련된 사람)로 인정해 주는지는 아주 중요한 정보가 된다.

넷째, 사람들 사이에서 화제가 될 수 있는 제품(대상)의 경우 구전의 영향을 많이 받는다. 앞서와 유사하게, 화제가 되는 제품(대상)은 타인의 관심과 흥미를 끌 것으로 기대되기 때문에 그들의 평가와 반응이 선택에 있어서 중요한 요인이 될 수밖에 없다. 마지막으로, 소비자의 구매 여정에 있어서 구매 결정 단계에 가까워질수록 구전의 중요성이 더 커질 수 있다. 구체적으로, 초기 정보탐색 과정에서 소비자는 왕성하게 제품에 관한 정보탐색을 한다. 이 경우 수많은 정보 중 하나일 뿐이기에 구전된 정보의 파급력은 크지 않다. 하지만 적극 비교 과정을 거쳐 특정한 대안에 대한 구매 결정을 내릴 때, 구전된 정보는 신뢰성이 높기에 그 영향력이 커질 수 있다(Liu & Lee, 2016).

반면, 구전에 의한 효과를 떨어트리는 조건도 존재한다. 대표적으로 부정적 평가가 극단적으로 구전되는 상황을 들 수 있다(Herr et al., 1991). 극단적으로 부정적 평가는 정보적 중요성도 높고 다른 정보들 사이에서 식별성도 높지만, 하나의 결론(반대 또는 거부)으로 귀결되기에 정교하게 정보 처리할 필요가 없다. 만약 이러한 극단적 부정 평가가 다른 사람들의 평가와 일치되지 않는다면 합치성이 떨어지는 예외적인 평가이기에 영향력이 감소할 수 있다. 또한 극단적 부정 평가가 수용자 자신의 사전 경험이나 태도에 반대되는 경우라면, 아예 그 정보를 걸러서 판단을 내릴 수도 있다. 이와 같은 맥락에서, 구전 정보가 수용자의 사전 경험, 신념, 태도와 일치될 때 더 쉽게 수용되며 더 중요하게 사용된다. 반면, 수용자와 불일치되는 구전 정보는 무시되거나 변형되고 그 중요성이 감소될 수 있다(김재휘, 김보영, 2004).

2) 대인 영향력자

대인 영향력자는 다른 사람에게 사회적 영향력을 미치는 사람을 의미한다. 대표적인 예로 의견선도자, 시장전문가, 대리소비자 등을 들 수 있다.

(1) 의견선도자

의견선도자(opinion leader)는 대인 영향력자의 고전적인 모델이다. 의견선도자는 주변의 다른 사람들보다 특정 주제에 대한 관여도가 높고 주변의 다른 사람들에게 적극적으로 정보를 전달하여 자신의 견해를 수용하도록 영향을 미치는 사람을 말한다(Rogers & Cartano 1962). 구체적으로, 의견선도자의 특성을 살펴보면, 특정 주제(범주) 관련 관여도가 높아 그 주제(범주) 관련 정보탐색에 적극적이고, 실제로 제품을 구매하여 시험해 보려는 성향도 보인다. 따라서 그 주제(범주) 관련 지식과 경험을 풍부하게 가지고 있는 경우가 많으며, 이것이 주변인에게 영향을 미치는 원천이 된다.

다만, 의견선도자가 혁신적인 사람(innovator)은 아니다. 의견선도자가 혁신적인 성향을 보이는 것은 관련 주제에 대한 높은 지식과 경험을 갖추고 있기 때문이다. 구체적으로, 지식과 경험이 충분하기에 새로운 제품에 대한 지각된 위험 수준이 낮으며, 이로써 모험적이고 도전적인 선택을 할 수 있다. 혁신적이고 창의적인 제품에 더 쉽게 적응하고 더 긍정적으로 평가할 수 있는 것도 제품에 대한 지식과 경험 수준이 높기 때문이다(Eck et al., 2011).

그럼에도 불구하고, 의견선도자가 단지 높은 지식과 경험으로만 영향력을 행사하는 것은 아니다. 흥미롭게도 의견선도자는 자신의 전문 분야가 아닌 분야에 대해서도 주변의 추종자들에게 영향력을 행사할 수 있다(King & Summers, 1970). 이러한 영향력의 원천은 의견선도자와 추종자들 간의 빈번한 사회적 상호작용에 있으며, 이러한 상호작용을 통해 이들은 상호 간 개입과 동일시를 높이고, 집단에서의 행동에 관한 하나의 규범을 만든다. 즉, 의견선도자는 하나의 사회적 집단을 암묵적으로(혹은 비공식적으로) 이끌어 가는 사람에 가깝다. 따라서 추종자들의 생각과 행동에 더 관여하고 집단을 유지하고 강화하는 방향으로 영향을 미친다. 혁신자는 종종 집단규범과 관념적 사고의 틀을 깨려고 한다는 점에서 의견선도자와 명확히 구분된다.

(2) 시장전문가

시장전문가(market maven)는 다양한 범주의 제품에 걸쳐서 유용한 정보를 많이 가지고 있고 소비와 관련된 다양한 유형의 정보와 경험을 축적하고 있는 사람이다(Price et al., 1995). 즉, 말 그대로 소비와 관련된 모든 것에 전문적인 사람이다. 이들은 특정한 범주나 제품에 초점을 두는 것이 아니라, 소비에 관한 광범위하고 일반적인 지식과 경험을 풍부하게 가진 사람이며, 소비에 관련된 정보 자체에 관심이 많고 자신이 내린 선택이 최고의 선택(즉, 현명한 선택)임을 확신하려고 한다. 이로 인해 끊임없이 시장에 대한 정보를 탐색하고 모험하며(새로운 시도 및 시험), 시장에서 숙련된 판단과 행동을 내릴수록 자기효능감이 높아지는 경향이 있다. 덧붙여, 이들은 주변 사람들에게(심지어 처음 보는 낯선 사람에게도) 자신이 알고 있는 지식과 경험을 전해 주는 것을 즐기며, 자신과 다른 지식과 경험을 가진 사람과 정보를 교환하는 것을 좋아한다(Geissler & Edison, 2005).

어떤 측면에서, 이들은 모든 범주에 일반화된 의견선도자의 역할을 하는 것처럼 보인다. 다만, 의견선도자가 하나의 집단을 이루는 추종자와의 지속적인 상호작용에 집중하는 반면, 시장전문가는 약한 유대관계를 가진 다양한 배경(즉, 이질적인 집단)의 소비자와 개방적으로 의사소통한다. 따라서 온라인 환경에서 시장전문가는 서로 다른 배경을 가진 집단 간 정보 전달을 매개할 뿐만 아니라 일종의 정보 확산 허브로서 어떤 구전이 매우 다양한 배경의 집단에 골고루 확산되도록 하는 역할을 한다.

(3) 대리소비자

대리소비자(surrogate consumer)는 소비자를 대신하여 구매 결정하도록 고용된 사람을 말한다(Solomon, 2020). 예를 들어, 인테리어 사업자, 전문 쇼호스트, 재무 설계사, 입시 컨설턴트 등이 대리소비자에 포함된다. 이들이 소비자의 구매 결정을 실제로 대신하는 것은 아니지만, 모두가 각 분야(범주)에 관한 소비자 의사결정에 절대적인 영향을 미친다. 본질적으로, 최종 선택권(결정권)은 소비자에게 있지만, 대안에 관한 기초적인 정보탐색에서부터 대안 비교평가를 거쳐 최종적인 구매 결정에 이르기까지 소비자는 대리인에게 의사결정 기능의 일부(즉, 제안 중 선택) 또는 전체 통제권을 양도(즉, 위임)한다.

그렇다면 소비자가 이들에게 자신의 선택권을 일부 이양하거나 전체로 위임한 이유는 무엇일까? 아주 드문 경우에 독과점으로 인한 강제 조건도 존재하지만, 대개의 경우 소비자가 스스로(자발적으로) 위임한다. 왜냐하면 그 분야(범주)의 특수성 때문에 소비자가 직접 의사결정하기에 너무나도 어렵기 때문이다. 일반적으로, 불확실성이 높고 대단히 복잡하고 역동적인 의사결정을 해야 하는 조건에 해당한다. 어떤 것이 더 나은 선택인지 확신하기 어려울 뿐만 아니라 복잡한 조건을 하나하나 따져서 종합적인 선택을 해야 한다. 이 경우, 관련 분야의 전문가에게 위임하는 것이 종종 더 나은 결과를 보장해 줄 수 있다.

　이와 같은 대리소비자는 소셜 미디어의 발달에 힘입어 최근 더욱더 각광받고 있다. 대표적인 예가 온라인 인플루언서(influencer)가 주도하는 공동 구매나 라이브 커머스(혹은 미디어 커머스)다. 과거의 경우, SNS를 활용한 대인 영향력자의 구전 활동은 정보를 전달하고 특정 제품의 구매를 추천하는 것에서 그쳤으나, 최근의 대인 영향력자는 공동으로 구매할 제품을 결정하고 추종자들에게 그것을 다양한 혜택(예: 가격할인이나 사은품 제공 등)과 함께 제안하며, 실시간 스트리밍을 통해 기업을 대행하여 제품 판매 대행까지 하고 있다. 앞으로 이와 관련된 시장은 더욱 커질 것으로 보이며, 인플루언서가 소비자에게 미치는 영향력 또한 더욱 커질 것으로 전망된다(Jaakonmäki, Müller, & vom Brocke, 2017; Oh & Sung, 2019).

요약

1. 확산은 한 영역 안에서 어떤 물질이 퍼져나가는 것을 의미하며, 물리적인 관점에서 그 '물질의 농도 (혹은 밀도)가 높은 영역에서 낮은 영역으로 원자나 분자가 이동하여 전체 영역의 농도 차이가 시간 이 지남에 따라 감소하여 균형에 도달하는 현상'을 말한다.

2. 확산의 3가지 특징은 다음과 같다. 첫째, 확산은 시간에 걸친 변화의 과정을 말한다. 둘째, 확산은 어 떤 것이 골고루 퍼져나가는 것이지 모두가 같은 것으로 대체되는 것이 아니다. 셋째, 확산은 소비자 가 자발적으로 수용하는 것이다.

3. 더 쉽고 빠르게 확산되는 혁신은 기존의 것과 비교하였을 때 상대적 장점을 가지고 있으며, 기존 규범 과의 적합성이 높고, 관찰가능성과 사용가능성이 높거나 복잡성이 낮은 것이다.

4. 정상분포에 근거하여 혁신자를 특성별로 구분하면, 초기에 혁신을 가장 빨리 수용하는 2.5%는 혁신 자 집단이며, 그 뒤를 잇는 조기 수용자 집단이 있다. 이후 전체 구성원 평균을 기점으로 초기 다수자 와 후기 다수자로 구분되며, 마지막으로 혁신 수용에 더딘 느림보 집단이 존재한다.

5. 혁신 그룹에서부터 초기 다수자로 넘어가는 사이에 캐즘이 존재한다. 캐즘(chasm)이란 지질학 용어 로 '크고 깊은 단절'을 뜻하지만, 혁신 기술기업이 시장의 주류에 안착하기 어려운 환경을 직관적으 로 설명하는 경제 용어로서 보편적으로 사용된다.

6. 구전이란 '소비자 개인 간 특정 주제나 대상에 관한 의견이나 생각 그리고 자신의 직·간접적인 경험 을 교환하는 의사소통 과정'을 뜻한다.

7. 구전 커뮤니케이션에는 구전되는 메시지의 특성, 정보를 전달하는 사람의 특성, 정보를 수용하는 사 람의 특성, 양자 간 사회적 관계, 그리고 구전되는 상황이나 환경적 요인이 영향을 미친다.

8. 구전되는 메시지의 지각된 유용성이 높을 때 그리고 새롭거나 신기해서 메시지의 현저성이 높을 때 구전 효과가 커진다. 구전 커뮤니케이션은 광고와 같은 상업적인 커뮤니케이션에 비해 소비자가 자 발적으로 전달하는 메시지이기 때문에 메시지의 신뢰성과 생동감이 높다는 특성을 가진다.

9. 관여도가 높은 소비자일수록 구전 메시지를 더 잘 수용하는 경향을 보이고 정보를 전달하는 사람과 의 동일시가 높으며, 상호 간 유대관계가 강할 때 구전되는 정보를 더 잘 수용하는 경향을 보인다.

10. 대인 영향력자는 다른 사람에게 사회적 영향력을 미치는 사람을 의미한다. 대표적인 예로 의견선도
    자, 시장전문가, 대리소비자 등을 들 수 있다.

참고문헌

김재휘, 김보영(2004). 기업에 대한 소비자의 사전태도와 정보의 특성이 구전의도에 미치는 영향. 광
    고연구, 63, 31-34.

김재휘, 김지홍(2004). 메시지의 현출성과 수용자의 신념 및 지각된 정보가치가 구전의도에 미치는
    영향. 한국심리학회지: 사회및성격, 18(2), 91-105.

김재휘, 김태훈, 전진안(2008). 체면이 비계획적 상향소비에 미치는 영향. 한국심리학회지: 소비자·광
    고, 9(2), 149-168.

김재휘, 송미란(2008). 온라인에서의 새로운 의견 선도자 탐색: 구전의 확산에 미치는 영향력을 통해
    서. 소비자학연구, 19(2), 93-113.

김창호, 황의록(1997). 구전정보의 특성과 구전효과의 관계. 광고연구, 여름호, 55-77.

부수현, 한금만(2016). 재정적박탈감이 희소한 제품의 구매의도에 미치는 효과: 가격할인과 메시지
    프레이밍의 조절효과를 중심으로. 한국심리학회지: 소비자·광고, 17(4), 619-643.

성영신, 박진영, 박은아(2002). 온라인 구전정보가 영화관람 의도에 미치는 영향: 기대를 중심으로.
    광고연구, 57, 61-52.

양윤(2008), 소비자 심리학. 학지사.

양윤, 조문주(2000). 구전 커뮤니케이션이 소비자의 태도변화에 미치는 영향. 광고학연구, 11(3),
    7-34.

윤한성, & 배상욱. (2011). 구전정보 발신자와 수신자의 전문성이 구전정보에 대한 태도에 미치는 영
    향: 유대강도의 조절역할. 마케팅관리연구, 16(2), 83-112.

이세진, 방혜진, 노승화(2012). 유대강도, 정보의 속성 및 관여도가 SNS 내 구전 효과에 미치는 영향
    에 대한 연구. 광고학연구, 23(4), 119-146.

최정현, 김지호 (2024). 인터넷 밈의 확산 과정에 대한 연구: 이용자의 연령, 성, 지역별 확산을 중심
    으로. 한국심리학회지: 소비자·광고, 25(3), 301-346.

황의록, 김창호 (1995). 구전 커뮤니케이션에 관한 문헌 연구. 광고연구, 26, 55-84.

Arts, J. W. C., Frambach, R. T., & Bijmolt, T. H. A. (2011). Generalizations on consumer
    innovation adoption: A meta-analysis on drivers of intention and behavior. *International
    Journal of Research in Marketing, 28(2)*, 134-144.

Asch, S. E. (1955). Opinions and Social Pressure. *Scientific American, 193(5)*, 31-35.

Bernstein, B., & P. J. Singh (2008). "Innovation generation process: Applying the adopter categorization model and concept of "chasm" to better understand social and behavioral issues." *European Journal of Innovation Management, 11*(3), 366-388.

Brdulak, A., Chaberek, G., & Jagodziński, J.(2021). "BASS Model Analysis in "Crossing the Chasm" in E-Cars Innovation Diffusion Scenarios." *Energies, 14*(11), 3216.

Brown, S. P., & Beltramini, R. F. (1989). "Consumer Complaining and Word of Mouth Activities: Field Evidence," *Advances in Consumer Research, 16*, 9-16.

Cialdini, R. B., & Goldstein, N. J. (2004). Social Influence: Compliance and Conformity. *Annual Review of Psychology, 55*(1), 591-621.

Cropanzano, R., & Mitchell, M. S. (2005). Social exchange theory: An interdisciplinary review. *Journal of Management, 31*(6), 874-900.

Dawkins, R. (2016). *The selfish gene.* Oxford university press.

Deci, E. L., & Ryan, R. M. (2000) "The 'What' and 'Why' of Goal Pursuit: Human Needs and the Self Determination Theory of Behavior," *Psychology Inquiry, 11*(4), 227-268

Eck, P., Jager, W., & Leeflang, P. S. H. (2011). Opinion leaders' role in innovation diffusion: A simulation study. *Journal of Product Innovation Management, 28*, 187-203.

Ellen, P. S., Bearden, W. O., & Sharma, S. (1991). Resistance to technological innovations: An examination of the role of self-efficacy and performance satisfaction. *Journal of the Academy of Marketing Science, 19*(4), 297-307.

Festinger, L. (1954). "A theory of social comparison processes," *Human Relations, Vol. 50,* No. 2, 197-209.

Frenzen, J., & Nakamoto, K. (1993). "Structure, Cooperation, and the Flow of Market Information. *Journal of Consumer Research, 20*(3), 360-375.

Garrett, K. R. (2009). Politically motivated reinforcement seeking: Reframing the selective exposure debate. *Journal of Communication, 59*, 676-699.

Gatignon, H., & Robertson, T. S. (1985). A propositional inventory for new diffusion research. *Journal of Consumer Research, 11*(4), 849-867.

Geissler, G., & Edison, S.(2005). Market Mavens' Attitudes Towards General Technology: Implications for Marketing Communications. *Journal of Marketing Communications, 11*(2), 73-94.

Gershoff, A. D., & Gita, V. J. (2006), "Do You Know Me? Consumer Calibration of Friends' Knowledge," *Journal of Consumer Research, 32*(3), 305-496.

Gladwell, M. (2000). *The Tipping Point: How Little Things Can Make a Big Difference.* Little brown and company.

Gollwitzer, P. M., Wicklund, R. A., & Hilton, J. L. (1982). Admission of failure and symbolic self-completion: Extending Lewinian theory. *Journal of Personality and Social Psychology, 43*(2), 358-371.

Gouldner, A. W. (1960). *The Norm of reciprocity: A preliminary statement. American Sociological Review, 25*(2), 161-178.

Hallowell, R. (1996) The Relationships of Customer Satisfaction, Customer Loyalty, and Profitability: An Empirical Study. *International Journal of Service Industry Management, 7*, 27-42.

Herr, P. M., Kardes, F. R., & Kim, J. (1991). Effects of Word-of-Mouth and Product-Attribute Information on Persuasion: An Accessibility-Diagnosticity Perspective. *Journal of Consumer Research, 17*(4), 454-462.

Higgins, E. T., Roney, C. J. R., Crowe, E., & Hymes, C. (1994). Ideal versus ought predilections for approach and avoidance distinct self-regulatory systems. *Journal of Personality and Social Psychology. 66(2),* 276-286.

Higham, W. (2009). *The next big thing: Spotting and forecasting consumer trends for profit.* Kogan Page Publishers.

Jaakonmäki, R., Müller, O., & vom Brocke, J. (2017, January). The impact of content, context, and creator on user engagement in social media marketing. In Proceedings of the 50th Hawaii international conference on system sciences.

Keltner, D., Van Kleef, G. A., Chen, S., & Kraus, M. W. (2008). A reciprocal influence model of social power: Emerging principles and lines of inquiry. *Advances in Experimental Social Psychology, 40,* 151-192.

King C.W. & Summers, J.O.(1970). Overlap of Opinion Leadership across Consumer Product Categories. *Journal of Marketing Research, 7,* 43~50

Lapinski, M. K., & Rimal, R. N. (2005). An explication of social norms. *Communication Theory, 15(2),* 127-147.

Lazarsfeld, P. F., Berelson, B., & Gaudet, H. (1944). *The people's choice: how the voter makes up his mind in a presidential campaign.* Columbia University Press.

Liu, C. H. S., & Lee, T. (2016). Service quality and price perception of service: Influence on word-of-mouth and revisit intention. *Journal of Air Transport Management, (52),* 42-54.

Lott, A. J., & Lott, B. E. (1965), "Group CohesivenessasInterpersonal Attraction: ARe-view of Relationships with Antecedent and Consequent Variables," *Psychological Bulletin, 64*(4), 259.

Mahajan, V., Muller, E., & Bass, F. M. (1990). New product diffusion models in marketing: A review and directions for research. *Journal of Marketing, 54,* 1-26.

Matsumoto, S., & Cao, Y. (2008). Resolving service quality uncertainty through word-of-mouth communication. *The Review of Socionetwork Strategies, 1,* 40-52.

Midgley, D. F., & Dowling, G. (1993). A Longitudinal Study of Product Form Innovation: The Interaction between Predispositions and Social Messages. *Journal of Consumer Research, 19*(4), 611-25.

Miller, C. M., McIntyre, S. H., & Mantrala, M. K. (1993). Toward formalizing fashion theory. *Journal of Marketing Research, 30*, 142-147.

Moore, G. (2001). Corporate Social and Financial Performance: An Investigation in U.K. Supermarket Industry. *Journal of Business Ethics, 34*, 299-315.

Moore, G. A. (1991). *Crossing the Chasm: Marketing and Selling High-Tech Goods to Mainstream Customers.* Harper Business.

Moore, G. C. (1989). An examination of the implementation of information technology by end-users: a diffusion of innovations perspective, Dissertation, University of British Columbia,

Moore, G. C., & Benbasat, I. (1991). Development of an Instrument to Measure the Perceptions of Adopting an Information Technology Innovation. *Information Systems Research, 2*, 173-191.

Oakes, P. J., Haslam, S. A., Morrison, B., & Grace, D. (1995). Becoming an in-group: Reexamining the impact of familiarity on perceptions of group homogeneity. *Social Psychology Quarterly*, 52-60.

Oh, J.-Y., & Sung, Y.-h. (2019). A study on the influence of reliability and attraction, aattributes of influence on the continuing relationship: Focusing on Z/Y generation. *Journal of Cultural Product & Design, 57*, 261-270.

Ostlund, L. E. (1974). Perceived Innovation Attributes as Predictors of Innovativeness. *Journal of Consumer Research, 1*, 23-29.

Pasternack, J., & Roth, D. (2011). Making better informed trust decisions with generalized fact-finding. In *IJCAI* (11). 2324-2329.

Agarwal, R., & Prasad, J. (1998). A Conceptual and Operational Definition of Personal Innovativeness in the Domain of Information Technology. *Information Systems Research, 9*, 204-224.

Price, L. L., Arnould, E. J., & Deibler, S. L. (1995), "Consumers' emotional responses to service encounters: the influence of the service provider", *International Journal of Service Industry Management, 6*(3), 34-63.

Pulles, N. J., & Hartman, P. (2017). Likeability and its effect on outcomes of interpersonal interaction. *Industrial marketing management, 66*, 56-63.

Ram S. (1987). A Model of Innovation Resistance. *Advances in Consumer Research. 14.* 208-212.

Rogers, E. (1962). *Diffusion of innovations.* The Free Press.

Rogers, E. (1983), *Diffusion of Innovations* (3rd ed.). The Free Press.

Rogers, E. (2003). *Diffusion of Innovations* (5th ed.). Simon and Schuster.

Rogers, E. M., & Cartano, D. G.(1962). Methods of measuring opinion leadership. *Public Opinion Quarterly, Fall,* 435-441.

Rozin, P., & Royzman, E. B. (2001). Negativity bias, negativity dominance, and contagion. *Personality and Social Psychology Review, 5*(4), 296-320.

Schlosser, A. E. (2005), "Posting Versus Lurking: Communicating in A Multiple Audience Context," *Journal of Consumer Research, 32*(9), 65-260.

Sharma, E. & Alter, A. L. (2012). Financial deprivation prompts consumer to seek scarce goods, *Journal of Consumer Research, 39*(3), 545-560.

Shayon, S. (2010). Teen Girl Shopping and Texting, Texting and Shopping, BrandChannel.

Simmel, G. (1904). Fashion. *International Quarterley 10,* 130-155.

Snyder, C. R. (1992). Product scarcity by need for uniqueness interaction: A consumer catch-22 carousel?, *Basic and Applied Social Psychology, 13*(1), 9-24.

Snyder, C. R., & Fromkin, H. L. (1977). Abnormality as a positive characteristic: Development and validation of a scale measuring need for uniqueness. *Journal of Abnormal Psychology, 86(5),* 518-527.

Solomom, M. R. (1985). *The psychology of Fashion.* Lexigton, MI: Lexigton, 55-70.

Solomon, M. R. (2020). *Consumer behavior: Buying, having, and being* (13th ed.). Pearson.

Tian, K. T., Bearden, W. O., & Hunter, G. L. (2001). Consumers' Need for Uniqueness: Scale Development and Validation. *Journal of Consumer Research, 28*(1), 50-66.

Tornatzky, L. G., & Klein, K. J. (1982). Innovation Characteristics and Innovation Adoption-Implementation: A Meta-Analysis of Findings. *IEEE Transactions on Engineering Management, 29,* 28-45.

Van Ittersum, K., & Feinberg, F. M. (2010), Cumulative Timed Intent: A New Predictive Tool for Technology Adoption. *Journal of Marketing Research, 47*(5), 808-822.

Venkatesh, V., & Davis, F. D. (2000). A Theoretical Extension of the Technology Acceptance Model: Four Longitudinal Field Studies. *Management Science, 46*(2), 186-204.

Venkatesh, V., Morris, M. G., Davis, G. B., & Davis, F. D. (2003). User Acceptance of Information Technology: Toward a Unified View. *MIS Quarterly, 27*(3), 425-478.

Verdegem, P., & De Marez, L. (2011). Rethinking determinants of ICT acceptance: Towards an integrated and comprehensive overview. *Technovation. 31*(8), 411-423.

제11장

사회적 집단과 문화 그리고 소비

1. 사회적 집단과 소비자 행동

2. 문화와 소비자 집단

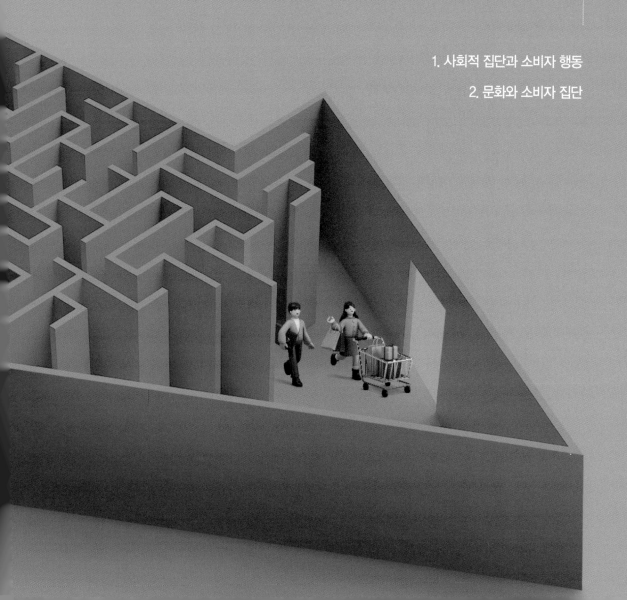

'우와, 나도 나중에 저 사람들처럼 살고 싶다.' 혹은 '나의 롤모델은 OOO이다.'라고 생각해 봤는가? 아직은 동경하는 인물이나 집단이 없을 수도 있다. 하지만 소속 학과의 과잠을 구매하거나 동아리 (소모임) 단체복을 맞춰 본 경험은 누구나 있을 것이다. 그마저도 없다면, 중고등학교 학창 시절 친구들 사이에서 인정받는 제품(옷, 신발, 가방, 액세서리 등)을 사려고 애썼던 기억은 있을 것이다. 모든 소비자는 다른 사람들과 어울려 함께 살아가고 있으며, 주변의 사람들이 명확하게 특정 집단(예: 가족, 학교 친구, 동아리 멤버 등)으로 묶여 직접적으로 상호작용을 하든지, 암묵적인 집단(예: 아이폰 애호가, 진보주의자, 디지털 네이티브 등)으로 간접적으로 상호작용을 하든지 간에 주변의 타인이나 집단은 개인 소비자의 구매 결정에 영향을 미친다. 예를 들어, 주변 친구들이 주로 청바지에 스니커즈를 신고 에코백을 들고 다닌다면 새 학기에 새로 산 신발도 스니커즈일 것이다. 반면, 징이 박힌 가죽점퍼를 입고 인디 음악을 즐기는 친구들과 친하다면 새로 산 신발은 워커일 가능성이 높다. 누군가는 하이힐을 좋아하고, 누군가는 야구모자를 즐겨 쓰고, 누군가는 세미 정장을 갖춰 입고 고급 시계를 차고 다닐 수 있다. 이 모두가 소비자 개인이 선호하는 것일 수도 있지만, 그 소비자가 속하거나 동경하는 사회적 집단을 상징하는 것이기도 하다.

이번 장에서는 개인 소비자를 둘러싸고 있는 사회적 집단의 유형과 영향력에 대해서 체계적으로 알아보고, 소비자의 사회적 정체성, 문화, 계층이 개인 소비자의 의사결정에 미치는 영향력에 대해서 전반적으로 살펴볼 것이다.

'인간은 사회적 동물이다'. 여기서 '사회'란 여러 개체가 모여 무리(혹은 집단)를 이룬 것을 뜻하지만, 단순히 모여만 있는 것이 아니라 행동양식 및 상호작용에 관한 명확한 질서와 체계(즉, 규범)가 존재할 뿐만 아니라 이러한 규범이 다음 세대 또는 새로운 구성원에게 계승되는 집단을 말한다. 예를 들어, 정어리 떼와 같이 생존확률을 높이기 위해 단순히 모여 있는 것을 사회라고 부르지 않으며, 개미나 벌, 코끼리와 고래, 사자나 늑대, 그리고 침팬지와 고릴라처럼 질서와 체계를 갖추고 관계와 역할에 따라 복잡한 상호작용을 하는 무리부터 '사회'라고 부를 수 있다.

사회의 가장 작고 기본적인 단위는 부모와 자녀로 구성되는 가족이다. 그다음으로, 부모의 형제자매와 무리를 이루고 함께 살거나 자녀의 새로운 가족을 구성원으로 받아들임으로써 혈연 중심의 공동체가 구성된다. 이를 원시사회(또는 자연사회)라고 하며, 이렇게 형성된 집단을 부족(tribe)이라 한다. 이후 언어, 종교, 가치관, 예절 등 문화적 특성을 공유하는 하나의 거대한 집단(국가나 민족)이 형성되고, 인접한 국가나 민족 간의 다양한 유형의 상호작용(예: 전쟁과 교역)을 거쳐 새로운 사회가 역사적으로 탄생하고 쇠퇴해 왔다.

더 나아가, 국가나 민족과 같은 개념이 사회를 구성하는 요소라기보다 다양한 사회적 집단이 하나로 모여 국가나 민족을 이루는 것으로 보는 것이 더 타당하며, 국가나 민족보다 문화적 공통성으로 사회적 집단을 구분하는 것이 더 바람직하다(구건서, 2003). 예를 들어, 사우디아라비아, UAE, 카타르 등은 서로 다른 국가이지만 하나의 문화권(즉, 사회적 집단)으로 볼 수 있으며, 이와 정반대로 하나의 국가 안에 다양한 하위 문화 집단(예: 힙합 문화, 히스패닉 문화, 실리콘밸리의 테크 문화 등)이 존재하기도 한다.

1 사회적 집단과 소비자 행동

사회적 집단과 문화에 관한 이번 장에서, 소비자 심리학의 관점에서 주목해야 하는 것은 인간의 사회성(sociality)과 정체성(identity)이다.

먼저 사회성은 타인과의 관계를 형성하고 유지하는 능력과 기술을 총괄하는 개념으로 유전적으로 타고난 특성이기도 하며 사회 집단 속에서 성장하면서 학습하는 후천적 특성이기도 하다. 기본적으로, 자연환경 속에서 무리를 짓는 것이 생존과 번식의 가능성을 높이기 때문에 사회성을 높이는 유전자(예: OXTR 등)가 진화되었다. 예를 들어, 아이를 더 잘 돌보는 아빠에게서 아이와 상호작용할 때 더 많은 옥시토신이 분비되며, 사회적으로 배제되거나 갈등 상황에 직면했을 때 코르티솔이라는 스트레스 호르몬이 더 많이 분비된다(Zheng et al., 2020). 이러한 생물학적 특성은 인간의 사회적 동기를 높이고 타인과의 유대감과 신뢰를 형성하고 타인과의 상호작용에서 자신의 정서를 더 잘 조절하도록 하여 사회적 적응성을 높인다.

또한 우리의 뇌에서 갖추고 있는 '거울 뉴런 시스템(mirror neuron system)'은 다른 사람의 행동이나 감정을 이해하고 모방하여 타인에 대한 공감과 긍정적 사회적 상호작용을 가능하게 하는 핵심적인 신경 네트워크이다(Gallese & Goldman, 1998). 간략하게 설명해 보자면, 어떤 사람이 하는 행동을 보고 그의 의도와 목적을 추론(예: 건물 안으로 급하게 뛰어 들어와 화장실 표지판을 보고 그쪽으로 다시 급하게 뛰어가는 사람)하거나 타인이 느끼는 감정에 공감하고 타인의 경험을 보고 간접적으로 체험하는 것(예: 자전거를 타고 가다 한눈을 팔아 가로수를 들이박은 사람) 그리고 이를 토대로 타인과 적절하게 의사소통하거나 긍정적인 관계를 형성하는 데 관여하는 정보처리 시스템이며, 모방학습의 기본 기제이다.

이처럼 인간은 타고난 사회적 존재이지만, 모두의 사회성이 뛰어난 것도 아니며, 같은 상황에서 전혀 다른 사회적 행동을 하기도 한다. 이러한 차이가 발생하는 이유는 인간의 타고난 사회성이 얼마나 어떻게 발현될지를 후천적 학습이 결정하기 때문이다. 예를 들어, 어떤 사회적 집단에서는 자신의 주장을 명확하게 표현하는 것이 사회적으로 바람직하지만, 다른 사회적 집단에서는 그러한 행동이 집단 내 갈등을 유발하는 나쁜 것으로 간주될 수 있다. 이러한 차이는 집단 규범의 차이에 기인하는 것이며, 자신이 속한 집단과의 사회적 상호작용을 통해 학습되는 것으로 사회적 상호작용의 수준 혹은 질에 따라 학습된 사회성 수준은 달라질 수 있다(이기범, 2005).

1) 사회성과 소비자 행동

사회성과 소비자 행동은 밀접하게 연관되어 있다. 사회성은 소비자가 주변 사람들과 긍정적인 관계를 맺도록 하며, 그들과의 지속적인 상호작용을 통해 사회적 규범(혹은 주변인의 기대)에 따라 제품이나 서비스를 구매하는 데 영향을 미친다. 여기서 중요한 것은 소비자 행동이 단순히 '개인적인 선호나 독립적인 판단에 의한 것이 아니라, 주변인과의 관계나 사회적 규범 또는 문화적 맥락에 의해 영향을 받을 수 있다는 점이다(Cialdini & Trost, 1998). 예를 들어, 10~20대 그리고 여성 집단이 다른 집단보다 아이폰을 더 선호하는 경향을 보이는데,

거기에 사회적인 영향력 혹은 문화적 맥락이 숨어 있을 수 있다. 여러분은 어떤가? 친구들 사이에서 유행하는 제품이나 서비스를 구매하거나 주변인들에게 부러움을 사거나 인정받을 수 있는 특정 제품이나 서비스를 구매한 경험이 있는가?

(1) 집단이 소비자 행동에 미치는 영향력

집단 혹은 주변의 타인이 미치는 사회적 영향력은 정보적 영향력과 규범적 영향력으로 구분된다(김재휘, 부수현, 2008). 먼저, 정보적 영향력은 레온 페스팅거(Leon Festinger)의 사회비교 이론에 기초하여 설명할 수 있으며, 다음으로 규범적 영향력은 무자퍼 셰리프(Muzafer Sherif)와 솔로몬 애쉬(Solomon Asch)의 동조 이론에 기초하여 설명할 수 있다.

① 사회비교 이론

페스팅거(1954)에 따르면, 사람들은 어떤 대상에 대한 자신의 의견이 옳은지 그리고 자신이 내린 판단이나 결정이 합리적이고 타당한지를 확인하고 싶어 한다. 왜냐하면 자신이 오해나 착각을 하고 있거나 잘못된 판단을 내리거나 바람직하지 못한 행동을 했을 때 발생할 수 있는 손해나 위험을 피하고 싶기 때문이다. 덧붙여, 자신이 잘못된 생각을 가졌거나 잘못된 판단과 행동을 했을 때, 다른 사람들로부터 부정적인 평가를 받거나 수용되지 못할 것을 피하고 싶기 때문이기도 하다(Cohen & Golden, 1972). 그렇다면 사람들은 어떻게 자신의 판단이 정확하고 옳은 것인지를 판단할 수 있을까? 마치 물건을 저울에 올려 얼마나 무거운지 혹은 가벼운지를 판단하는 것처럼, 객관적이고 명확한 준거가 있는 경우에는 그 기준에 따라 손쉽게 판단할 수 있다. 예를 들어, 소상공인 판별 기준(연 매출 10억 이하, 상시 종업원 5인 이하)이 있다면, 어떤 사업자가 그에 해당하는지를 매우 쉽게 판단할 수 있다. 또한 어떤 제품의 준거가격이 10만 원 안팎으로 형성되어 있다면, 20만 원이 넘어가는 제품은 비싸다는 판단을 쉽게 내릴 수 있다. 하지만 만약 객관적인 준거가 존재하지 않거나 판단의 결과가 불확실한 상황이라면, 소비자들은 다른 사람들의 의견과 행동을 참고하거나 비교 평가하여 '적당하게' 판단을 내리려고 한다.

따라서 사람들은 자신의 판단이 올바르고 타당한 것인지를 확인하려고 하며, 이때 다른 사람의 의견이나 행동은 비교 평가를 할 수 있는 준거 역할을 한다. 특히, 객관적인 준거가 없거나 불확실한 판단 조건에서 다른 사람들의 의견이나 행동의 영향력은 더 커진다. 예를 들어, 다음에 제시된 [그림 11-1]의 왼쪽 이미지는 사우디아라비아 국기이다. 검 모양 위의 문장은 무슨 뜻일까? 그것이 알파벳과 같은 표음문자일까? 아니면 한자와 같은 표의문자일

사우디아라비아 국기

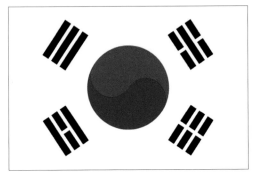
태극기

[그림 11-1] 정보적 영향력의 예시

까? 이 질문에 대한 답을 자신 있게 말할 수 있는 한국인은 아마 흔치 않을 것이다. 이때 누군가 옆에서 '사우디아라비아는 이슬람국가이니 코란 구절일 것이고, 아마도 알라는 위대하다는 의미 같다'고 얘기한다면, 아마도 여러분 역시 그 생각과 비슷한 해석을 할 것이다. 실제 내용은 '알라 외에 신은 없으며, 무함마드는 그의 사도이다'라는 샤하닷(이슬람교 신앙 고백 구절)이다.

덧붙여, 태극기의 건곤감리는 어떤 뜻을 담고 있는 것일까? 태극은 음(파랑)과 양(빨강)의 조화를 뜻하는 것이다. 네 모서리의 4괘 역시 조화를 뜻하는 것인데, 무엇의 조화를 뜻하는 것일까? 누군가 옆에서 하늘과 땅, 사람과 자연의 조화를 뜻한다고 말한다면, 여러분은 어떤 생각이 드는가? 과연 정답일까?

사회 비교 이론에 따르면, 사람들의 다양한 의견과 행동 중에서도 자신과의 유사성이 높은 사람들의 의견과 행동이 더 중요한 판단 준거로 작용한다. 왜냐하면 사람들은 자신과 비슷한 사람을 더 선호하기 때문이다. 구체적으로, 사람들은 자신과 닮은 사람에게 친숙함을 느끼며, 집단 구성원 간의 유사성이 높을수록 동질감과 유대감이 강화되는 경향이 있다. 따라서 사람들은 자신이 속한 집단의 사람들과 비슷해지기 위해 노력하며, 자신과 비슷한 사람을 집단의 구성원으로 더 잘 받아들인다. 따라서 자신과 유사성이 높은 사람들의 의견이나 행동은 판단 준거로서의 영향력이 더 커진다(김재휘, 2013). 이와 반대로, 자신과의 유사성이 떨어지고 이질적인 특성을 가진 집단 또는 사람의 생각이나 행동 역시 하나의 판단 기준이 될 수 있는데, 이 경우에는 그 기준과 멀어지려는 경향(즉, 확연히 구별되는 차이)을 보인다.

다른 한편으로, 사회적 다수의 생각과 행동은 그 사회에서의 보편적이고 일반적인 판단 기준이 되어 소비자의 의사결정에 영향을 미칠 수 있다. 예를 들어, 매우 많은 소비자가 이미 선택한 제품(예: 베스트셀러)은 그 제품의 품질을 보증해 주는 단서와 같으며, 소비자에게

유사성이 높은 동호회 예시

사회적 증거의 예시

[그림 11-2] 유사성과 다수의 영향력 예시

선택에 대한 확신을 심어 주기 쉽다(김재휘, 부수현, 2010). 이 또한 사회 비교의 한 차원이다.

② 동조이론

동조(conformity)란 개인의 태도나 행동이 집단의 압력 혹은 집단의 규범적 영향력으로 인해 달라지는 현상을 말한다(김재휘, 2013). 무자퍼 셰리프(1935)는 자동운동을 이용한 실험을 통해 동조 현상을 최초로 검증하였다. 자동운동이란 어두운 곳에서 정지상태에 있는 작은 광점을 보고 있을 때 그것이 움직이는 것처럼 보이는 착시현상을 말한다. 즉, 불빛은 실제로 전혀 움직이지 않았지만, 사람들은 불빛이 움직인 것처럼 느낀다. 따라서 움직이는 방향도 움직임의 크기도 사람마다 제각기 다르게 느낄 수밖에 없다. 셰리프는 실험에 참여한 사람들을 모아 놓고 불빛이 어느 방향으로 얼마나 움직였는지를 보고하게 하였는데, 처음에는 제각기 다른 방향으로 움직였다고 보고하다가, 보고 절차를 몇 차례 반복하고 나면 참여자들이 모두 일정한 방향으로 엇비슷하게 움직였다고 보고하게 된다. 즉, 다른 사람들의 의견을 참조하여 자신의 의견을 조정해 나가 결과적으로 일치된 견해를 보인다는 것이다.

셰리프의 실험이 흥미롭기는 하지만 불확실하고 애매한 상황에서 실제가 아닌 착각, 즉 얼마든지 수정해도 올바름이나 타당성에 문제 될 것이 없는 조건이었다는 점에서 한계를 가진다. 만약 무엇이 옳고 무엇이 잘못된 것인지 모두가 명확하게 알고 있다면, 그와 같은 조건에서도 동조가 발생할 것인가? 솔로몬 애쉬(Solomon Asch, 1951)는 선분의 길이를 판단하는 매우 간단한 과제로 이를 검증하였다. 애쉬는 [그림 11-3]과 같은 이미지를 실험 참여자들에게 제시하고 왼쪽의 x와 길이가 비슷한 선을 오른쪽의 a, b, c 중에 고르라고 하였다. 언

 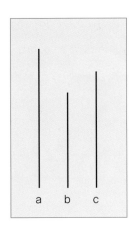

[그림 11-3] 선의 길이를 비교 평가하는 과제

제 어디서 누가 보더라도 정답은 c이다. x와 정확하게 같은 길이의 선이기 때문이다.

중요한 것은 실험에 함께 참여한 7명 중에서 6명은 연기자였고 실제 실험 참여자는 단 한 명이었다는 점이다. 누가 봐도 c가 정답이지만, 6명의 연기자가 모두 오답(a나 b)을 보고하면 정답률이 99%에서 63%로 떨어졌다. 즉, 혼자서 정답을 고르게 하면 99%가 맞추지만, 6명이 오답을 정답이라고 주장하는 상황에 직면할 경우, 실제 실험 참여자 3명 중 1명 이상이 명백하게 틀린 오답을 정답으로 보고하는 동조 현상이 발생한 것이다. 반복된 실험 결과, 전체 참여자의 75%가 최소 1번 이상은 오답에 동조했다.

애쉬의 실험 결과처럼 모두가 오답을 정답이라 주장하는 상황에서도 자신의 판단을 끝까지 고수하는 사람도 존재하지만, 명백한 오답이라는 것을 잘 알고 있음에도 다른 사람들의 기대에 따라(혹은 집단의 압력에 순응하여) 자신의 신념이나 행동을 틀린 것으로 바꾸는 사람이 더 많다. 중요한 것은 이러한 동조가 도덕성이 낮거나 주관이 뚜렷하지 못한 사람에게서 나타나는 것이 아니라, 다음과 같은 상황적 조건으로 인해 강화된다는 점이다.

- **집단의 크기**: 단 두 명의 조건(즉, 1:1 상황)에서는 동조가 나타나지 않는다. 오답을 정답으로 주장하는 협력자가 3명일 때 동조가 가장 크게 발생하며, 집단의 크기가 지나치게 커지면 오히려 동조가 덜 나타난다(Bond, 2005).
- **만장일치의 압력**: 만장일치가 집단의 규범으로 강조되는 조건에서 동조압력은 높아지며, 집단 구성원 중에 반대의견을 제시하는 사람이 단 한 명이라도 발생하면(즉, 만장일치 규범이 깨지면) 동조 가능성은 급격하게 낮아진다. 흥미로운 점은 전문성이 높은 집단일수록 동조의 압력이 높아진다는 점이다. 아마도 집단의 규범을 준수하였을 때 전

문성을 획득하거나 유지할 수 있기 때문일 수 있다(Platt & Huettel, 2008).

- **집단에 대한 개입**(commitment): 집단 구성원 간 유대감이 높고 참여자가 그 집단에 개입되어 있을수록 집단의 규범에 더 잘 순응하기 때문에 동조압력은 높아진다. 간단하게, 집단의 핵심 구성원(inner circle)은 집단의 규범을 이끌어 가는 역할을 맡기 때문에 동조압력이 더 커질 수밖에 없으며, 집단에 소속되기 위해 노력과 비용을 들여야 하는 경우 혹은 집단에 가입하기가 어려운 경우에도 집단에 대한 개입이 높아지고 동조에 대한 압력도 커진다. 반면, 집단에 덜 개입된 사람은 집단 구성원의 거부나 차별에 덜 민감하기에, 동조로부터 상대적으로 자유로울 수 있다(Friedkin & Cook, 1990).

- **집단의 응집력**(cohesiveness): 응집력이란 집단이 구성원들을 집단에 남아 있도록 하는 동력으로서 집단에 대해 느끼는 매력, 구성원 간의 친밀도 등을 포함하는 개념이다. 집단 구성원이 유사하고 동질적일수록, 집단의 크기가 너무 크지 않고(6~10명 내외) 빈번하게 상호작용을 하는 관계일수록, 집단의 목표에 동의하는 정도가 높으며 집단의 성과를 자랑스러워할수록, 집단에 가입하기가 어렵고 집단에 대한 개입 수준(즉, 소속감)이 높을수록, 외부 집단과 치열한 경쟁 관계에 있을수록 집단의 응집력은 높아지며, 동조압력 또한 높아진다(Gross & Martin, 1952).

- **성격 요인**: 대인관계 민감성(susceptibility)이 높은 사람일수록 그리고 일탈에 대한 두려움이 클수록 동조에 대한 압력을 더 크게 받는다. 간단하게, 다른 사람들이 자신을 긍정적으로 평가하고 집단의 구성원으로 받아들여 줄지에 대해 민감하게 반응할수록 집단의 규범에 순응하고 동조할 가능성이 높다. 또한 집단의 행동과 다른 행동을 할 때 처벌을 받거나 제재될 것에 두려움을 더 크게 느낄수록 동조할 가능성이 높다(Smith, 1965).

- **문화적 압력**: 집단에 대한 적응과 집단 구성원과의 조화를 강조하는 문화적 배경은 동조 압력을 높인다(박찬욱 외, 2013).

(2) 준거집단과 소비 행동

준거집단(reference group)은 말 그대로 판단의 기준이 되는 집단으로, '한 개인의 평가, 열망, 행동에 유의미한 영향을 미치는 실제 또는 가상의 집단'이다(Park & Lessig, 1977). 앞서 살펴본 사회 비교 이론의 관점에서 판단의 준거가 되는 집단이자 동조이론의 관점에서 집단의 규범(즉, 준거)에 순응하도록 하는 힘을 가진 집단이기도 하다. 그렇다면 준거집단이 가진 영향력의 원천은 무엇인가?

무엇보다도 그 집단(혹은 대상)이 준거적 권력(referent power)을 가지고 있기 때문이다.

준거적 권력이란 소비자가 특정인(혹은 그가 속한 집단)에 대해 가지고 있는 신뢰나 존경, 매력에 기반을 두는 권력을 말한다(French & Raven, 1959). 쉬운 예를 들자면, '자신이 처한 상황에서 자기가 좋아하는(혹은 존경하는) 사람이라면 어떻게 할까'를 머릿속으로 떠올려 보고, 그것을 준거로 하여 자신의 견해나 행동을 정하는 것을 말한다. 유명인이 자신의 팬들에게 어떤 행동을 추천(즉, 광고)했을 때 팬들이 기꺼이 따르는 것이 준거적 권력의 대표적인 예이다.

다음으로, 전문적인 기술이나 지식에 기반한 전문적 권력(expert power)이나 가치 있는 정보를 가지고 있다고 믿어지거나, 고급 정보에 쉽게 접근할 역량이 있다고 평가되는 것에 기반하는 정보 권력(information power) 역시 그 대상 또는 집단을 준거집단으로 만들 수 있다. 예를 들어, 피부과 전문의는 그 분야의 전문적 권력을 가지며, 피부 진정용 마스크팩 성능에 대한 소비자의 견해나 행동에 영향을 미칠 수 있다. 또한 어떤 기업의 비상장 주식에 대한 증권 전문가의 견해나 행동은 정보 권력의 차원에서 소비자의 투자 행동에 영향을 미칠 수 있다.

마지막으로, 다른 사람들에게 보상을 제공할 수 있는 능력에 기반한 보상적 권력(reward power) 그리고 법규에 의해 부여되거나 공식적인 지위나 역할에 의해 결정되는 합법적 권력(legitimate power) 역시 소비자 의사결정에 준거로 작용할 수 있다. 예를 들어, 서바이벌 오디션의 심사자는 참가자에게 보상적 권력을 가지며, 심사자의 견해나 행동은 참가자에게 간과하지 말아야 할 중요한 판단 기준이 될 수 있다. 이와 유사하게 합법적 권력은 경찰이나 소방관처럼 다른 사람에게 합법적으로 지시를 할 수 있는 사람들에 의해 행사되며, 그들의 견해나 행동은 일반적인 소비자에게 따라야만 하는 준거가 된다.

① 준거집단의 유형과 영향력

첫 번째 준거집단 유형은 대규모의 공식적인 조직(구조)이다. 대표적인 예로 정당이나 공인된 시민단체 또는 특정 분야의 협회(예: 심리학회) 등을 들 수 있다. 이러한 집단은 공인된 구조 아래에서 명확한 강령과 규칙 그리고 정규 구성원(직원 등) 등을 갖추고 있다. 예를 들어, 특정 정당은 소비자(즉, 유권자)에게 준거집단으로서 특정 후보에 대한 견해나 행동(지지 또는 반대)에 영향을 미칠 수 있다. 이와 대조적으로, 소규모이면서 비공식적인 준거집단도 존재한다. 예를 들면, 어떤 학생이 친하게 지내는 주변의 몇몇 친구들처럼, 집단의 구성원도 유동적이며 특별한 규칙도 없으며 다른 집단과 명확하게 구분되는 특성을 언급하기도 어려운 준거집단이 이에 해당한다.

마케터의 관점에서 보면 대규모의 공식적인 집단이 식별과 접근이 쉽고 큰 규모로 인해 비용효율성도 보장해 줄 수 있기에, 그들을 대상으로 한 마케팅 전략을 수립하고 실행하기가 더 쉽다. 이처럼 크고 공식적인 집단의 경우(예: 대규모 자전거 동호회)에는 제품 특징적이거나 활동 특징적이기 때문에(예: 자전거 용품과 주말 라이딩), 그에 관련된 영역 안에서 준거집단이 개인 소비자에게 미치는 영향력이 더 커진다(Cousins, 2006). 반면, 소규모의 비공식적인 준거집단은 전반적인 영역에서 규범적 영향력을 미칠 가능성이 높다. 왜냐하면 이들은 개인의 일상적인 생활에 더 개입되어 있으며, 더 빈번하고 지속적인 상호작용을 하는 경향이 있기 때문이다. 물론 공식/비공식 여부보다 집단에 대한 개입 수준과 집단의 응집력, 상호작용을 하는 빈도와 질적인 측면에 따라 준거집단의 영향력은 달라질 수 있지만, 일반적으로 대규모 공식적인 집단은 특정한 전문영역 안에서 강력한 영향을 발휘하는 반면, 소규모 비공식적인 집단은 광범위한 영역에서 영향력을 발휘하는 경향이 있다(Hoch & Dulebohn, 2017).

다른 한편으로, 준거집단의 특성에 따라서 정보적 차원에서 상대적인 영향력을 발휘할 수도 있고, 옳고 그름에 관한 절대적인 차원의 규범적 영향력을 발휘할 수도 있다. 예를 들어, 자전거 동호회에서 추천하는 자전거 용품이나 주말 라이딩 코스 등은 상대적으로 비교평가되는 것으로 정보적인 영향력을 발휘하지만, 강한 결속력을 가진 공동체 구성원(예: 부모님 또는 종교인)은 진로와 결혼 그리고 종교활동과 같은 중요한 쟁점에서 소비자의 판단과 행동에 절대적인 평가 기준(옳고 그름)을 제시할 수 있다(Sulkunen, 1997).

두 번째 준거집단의 차원은 소비자가 실제로 알고 있고 직접적으로 상호작용을 하는 사람들로 구성된 집단인지, 아니면 소비자가 선호하거나 매력적으로 느끼는 혹은 존경하는 사람들로 구성된 가상의(혹은 잠재적인) 집단인지다. 여기서 중요한 것은 실제로 존재하고 직접적으로 상호작용을 하는 준거집단뿐만 아니라, 소비자가 동경하는(aspirational) 가상적인 준거집단 역시 소비자에게 강력한 규범적 영향력을 행사할 수 있다는 점이다(박유진, 김재휘, 2005). 물론, 소셜 미디어를 활용한 간접적인(혹은 가상적인) 사회적 상호작용이 폭발적으로 증가하고 있기에, '아는' 사람과 '친구' 사이의 경계가 모호해지고 있는 것도 사실이다. 그런데도, 소비자는 온라인이든 주변에서 실제로 만나는 사람이든 간에 자신과 비슷한 사람을 찾는 경향이 있다(강신규, 2020). 일례로 트위터 이용자의 감정 공유 경향을 살펴본 결과, 행복한 사람은 행복한 사람에게 리트윗하는 반면, 슬프거나 외로운 사람은 부정적인 감정을 게시하는 사람과 함께하는 경향이 있다.

소비자가 동경하는 준거집단의 영향력은 소비자가 그 집단과 자신이 동일시되기를 원하기 때문에 발생한다. 즉, 소비자는 자신이 동경하는 집단의 특성과 관련되어 있다고 생각되는 제품 및 서비스를 자신도 따라서 구매하려는 경향을 보이며, 이러한 소비를 통해 자신이 그들과 점차 닮아가고 있거나 혹은 자신도 그들과 같은 일원으로 인정받는다고 느끼려고 한다(Cocanougher & Bruce, 1971). 예를 들어, 동경하는 집단의 스타일로 옷을 입고 그들이 선호할 것 같은 취미활동을 즐기려고 하며, 이를 통해 다른 사람들로부터 자신도 동경하는 집단의 구성원인 것처럼 평가되길 원하는 것이다. 즉, 동경하는 준거집단은 소비자의 이상적 자기 이미지에 관한 준거와 같으며, 소비자는 상징적 소비를 통해 이상적 자기 이미지를 완성하거나 충족시키려고 노력하는 것과 같다.

이와 대조적으로, 소비자가 극도로 싫어하는 집단 역시 준거집단의 역할을 할 수 있다. 앞서 설명한 동경하는 집단이 소비자가 닮고 싶은 집단이라면, 회피집단(avoidance group)과는 비슷한 점이 하나도 없도록 그들로부터 더 멀어지려는 경향을 보인다(Berger & Rand, 2008). 예를 들어, 보수주의자 집단이 회피집단이라면 그들의 주장이나 견해와 상반되는 주장이나 견해를 가지려고 하며, 외모에 지나치게 신경 쓰는 집단이 회피집단이라면 그들과 다른 옷차림과 행동을 하려고 노력한다. 더 나아가, 부정적 준거집단과 거리를 두려고 하는 동기는 동경하는 준거집단과 닮아가려는 소망보다 더 강할 수 있다(Richardson & Turley, 2006). 이러한 이유로 광고는 때때로 소비자가 회피하는 사람(집단)이 경쟁 제품을 사용하는 것을 보여 주기도 한다.

② 준거집단 영향력 강도에 영향을 미치는 요인들

준거집단은 소비자 의사결정에 정보적 차원, 규범적 차원 그리고 가치-표현적 차원의 영향력을 발휘한다. 따라서 준거집단의 영향력이 모든 제품 유형에 걸쳐 모든 소비활동에서 똑같이 강력한 것은 아니다. 예를 들어, 쉽고 간단하며, 위험하지 않고, 이전에 소비자가 구매해 본 경험이 있는 제품의 경우에는 준거집단의 영향력이 크지 않다(Ford & Ellis, 1980). 반면, 지각된 위험이 높거나 복잡하고 어려운 제품, 이전에 소비자가 구매해 본 경험이 없는 제품의 경우에는 준거집단의 영향력이 강해진다. 준거집단의 견해나 행동이 불확실성과 위험을 낮추고 판단에 유용한 정보가 되어 주기 때문이다(Schiffman & Kanuk, 1983).

이와 유사한 맥락에서, 생활필수품(일상품)보다 사치품 구매에서 준거집단의 영향력이 강해진다. 이 경우 정보적 측면에서도 준거집단이 영향을 미칠 수 있지만, 사치품은 집단의 선호나 가치가 반영되는 것으로 준거집단이 규범적으로 적합한(즉, 집단의 일원으로서 선택할 만한) 제품의 범위나 바람직한 제품을 고르는 기준을 제공해 줄 수 있기 때문이다. 즉, 규범적 영향력이 더 발휘되는 것으로 볼 수 있다(김재휘 외, 2012). 더 나아가, 다른 사람들에게 노출되는 사치품(가방이나 거실 가구)도 준거집단의 영향력이 더 강해지는 제품군이다. 만약, 자신이 구매한 제품이 누군가에게 보이거나 평가받지 않을 것으로 예상된다면(예: 실내 일상복) 다른 사람들의 의견이나 평가에 민감하게 반응할 필요가 없지만, 다른 사람들에게 보이고 그것이 상징적인 의미를 갖는 것이라면 가치-표현적 차원에서 자신이 선망하는 준거집단 이미지와 일치되는 제품을 구매할 가능성이 높아진다.

다른 한편으로, 앞서 사회비교 이론에서 언급했던 바와 같이, 자신과의 유사성 및 동질성이 높은 집단일수록 준거집단의 영향력이 커진다. 금연 프로그램에 대한 실증연구에 따르면, 흡연자가 금연하는 데 미치는 영향력은 비흡연자의 권고보다 흡연자였던 친밀한 동료나 가족이 금연할 때 커진다(Stilley et al., 2010). 배우자는 친구보다 영향력이 컸고, 친구는 형제보다 영향력이 컸다. 직장 동료의 경우 모든 구성원이 서로를 알고 있는 작은 회사의 경우(즉, 소규모 집단)에만 영향력을 발휘했다. 이처럼, 소비자는 주로 자신과 비슷한 사람들과 비교하고 그로부터 결정적인 영향을 받는 경향이 있기 때문에, 마케팅 측면에서 소비자 주변의 비슷한 사람들을 판촉의 주 대상으로 삼는 것이 바람직하다.

마지막으로, 소비자 주변에 존재하면서 소비자와 빈번하게 상호작용을 하는 준거집단을 변별하는 세 가지 차원은 다음과 같다. 첫째, 소비자와의 근접성(propinquity)이다. 이는 소비자 간 물리적 거리를 의미하는 것으로, 근접성이 높을수록 상호작용의 기회가 증가하며 긴밀한 사회적 관계를 형성할 가능성이 높다(Cocanougher & Bruce, 1971). 두 번째 요인은 단순노출(mere exposure)이다. 가깝더라도 자주 접하지 못하면 의미가 없다. 단순히 더 많이 노출되는 것만으로도 대상에 대한 친숙도가 높아지며, 이것은 대상에 대한 호감을 만들어낸다(Zajonc, 1968). 세 번째 요인은 집단의 응집력(cohesiveness)이다. 응집력은 집단 구성원이 서로에게 이끌리는 정도와 같으며, 개인이 집단 구성원 자격을 얼마나 중요하게 여기는지로 대변되는 것이다. 개인에게 집단에 소속되는 것의 가치가 높다면, 그 집단은 개인의 의사결정에 더 큰 영향력을 미칠 수 있다. 일반적으로 집단의 규모가 커질수록 개인이 집단에 개입되는 수준이 떨어지고 집단에 개인이 기여하는 정도가 덜 중요하거나 눈에 잘 띄지 않기 때문에, 규모가 작은 집단의 응집력이 더 강하다. 따라서 멤버십은 소수로 제한하는 것이 바람직하며 결과적으로 소수일 때 멤버십의 가치를 높인다(이서윤 외, 2019).

③ 브랜드 커뮤니티와 소비자 종족

브랜드 커뮤니티는 특정 브랜드 제품에 대한 흥미나 사용법에 기초한 사회적 상호작용을 함께 나누는 소비자로 구성된 집단을 말한다. 선행 연구에 따르면, 브랜드 커뮤니티에 참여하는 소비자가 제품을 더욱 긍정적으로 평가하고 브랜드에 대한 충성도 역시 높다. 구체적으로, 브랜드 커뮤니티는 제품의 오류나 하자 그리고 서비스 질을 떨어트리는 실수 등에 더 관대해지도록 하며, 더 나은 경쟁 제품이 출시된다고 할지라도 브랜드를 바꾸는 것을 꺼린다. 심지어 브랜드 커뮤니티에 소속된 사람들은 기업과 전혀 관계없이(혹은 이윤추구의 목표 없이) 다른 사람들에게 브랜드 광고 메시지를 전달하는 역할도 종종 수행한다(Schau et al., 2009).

더 나아가, 브랜드 커뮤니티 구성원들은 제품 홍보 이상의 역할도 수행할 수 있다. 실례로, 그들은 제품 사용성을 높이고 성능을 최적화하는 데 더 나은 방법을 개발 및 제안함으로써 커뮤니티의 다른 구성원들과 새롭게 창출된 가치를 공유한다. 특히, 경험과 지식이 풍부한 베테랑 구성원이 커뮤니티에 가입한 신입(newbies)에게 제품 및 서비스를 더 잘 사용(혹은 활용)하는 방법을 지도해 줌으로써 제품 만족도를 높이고 브랜드 충성도를 만들어 나가는 현상을 보이기도 한다.

소비자 종족(consumer tribe)도 브랜드 커뮤니티와 비슷한 개념으로 볼 수 있다. 특정한 라이프스타일을 중심으로 특정한 활동이나 제품에 대한 충성도를 보여 줌으로써 같은 취향의 소비자가 서로를 동일시하는 집단을 말한다. 비록 이와 같은 소비자 종족은 매우 불안정하고 수명이 짧지만(즉, 한때 유행하는 것), 그런데도 가치관이나 삶의 방식에 적합한 것으로서 제품을 평가하고, 그러한 제품을 소비하면서 긍정적인 감정을 공유하는 것을 통해 집단과의 동일시가 이뤄지기 때문에 긍정적이다.

2) 정체성과 소비자 행동

정체성(identity)은 개인적인 자기-정체성을 형성하는 것에서부터 출발한다. 청소년기에 부모로부터 자신을 분리하고 또래 집단 및 다양한 사회적 집단과의 상호작용을 통해 자기 자신에 대한 개념을 형성해 나가는데, 자신과 비슷하거나 자신이 선망하는 대상을 동일시하는 한편 자신과 다른 사람을 명확하게 구분하는 과정을 통해 정체감이 형성된다(Erikson, 1956). 즉, 정체성은 자신의 주변에 있는 다른 사람 혹은 그러한 사람들을 하나로 묶은 잠재적 집단과 자기 자신이 얼마나 유사한지 혹은 얼마나 다른지로 구성해 나가는 것이다. 이와 같은 관점에서 정체성을 자기-범주화(self-categorization)라고도 한다(Turner et al., 1986).

더 나아가, 사회적 정체성(social identity)이란 자신이 특정 사회 집단의 구성원이라는 인식에 기초하여 파생된 자기(self) 개념을 말한다(Tajfel & Turner, 1986). 예를 들어, 여러분이 대한민국 국민으로서 공통적으로 가지고 있는 특성(예: 성격이 급하다)이나 신념(예: 일본제국은 사악하다)을 자신도 가지고 있다고 느끼는 것으로, 특정 대상에 대한 태도나 일반적인 행동양식을 포괄하는 총체적인 인식이 '한국인'이라는 사회적 정체성을 구성한다. 이러한 사회적 정체성은 특정한 상황에서 '한국인'으로서 자부심을 느끼거나 '한국인'답게 행동하는 것을 포괄하며, 자신과 같은 '한국인'에 대해 더 큰 동질감과 유대감을 느끼고, 다른 집단(예: 중국인, 일본인 등)과의 명확한 거리감을 느끼게 한다.

(1) 사회적 정체성 개념과 기능

사회적 정체성은 소비자가 자신의 개별화된 정체성을 형성하는 과정에서 특정 집단을 다른 집단과 구분하여 범주화하는 것에서 시작되며, 어떤 하나에 고정되어 있지 않고 시간에 따라 혹은 주로 상호작용하는 집단에 따라 변화할 수 있다. 예를 들면, 동성의 부모와 동성의 친구들에 기초하여 성(gender) 정체성 혹은 성 역할 정체성을 형성해 나갈 수 있으며, 이후 혹은 동시에 자신이 속한 집단에 대한 정체성(예: 대학생, 한국인, 기독교인 등)이나 자신이 하는 일이나 직업에 기초한 정체성(예: 주부, 교수 등), 공유된 신념이나 가치에 기초한 정체성(예: 진보성향, 보수성향) 등과 같은 다양한 사회적 정체성을 암묵적으로 형성해 나간다.

흥미로운 점은 어떤 하나의 사회적 정체성이 두드러지면 그 사람이 가지고 있는 다른 정체성은 의식 속에 가라앉는다는 것이다(Turner et al., 1986). 예를 들어, 자신이 응원하는 야구팀이 코리안시리즈에 진출했을 경우, 그 팀을 응원하는 집단(예: 기아 타이거즈 팬) 정체성이 현저해지는(즉, 활성화되는) 반면, 그가 가진 나머지 정체성은 의식 아래로 내려앉는다(예: 수험생). 물론, 소비자가 자신이 가진 독특한 목표나 특성을 의식하는 순간 개인적 정체성이 강해지고 자신이 속한 집단의 규범이나 기준에 대해서는 덜 의식할 수도 있다. 예를 들어, 중요한 시험을 앞두고 있고 이번에 반드시 합격해야 한다는 목표가 활성화되면, 야구팀 팬은 잠시 내려놓을 수 있다. 이를 기능적 길항 작용(functional antagonism)이라고 한다. 이에 관한 대표적인 예로, 동아시아인 여학생에게 동아시아인의 정체성을 활성화했을 때와 여성의 정체성을 활성화했을 때 수학 점수가 달라진다(Shih et al., 1999). 하지만 언제나 여러 정체성이 경쟁적 관계에 있는 것은 아니다. 어떤 소비자는 접합된 정체성(fused identity)을 보이기도 하기 때문이다. 즉, 서로 다른 정체성이 완벽하게 겹치는 경우(예: 백인-남성-기독교-보수주의자-남부지방 사람 등), 하나의 정체성이 활성화되면 다른 정체성도 함께 활성화될 수 있으며, 두 개 이상의 정체성이 활성화된다고 해도 문제 될 것이 없다(Swann et al.,

2009).

그렇다면, 소비자는 왜 사회적 정체성을 형성하는 것인가? 특정 집단으로부터 자기 자신에 대한 긍정적인 톡특성(positive distinctiveness)을 얻으려는 내재적 동기가 있기 때문이다. 즉, 사람들은 누구나 자기 자신이 긍정적인 사람으로 인식되기를 원한다. 따라서 자신이 긍정적으로 생각하는 집단과 자기 자신을 동일시(identification)함으로써 자신도 그 집단의 긍정적 특성을 가진 사람으로 인식되려고 한다. 이와 같은 맥락에서, 소비자는 한 집단에서 더 나은(혹은 위계적으로 높은) 집단으로 정체성을 옮겨가려고 한다(Haslam, 2001). 예를 들어, 뉴욕 맨해튼에서 근무 중인 한국인 애널리스트가 있다고 치자. 이 사람은 아시아인이라는 정체성을 가질 수도 있고 애널리스트라는 정체성을 가질 수도 있다. 이 두 집단은 경계의 지각된 투과성(permeability)이 높아 아시아인의 정체성에서 '맨해튼 애널리스트'라는 정체성으로 쉽게 옮겨갈 수 있다. 단, 맨해튼 애널리스트'라는 정체성이 아시아인으로 불리는 것보다 더 긍정적인 톡특성을 줄 수 있을 때만 옮겨간다. 즉, 집단 간 위계의 지각된 안정성(stability)과 정당성(legitimacy)이 높을 때 상위의 정체성으로 옮기는 경향이 있다.

때때로 집단 간 경계의 투과성이 낮아 정체성을 옮기기 어려울 때가 있다. 예를 들면, 성별이나 지역(고향), 종교나 졸업한 학교, 직업 등에서 집단 간 경계가 명확하고 차이가 크기에 정체성을 옮기지 못할 수 있다. 이 경우, 소비자는 사회적 창의성(social creativity)을 발휘한다. 자기가 속한 집단의 차별적인 장점을 찾거나 집단별 대표적인 특징에 부여하는 가치체계를 바꿈으로써 자신에게 긍정적 독특성을 부여하려고 한다. 예를 들어, 시골 출신은 '정이 많고 인간적이다'와 같은 장점을 부각하여 '시골 출신' 정체성으로부터 긍정적 독특성을 찾는다(Giannakakis & Fritsche, 2011).

만약 어떤 집단과 다른 집단이 사회적으로 경쟁하는 관계라면, 그리고 자신이 속한 집단 정체성을 다른 집단으로 전환하기 어렵다면, 사회적 정체성은 내집단 편향(ingroup bias)을 유발할 수 있다. 내집단 편향이란 자신이 속한 집단의 구성원을 우대하는 것으로, 더 호의적으로 반응하고 더 긍정적으로 평가하며 더 수용적으로 행동한다. 문제는 내집단이 아닌 다른 집단 구성원에게는 차별적인 태도와 행동을 보인다는 점이다(Krumm & Corning, 2008). 이러한 차별이 종종 사회적으로 심각한 집단 간 갈등의 원인이 되기도 한다. 대개 문화나 민족, 성별, 지역, 종교 혹은 학교 등과 같이 명확하게 범주화되는 집단에 대하여 내집단 편향과 외집단 차별이 발생하지만, 임의적 및 일시적으로 구성된 집단(예: 게임에서 동전 던지기로 가른 팀)에 대해서도 내집단 편향 또는 편애가 나타날 수 있다. 그 이유는 사회적 경쟁을 하는 관계가 주어졌기 때문이며, 내집단 편향을 가지는 것이 집단의 결속을 강화하고 경쟁에서 승리하는 데 도움을 줄 수 있기 때문이다.

(2) 성 정체성과 소비자 행동

성 정체성(gender identity)은 소비자의 자기 개념의 매우 중요한 구성요소이다. 사람들은 종종 성별에 따라 사람들이 어떻게 행동하는지에 대해 그가 속한 사회문화 규범을 따른다. 이러한 규범은 시대가 흐름에 따라 변화해 왔으며 사회(특히, 종교)마다 근본적으로 다른 규범을 가지기도 한다. 성차가 타고나는 것인지 아니면 길러지는 것인지에 대해서는 여전히 분명하지 않지만, 성차는 소비 장면에서 분명하게 나타난다. 패션과 장신구 소비뿐만 아니라 식생활을 포함한 생활양식에 이르기까지 매우 광범위한 소비 영역에서 성차가 명확하게 나타난다.

먼저, 성 정체성은 생물학적인 요인뿐만 아니라 심리적인 요인을 포함하는 것이다. 구체적으로, 어떤 사람의 생물학적인 성별이 그 사람의 성(gender)이나 성-유형화된 특성을 결정짓는 것은 아니다. 심지어 성과 성적 성향(sexuality)이 언제나 일치하지도 않는다. 생물학적인 성별은 명확하게 구분되는 것이지만, 성과 성적 성향은 모두 주관적으로 인식되는 것이기 때문이다(Fischer & Arnold, 1994). 일례로 성별과 별개로 남자다움(masculinity)과 여자다움(femininity)이 사회적으로 범주화되지만(Spence, 1984), 사회마다, 문화권에 따라, 혹은 시대에 따라 남자다움 혹은 여자다움으로 인식되는 행동양식이 다를 수 있다.

성 역할(gender role) 정체성은 성 역할 고정관념으로 불리기도 한다. 전형적인 성 역할은 여성은 가사와 육아를 전담하고 남성은 가족의 생계를 책임지는 것이다. 유년기와 청소년기를 거치면서 아동이 자신의 동성 부모나 주변의 동성 성인과 동일시하여 성 역할 정체성이 형성된다. 동성의 부모(성인)를 동일시하는 이유는 유사성을 더 쉽게 찾을 수 있기 때문이다. 여전히 일부 국가나 문화권(예: 이슬람근본주의 국가)에서 전형적인 성 역할이 유지되고 있으나, 1·2차 세계대전을 거치면서 여성의 권리가 강화되고 여성의 사회진출이 크게 늘면서 성별이 아닌 '성(gender)'이라는 개념이 새롭게 적용되어 가는 추세이다.

그럼에도 여전히 성-유형화된 제품(sex-typed product)이 존재하며, 적극적으로 마케팅되고 있다. 예를 들어, 옷이나 패션 소품의 스타일, 여러 제품(술이나 음료, 화장품 등)의 용기 형태, 제품의 컬러나 크기 그리고 외형 디자인 등 광범위한 영역에서 성 유형화된 제품이 출시되고 있다. 이와 같은 맥락에서 몇몇 연구자들은 이와 같은 성 유형화된 제품과 그러한 제품에 대한 광고 내용 그리고 특정 성별을 대상으로 하는 마케팅이 성 역할 고정관념을 고착시킨다고 비판받기도 한다(Grau & Zotos, 2016). 이에 관한 대안으로 펨버타이징(femvertising)

이 제안되기도 한다.

(3) 정체성과 소비자 행동

소비자는 자신의 정체성을 표현하거나 강화하는 도구로 특정한 이미지를 상징하는 제품이나 서비스를 구매한다. 예를 들어, [그림 11-4]와 같이 특정 브랜드 로고가 크게 새겨져 있는 가죽점퍼를 구매하는 소비자와 야구모자를 구매하여 비딱하게 쓴 소비자 그리고 청바지와 스니커즈를 신는 소비자는 서로 다른 정체성을 가지고 있으며, 소비를 통해 그것을 표현하는 것이다. 즉, 소비자는 특정 브랜드나 특정 스타일의 제품을 구매함으로써 자신이 속하려고 하는 사회적 집단에 소속감을 느낄 수 있으며, 자신의 가치를 다른 사람들에게 표현할 수 있다. 특히, 현재의 정체성(자기 이미지)에 불만족하는 소비자일수록 자신이 주관적으로 인식하는 이상적인 집단 정체성을 획득하기 위해 충동구매를 하는 경향을 보인다 (Pupelis & Šeinauskienė, 2023).

[그림 11-4] 소비자의 정체성과 소비 행동

이와 유사한 맥락에서, 소비자는 자신이 속한 집단의 정체성을 반영하는 상품을 선호한다. 예를 들어, 스포츠 팬은 자신이 응원하는 팀 로고가 들어가 있는 제품을 구매하고 이는 집단 소속감을 강화한다. 이와 반대로, 자신이 속하지 않은 집단과 구분 짓기 위해 특정한 제품을 구매하기도 한다. 이러한 소비는 "우리는 그들과 다르다"는 메시지를 전달하기 위한 것이다. 예를 들어, 맹목적으로 아이폰을 선호하는 집단과 구분되기 위해 대안적인 브랜드의 휴대폰을 구매하는 것 또는 추운 겨울 날씨에도 자신이 젊다는 것(혹은 한국인임)을 보여주기 위해 아이스 아메리카노를 구매하는 것 등이 이에 해당한다.

브랜드 측면에서 볼 때, 어떤 사회적 집단의 정체성(긍정적 독특성)과 일치되는 브랜드 이미지를 구축하였다면, 그 집단의 정체성을 가진 소비자들의 브랜드 충성도를 높일 수 있다. 예를 들어, '파타고니아'는 지속가능한 소비와 친환경 이미지를 구축하고 있으며, 상대적으로 비싼 가격임에도 불구하고 이러한 집단 정체성을 가진 소비자들은 높은 브랜드 충성도를 보인다. 또한 앞서 브랜드 커뮤니티에서 언급했던 것처럼, 브랜드를 중심으로 형성된 커뮤니티는 참여자들에게 브랜드 충성도를 높일 뿐만 아니라, 그 커뮤니티에 대한 긍정적 정체성을 바탕으로 친-브랜드 활동을 적극적으로 해 나갈 가능성이 높다.

마지막으로, 삶의 전환기(예: 취업, 결혼, 출산, 은퇴 등)에 있는 소비자는 새로운 정체성을 형성하기 위하여 활발한 소비활동을 한다. 예를 들어, 처음으로 취업한 학생은 직장생활에 필요한 다양한 제품과 서비스를 구매하며, 신혼부부는 가구를 비롯하여 새로운 가전제품을 구매하기 시작하고, 첫아이를 출산한 부부는 아동용품 구매가 폭발적으로 승가한다. 생애주기에서 전환기에 있는 소비자는 각 시기에 적합한 특별한 제품 시장을 형성하며, 브랜드가 그 시장에서 우위를 확보하려면 소비자의 변화되는 정체성에 주목할 필요가 있다.

2 문화와 소비자 집단

문화란 '특정 사회의 한 성원으로서의 인간의 행동에 영향을 미치는 학습된 신념, 가치관, 풍습의 복합체'이다. 신념은 어떤 대상에 대한 개인의 특정 지식과 평가이며, 가치는 신념에 비해 특정 대상이나 상황에 제한되지 않고 보다 지속적이고 문화적으로 적절한 행동을 안내하는 역할을 한다. 따라서 문화는 사회 성원의 행동을 지배하는 규칙이나 제도와 같은 통제 기제로, 특정 사회에 속한 성원들을 서로 결속시키는 접착제이다(Albert & Trommsdorff, 2014).

1) 문화의 기능과 소비 문화

문화는 특정 사회에 속한 성원의 생리적, 심리적, 사회적 욕구를 충족하는 수단을 제공한다(Hernandez & Gibb, 2020). 예를 들어, 배고플 때 어디에서 무엇을 먹을 것인지, 저녁 초대에 어떤 옷을 입고 갈 것인지 등에 대해 문화는 기준이나 규칙을 제공한다. 하지만 문화는 사회의 구성원인 소비자의 욕구 변화에 조금씩 적응하며 진화한다. 문화의 맥락에서, 제품이나 서비스는 사회 성원의 욕구를 충족하는 데 기여하는 해결책이며, 우리 생활에 광범위하게 영향을 미치고 있다.

문화의 또 다른 특성은 타고나는 생물학적인 특성과 달리 학습된다는 것이다. 문화의 학습에는 세 가지 유형이 있다(Johnson & Majewska, 2022). 첫째, 형식적인 학습으로 부모나 연장자로부터 어떻게 행동해야 하는지 습득하는 것이다. 부모가 제품을 구매하는 이유, 사용하는 방법 등은 사회화 과정에 있는 자녀에게 소비 문화 습득의 원천이 된다. 둘째, 친구나 또래 또는 사회의 다른 성원들의 행동을 모방하는 것이다. 셋째, 기술적 학습으로 교육체계 안에서 무엇을, 어떻게, 왜 그렇게 해야 하는지에 대한 가르침을 통해 문화를 습득하는 것이다. 광고는 이 세 가지 유형의 문화 학습 모두에 영향을 미칠 수 있지만, 광고 속의 모델의 행위를 모방하는 비공식적인 학습의 형태가 가장 많이 나타난다.

문화의 학습은 문화 의미(meaning)를 통해 촉진된다. 문화에 내재한 가정과 신념으로부터 형성되는 문화 의미는 세부적으로 문화 범주(categories)와 문화 원리(principles)로 구성된다(Cole, 1999). 문화 범주란 우리가 현상세계를 분류하기 위해 적용하는 일종의 구분 체계이며, 성, 연령, 사회적 지위, 세대 등 우리가 속한 문화에서 사물이나 대상을 분류할 때 동원하는 다양한 요소이다. 문화 원리는 소비자가 문화 현상을 조직하고 평가하며 추론하는 데 영향을 미치는 사상이나 가치관이다. 문화 범주가 문화를 세분화하는 기준으로 작용하는 것이라면, 문화 원리는 그 세분화를 수행할 때 동원하는 조직화된 사상이라 할 수 있다. 마치 특정 사상이 우리의 생각과 행위에 영향을 미치는 것처럼 문화 원리는 소비재를 통해 우리를 둘러싸고 있는 세계를 이해하는 데 중요한 역할을 한다.

문화 의미의 다른 형태로는 문화 아이콘(icon)이 있다(Tomaselli & Scott, 2018). 문화 아이콘은 한 문화의 상징으로 자리 잡은 인물이나 브랜드 또는 대상(지역, 조직, 기관, 기업 등)으

[그림 11-5] **문화 아이콘의 탄생 과정**

로서 그 문화에 속한 다수로부터 존경과 동경의 대상이 되는 것을 일컫는다. 문화 아이콘은 어떤 문화적, 역사적 시점에서 사회가 절실하게 필요로 하는 특정 신화를 수행하는 기능을 하기 때문에 이것이 광고로 표현될 때 소비자와의 관계의 질을 심화하는 데 폭발력을 가지게 된다.

홀트(Holt, 2004)는 문화 아이콘이 탄생하는 과정을 다음과 같이 설명한다. 첫째, 문화 아이콘은 한 사회의 첨예한 갈등 구조를 해결한다. 그런데 현대 사회에 내재한 집단 욕망을 해결하는 데 지대한 역할을 하는 것은 브랜드로 개인의 자기표현에 기여한다. 둘째, 아이콘 브랜드는 사회의 욕망과 불안을 해결하는 정체 신화를 주로 광고를 통해 수행한다. 신화는 사람들의 긴장을 느슨하게 하며, 인생의 목적을 수립하도록 도와주고, 어려움 속에서도 그들의 정체성을 더욱 공고하게 해 준다. 셋째, 소비자는 광고에 나타난 의례 행위를 통해 브랜드를 경험하고 공유한다. 브랜드가 신화를 수행해 감에 따라 소비자는 마침내 신화가 브랜드에 내재하는 것으로 인식한다. 광고를 통해 브랜드는 문화의 상징이자 신화의 물질적인 구현이 되는 것이다.

2) 사회적 계층과 소비 행동

(1) 사회 계층에 대한 이론적 접근

사회 조직은 가장 단정적이거나 공격적인 동물이 다른 동물들에 대해 통제력을 발휘함으로써 발달하며, 그들은 먹이, 서식지, 심지어 짝짓기에서도 우선권이 주어진다. 사람 또한 사회 계층 내에서 자신의 서열을 높이고자 한다. 그러므로 자신의 몫을 키우고 타인으로 하여금 이를 알아차리도록 하려는 욕망은 마케팅 전략의 핵심이다(Mathur et al., 2016).

사회학자들은 사람들의 상대적인 사회적 및 경제적 자원 측면에서 사회 분할을 기술하는 방법을 개발했다. 대표적으로, 칼 마르크스(Karl Marx)는 어떤 사회 내의 개인의 위치가 생산 수단과의 관계로 결정된다고 보았다. 가진 자는 자원을 통제하고 특권 위치를 보호하기 위해 타인의 노동력을 사용하며, 못 가진 자는 생존을 위해 자신의 노동에 의존한다. 유사하게 막스 웨버(Max Weber)는 사람들이 매기는 등위가 단일 차원이 아님을 보여 주었다. 지위 집단은 특권 혹은 사회적 명예를 포함하며, 일부 등위는 세력에 초점을 두고 일부는 부와 재산(혹은 계급)을 포함한다.

(2) 사회 계급이 소비 행동에 미치는 영향

소비자들은 사회 계급에 따라 적절한 제품과 상점이 있는 것으로 지각한다. 예를 들어, 노동 계급 소비자들은 제품의 스타일이나 유행성보다는 견고함과 편리함과 같은 실용적인 측면에서 평가하며, 상류층 계급의 소비자들은 외향에 관해 생각하는 경향성이 있기에 다이어트 음식에 더욱 열중하는 소비 행동을 보인다. 따라서 사회 계급으로 인한 차이에는 세계관이 포함된다(Liu, 2011).

취미 문화(taste culture) 개념은 사회 계급의 소비 선택에서 중요하기도 하지만, 계급 간의 미묘한 차이를 이해하는 데에도 도움이 된다. 왜냐하면 사회적 계급에 따라 여가 시간에 그들의 수입을 얼마나 어떻게 투자하는지가 달라지기 때문이다(White, 1955). 예를 들어, 상위 계급 사람들은 박물관과 오페라 공연에 더 자주 가지만, 중산층의 경우 비교적 지출이 적은 캠핑이나 낚시 등을 더 자주 간다. 이러한 차이는 문화, 예술, 실내 장식 등에서 매우 다른 소비 형태로 나타난다.

이는 사회 계급마다 부호 유형(소비자가 의미를 표현하고 해석하는 방식)의 차이가 있기 때문이다. 노동계급에서는 제한된 부호(restricted codes)가 지배적이다. 반면, 중류 및 상류 계급에서는 정교화된 부호(elaborated codes)가 사용된다(Bernstein, 2005). 제한된 부호는 대상들 간의 관계가 아닌 대상들의 내용에 초점을 맞추지만, 정교한 부호는 더욱 복잡하고 세련된 세계관에 의존한다. 부호의 차이는 소비자가 시간, 사회적 관계와 같은 개념에 접근하는 방식의 차이를 만들어 낸다. 예를 들어, 생명보험을 광고할 때, 노동 계급을 대상으로 할 때에는 가입하는 즉시 얻을 수 있는 기쁨이나 이득을 아주 단순하고 직접적인 용어로 기술하는 것이 효과적이지만, 상류층을 타겟으로 할 때에는 풍요로운 노부부의 일상을 보여 주고, 미래 계획에 대한 정교한 메시지를 제시하는 것이 효과적일 수 있다.

(3) 지위와 상징

사람들은 직업적 성취, 물질적 안녕에 대해 평가할 때 남들과 비교하는 경향이 있다(Garcia, Tor, & Schiff, 2013). 즉, 사람들은 타인보다 자신이 더 많이 가지고 있음을 확인하고 드러내는 것이 중요하다. 따라서 제품 구매와 전시의 가장 중요한 동기는 우리가 그 물건을 사용할 능력이 있음을 타인에게 알리기 위한 것으로, 제품은 지위를 상징하는 기능을 한다. 예를 들어, 자녀가 지위의 상징인 중국의 경우 부모는 자녀의 응석을 받아주는 것을 원하며, 자녀들을 고급품으로 꾸미는 것을 좋아한다. 이러한 지위의 상징은 과시 소비와 직접적으로 연결된다. 과시 소비의 핵심은 제품이 타인과의 차별화를 만드는 데에 쓰인다는 것이다

(Amaldoss & Jain, 2005). 국내의 경우, 합리적인 가격의 국산 자동차보다 해외 유명 브랜드에 대한 선호를 불러일으키며, 핵가족 시대임에도 불구하고 소형 아파트보다 중대형 아파트가 더 많이 건설되고 구매된다.

3) 연령에 따른 하위 문화 소비자 집단

연령 코호트(age cohort)는 비슷한 경험을 가진 비슷한 연령대의 사람들로 구성되어 있다. 그들은 문화, 중요한 역사적 사건 등에 대한 공통적인 기억을 공유한다. 비록 사람들을 또래 집단으로 분류할 수 있는 보편적인 방법은 없지만, '나의 세대'를 지칭할 때 의미하고 있는 바를 우리는 잘 알고 있다. 이러한 특징에 기반하여 마케터는 종종 특정한 연령대를 특정 제품이나 서비스의 주 고객으로 설정하기도 한다(Mathur et al., 2003). 일반적으로, 대표적인 연령 코호트(예: 민주화 세대 등)에 대한 공감대가 넓게 형성되기도 하지만, 어떤 세대를 하나의 범주로 묶어 이들의 특징을 명명하는 용어와 그 세대를 구분 짓는 시기(혹은 기간)는 주관적이다. 우리나라에서 널리 통용되는 대표적인 연령 코호트는 다음과 같다.

- 베이비부머 세대 혹은 산업화 세대: 1950~1960년대
- 민주화 세대: 1960~1970년대
- 신세대 혹은 X세대: 1970~1980년대
- 밀레니얼 세대: 1980~2000년대
- Z세대: 1990~2000년대

(1) 아동 소비자 집단

아이가 없다면 상상하기 어렵겠지만, 4~12세의 아동은 부모의 구매 결정에 영향력을 행사한다. 이 시장은 다음과 같은 세 가지 차원으로 구분된다.

- **1차 시장**: 장난감, 간식류, 의류, 영화(애니메이션) 등의 제품군에서 아이들을 직접적인 판매 대상으로 삼는 시장을 말한다. 편의점이나 마트에 가 보면, 아이들의 눈높이에 맞춘 다양한 제품이 비치되어 있다.
- **영향력 시장**: 아이들은 부모의 구매 결정에 직간접적으로 영향을 미친다. 한 연구에 따르면, 부모와 함께 쇼핑할 때 아이들은 평균적으로 2분마다 한 번씩 자신이 구매하고

싶은 물건을 부모에게 가져온다고 한다(Kaur & Singh, 2006).

- **미래 시장**: 아이들은 미래의 소비자이다. 마케터는 어린 시절부터 브랜드에 대한 충성도를 키운다. 대표적인 예로, 디즈니는 디즈니 베이비 프로그램을 통해 산모들에게 무료 디즈니 바디 슈트를 제공한다. 아이가 태어나면서부터 디즈니를 접할 수 있도록 만드는 것이며, 엄마와의 친밀한 유대감을 형성하는 것을 통해 디즈니 브랜드(캐릭터)에 대한 호감을 높이기 위한 것이다.

비록 급격하게 떨어지고 있는 출산율로 인해 아이들의 절대적인 수는 급감하고 있지만, 자녀(혹은 조카나 손주)에게 아낌없이(즉, 가격에 상관없이) 제품 및 서비스를 구매해 주는 '에잇포켓족(양가 조부모와 삼촌과 이모 또는 고모까지 8개의 지갑을 여는 가족)'이 늘면서 아동을 대상으로 하는 소비 시장의 규모는 더 커지고 있다.

(2) 청소년 시장

청소년은 사춘기로 대표된다. 어린이에서 어른으로 가는 과도기에 있으며, 주변의 다양한 사람들과의 상호작용을 통해 자신의 정체성을 형성해 나가는 불안정한 시기이다. 이 시기의 청소년에게서 흔히 찾아볼 수 있는 중요한 특징은 또래집단이 준거집단으로서 제품이나 서비스의 구매 결정에 막강한 영향력을 행사한다는 것이다. 다른 무엇보다 또래집단 혹은 자신이 동경하는 집단으로부터 자신의 태도나 행동을 인정받는 것이 중요하다. 따라서 10대를 대상으로 하는 마케팅은 전형적으로 그들의 또래집단이나 그들이 동경하는 유명인 모델을 사용하며, 이는 브랜드(제품 및 서비스)를 사용할 때 또래로부터 인정받거나 부러움을 산다는 내용을 포함한다.

청소년 소비자는 다음과 같은 상반된 가치에 따른 갈등을 경험하며(Kim, 1993), 상황적으로 유발되는 다양한 욕구를 충족하기 위해 변동성이 큰 소비 행동을 보일 수 있다(Shim et al., 2011).

- **자율성 vs 소속성**: 10대들은 독립성을 가지기 위해 가족으로부터 벗어나려고 한다. 그러나 이들은 혼자가 되지 않기 위해 친구와 같은 구조에 자신을 연결해야 한다.
- **반항 vs 순응**: 10대들은 외모와 행동의 사회적 기준에 저항하지만, 여전히 타인에게 적응하고 받아들여져야 한다.
- **이상주의 vs 실용주의**: 10대들은 어른을 위선자로 보는 경향이 있는 반면, 그들은 자기

자신을 성실하다고 본다.

- **나르시시즘 vs 친밀감**: 10대들은 외모와 욕구에 집착하는 경향이 있다. 그러나 의미 있는 수준에서 다른 사람들과 연결되고 싶은 욕구를 느낀다.

(3) 노년 시장

젊은 사람들은 노인이 소일거리나 하면서 한가롭게 시간을 보낼 것이라고 생각한다. 하지만 평균수명의 증가와 저출산에 의한 인구구조의 변화로 인해 초고령화 시대가 열리고 있어 향후 몇 년 안에 전체적인 시장의 판도가 달라질 것이다. 무엇보다 중요한 것은 노인이 결코 죽을 날만 기다리는 수동적인 존재가 아니라는 점이다. 현대의 노인은 삶의 의미를 적극적으로 찾고 다양한 유형의 제품과 서비스를 구매할 자산과 의지를 가진 열정적인 소비자이며, 세월이 흘러도 자신이 좋아하는 브랜드에 대해 여전히 높은 충성도를 가진다. 따라서 평균수명이 늘어나는 만큼 노년 시장은 계속해서 성장할 것이다(Lambert-Pandraud & Laurent, 2010). 그렇다면 노년 소비자는 어떤 요인들을 중요하게 고려할 것인가? 울프(Wolfe, 1994)에 따르면 성숙한 노년 소비자는 다음과 같은 핵심 가치를 가지고 있다.

- **자율성**(autonomy): 고령 소비자들은 능동적인 삶을 살아나가며 자급자족하는 삶을 원한다.
- **연결성**(connectedness): 고령 소비자들은 친구나 가족과의 유대감을 소중히 여긴다. 물리적으로 활동성이 떨어질수록 주변인들과의 유대감 또는 연결성은 더 중요한 가치가 된다.
- **이타주의**(altruism): 고령 소비자들은 세상에 무엇인가를 돌려주고 싶어 한다. 바람직한 것을 후원하고 자신이 속한 공동체에 기여하려는 동기가 높다.

요약

1. 집단 혹은 주변의 타인이 미치는 사회적 영향력은 정보적 영향력과 규범적 영향력으로 구분된다.

2. 사회비교 이론에 따르면, 사람들은 자신의 판단이 올바르고 타당한 것인지를 확인하려고 하며, 이때 다른 사람의 의견이나 행동은 비교평가를 할 수 있는 준거 역할을 한다.

3. 동조란 개인의 태도나 행동이 집단의 압력 혹은 집단의 규범적 영향력으로 인해 달라지는 현상을 말한다.

4. 동조는 만장일치의 압력이 높거나 집단에 대한 개인의 개입이 높고 집단 응집력이 높을 때 더 잘 발생한다. 덧붙여 집단의 크기와 대인관계 민감성 등의 개인적 성격 그리고 문화적 요인도 동조에 영향을 미친다.

5. 준거집단은 말 그대로 판단의 기준이 되는 집단으로, '한 개인의 평가, 열망, 행동에 유의미한 영향을 미치는 실제 또는 가상의 집단'이다.

6. 대규모의 공식적인 준거집단의 경우, 특정 제품군이나 특정 활동에 관련된 제품 구매 결정에 큰 영향을 미친다. 소규모의 비공식적인 준거집단은 소비자가 일상적으로 접하는 주변인들로 전반적인 소비 영역에서 규범적 영향력을 미칠 수 있다.

7. 사회적 정체성이란 자신이 특정 사회 집단의 구성원이라는 인식에 기초하여 파생된 자기 개념을 말하며, 소비는 자신의 정체성을 표현하거나 강화하는 도구로 특정한 이미지를 상징하는 제품이나 서비스를 구매한다.

8. 문화란 '특정 사회의 한 성원으로서의 인간의 행동에 영향을 미치는 학습된 신념, 가치관, 풍습의 복합체'다.

9. 사회 계급마다 의미를 표현하고 해석하는 방식에서 차이가 있다. 노동 계급에서는 제한된 부호가 지배적이지만 상류층 계급에서는 정교화된 부호가 사용된다.

10. 연령 코호트(age cohort)는 시대적 문화와 중요한 역사적 사건 등에 대한 기억을 공유하며, 비슷한 경험을 가진 비슷한 연령대의 사람들로 구성된다.

참고문헌

강신규(2020). 커뮤니케이션 소비로서의 랜선문화: 브이로그 수용과'연결'개념의 확장. 한국방송학보, 34(6), 11-55.

구견서(2003). [범세계화와 문화 변동] 다문화주의의 이론적 체계. 현상과인식, 27(3), 29-53.

김재휘(2013). 설득 심리 이론. 커뮤니케이션북스

김재휘, 부수현(2008). 주변 타인이 소비자의 구매결정과 구매만족에 미치는 영향. 광고연구, 81, 49-75.

김재휘, 부수현(2010). 미디어 정보에 의한 사회적 추론이 커뮤니케이션 효과에 미치는 영향. 한국광고홍보학보, 12(4), 162-189.

김재휘, 부수현, 김희연(2012). 공공캠페인 효과 촉진을 위한 SNS 커뮤니케이션 전략 해석수준이론의 사회적 거리와 규범적 영향을 통한 설득. 한국광고홍보학보, 14(3), 66-91.

박유진, 김재휘(2005). 인터넷 커뮤니티의 사회적 지지가 커뮤니티 몰입과 동일시 및 개인의 자아존중감에 미치는 영향. 한국심리학회지: 사회 및 성격, 19(1), 13-25.

박찬욱, 이신복, 김선조(2013). 친구따라 SNS 한다? 소셜네트워크서비스 (SNS) 의 사회적 동조성 (Social Conformity) 을 중심으로. 한국 IT 서비스학회지, 12(4), 25-40.

이기범(2005). '사회적 실천에 참여'로서의 학습과 공동체. 교육철학연구, (33), 101-116.

이서윤, 임희랑, 김학선(2019). 가치기반수용모델을 이용한 멤버십 이용자의 지각된 혜택, 희생, 가치, 지속적 이용의도의 영향관계에 관한 연구: 20대 CJ 멤버십 서비스 이용자를 중심으로. Culinary Science & Hospitality Research, 25(6), 12-22.

Albert, I., & Trommsdorff, G. (2014). The role of culture in social development over the life span: an interpersonal relations approach. *Online Readings in Psychology & Culture, 6*(2), 1-30.

Amaldoss, W., & Jain, S. (2005). Conspicuous consumption and sophisticated thinking. *Management Science, 51*(10), 1449-1466.

Asch, S. (1951). *Effects of group pressure upon the modification and distortion of judgment.* In H. Guetzkow (Ed.), *Groups, leadership and men.* Carnegie Press.

Berger, J., & Rand, L. (2008). Shifting signals to help health: Using identity signaling to reduce risky health behaviors. *Journal of Consumer Research, 35*(3), 509-518.

Bernstein, B. (2005). *Theoretical studies towards a sociology of language.* Routledge.

Bond, R. (2005). Group size and conformity. *Group Processes & Intergroup Relations, 8*(4), 331-354.

Cialdini, R. B. & Trost, M. R. (1998). *Social influence: Social norms, conformity and compliance.* In D. T. Gilbert, S. T. Fiske, & G. Lindzey (Eds.), *The handbook of social psychology* (4th ed., pp. 151-192). McGraw-Hill.

Cocanougher, A. B., & Bruce, G. D. (1971). Socially distant reference groups and consumer aspirations. *Journal of Marketing Research, 8*(3), 379-381.

Cohen, J. B., & Golden, E. (1972). Informational social influence and product evaluation. *Journal of applied Psychology, 56*(1), 54-59.

Cole, M. (1999). Cultural psychology: Some general principles and a concrete example. *Perspectives on Activity Theory*, 87-106.

Cousins, P. D., Handfield, R. B., Lawson, B., & Petersen, K. J. (2006). Creating supply chain relational capital: The impact of formal and informal socialization processes. *Journal of Operations Management, 24*(6), 851-863.

Erikson, E. H. (1956). The problem of ego identity. *JAPA, 4*, 56-121.

Festinger, L. (1954) A theory of social comparison processes. *Human Relations, 7*(2), 117-140.

Fischer, E., & Arnold, S. J. (1994). Sex, gender identity, gender role attitudes, and consumer behavior. *Psychology & Marketing, 11*(2), 163-182.

Ford, J. D., & Ellis, E. A. (1980). A reexamination of group influence on member brand preference. *Journal of Marketing Research, 17*(1), 125-132.

French, J. R. P., Jr., & Raven, B. (1959). *The bases of social power*. In D. Cartwright (Ed.), *Studies in social power* (pp. 150-167). Univer. Michigan.

Friedkin, N. E., & Cook, K. S. (1990). Peer group influence. *Sociological Methods & Research, 19*(1), 122-143.

Gallese V. & Goldman, A. (1998). Mirror neurons and the simulation theory of mind-reading. *Trends in Cognitive Sciences, 2*(12), 493-501.

Garcia, S. M., Tor, A., & Schiff, T. M. (2013). The psychology of competition: A social comparison perspective. *Perspectives on Psychological Science, 8*(6), 634-650.

Giannakakis, A. E., & Fritsche, I. (2011). Social identities, group norms, and threat: On the malleability of ingroup bias. *Personality and Social Psychology Bulletin, 37*(1), 82-93.

Grau, S. L., & Zotos, Y. C. (2016). Gender stereotypes in advertising: A review of current research. *International Journal of Advertising, 35*(5), 761-770.

Gross, N., & Martin, W. E. (1952). On group cohesiveness. *American Journal of Sociology, 57*(6), 546-564.

Haslam, S. A. (2001). *Psychology in organizations: The social identity approach*. Sage.

Hernandez, M., & Gibb, J. K. (2020). Culture, behavior and health. *Evolution, Medicine, and Public Health, 2020*(1), 12-13.

Hoch, J. E., & Dulebohn, J. H. (2017). Team personality composition, emergent leadership and shared leadership in virtual teams: A theoretical framework. *Human Resource Management Review, 27*(4), 678-693.

Holt, D. B. (2004). *How brands become icons: The principles of cultural branding.* Harvard Business Review Press.

Johnson, M., & Majewska, D. (2022). Formal, Non-Formal, and Informal Learning: What Are They, and How Can We Research Them? Research Report. Cambridge University Press & Assessment.

Kaur, P., & Singh, R. (2006). Children in family purchase decision making in India and the West: A review. *Academy of Marketing Science Review, 8,* 1-30.

Krumm, A. J., & Corning, A. F. (2008). Who believes us when we try to conceal our prejudices? The effectiveness of moral credentials with in-groups versus out-groups. *The Journal of Social Psychology, 148*(6), 689-710.

Lambert-Pandraud, R., & Laurent, G. (2010). Why do older consumers buy older brands? The role of attachment and declining innovativeness. *Journal of Marketing, 74*(5), 104-121.

Liu, W. M. (2011). *Developing a Social Class and Classism.* The Oxford handbook of counseling psychology, 326.

Mathur, A., Moschis, G. P., & Lee, E. (2003). Life events and brand preference changes. *Journal of Consumer Behaviour: An International Research Review, 3*(2), 129-141.

Mathur, P., Chun, H. H., & Maheswaran, D. (2016). Consumer mindsets and self-enhancement: Signaling versus learning. *Journal of Consumer Psychology, 26*(1), 142-152.

Park, C. W., & Lessig, V. P. (1977). Students and housewives: Differences in susceptibility to reference group influence. *Journal of Consumer Research, 4*(2), 102-110.

Platt, M. L., & Huettel, S. A. (2008). Risky business: the neuroeconomics of decision making under uncertainty. *Nature Neuroscience, 11*(4), 398-403.

Pupelis, L., & Šeinauskienė, B. (2023). Effect of consumer self-discrepancy on materialism and impulse buying: the role of subjective well-being. *Central European Management Journal, 31*(2), 222-240.

Richardson, B., & Turley, D. (2006). Support Your Local Team: Resistance, Subculture, and the Desire For Distinction. *Advances in Consumer Research, 33,* 175-180.

Schau, H. J., Muñiz Jr, A. M., & Arnould, E. J. (2009). How brand community practices create value. *Journal of Marketing, 73*(5), 30-51.

Schiffman, L. G., & Kanuk, L. L. (1983). *Consumer Behavior* (3rd ed.). Prentice-Hall Inc.

Sherif, M. A. (1935). Study of some social factors in perception. *Archives of Psychology, 187*(27), 1-60.

Shih, M., Pittinsky, T. L., & Ambady, N. (1999). Stereotype Susceptibility: Identity Salience and Shifts in Quantitative Performance. *Psychological Science, 10*(1), 80-83.

Shim, S., Serido, J., & Barber, B. L. (2011). A consumer way of thinking: Linking consumer socialization and consumption motivation perspectives to adolescent development. *Journal of Research on Adolescence, 21*(1), 290-299.

Smith, S. A. (1965). Conformity in Cooperative and Competitive Groups. *The Journal of Social Psychology, 65*(2), 337-350.

Spence, J. T. (1984). *Gender identity and its implications for the concepts of masculinity and femininity.* In Nebraska Symposium on Motivation. Nebraska Symposium on Motivation (Vol. 32, pp. 59-95).

Stilley, K. M., Inman, J. J., & Wakefield, K. L. (2010). Planning to Make Unplanned Purchase? The Role of In-Store Slack in Buget Deviation. *Journal of Consumer Research, 37*(2), 264-278.

Sulkunen, P. (1997). Introduction: The new consumer society-Rethinking the social bond. *In Constructing the new consumer society* (pp. 1-18). Palgrave Macmillan UK.

Swann, W. B. Jr., Gamez, A., Seyle, C. D., Morales, F. J., & Huici, C. (2009). Identity fusion: The interplay of personal and social identities in extreme group behavior. *Journal of Personality and Social Psychology, 96*, 995-1011.

Tajfel, H., & Turner, J. C. (1986). *The social identity theory of intergroup behavior.* In S. Worchel & W. G. Austin (Eds.), *Psychology of Intergroup Relations*, 7-24.

Tomaselli, K. G., & Scott, D. (2018). *Cultural icons.* Routledge.

Turner, J. C., Hogg, M. A., Oakes, P. J., Reicher, S. D., & Wetherell, M. S. (1987). *Rediscovering the social group: A self-categorization theory.* Blackwell.

White, R. C. (1955). Social class differences in the uses of leisure. *American Journal of Sociology, 61*(2), 145-150.

Zajonc, R. B. (1968). Attitudinal Effects of Mere Exposure, *Journal of Personality and Social Psychology Monographs, 9*, 1-28.

Zheng, S., Masuda, T., Matsunaga, M., Noguchi, Y., Ohtsubo, Y., Yamasue, H., & Ishii, K. (2020). Oxytocin Receptor Gene (OXTR) and Childhood Adversity Influence Trust. *Psychoneuroendocrinology, 121*, 1-7.

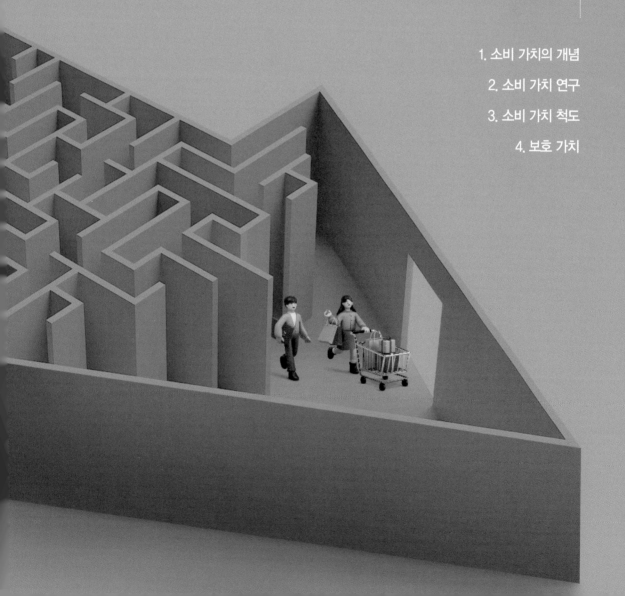

제12장

소비와 가치

우리는 일상에서 '가치 있다'는 표현을 매우 자주 사용한다. 소비자로서도 우리는 가치 있는 소비는 추구해야 마땅하다고 간주하는데, 이때 가치라는 개념은 개인 소비자의 특성 혹은 소비 맥락이나 소비 환경에 따라 다른 의미를 갖는다. 이번 장의 주제는 소비와 가치이다.

이 장에서는 우선 소비 가치의 개념을 정의하고, 이어서 기존의 소비 가치 연구를 살펴본다. 구체적으로 소비 가치를 단일 차원으로 보는 입장과 다차원적 개념으로 바라보는 입장이 소비 가치의 특성을 어떻게 다르게 규정하는지를 설명하고, 다차원적 소비 가치를 구성하는 다양한 소비 가치 유형을 학습하고자 한다. 이에 더하여 소비 가치와 관련한 개인차를 측정하는 소비 가치 척도를 소개한다.

1 소비 가치의 개념

가치는 심리학뿐 아니라 철학, 사회학, 경제학 등의 다양한 학문 영역에서 주요하게 다루어지는 개념이다. 각기 다른 학문에서 가치라는 개념을 조금씩 다르게 정의하지만 어느 학문 영역에서든 가치의 주요 개념은 중요하게 생각하는 것(mattering)과 원하는 것(wanting)이라는 의미를 갖는다. 올포트(Allport, 1961)는 가치를 삶을 지배하는 힘이라고 설명하기도 하였는데 이는 가치가 인간의 태도와 행동에 결정적인 영향을 미치는 근본적 요인이라는 의미다. 인간이 중요하게 여기는 일반적 가치를 구분하고 측정하는 데 기여한 심리학자 로키치(Rokeach, 1973)는 가치를 다양한 상황에서 판단과 행동을 결정하는 개인의 지속적인 신념이라고 정의하였다. 로키치의 정의를 바탕으로 심리학 연구에서는 가치를 사람들이 바라거나 원하는 것에 대한 신념으로 정의한다. 구체적으로 가치는 특정 상황이나 대상을 넘어 모든 행동과 판단의 기준으로 지속적으로 작용하여 이를 달성하도록 행동의 방향과 강도를 결정하는 기준(권미화, 이기춘, 2000)이다.

일반 가치가 통상적으로 삶 전반에 걸쳐 개인의 태도나 행동의 방향을 결정하는 요인이라면 소비 가치는 소비 상황이라는 특정 맥락에서 적용되는 가치다. 소비 가치와 일반 가치는 구별되는 개념이지만 소비 생활 역시 전체 삶의 한 부분이기 때문에 개인의 일반 가치와 소비 가치는 유사한 특징을 보인다(Vinson, Scott, & Lamont, 1977). 소비 가치에 대한 연구는 경영학의 마케팅 분야에서 가장 먼저 시작되었다. 초기의 소비 가치 연구에서는 제품에 대한 소비자의 선호나 제품 구매 행동을 예측하는 변수로서의 소비 가치의 역할에 초점을 맞추었다. 다시 말해, 소비 가치는 소비자가 제품이나 서비스 구매를 통해 획득하는 이득이나 충족하고자 하는 욕구라는 좁은 의미의 정의를 가지고 있었고, 자이사믈(Zeithaml, 1988)과 같은 초기 학자들은 소비 가치를 상품 가치라는 단일 차원의 개념으로 정의하기도 하였다. 다시 말해 초기 단계의 소비 가치 연구에서는 제품 혹은 서비스 속성과 직접적으로 관련되어 있지 않은 가치는 주요 소비 가치로 여겨지지 않았다(구명진, 김난도, 김소연, 나종연, 여정성, 최현자, 2015).

그러나 심리학, 소비자학 등 다양한 영역의 연구자들이 소비 가치 연구에 합류하면서 소비 생활을 이해하기 위해서는 제품뿐 아니라 소비자와 소비 환경이 고려되어야 한다는 통합적 관점이 등장하였고, 이러한 맥락에서 소비 가치 역시 개인의 일반 가치와 연관지어 광의의 정의를 가질 필요가 있다는 시각이 대두하였다. 이와 같은 맥락에서 구명진 등(2015)은 소비 가치를 '소비 생활이라는 삶의 한 영역에서 다양한 개별 소비 상황 및 소비 생활 전반에 걸쳐 소비자의 행동과 태도를 움직이는 보편적인 신념들'로 정의하였다. 따라서 소비 가치의 이해는 소비자가 특정 상품을 어떤 이유로 구매 하는지를 알기 위한 필수적인 작업일 뿐 아니라 소비자가 소비 생활이라는 사회 문화적 행동을 어떠한 목표를 가지고 수행해 나가는지를 이해하기 위한 작업이라고 할 수 있다.

2 소비 가치 연구

앞서 설명한 바와 같이 초기의 소비 가치 이론은 소비 대상으로부터 소비자가 직접적으로 충족하고자 하는 욕구에 주목하는 단일 차원의 소비 가치를 제안하였으나, 최근의 소비 가치 연구는 제품으로부터 직접적으로 획득한다고 보기 어려운 사회문화적 가치까지 포함하는 다차원의 소비 가치를 소개하고 있다. 이 장에서는 단일 차원의 소비 가치를 제안한 초기 연구와 다양한 유형의 소비 가치를 통해 소비 가치 구조를 제안하는 비교적 최근의 연구를 설명한다.

1) 단일 차원 접근

소비 가치를 단일 차원으로 개념화한 대표적 학자는 자이사믈(Zeithaml, 1988)이다. 단일 차원으로서의 소비 가치는 지불 대비 최대의 효용을 추구하는 경제적 소비자의 소비 가치와 부합한다. 자이사믈(1988)은 소비자들이 다음과 같은 각기 다른 네 가지 유형의 소비 가치를 가질 수 있다고 설명하였다. 첫째, 가치는 낮은 가격이다(Value is low price). 낮은 가격을 가치 그 자체로 생각하는 소비자는 할인하는 상품을 구매하는 것이 가장 가치가 높은 제품을 구매하는 것이라고 생각한다. 둘째, 가치는 제품이나 서비스에서 얻고자 하는 것이다. 이때 소비자가 얻고자 하는 것은 객관적 이득일 수도 있고 주관적 효용일 수도 있다. 만약 음식의 맛을 가장 중요하게 생각하는 소비자라면 음식의 가격, 구매의 편리성을 무시하고라도 가장 뛰어난 맛을 지닌 음식을 구매하는 것을 가장 가치 있는 소비라고 생각할 것이다. 셋째, 가치는 소비자가 지불한 액수로 얻어낼 수 있는 품질이다. 이 유형의 소비 가치를 지향하는 소비자는 자신이 지불한 액수 대비 가장 높은 품질을 얻는 것이 높은 소비 가치를 획득하는 것이라고 생각한다. 다시 말해, 이 유형의 소비자들은 흔히 가성비로 이야기하는 가격 대비 성

2. 소비 가치 연구

능, 비용 대비 효율이 높은 경우를 높은 소비 가치라고 판단한다. 넷째, 가치는 소비자가 내놓은 것에 대한 대가로 받는 것이다. 이때 소비자가 내놓은 것은 단순히 금전적 요소가 아니라 시간, 노력과 같은 다양한 자원을 의미한다. 또한 소비자가 지불한 요소에 대한 대가 역시 양, 품질, 부가 서비스 등 다양한 요소를 포괄한 의미이다. 이 대가에는 제품의 기능 및 성능 요소뿐 아니라 제품을 통해 경험하는 감정적 만족과 쾌락도 포함된다. 그러나 이때 주관적 만족은 제품 구매 과정에서 경험하는 만족이기보다는 제품 기능이 제공하는 쾌락으로 보는 것이 더 적합하다. 즉, 이 유형의 소비자는 가장 적은 액수와 노력을 들여 제품으로부터 가장 많은 것을 얻는 것을 가치 있는 소비로 여긴다고 볼 수 있다.

자이사믈(1988)은 이 네 가지 유형의 소비 가치를 종합하여 소비 가치를 "소비자가 지불한 것과 얻은 것을 바탕으로 인식한 제품의 효용에 대한 전반적 평가"라고 정의하였다. 그리고 지불한 것의 특성(돈, 시간, 노력 등)과 얻은 것의 특성(양, 높은 품질, 편리성 등)은 소비자에 따라 달라진다고 설명하였다. 이와 같은 단일 차원 접근은 제품이나 서비스의 속성으로부터 소비자가 직접적으로 얻을 수 있는 효용에 주목한다는 점에서 다차원 소비 가치 개념과 구별된다.

2) 다차원적 접근

최근의 소비 심리 연구들은 소비자는 단순히 제품이 제공하는 이득을 위해서 소비하는 것이 아니라 본인이 추구하는 가치와 신념을 실현하기 위해 소비한다고 설명한다. 이와 같은 입장은 사람들의 전반적 삶의 방향을 설명하는 일반 가치와 마찬가지로 소비 가치 역시 소비 가치 구조를 구성하는 다양한 소비 가치 유형을 구분하여 접근할 필요가 있음을 의미한다. 이런 맥락에서 1990년대 이후부터 최근까지 이어지는 소비 가치 연구들은 소비자가 추구하는 여러 유형의 가치를 제안하고 소비 가치의 전체 구조를 파악하는 데 초점을 맞추어 왔다.

(1) 세스, 뉴먼, 그로스(Sheth, Newman, & Gross, 1991)의 소비 가치 이론

Sheth 등(1991)은 소비 가치란 소비자 선택 행동의 기준이나 목표가 되는 추상적 개념이라고 정의하였다. 또한 심리학, 경제학, 사회학, 경영학 등의 다양한 학문 영역에서의 가치 연구를 바탕으로 다음의 다섯 가지 소비 가치를 제안하였다.

첫째, 기능적 가치(functional value)다. 제품의 기능적 가치는 소비자가 인지하는 제품의 물리적·기능적·실용적 성능이다. 기능적 가치는 고전 경제학에서 설명하는 '합리적 인간'이 추구하는 가치로서 제품의 신뢰성, 지속성, 가격과 같이 눈에 보이는 제품의 특성이 제품의 기능적 가치를 결정한다. 예를 들어, 어떤 소비자가 연료비 절감을 목적으로 테슬라의 전기자동차를 구매하였다면 이 소비자는 기능적 가치에 중점을 둔 소비를 한 것이다. [그림 12-1]에 제시한 노트북 광고는 노트북의 무게 속성의 장점을 강조하는 기능적 가치 강조 광고의 예시다.

[그림 12-1] 노트북의 기능적 가치를 강조하는 광고

둘째, 사회적 가치(social value)다. 제품의 사회적 가치는 특정 제품의 소비가 인종, 문화, 사회경제적 특징 등으로 구분되는 어떤 집단의 특징 혹은 집단에 대한 고정관념과 강력하게 연합되기 때문에 얻게 되는 효용이다. 다시 말해, 제품 소비가 갖는 사회적 의미를 통해 욕구를 충족하고자 하는 소비자는 제품의 사회적 가치에 주목하여 소비하게 된다. 의류나 보석류처럼 눈에 띄는 제품, 선물과 같이 타인에게 평가받는 제품, 타인과 공유하는 제품, 서비스 등을 선택할 때에는 그 제품이 가진 사회적 가치를 바탕으로 구매하게 될 가능성이 높다(Sheth et al., 1991). 예를 들어, 어떤 소비자는 환경을 해치지 않는다는 측면에서 전기 자동차를 구매하는 것이 사회적인 의미를 갖는다고 판단하여 테슬라를 구매할 수 있다. 또 다른 소비자는 경제적으로 여유 있는 사람이라는 외부의 평가를 얻는 것에 가치를 두고 외제차인 테슬라를 구매할 수도 있을 것이다. 이 두 소비자 모두 테슬라 구매를 통해 사회적 가치를 얻고자 한다는 데 공통점이 있다. [그림 12-2]는 또래 그룹의 평가에 민감한 청소년 소비자를 타겟으로 제품 구매를 통해 집단 구성원으로부터 긍정적 평가를 받을 수 있음을 어필하는 사회적 가치 소구 광고의 예시다.

[그림 12-2] 의류의 사회적 가치를 강조하는 광고

　셋째, 감성적 가치(emotional value)다. 특정 제품이 제공하는 느낌이나 감정을 통해 얻게 되는 가치를 제품의 감성적 가치라고 한다. 상품의 물리적 품질이나 성능으로부터 얻을 수 있는 기능적 가치와 달리 감성적 가치는 소비자가 상품 혹은 상품의 소비에서 기대하거나 경험하는 쾌락적 가치다. 다시 말해, 객관적인 기능적 가치와 달리 감성적 가치는 주관적인 가치이며 소비가 제품에 대해 어떤 감정, 이미지, 환상을 부여하는가에 따라 결정된다. 어떤 소비자가 테슬라 브랜드가 추구하는 혁신적이고 세련된 이미지에 매력을 느껴 테슬라 자동차를 구매하였다면 이는 감성적 가치에 근거한 소비가 될 것이다. [그림 12-3]은 노스탤지어 감성을 자극하는 롯데리아의 브랜드 광고다.

[그림 12-3] 브랜드의 감성적 가치를 강조하는 광고

넷째, 인식적 가치(epistemic value)다. 제품 소비를 통해 호기심, 참신함 혹은 지식에 대한 욕망을 충족시킬 때 소비자는 인식적 가치를 경험한다. 매우 새로운 제품이나 서비스뿐 아니라 기존 제품의 개선, 변형 역시 인식적 가치를 제공한다. 인식적 가치는 소비자의 제품 탐색 및 제품 전환 행동을 설명한다. 예를 들어, 전기 자동차에 대한 호기심 충족을 위해 테슬라 자동차를 구매하는 행동, 수년간 충성하던 아이폰에 대해 지루함을 느끼고 삼성 휴대폰을 구매하는 행동, 시도해 본 적 없는 국가의 음식을 저녁 메뉴로 선택하는 행동 모두 인식적 가치를 추구하는 소비 행동이라고 하겠다. 인식적 가치 추구는 소비자의 참신함 추구 동기(novelty seeking motivation; Hirschman, 1980), 다양성 추구 동기(variety seeking motivation; Givon, 1984)와 정적인 관련이 있다. [그림 12-4]는 시장에 새롭게 진입하는 음료에 대해 소비자의 호기심을 자극하는 방식으로 제품의 인식적 가치를 강조하는 광고다.

[그림 12-4] 음료의 인식적 가치를 강조하는 광고

다섯째, 상황적 가치(conditional value)다. 상황적 가치는 특정 상황에서 혹은 맥락에서 유발되는 제품의 가치다. 상황적 가치는 특정 상황에서 상품의 다른 소비 가치를 향상시킬 수 있다. 따라서 상황적 가치는 앞서 설명한 다른 유형의 가치들과 같은 독립적 가치라기보다 다른 가치들의 정도에 영향을 미치는 조절 변인으로서의 가치라고 하겠다. 예를 들어 팝콘에 대한 감정적 가치는 영화관에서 더 높아질 수 있고 크리스마스 카드의 기능적 · 감정적 가치 역시 크리스마스 시즌에 더욱 높아진다. 상황적 가치는 제품의 특정 속성이나 기능을 일시적으로 강조하거나 변화시킨다는 점에서 특정 제품의 일관적 혹은 일반적 가치와는 관련이 적다. 다음의 [그림 12-5]는 상황적 가치를 강조하는 광고의 예시로 어버이날과 스승의날 등의 특별한 날 높아지는 건강식품의 기능적 가치를 어필하는 광고다.

[그림 12-5] 건강식품의 상황적 가치와 관련있는 광고

(2) 홀브룩(Holbrook, 2005)의 소비 가치

홀브룩(2005)은 소비 가치의 특징을 네 가지로 정의하였다. 첫째, 소비 가치는 소비 주체인 소비자와 제품 간의 관계에서 발생한다는 점에서 상호적(interactive)이다. 둘째, 소비 가치는 상대적(relativistic)이다. 소비 가치는 특정한 제품을 다른 제품과 비교하는 과정에서 드러나며 사람에 따라 달라지고 상황에 따라 달라지기 때문이다. 셋째, 소비 가치는 좋다/나쁘다, 선호한다/선호하지 않는다, 긍정적이다/부정적이다, 장점/단점 등으로 표현되는 선호(preference)를 나타낸다. 넷째, 소비 가치는 제품 자체보다는 제품을 사용하는 소비자의 소비 경험에서 발생한다.

〈표 12-1〉 홀브룩(Holbrook, 2005)의 소비 가치 유형

	외재적	내재적
자기 지향적	경제적 가치	쾌락적 가치
타인 지향적	사회적 가치	이타적 가치

이와 같은 특징을 바탕으로 홀브룩은 소비 가치의 유형을 구분하는 두 개의 축을 제안하였다(〈표 12-1〉 참조). 우선 제품을 수단으로 평가하느냐 혹은 목적으로 평가하느냐에 따라 외재적 혹은 내재적 가치로 유형을 구분할 수 있다. 제품을 어떤 목적을 달성하기 위한 수단으로 생각한다면 그때 제품은 외재적 가치를 갖는다. 반면, 제품 혹은 제품을 소비하는 것 자체가 목적이라면 내재적 가치를 얻게 된다. 이에 더하여 제품 혹은 제품의 소비가 나에

게 어떤 영향을 얼마나 미치는지에 따라 자기 지향적 가치가 결정된다. 반면, 제품 혹은 제품 소비가 가족과 같이 가까운 타인부터 낯선 사람과 같은 먼 타인에게 영향을 미친다면 타인 지향적 가치를 지닌 제품으로 분류할 수 있다. 외재적/내재적, 자기 지향적/타인 지향적 가치 구분을 바탕으로 홀브룩(2005)은 다음과 같은 네 가지 유형의 가치를 구분하여 설명하였다. 첫째, 경제적 가치(economical value)로 제품의 속성이나 기능을 통해 소비자가 제품을 통해 목적을 달성하는 수준을 제품의 경제적 가치 수준이라고 말할 수 있다. 둘째, 사회적 가치(social value)다. 제품이 소비를 통해 타인에게서 원하는 반응 혹은 평가를 얻을 수 있는 수단으로 기능할 경우 제품이 사회적 가치를 가지고 있다고 설명한다. 셋째, 쾌락적 가치(hedonic value)다. 쾌락적 가치는 제품 소비 경험으로부터 개인이 만족, 즐거움을 얻을 때 발생한다. 넷째, 이타적 가치(altruistic value)다. 이타적 가치는 제품이나 제품의 소비가 사회적으로나 종교적으로 바람직할 때 발생한다. 이타적 가치는 타인에게 인정받거나 보여 주는 데에서 얻어지는 것이 아니라 도덕적이고 윤리적인 소비를 하는 그 자체에서 개인이 만족을 느낄 때 발생한다.

지금까지 설명한 다차원적 소비 가치 이론은 소비자가 제품 혹은 소비 행동으로부터 여러 가지 종류의 가치를 추구하며 이 가치들은 서로 긴밀히 연결되어 있다고 설명한다(Vinson et al., 1977). 그리고 이러한 다양한 가치들의 상대적 중요성에 따라 소비자의 가치 체계(value system)가 구성되고 소비자는 이 가치 체계를 바탕으로 제품 소비 여부를 결정한다.

다양한 유형의 소비 가치가 소비 결정에 미치는 영향은 선택 상황과 개인의 특성에 따라 달라진다. 국적, 문화권, 성별, 종교 등의 소비자 개인 특성이 각 소비자 고유의 가치 체계를 만들어 내기 때문에 소비자 특성에 따라 가치 있다고 평가하는 제품이나 서비스가 달라진다.

개인 고유의 가치 체계의 존재는 동일 제품을 구매한 경우에도 그 제품을 통해 충족하고자 하는 가치가 개인별로 다를 수 있다는 사실을 시사한다. 핸드메이드 코스메틱 브랜드로 알려져 있는 러쉬(LUSH) 제품을 구매한 어떤 소비자는 러쉬를 동물실험을 하지 않는 윤리적 기업으로 인식하고 이타적 가치를 얻고자 했을 것이다. 또 다른 소비자는 핸드메이드 제품의 원료 안전성을 기대하고 제품의 기능적 가치에 주목한 구매를 결정했을 수도 있다. 가치 체계 내에 다양한 유형의 가치가 존재하기 때문에 개인 소비자 내에서 가치 갈등(value conflict)이 발생할 수 있다. 예를 들어, 고가에 판매하는 특정 브랜드의 한정판 운동화를 구매할 것인지 고민하는 소비자는 운동화 구매를 통해 획득할 수 있는 감성적 가치와 제품 구매에 필요한 비용 대비 효용이 주는 경제적 가치 사이에서 갈등할 것이다.

3 소비 가치 척도

　소비 가치는 제품 구매 행동의 여부뿐만 아니라 구매의 이유를 예측하는 데 유용한 개념이다. 따라서 소비자 심리 및 소비자 행동 연구들은 소비 가치를 측정하기 위한 다양한 척도를 개발하고 제안해 왔다. 이 책에서는 경제학적 관점에서 소비 가치를 단일 차원으로 정의하여 개발한 가치 의식 척도(Lichtenstein, Netemeyer, & Burton, 1990)와 다차원의 소비 가치를 전제로 국내 소비자들의 소비 가치체계에 초점을 맞춘 구명진, 김난도, 김소연, 나종연, 여성정, 최현자(2015)의 소비 가치 척도를 소개한다.

1) 가치 의식 척도

　단일 차원의 소비 가치를 제안하는 전통적 입장과 마찬가지로 좁은 의미의 소비 가치는 제품의 가격 대비 품질(price-quality ratio)이라고 할 수 있다(Monroe & Petroshius, 1981). Lichtenstein 등(1990)은 구매 상황에서 품질과 가격의 관계를 중요하게 여기는 정도에는 개인차가 있다고 설명하고 이를 가치 의식(value consciousness)에 있어서의 개인차라고 정의하였다.

　소비자는 제품 구매를 통해 거래 효용(transaction utility)과 획득 효용(acquisition utility)이라는 두 가지 효용을 추구한다(Thaler, 1985). 거래 효용은 거래 자체의 좋고 나쁨을 통해 판단하는 효용이다. 할인율이 높은 제품 구매, 예상 가격에 비해 낮은 가격의 제품 구매를 통해 소비자는 높은 거래 효용을 획득하고 해당 거래 자체로부터 심리적 만족을 경험한다(Urbany, Bearden, & Weilbaker, 1988). 획득 효용은 제품이 제공하는 효용에서 그 제품을 얻기 위해 지불해야 하는 비용을 뺀 값으로 인지된 가치(perceived value) 혹은 인지된 값어치(perceived worth)와 동일한 개념이다. 가치 의식이 높은 사람은 매력적인 가격 조건이 가지는 거래 효용과 구매하는 제품이 주는 만족에 대응하는 획득 효용 둘 모두에 높은 가중치를 부여하는 사람이다. 따라서 가치 의식은 단순히 낮은 비용을 추구하는 할인 추구 성향이나 제품 품질에 대한 기준 없이 성능 대비 낮은 가격을 추구하는 가성비 추구 성향과는 구별되는 개념이다. 관련 연구들에 따르면 소비자의 가치의식 수준은 다양한 소비자 심리 변인과 관련이 있다. 가치 의식 수준이 높은 소비자일수록 제품 정보를 찾는 데에 더 많은 노력을 기울인다(Lichtenstein et al., 1990). 또한 가치의식 수준이 높은 소비자일수록 최저가격

보상제(low price quarantee)에 대한 긍정적인 태도를 보이며(Dutta & Biswas, 2005), 제조업체 브랜드에 비해 PB(private brand)상품에 대한 높은 선호를 보인다(Bao & Mandrik, 2004). 소비자의 가치의식 수준을 측정하는 대표적인 척도는 가치의식이라는 개념을 처음 소개한 Lichtenstein 등(1990)의 가치 의식 척도다. 국내에서는 Lichtenstein 등(1990)의 원문항을 바탕으로 소비자 가치의식 척도(임혜빈, 정지나, 한승훈, 이병관, 2018)가 개발되기도 하였다. 다음 〈표 12-2〉는 국내 소비자를 대상으로 개발된 소비자 가치의식 척도의 6문항이다.

〈표 12-2〉 소비자 가치의식 척도

문항	내용
1	나는 가격이나 품질을 비교할 수 없는 상황에서 구매하게 되면 불안하다.
2	나는 가격과 품질을 비교하기 위한 정보탐색을 하지 않으면 구매를 쉽게 결정하지 못한다.
3	좋은 제품을 합리적인 가격으로 구입하기 위해 그 제품의 세일기간과 같은 정보를 지속적으로 탐색하는 것은 나에게 중요한 일이다.
4	나는 구매 상황에서 제품이 제 값을 하는지 확인한다.
5	제품 구매 상황에서 나는 항상 내가 지불한 돈에 상응하는 최상의 제품을 사려고 노력한다.
6	나는 길을 지나치다가 본 제품의 가격이 아무리 싸더라도 품질이 좋지 않으면 구매하지 않는다.

출처: 임혜빈 외(2018).

2) 소비 가치 척도

구명진 등(2015)은 소비 환경이 변화함에 따라 소비자의 소비 가치체계 역시 변화하기 때문에 변화된 소비 환경을 반영하는 새로운 소비 가치 척도가 필요하다고 제안하였다. 또한 기존 연구들에서 제안해 온 상품과 직접적으로 관련된 소비 가치들 이외에 소비 생활이라는 커다란 개념을 포괄하는 소비 가치 유형을 고려할 필요가 있다고 주장하였다. 구체적으로 상품과의 상호작용을 통해 추구하는 소비 가치뿐 아니라 외부 요인과 관련 없이 소비자 스스로 가지고 있는 소비 가치, 기업이나 사회 및 환경 등의 소비 공동체와의 관계에서 도출될 수 있는 소비 가치를 모두 포함하는 소비 가치 구조를 파악하고자 하였다. 이러한 목적에서 국내 소비자들을 대상으로 설문 조사를 실시하여 총 10개의 하위 차원으로 구성된 소비 가치 척도를 개발하였다(〈표 12-3〉 참조).

10개의 하위 차원은 효용지향, 저가지향, 안전지향, 쾌락지향, 심미지향, 혁신지향, 타인지향, 공동체지향, 자율지향, 자기표현지향 가치다. 효용지향 가치는 상품속성 가치로서 상품의 성능, 기능, 품질 등 물리적 속성에 근거한 가치이다. 저가지향 가치는 저렴한 가격을

〈표 12-3〉 소비 가치 척도 문항

소비 가치 하위차원	문항(나는 소비를 할 때 ~을(를) 중요하게 여긴다)
효용지향	• 성능이 좋은 것 • 실용적인 것 • 가격만큼의 가치가 있는 것 • 안전 • 건강
저가지향	• 싸게 사는 것 • 가격이 싼 것 • 비용을 최소화하는 것
안전지향	• 위험하지 않은 것 • 나의 안전을 보장해 주는 것 • 위해로부터 나를 지키는 것
쾌락지향	• 재미 • 오락적인 것 • 즐거운 것
심미지향	• 아름다운 것 • 세련된 것 • 보기 좋은 것
혁신지향	• 최신 제품이나 최신 모델인 것 • 새로운 아이디어나 기술이 적용된 것 • 새롭고 색다른 것
타인지향	• 브랜드가 잘 드러나는 것 • 유명한 상표인 것 • 내 주변사람들이 하는 소비를 나도 같이 하는 것 • 남들이 보기에 버젓한 것 • 사회적으로 받아들여질 수 있는 것 • 내가 속한 집단과 잘 어울릴 수 있는 것
공동체지향	• 사회적 공헌활동을 하는 기업의 제품인지 • 노동자의 인권을 존중하는 기업 제품인지 • 생산 및 유통이 공정하게 이루어진 제품인지 • 친환경 기업의 제품인지 • 환경을 오염시키지 않고 생산 및 유통되었는지 • 환경에 미치는 영향
자율지향	• 소비에 대한 결정을 스스로 내리는 것 • 내가 원하는 방식으로 소비하는 것 • 타인의 간섭을 받지 않는 것 • 내가 행복한 것
자기표현지향	• 다른 사람과 구별되는 것 • 내가 어떤 사람인지를 나타내는 것 • 나만의 독특한 이미지를 만드는 것 • 나의 개성을 드러내는 것

출처: 구명진 외(2015).

추구하는 것으로 가치의식 개념에서 설명한 높은 거래 효용과 관련이 있다. 안전지향 가치는 소비 행동 전반에서 위험을 피하고 나를 보호하는 목적을 추구하는 것을 의미한다. 쾌락지향 가치는 재미, 향유의 가치이며 심미지향 가치는 아름다움 추구 가치다. 혁신지향 가치는 새로운 자극을 추구하는 소비자가 소비를 통해 얻는 지식 획득의 즐거움이다. 타인지향 가치는 소속감 추구 가치와 물질적 과시 추구를 모두 포함한다. 쾌락지향, 심미지향, 혁신지향, 타인지향 가치는 모두 상품으로부터 주관적으로 얻는 경험에 근거한 가치인 상품경험 가치다.

공동체지향 가치는 최근 새로운 소비 행태로 떠오르고 있는 '윤리적 소비'와 밀접한 관련이 있다. 공동체지향 가치 소비는 상품을 구입한 소비자 개인이 누릴 수 있는 혜택뿐 아니라 공동체의 혜택을 유발하고, 그로 인해 소비자가 만족 또는 행복을 누린다는 데 특징이 있다. 구명진 등(2015)의 척도의 공동체지향 가치차원에는 친환경지향 가치와 사회정의지향 가치가 모두 포함되어 있다. 자율지향 가치는 소비 환경이나 다른 사람의 소비 생활에 영향을 받지 않고 자율적인 소비 생활을 통해 만족을 누리고자 하는 가치다. 자기표현지향 가치는 소비 생활의 중심에 나를 두고 소비를 통해 나의 고유함을 획득하는 것이다. 10개의 소비 가치 유형은 '판단의 기준'이 본인에게 있는지 타인에게 있는지에 따라 두 그룹으로 나누어진다. 효용지향, 안전지향, 자기지향, 쾌락지향, 자율지향 가치는 해당 가치를 추구할 때 나에 대한 타인의 평가나 내가 타인에게 미치는 영향을 고려할 필요가 없이 소비자 스스로의 판단에 중점을 두고 추구하는 가치다. 반면, 혁신지향, 타인지향, 자기표현지향, 공동체지향, 심미지향 가치는 타인을 고려한 판단 기준에 따라 해당 가치를 추구하게 된다.

10개의 하위 차원을 제안하는 소비 가치 척도는 현재를 살아가는 소비자들이 추구하는 가치를 소비 가치구조에 포함시켜 최근의 소비 현상을 설명하는 데 기여한다는 점에서 의의를 갖는다. 특히 공동체지향, 자율지향, 자기표현지향 가치는 환경이나 이웃 등의 사회적 가치를 고려하는 착한 소비, 본인의 가치관이나 신념을 소비 행위를 통해 표현하는 미닝아웃(meaning out) 소비와 같은 현시대의 소비 행동과 관련이 깊다.

4 　보호 가치

제품 구매를 통해 높은 수준의 다양한 가치를 모두 얻을 수 있으면 좋겠지만 대부분의 소비 상황은 가치 간 절충(trade-off)을 요구한다. 최고급 스피커를 구입하기 위해서는 저가 지향 가치를 포기해야 하고, 환경에 해롭지 않은 샴푸를 쓰기 위해서는 세정력이라는 효용을 포기해야 하는 것처럼 대부분의 소비 상황은 가치 갈등 상황에서 선택을 강요한다.

그러나 어떤 가치들은 절충하는 상황을 상상하는 것만으로도 감정적인 불편함을 준다. 다른 가치를 얻기 위해 이 가치를 포기하는 것은 매우 비윤리적으로 느껴지기 때문이다. 다른 종류의 가치와 절충하는 것을 꺼리게 되는 가치를 보호 가치(protected value; Baron & Spranca, 1997)라고 부른다.

'한 종류의 포유류가 멸종하는 것을 감수하고 숲을 개발하는 행위' '개인의 장기매매를 허용하는 행위' '유전자 조작을 통해 태아의 지능을 조작하는 행위' 등에 대하여 대부분의 사람들은 얼마의 금전적 이익이 보장된다고 해도 허용해서는 안 된다는 강한 거부의 입장을 보인다. 이런 것들을 모두 보호 가치라고 부를 수 있다. 사회에서 보편적으로 받아들여지는 도덕적 의무일수록 보호 가치가 될 확률이 높다(Turiel, 1983). 보호 가치는 수량 둔감화(quantity insensitivity)라는 특징을 갖는다. 사람들은 개발을 통해 생명체가 멸종한다는 사실 자체에 거부감이 있기 때문에 한 종류의 포유류가 멸종하는 것에 대한 거부감이나 두 종류의 포유류가 멸종하는 것에 대해 비슷한 크기의 거부감을 보인다.

그렇다면 사람들은 왜 보호 가치를 가지고 있을까? 보호 가치의 첫 번째 기능은 자기고양(self-enhancement)이다. 특정한 보호 가치를 가지고 있다는 그 자체로 기분을 좋게 하고(Baron & Spranda, 1997) 개인에게 정체성을 부여한다(Williams, 1981). 보호 가치의 두 번째 기능은 인상 형성이다. 보호 가치를 수호한다는 것은 개인 스스로 본인에게 자긍심을 갖게 되는 사실일 뿐 아니라 타인에게도 더 나은 사람으로 보일 수 있는 전략이다.

[그림 12-6] 보호 가치를 자극하는 독일 환경자원보전연맹(BUND)의 공익 광고

맥그로우와 테틀락(McGraw & Tetlock, 2005)은 생명, 안전과 결부된 명백한 보호 가치뿐 아니라 타인과의 관계에서 발생하는 사회적 의무감 역시도 보호 가치가 될 수 있음을 보여 주었다. 예를 들어, 사람들은 친구에게서 받은 선물을 타인에게 판매하는 행위뿐 아니라 받은 선물에 가격을 매기는 행위를 상상하는 것만으로도 불쾌하다고 보고하였다.

사회심리학자 로키치(Rokeach, 1973)는 인간이 보편적으로 추구하는 가치에는 평등, 용서, 사랑, 타인을 돕는 것과 같은 친사회적 가치가 포함된다고 설명하였다. 같은 맥락에서 소비자들 역시 소비 행동을 통해 윤리적 가치를 추구한다. 그린슈머의 등장, 기업의 ESG 경영 전략의 대두와 같은 최근의 현상은 공공선을 지향하는 소비 흐름이 점차 거세지고 있음을 의미한다. 지속 가능한 소비가 선택이 아닌 의무가 되는 시기가 온다면 소비자가 추구하는 윤리적 가치 역시 모두가 수호하는 보호 가치가 될 가능성이 매우 높다.

1. 소비 가치는 소비 상황에서 소비자가 적용하는 가치라고 할 수 있다. 연구 초기에는 소비 가치를 정의할 때 소비자가 제품이나 서비스 구매를 통해 획득하는 이득이나 욕구 충족이라는 단일 차원의 개념으로 한정하였으나, 최근에는 개인이 추구하는 다양한 소비 가치가 소비 상황 및 소비 생활 전반에서의 소비자 행동과 태도에 영향을 줄 수 있음을 설명하는 다차원적인 개념으로 확장되었다.

2. 소비 가치에 대한 단일 차원 접근은 소비자가 제품이나 서비스로부터 직접적으로 얻을 수 있는 효용에 주목하며, 이러한 접근의 대표적인 학자인 자이사믈(Zeithaml, 1988)에 따르면 소비 가치는 소비자가 지불한 비용과 얻은 혜택을 바탕으로 인식한 제품 효용에 대한 전반적인 평가라고 할 수 있다.

3. 소비 가치에 대한 다차원적 접근은 다양한 소비 가치의 유형이 존재한다고 보며, 대표적으로 홀브룩(Holbrook, 2005)은 내·외재적 가치 및 자기·타인 지향적이라는 두 가지 기준으로 소비 가치 유형을 경제적 가치, 쾌락적 가치, 사회적 가치, 이타적 가치로 구분하였다.

4. 세스(Sheth et al., 1991)는 소비 가치를 선택 행동의 기준이나 목표가 되는 추상적 개념으로 정의하면서 기능적·사회적·감성적·인식적·상황적 가치라는 다섯 가지 소비 가치를 제안하였다.

5. 소비 가치를 측정하기 위해 개발된 척도는 소비 가치를 단일 차원으로 전제한 가치 의식 척도와 다차원적 관점을 전제로 하는 소비 가치 척도 등이 있다.

6. 가치 의식은 구매 상황에서 품질과 가격 관계를 중요시하는 정도로, 가치 의식에는 개인차가 존재한다. 가치 의식 수준이 높은 소비자는 가치 의식 수준이 낮은 소비자에 비해 가격 조건 대비 효용이라는 거래 효용과 구매 제품이 주는 만족을 설명하는 획득 효용에 높은 가중치를 부여한다.

7. 구명진 등(2015)은 전반적인 소비 생활을 포괄하는 소비 가치 유형을 고려하여 10개의 하위 차원으로 구성된 소비 가치 척도를 개발하였다. 설문조사를 통해 확인된 소비 가치 하위 유형에는 효용 지향, 저가 지향, 안전 지향, 쾌락 지향, 심미 지향, 혁신 지향, 타인 지향, 공동체 지향, 자율 지향, 자기 표현 지향 가치가 있다.

8. 소비 상황에서는 다른 가치를 얻기 위해 특정 가치를 포기해야 하는 갈등 상황이 존재한다. 이러한 상황에서 다른 가치를 얻는 조건으로 포기하기 어렵고, 다른 가치와 절충하기를 꺼리는 가치를 보호 가치(protected value)라 한다.

9. 소비자들이 추구하는 가치에는 인간이 보편적으로 추구하는 친사회적 가치가 포함될 수 있으며, 최근 그린슈머의 등장, 기업의 ESG 경영 전략 등은 소비자와 기업이 윤리적 가치를 추구하는 사례라 할 수 있다.

참고문헌

구명진, 김난도, 김소연, 나종연, 여정성, 최현자(2015). 소비 가치 측정을 위한 척도개발 연구. 소비자학연구, 26(6), 235-266.

권미화, 이기춘(2000). 청소년소비자의 소비 가치에 따른 집단간 차이에 관한 연구. 청소년학연구, 7(1), 169-193.

임혜빈, 정지나, 한승훈, 이병관(2018). 소비자 가치의식 척도의 개발 및 타당화. 한국심리학회지: 소비자 · 광고, 19(4), 657-677.

Allport, G. W. (1961). *Pattern and growth in personality*. Holt, Reinhart & Winston.

Bao, Y., & Mandrik, C. A. (2004). Discerning store brand users from value consciousness consumers: the role of prestige sensitivity and need for cognition. *Advances in Consumer Research, 31*(1), 707-712.

Baron, J., & Spranca, M. (1997). Protected values. *Organizational Behavior and Human Decision Processes, 70*(1), 1-16.

Dutta, S., & Biswas, A. (2005). Effects of low price guarantees on consumer post-purchase search intention: The moderating roles of value consciousness and penalty level. *Journal of Retailing, 81*(4), 283-291.

Givon, M. (1984). Variety seeking through brand switching. *Marketing Science, 3*(1), 1-22.

Hirschman, E. C. (1980). Innovativeness, novelty seeking, and consumer creativity. *Journal of Consumer Research, 7*(3), 283-295.

Holbrook, M. B. (2005). Customer value and autoethnography: Subjective personal introspection and the meanings of a photograph collection. *Journal of Business Research, 58*(1), 45-61.

Lichtenstein, D. R., Netemeyer, R. G., & Burton, S. (1990). Distinguishing coupon proneness from value consciousness: An acquisition-transaction utility theory perspective. *Journal of Marketing, 54*(3), 54-67.

McGraw, A. P., & Tetlock, P. E. (2005). Taboo trade-offs, relational framing, and the acceptability of exchanges. *Journal of Consumer Psychology, 15*(1), 2-15.

Monroe, K. B., & Petroshius, S. (1981). Buyers' perceptions of price: An update of the evidence. In H. H. Kassarijian & T. S. Robertson (Eds.), *Perspectives in consumer behavior*. Scott,

Foresman.

Rokeach, M. (1973). *The nature of human values*. Free Press.

Sheth, J. N., Newman, B. I., & Gross, B. L. (1991). Why we buy what we buy: A theory of consumption values. *Journal of Business Research, 22*(2), 159-170.

Thaler, R. (1985). Mental accounting and consumer choice. *Marketing Science, 4*(3), 199-214.

Turiel, E. (1983). *The development of social knowledge: Morality and convention*. Cambridge University Press.

Urbany, J. E., Bearden, W. O., & Weilbaker, D. C. (1988). The effect of plausible and exaggerated reference prices on consumer perceptions and price search. *Journal of Consumer Research, 15*(1), 95-110.

Vinson, D. E., Scott, J. E., & Lamont, L. M. (1977). The role of personal values in marketing and consumer behavior. *Journal of Marketing, 41*(2), 44-50.

Williams, B. (1981). *Moral luck: Philosophical papers 1973-1980*. Cambridge University Press.

Zeithaml, V. A. (1988). Consumer perceptions of price, quality, and value: a means-end model and synthesis of evidence. *Journal of Marketing, 52*(3), 2-22.

온라인과 뉴미디어

인터넷, 소셜미디어, 스마트폰, 온라인 게임 등과 같은 새로운 디지털 미디어의 등장으로 광고의 정의와 개념은 변화하고 있다. 광고의 개념 변화와 산업적 변화의 중심에는 첨단 신기술이 존재하며 기술의 진보 아래 광고는 진화되어 왔다. 더 나아가 신기술은 뉴미디어와 접목되어 소비자의 삶의 방식과 설득의 방식을 바꾸고 있다. 양방향 커뮤니케이션이 가능한 미디어가 보편화되면서 커뮤니케이션에 참여하는 참가자들 간의 상호작용이 활성화되었을 뿐만 아니라 미디어 몰입을 향상시키는 몰입형 기술의 접목으로 인하여 소비자가 경험이 확장되는 기회가 제공되었다. 개인화된 미디어를 통해 개인의 취향과 선호에 맞게 맞춤화된 정보를 제공받게 된 소비자는 능동적인 의사결정과 정보 확산의 주체가 된다. 하지만 이러한 변화에도 불구하고 여전히 광고에 대해 거부감을 갖는 소비자들이 존재하며 이에 대응하기 위한 전략으로 광고는 기존의 형식적 틀에서 벗어나 다양한 콘텐츠 유형으로 소비자에게 접근하기도 한다. 4차 산업혁명 시대 속에서 격변화하는 광고 산업을 이해하기 위해서는 이를 견인하는 신기술 융합 미디어의 특성을 상세히 이해할 필요성이 있다. 또한 이들이 광고 산업에서 주목받는 이유를 소비자의 심리적 기제를 통해 다각도로 살펴보고자 한다.

1 상호작용성에 기반한 소비 환경으로의 변화

상호작용성을 겸비한 미디어가 풍부해지면서 소비자가 제품이나 브랜드를 경험하고 소비하는 환경에도 변화가 일어나고 있다. 상호작용성(interactivity)은 커뮤니케이션에 참여하는 참가자가 서로에게 반응하고 의사소통이 이루어지는 것을 뜻하는 개념으로, 이는 참가자와 커뮤니케이션 매체 간의 상호작용, 참가자 간의 상호작용으로 크게 나눌 수 있다. 직접적인 피드백 과정 없이 일방향 커뮤니케이션(one-way communication)이 이루어지는 TV, 라디오 등과 같은 전통적인 미디어 환경과는 달리 디지털 기술이 가져온 미디어 환경의 변화에 따라 소비자와의 일대일 소통이 가능하고 양방향으로 의사소통이 이루어질 수 있는 오늘날의 소비 환경에서의 상호작용성은 소비자에게 중요한 요소다. 커뮤니케이션에 참여하는 소비자 간에도 상호작용이 가능해짐에 따라 소비자들은 보다 적극적이고 능동적으로 커뮤니케이션 생산자 또는 소비자로서의 역할을 동시에 수행할 수 있게 되는 프로슈머(prosumer)의 시대가 열리게 되었다.

리우와 슈럼(Liu & Shrum, 2002)이 개념화한 바에 따르면, 상호작용성은 세 가지 차원으로 이해할 수 있다. 첫째는 양방향 커뮤니케이션(two-way communication)으로 커뮤니케이션 전달자와 수신자 간의 의사소통이 양방향으로 이루어진다는 것이다. 미디어 기술의 발전으로 인하여 소비자는 메시지 전달자인 기업에게 즉각적인 피드백을 제공할 수 있으며, 이러한 상황에서 소비자는 더 이상 메시지 수신자가 아닌 전달자로, 기존의 메시지 전달자인 기업은 수신자로 역할교환이 이루어진다. 여기서 소비자가 제공하는 피드백이라는 것은 고객 만족도나 제품평가와 같이 소비자가 기업에게 전달하는 의견뿐만 아니라 브랜드 웹사이트나 블로그를 방문하는 횟수나 머무르는 체류 시간, 광고 클릭 수, 제품 구매율 등과 같이 객관적으로 제공되는 데이터를 포함한다. 이와 같은 피드백 정보는 소비자의 경험을 지속적으로 개선하는 데 도움이 되고 소비자의 기호에 맞는 광고를 적절하게 노출시킬 수 있도록 해 준다.

둘째는 능동적 통제(active control)로 소비자가 자신이 원하는 대로 정보의 흐름을 결정하고 자발적으로 행동할 수 있는 통제권을 제공받는다는 것이다. 광고에 대하여 능동적 통제가 가능할 때 광고 효과에도 긍정적인 영향을 미칠 수 있다. 수동성이 강한 전통적인 미디어를 이용할 때 광고에 강제적으로 노출되게 되어 상대적으로 소비자의 광고 회피가 더 높게 나타나는 반면(양윤직, 조창환, 2012), 소비자가 광고를 시청하거나 차단할 수 있도록 선택할 수 있는 능동성이 강한 미디어를 이용할 때는 자신이 원하는 광고만 선택하여 볼 수 있어 광고에 대한 회피가 적게 일어날 뿐만 아니라 광고에 대한 긍정적인 평가로 이어질 수 있다. 유튜브와 같은 온라인 동영상 플랫폼에서 동영상 재생 전에 노출되는 프리롤(pre-roll) 광고 중 일부는 광고 건너뛰기(ad skip) 기능을 통하여 일정 시간이 지나면 소비자가 광고를 회피할 수 있게 하거나 동영상을 시청하기까지 남은 광고 시간을 보여 주는 광고 타이머(ad countdown timer) 기능을 통하여 소비자가 통제감(perceived control)을 느끼게끔 해 준다. 소비자의 능동성을 부여하는 통제권은 전자의 경우처럼 원하지 않는 광고를 직접 회피하도록 하는 행동적 통제권(behavioral control)을 통해서도 제공할 수 있지만, 후자의 경우처럼 실제적으로 소비자의 경험에 직접적인 영향을 끼치지는 못한다고 하더라도 그들이 통제권을 지각할 수 있게 하는 인지적 통제권(cognitive control)을 부여하는 방식으로도 가능하다(Choi & Kim, 2022).

셋째는 동시성(synchronicity)의 차원으로 커뮤니케이션 전달자와 수신자 간의 상호작용에서 일어나는 정보의 흐름이 동시적으로 이루어진다는 것이다. 인쇄매체나 이메일을 통한 의사소통은 정보를 제공하는 전달자로부터 메시지가 전달되고 수용될 때까지 시간차가 발생할 수밖에 없는 비동시적인 성격을 가지고 있는 반면, 카카오톡 같은 모바일 메신저나 실시간 커머스와 같이 실시간 채팅을 기반으로 쇼핑 경험을 제공하는 서비스상에서의 의사소통일 경우 개인 간 일대일 대화를 하듯이 정보의 흐름이 동시적으로 이루어질 수 있다. 여러명의 이용자들을 동시에 처리해야 하는 웹사이트나 모바일 앱의 경우 소비자가 전달하는 정보에 대한 반응이 이루어지는 속도가 중요한데, 이는 소비자로 하여금 상호작용성을 더 높게 인식하게끔 하고 이와 같은 미디어들을 지속적으로 이용하게 하는 요인이 되기 때문이다. 예를 들면, 주차장 모바일 앱은 위치기반 정보를 기반으로 이용자가 위치한 인근 주차장 정보를 실시간으로 안내해 주는 서비스로 정보 전달의 동시성이 이 서비스를 사용하는 소비자의 만족도와 경험을 이해하는 데 있어 필수적이라 할 수 있다. 소비자 간 실시간 소통이 이루어질 수 있는 동시성을 겸비하는 미디어의 경우 소비자들 사이의 상상적 인간관계인 유사 사회적 상호작용(para-social interaction) 관계를 촉진하고 서로가 같은 공간에 있다고 지각하는 사회적 실재감(social presence)을 높인 것으로 나타났다(김동태, 2022).

상호작용성 개념에 대한 접근방법 가운데 가장 보편적으로 받아들여지는 관점은 '지각중심적' 접근으로, 많은 학자들이 상호작용성이 특정한 기능이나 과정보다는 사용자가 어떻게 상호작용성을 지각하는가에 대한 인지적인 관점에 중점을 맞추어 이해되어야 한다고 믿는다(McMillan & Hwang, 2002). 지각된 상호작용성(perceived interactivity)은 실제적이고 객관적인 상호작용성이 아닌 개인이 지각하는 주관적인 상호작용성의 정도라고 할 수 있다. 선행연구에 따르면, 소비자 개인이 지각한 상호작용성은 마케팅이나 광고 효과 평가에 더 유용한 정보를 제공하기도 한다. 예를 들면, 상호작용성의 정도가 높게 지각된 웹사이트나 광고에 대한 소비자의 태도가 긍정적으로 나타났으며, 콘텐츠에 대한 기억력 역시 높아졌다 (Chung & Zhao, 2004). 브랜드 웹사이트에 대한 소비자의 지각된 상호작용성을 연구한 논문에 따르면, 소비자가 상호작용성을 높게 지각할 경우 웹사이트에 대해 더 높은 수준의 몰입 (flow)을 경험하게 되고, 이러한 몰입이 웹사이트와 관련된 소비자의 인지, 정서 그리고 행동반응에 영향을 미치게 된다(Van Noort, Voorveld, & Reijmersdal, 2012).

2 인터랙티브 광고

정보 생산자와 수용자(소비자)가 동시에 정보를 주고받는 쌍방향적인 형태로 변화함에 따라 상호작용이 가능한 미디어와 상호적 행동이 포함하는 콘텐츠를 매개로 제품과 서비스에 대한 상호교환적이고 활동적인 소통이 가능해졌다. 이러한 특징을 가진 다양한 광고의 형태를 인터랙티브(interactive) 광고라고 하며, 이는 인터넷, 모바일, 소셜미디어, 가상현실, 디지털 옥외광고 등의 인터랙티브 미디어를 매개로 하여 소비자와 쌍방향적 상호작용이 가능한 모든 광고를 포괄한다.

인터랙티브 광고가 가진 상호작용성의 특징은 소비자의 지각 중심적 관점에서 살펴보았을 때 상호작용과정을 통제하고 있다고 느끼는 정도, 상호작용과정에서 반응성을 느끼는 정도, 상호작용이 개인화되어 있다고 느끼는 정도라는 차원의 특징을 가지고 있는 것으로 확인된다(Wu, 2006). 이에 인터랙티브 광고의 특징을 지각된 통제성(perceived control), 지각된 반응성(perceived responsiveness), 지각된 개인화(perceived personalization)의 세 가지 차원으로 설명하고자 한다.

1) 지각된 통제성

지각된 통제성은 소비자가 콘텐츠의 내용이나 순서를 선택할 수 있을 때 지각되는데, 예를 들어 소비자가 자발적으로 광고를 볼 것인지를 선택할 수 있도록 권한을 부여함으로써 소비자가 통제성을 지각하도록 할 수 있다. 광고를 건너뛸 수 있는 유튜브의 비디오 광고의 경우 웹사이트에 대한 사용자 만족도를 높이고 부정적으로 형성될 수 있는 광고 효과를 30% 줄일 수 있는 것으로 나타났다(Pashkevich, Dorai-Raj, Kellar, & Zigmond, 2012). 지각된 통제성은 광고 시청 여부를 결정할 수 있는 옵션을 통해서만이 아니라 소비자에게 통제 또는 선택권을 주거나 빠르고 직접적인 소통을 돕는 다양한 광고 옵션을 통해서 부여될 수 있는데, 이 같은 경우도 상호작용성에 대한 소비자의 인식을 높이고 광고에 대한 긍정적인 태도를 형성하였다(Gao, Rau, & Salvendy, 2009).

광고를 매개로 제품과 서비스를 경험하게 만들어 주는 인터랙티브 광고에서는 상호작용성의 특장점을 살릴 수 있는 크리에이티브 요소가 필수인데 소비자가 콘텐츠가 제공하는 자극에 반응함은 물론 새로운 반응을 요구할 수 있는 몰입 가능한 광고 환경을 제공해 준다는 점에서 광고에 게임적 요소를 적용하는 게임화된 광고(gamification)를 선보이거나 재미 요소를 활용하고 있다. 유튜브와 협업한 오비맥주의 '야스(YAASS)' 캠페인의 경우, 시청자의 선택에 따라 주인공의 운명과 내용이 달라지는 인터랙티브 영화 〈아오르비(AORB)〉(A 또는 B를 선택하라는 뜻의 'A or B')를 만들었으며 시청자의 선택에 따라 다르게 이야기가 전개되는 멀티 엔딩을 보여 준다. 이 영화 마케팅은 젊은 세대를 주축으로 메이비족(결정 장애) 세대들에게 자신의 선택을 믿고 그 선택을 즐기라는 메시지를 전하고 있다. 마케팅 콘텐츠와 인터랙티브 기능의 접목을 통하여 콘텐츠의 다양성을 확대하고 소비자와의 참여와 소통을 강화할 것으로 기대된다.

[그림 13-1] 오비맥주 '카스'와 유튜브와 협업해 만든 인터랙티브 영화 마케팅 예시
출처: https://biz.newdaily.co.kr/site/data/html/2019/08/02/2019080200088.html

2) 지각된 반응성

인터랙티브 광고는 전통적인 광고에 비하여 양방향 소통이 가능하기 때문에 소비자의 행동이나 의견에 빠르게 반응하고 대응할 수 있는 특징을 지닌다. 이를 통해 지각된 반응성은 소비자가 빠른 선택을 할 수 있고 자신의 인풋에 대한 즉각적인 피드백을 받을 수 있도록 하여 만족감과 지각된 가치를 향상시킬 수 있다(Yoo, Lee, & Park, 2010). 기업이 다른 소비자 의견에 어떻게 응답하고 대응하는지 관찰할 수 있는 소셜미디어 환경에서는 기업과 다른 소비자 간의 상호작용을 단순히 보기만 하는 간접적인 경험만으로도 기업-소비자 간의 높은 상호작용을 지각하도록 만들고 더 나아가 기업에 대한 평가와 구매의도에 긍정적인 영향을 미치는 것으로 나타났다(Vendemia, 2017). 라이브 커머스와 같은 실시간 소통형 플랫폼은 소비자가 판매자나 인플루언서 또는 다른 시청자들과 실시간으로 소통을 하면서 방송 중인 제품에 대해 상세한 정보와 의견을 교환하고 손쉽게 구매할 수 있는 공간으로 각광받고 있는데, 이는 전통적인 인터넷 공간에서보다 쌍방향적이고 동시적 상호작용이 가능한 플랫폼의 강점에서 비롯된다.

라이브 커머스는 기존 커머스보다 구매 전환율이 높다는 점에서 주목을 받기도 하지만, 소비자가 특정 가치를 담은 브랜디드 콘텐츠를 통해 브랜드 성격과 가치를 전달하고 브랜드를 경험할 수 있는 또 다른 장이 된다는 점에서 브랜딩 효과를 기대할 수 있다. 매일유업의 경우 환경의 날을 맞아 라이브 커머스 방송을 통해 환경 관련 상품(멸균팩 상품)을 소개하고 이들을 분리배출하는 방법을 안내했다. 구매자에게는 멸균팩을 재활용한 폴딩박스와 핸드타월을 증정하여 바이럴 효과를 기대하는 마케팅을 펼쳤다. 또한 인스타그램과 유튜브를 통해서 예비 부모들과 육아 중인 부모들을 대상으로 하는 '앱솔루트 맘스쿨'이라는 라이브 방송을 운영하여 다양한 주제의 부모교육을 지원할 뿐만 아니라 전문가들이 실시간으로 고객들의 질문에 답변할 수 있는 기회를 제공하였다. 라이브 커머스를 소비자들과 소통 창구로서 활용할 뿐만 아니라 기업의 가치를 담은 콘텐츠와의 연계를 통하여 친환경 브랜드로의 정체성을 강화시키는 전략의 일환이다.

디지털 환경에서 소비자로부터 지각된 반응성은 즐거움과 재미와 같은 긍정적인 정서를 형성하는 데 기여한다(Gao et al., 2009). 모바일 환경에서의 소비자들은 언제 어디서나 다른 사용자들로부터 피드백을 얻고 이들과 의견을 교환할 수 있는데, 다른 소비자와의 소통 과정이 즐거움을 형성하는 데 크게 기여하는 것으로 밝혀졌다(Yang & Lee, 2017). 이는 다른 소비자들이 함께한다는 인식에서 비롯되었을 뿐만 아니라 다른 소비자들로부터 받는 이미지나 이모티콘 등과 같은 비언어적 단서를 통해서도 그들과 같이 상호작용과정에 참여하고 있다고 심리적으로 느끼게 해 주었기 때문이다. 이로써 사회적으로 함께한다는 공존감과 사회적 친밀감을 느끼게 되는 사회적 실재감이 높아져 지각된 상호작용성에 긍정적인 영향을 미치는 것으로 알려졌다(Cui, Wang, & Xu, 2013). 사회적 실재감은 매체 풍요도(media richness)가 높을 때 더 높게 인지될 수 있으므로 텍스트 기반이 아닌 라이브 커머스 플랫폼과 같은 영상 기반 매체에서 상호작용성 지각을 통한 광고 효율성을 극대화할 수 있을 것이다. 매체 풍요도가 높게 인식될수록 해당 매체를 이용하는 작업에서 인지적 노력이 적게 요구되어 보다 상호작용적인 경험을 이끌어 낼 수 있다(서아영, 신경식, 2008).

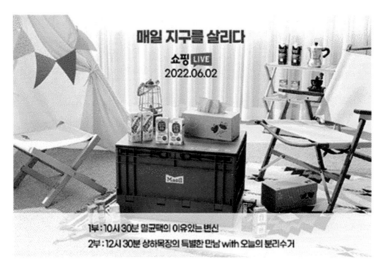

[그림 13-2] 매일유업의 '매일 지구를 살리다' 특집 라이브 커머스 방송 예시

출처: https://www.seoulfn.com/news/articleView.html?idxno=457108

3) 지각된 개인화

지각된 개인화는 서비스 제공자가 소비자 개인에게 맞춰진 서비스를 제공한다고 소비자가 인지하는 정도를 의미한다(이승연, 조창환, 2011). 개인화된 인터랙티브 광고는 소비자의 인구통계학적 속성뿐만 아니라 과거 검색·구매 이력, 라이프스타일, 관심사, 취향 등을 담은 빅데이터를 기반으로 맞춤화된 제품이나 서비스를 제공함으로써 소비자가 니즈와 욕구를 충족시킬 수 있다. 불특정 다수나 공통적 특징을 가진 소비자 집단 대신 소비자 개개인의 개인정보를 활용하여 개별 소비자에게 차별적인 맞춤형 메시지를 전달하는 광고는 소비자가 광고에 대해 느끼는 관련성(relevance)을 증대시킨다. 이는 광고와 관련한 자기참조(self-referencing) 효과를 유도하고 광고에 대해 갖는 기대감을 높일 수 있다(Bombe & Gierl, 2012). 맞춤화된 형태로 전달되는 광고는 소비자의 광고 회피를 감소시키고 광고에 대한 긍정적인 반응을 유도함으로써 광고 효과를 극대화시킬 대안으로 발전해 왔다.

더 나아가 모바일 환경에서는 소비자의 위치 정보를 활용하여 보다 세밀한 맞춤형 광고의 제공이 가능해졌다. 소비자가 있는 위치에서 가까운 곳에 관련된 광고 메시지를 노출시키는 위치기반 모바일 광고를 포함하여, 할인쿠폰 발행, 특별 서비스 제공 등의 편의 제공을 통하여 점포 방문을 유도할 수 있다. 토스의 '만보기' 서비스의 경우 사용자 휴대폰에서 측정된 걸음 수로 토스 포인트라는 보상을 주는 시스템으로 인기를 끌고 있다. 더 나아가 토스는 지정된 장소에 방문한 사용자에게 추가 보상을 제공하거나 제휴사의 일부 매장에서 즉시 사용한 결제 쿠폰을 제공하는 등의 미션을 선보였다. 고객의 실시간 이동 동선을 바탕으로 혜택을 제공하거나 고객이 위치를 인증한 권역 수에 따라 우대 금리를 차등 적용하는 다양한 금융 상품도 출시하였다. 이들은 사용자 개개인의 위치 정보를 바탕으로 하여 차별적인 상품과 서비스를 제공할 뿐만 아니라 재미 요소와 접목시킨 참여형 콘텐츠를 통하여 소비자들의 긍정적인 경험을 제공하고 고객 확보와 유지에 도움을 줄 수 있다.

애플워치나 갤럭시워치, 에어팟 같은 웨어러블(wearable) 기기가 등장하면서 위치 정보를 활용한 마케팅은 더욱 진화하고 있다. 그 예시로 아웃도어 브랜드 블랙야크는 갤럭시워치(삼성전자)와 협업하여 고객이 등산 또는 하이킹 선택 시 위치정보확인시스템(GPS)과 연계된 지도를 통해 등반했던 경로를 확인할 수 있는 콜라보 제품을 출시하였다. 갤럭시워치로 자신의 신체 상태를 확인하면서 아웃도어 생활을 더욱 스마트하게 즐기고 경험의 확장을 원하는 고객들을 공략하고자 하였다. 웨어러블 기기를 통해서는 위치기반 정보뿐만 아니라 이용자 활동량 및 생체 데이터가 쉽게 수집될 수 있기에 개개인의 특성과 라이프스타일에 부합한 최적화된 광고나 서비스를 제공할 수 있다.

빅데이터에 기반하여 사물인터넷이나 AI 기술을 활용하면 다양한 데이터의 결합을 통해 정교하고 정확한 세분화 방식을 적용할 수 있기에 보다 정밀한 소비자 타겟팅과 개인화된 광고 집행, 그리고 효율성 측정이 가능해질 것이다. 예를 들어, 프로그래매틱(programmatic) 광고는 자동화된 방식의 프로그램을 사용하여 광고를 집행하는 방식으로 광고주가 원하는 잠재고객으로 판단되는 타겟에 정밀하게 광고를 노출시킬 수 있는 시점에 실시간 입찰을 통해 광고 매매가 이루어진다. 광고 메시지에 대한 소비자 반응 데이터가 자동으로 생성되며, 이를 통해 캠페인을 지속적으로 수정, 향상시켜 나갈 수 있기에 광고 집행의 효율성이 증대된다.

하지만 이와 같은 맞춤형 광고나 서비스의 확산과 더불어 무분별한 개인정보 수집 및 활용에 대한 우려와 부정적인 인식도 커지고 있다. 구글이나 메타로 대표되는 온라인 플랫폼의 경우 웹사이트 내 이용자의 검색기록이나 시청·열람 기록뿐만 아니라 다른 사업자의 웹사이트나 외부 앱을 통한 활동 정보까지 수집해 맞춤형 광고에 활용하고 있는데 이 사실을 이용자에게 명확하게 알리지 않은 것으로 나타났다. 이 경우 맞춤형 광고는 소비자의 자유와 선택권을 제한하기에 침해적이며, 지속적으로 개인 데이터가 축적될 경우 소비자를 특정할 수 있다는 점에서 사생활 침해 우려가 높아지고 있다.

소비자는 맞춤형 광고가 제공하는 효용성은 긍정적으로 평가하지만 개인정보를 제공함으로써 감수해야 하는 비용과 위험을 우려하는 양가적 태도를 보이는데 이러한 모순되는 현상을 개인화-프라이버시 역설(personalization-privacy paradox)이라고 한다. 이 같은 역설을 해소하기 위해서는 소비자들에게 개인정보에 대한 결정권을 올바르게 보장할 필요가 있다. 연구에 따르면 소비자는 프라이버시 역설의 상황에 대해 자신이 통제할 수 없다고 느끼거나 취약함을 인지하게 되는데, 특히 소비자가 자신의 개인정보가 수집된다는 점에 대해 사전에 인식하지 못할 때 이런 경향이 두드러지게 나타났다(Aquirre, Mahr, Grewal, Ruyter, & Wetzels, 2015). 맞춤형 광고나 서비스에 대한 소비자의 부정적인 인식을 줄이고 역설을 해결하기 위해서는 소비자의 명시적인 동의(옵트 인)가 있을 때만 타사 행태정보나 개인정보를 수집하도록 하는 등 적법하고 투명한 소비자 동의절차를 거쳐야 할 것이다. 또한 소비자가 개인정보에 대한 통제권을 발휘함으로서 지불하는 대가를 줄여야 한다. 예를 들면, 소비자가 개인 데

[그림 13-3] 투표소와 제휴사(생활맥주) 매장 방문 시 포인트를 제공한 토스 '만보기' 미션 이벤트 예시
출처: https://www.fnnews.com/news/2022030613063320117
http://m.newstap.co.kr/news/articleView.html?idxno=173199

이터 수집에 대한 동의를 거부한다고 해서 그들이 이용하고자 하는 서비스 기능을 중단시켜서는 안 된다는 것이다. 사생활 침해에 대한 염려에도 불구하고 소비자가 개인정보 공개를 선택하는 이면에는 현재 자신에게 이득이 되는 방향으로 행동하고자 하는 이익 휴리스틱(benefit heuristic)에 기반한 의사결정을 하기 때문이다(Sundar, Kang, Wu, Go, & Zhang, 2013).

3 소비자 인게이지먼트

상호작용성에 기반한 소비 환경으로 변화하면서 소비자는 단순히 기업이 주는 정보에 만족하지 않고 능동적으로 기업과의 소통에 참여하게 되고 관계를 설정할 수 있게 되었다. 소비자의 브랜드 활동 참여를 유도하고, 더 나아가 브랜드 애착과 충성도를 구축할 수 있는 수단으로 소비자 인게이지먼트(engagement)는 학계와 업계로부터 그간 많은 관심과 주목을 받아 왔다. 소비자 인게이지먼트는 한마디로 정의하기 어려운 복합적인 개념이긴 하지만 소비자가 특정 기업 또는 브랜드에 관심을 가지고, 참여하고, 관계를 맺는 일련의 과정과 전반적인 경험이라 할 수 있다. 소비자와의 지속적이고 상호적인 인게이지먼트의 구축을 위해서는 다양한 소비자와의 접점에서 소비자가 지각하는 관련성(relevance)을 높여 이들의 관여도(involvement)를 이끌어 내는 것이 핵심이라 할 수 있다.

소비자 인게이지먼트를 효과적으로 끌어내기 위한 수단으로 소비자 중심으로 주도되는 형태의 소셜 플랫폼이 주목을 받아 왔으며, 그중 온라인 커뮤니티와 소비자 생성 콘텐츠가 활용된 사례를 살펴보고 그 효과의 기제를 이해해 보도록 하겠다.

1) 온라인 커뮤니티

소비자의 지속적인 참여를 유도하고 공동의 가치를 창출하기 위해서는 그들의 소속감을 제고해야 한다. 온라인 커뮤니티는 공통의 관심사를 갖는 소비자들이 공통 관심사에 대해 의견을 나누고 사회적 관계를 발전시키는 가상의 공간이다. 온라인 커뮤니티에 참여하는 소비자들은 자신들이 커뮤니티 구성원으로서 중요한 속성을 공유한다는 소속감을 지각할 때 자신과 커뮤니티를 동일시할 수 있고, 이러한 인식이 그들로 하여금 커뮤니티 활동에 더 적극적으로 참여하고 기여하도록 한다. 커뮤니티 구성원으로서 지각하는 정체성은 동질성과 심리적 유대감과 같은 긍정적인 정서 경험으로 이어지기 때문이다(Algesheimer,

Dholakia, & Hermann, 2005). 온라인 커뮤니티 중에 특정 브랜드를 중심으로 형성되는 온라인 브랜드 커뮤니티의 경우 구성원들 간의 공유된 정체성은 브랜드 자산을 형성하는 데 크게 기여하게 된다.

중고거래 시장 플랫폼 당근마켓의 경우 중고 거래뿐만이 아니라 지역 주민 간 소통을 늘리기 위해 해당 지역에서 위치를 인증한 이용자들을 중심으로 정보와 이야깃거리를 공유할수 있는 '동네생활' 커뮤니티를 운영하고 있다. '동네생활'은 이웃 간 소소한 일상 이야기를 공유하거나 궁금한 내용에 대한 질문을 올리고 동네 맛집이나 먹거리 장소를 공유할 수 있는 게시판으로 지역민들만이 알 수 있는 정보와 소식을 공유받고, 즐거움을 주는 흥밋거리를 제공한다는 점에서 많은 인기를 얻고 있다. 당근마켓은 30일마다 실제로 살고 있는 지역을 인증해야 사용할 수 있는 지역인증 기반의 서비스이기 때문에 자연스럽게 지역 커뮤니티로서의 정체성이 구축될 수 있고 이 커뮤니티를 중심으로 지역을 기반으로 한 주민들 간의소속감이 형성될 수 있다. 실제로 당근마켓은 개인 간 거래 중심의 중고거래 관련 서비스보다 지역 생활 서비스 제공에 주력하고 있는데 동네 가게와 지역민을 연결하는 '로컬 커머스'채널로서 확장해 나가고 있다. 동네 가게들의 계정을 노출시켜 지역민과 연결하는 채널인 '비즈프로필'을 개설하는 등 지역민들과의 소통을 통해 소상공인의 온라인 사업 진출을 돕고자 한다. 지역에 대한 애정이 강한 구성원들을 중심으로 운영되어 온 당근마켓은 커뮤니티가 가진 상호작용성과 다양한 지역 커뮤니티 기능의 활성화로 인해 형성된 지역민들 간의정체성을 주축으로 브랜드를 활성화할 수 있을 것이다.

**[그림 13-4] 지역민들을 중심으로 정보와 흥미로운 이야기거리를 공유하는
당근마켓의 '동네생활' 커뮤니티 예시**

출처: https://www.hankyung.com/economy/article/202012210462i

2) 소비자 생성 콘텐츠

기업이나 브랜드가 제작한 전문적인 콘텐츠가 아닌 소비자가 직접 참여하여 생성한 글, 이미지 또는 동영상과 같은 다양한 유형의 콘텐츠를 소비자 생성 콘텐츠(Consumer-Generated Content: CGC)라고 한다. 수동적으로 메시지를 수용하는 대상이 아닌 능동적이고 자발적으로 제작의 주체가 되었을 때, 소비자는 자신의 적극적인 참여활동으로 인하여 가치를 실현하고 만족감이나 권한 부여(empowerment)와 같은 긍정적인 감정과 경험을 얻게 된다. 이러한 과정을 통해 촉진된 소비자 인게이지먼트는 기업이나 브랜드에 대한 결속력을 강화시키고 신뢰와 충성도를 이끌어 내게 된다(Brodie, Ilic, Juric, & Hollebeek, 2013). 소비자 중심의 제품개발이나 디자인 프로그램을 장려하여 소비자 참여를 유도하는 전략은 브랜드와 소비자가 함께 가치를 만들어 나가는 개념에서 출발한 가치 공동창출(value co-creation) 전략으로 이해할 수 있으며, 소비자는 자신이 처한 상황 안에서 브랜드 또는 제품을 사용함으로써 자신과의 연결고리를 스스로 발견하고 소셜미디어를 통해 공유하는 등 적극적으로 브랜드 가치를 확장시킬 수 있다.

틱톡이나 인스타그램 릴스와 같은 소셜 비디오 플랫폼과 숏폼 콘텐츠가 부상함에 따라 소비자는 이전보다 더 편리하고 용이한 방식으로 자신의 콘텐츠를 제작하고 업로드할 수 있게 되었다. 숏폼 비디오 콘텐츠의 경우 영상 길이가 매우 짧을 뿐만 아니라 제작자의 일상을 반영하거나 단편적이고 오락 중심의 콘텐츠를 담는 등 콘텐츠 내용에 대한 부담이 적다. 촬영 및 영상 편집 장비와 일정 수준 이상의 편집 기술이 필요한 유튜브 등과 같은 플랫폼과는 달리 별도의 편집 툴 없이 스마트폰만으로도 촬영과 편집까지 가능하거나 편집이 불필요한 경우도 많아 콘텐츠 생성에 대한 진입장벽이 낮아졌다. 짧고 빠르게 진행되는 비디오 형식의 특성상 독특하고 창의적인 콘텐츠 제작을 강조하게 되어 브랜드와 연결될 경우 브랜드 인지도를 높이고 브랜드만이 가진 차별화된 색깔을 전달할 수 있으며, 빠른 확산 효과와 파급력을 가진 브랜드 콘텐츠를 창출해 낼 수 있다.

소비자 생성 콘텐츠는 자발적으로 콘텐츠를 생성하고 확산에 참여하는 제작자의 인게이지먼트를 이끌어 낼 뿐만 아니라 다른 소비자들에게까지 영향력을 확대해 나갈 수 있다. 기업이 전달하는 메시지보다 다른 소비자들이 브랜드 또는 제품에 대해 공유하는 피드백과 리뷰는 진정성 있게 느껴지기에 더 큰 가치를 부여하여 이를 근거로 최종 구매 결정에 영향을 미치게 된다. 특히 자신과 비슷한 특성과 라이프스타일을 보이고 있는 다른 소비자의 이야기에 귀를 기울인다. 이들의 이야기가 공감과 신뢰를 이끌어 내기 때문이다. 유한킴벌리의 육아용품 브랜드 하기스는 '행복한 육아'라는 컨셉트로 영유아 자녀를 둔 소비자층을 타겟으로 하여 인스타그램 계정을 운영하였다. 소비자들은 육아의 순간을 담은 콘텐츠를 올리고 공감을 누르거나 댓글을 통해 다른 소비자와 소통하였다. 그 과정에서 자연스럽게 해당 브랜드에 노출될 기회도 높아진다. 소비자는 '#하기스로키우기' 등과 같은 브랜디드 해시태그를 직접 생성하여 관련 콘텐츠를 업로드하기도 한다. 이는 소셜 플랫폼상에서 브랜드 언급량이 증가하는 선순환으로 이어진다.

인테리어 정보 공유 앱 서비스인 오늘의집은 이용자들이 자발적으로 인테리어 방법을 설명하고 우수한 인테리어 사례를 찾아 공유하는 콘텐츠 사업에서 시작됐다. 이용자들은 직접 예쁘게 꾸민 자신의 집 사진을 찍어 올리는 '온라인 집들이'를 통해 자신의 인테리어 사례를 공유하고 다른 이용자들은 이러한 콘텐츠를 통해 자신이 쉽게 따라 할 수 있는 공간 인테리어 방법을 배울 수 있다. 뿐만 아니라 인테리어 사진에서 원하는 제품을 찾아 선택하면 곧바로 제품 탐색과 구매가 가능하며 이에 더해 인테리어 시공을 시작할 수도 있다. 기존 이커머스 플랫폼이 상품 판매에 초점을 맞췄던 것과는 다르게 오늘의집은 이용자가 직접 제작한 콘텐츠를 공유하는 소셜 플랫폼 기능을 바탕으로 가구, 소품 판매나 인테리어 중개 서비스가 결합된 이커머스 플랫폼으로 확장할 수 있었다.

[그림 13-5] 인테리어 시공 전문가와 고객을 연결해 주는 오늘의집의 '전문가 서비스' 예시. 인테리어에 대한 정보를 공유하는 콘텐츠 플랫폼으로 출발한 오늘의집은 가구, 소품 구매수요가 급증하며 인테리어 중개 서비스까지 결합한 이커머스 플랫폼으로 확장되었다.

출처: https://www.etoday.co.kr/news/view/1743478

4 미디어 인게이지먼트와 몰입형 기술의 적용

기업들은 소셜 플랫폼을 포함한 다양한 미디어 접점을 통해 소비자들을 적극적으로 참여시키고 브랜드에 몰입할 수 있도록 노력하고 있다. 여기서 미디어는 기업과 소비자 사이의 중요한 연결고리 역할을 한다. 소비자가 미디어에 대해 관심을 갖고 집중, 몰입하는 정도로 정의되는 미디어 인게이지먼트는 광고상기도와 선호도를 높이는 등 광고 효과에 긍정적인 영향을 미치는 것으로 알려져 왔다. 미디어 인게이지먼트는 아직 명확한 정의가 이루어지지 못하고 있기에 그 효과가 구체적으로 측정되긴 어려우나, 오늘날 디지털 기술의 발전과 함께 다매체 환경에서 놓인 소비자들을 이해하는 데 있어 인게이지먼트는 주목할 개념인 것은 틀림이 없다. 미디어에 대한 집중과 몰입감을 강화하는 데 긍정적 영향을 미치는 주요 특성에 대해 살펴보고 이를 적극적으로 활용한 예시를 살펴보도록 한다.

1) 미디어 풍요도 또는 생동감

풍부한 단서를 전달할 수 있는 미디어의 정보전달 능력을 미디어 풍요도(media richness)라고 하는데 미디어가 풍부한 단서를 제공할 경우 불확실성과 모호함이 감소되어 이용자들은 정보의 의미를 보다 정확하게 파악할 뿐 아니라 몰입, 인지된 즐거움과 같은 정서적 반응을 이끌어 낼 수 있다(Draft & Lengel, 1986). 미디어 풍요도가 긍정적인 감성적 반응을 이끌어 내는 데 특히 중요한 요소는 생생하고 선명한 정도를 의미하는 생동감(vividness)이다. 예를 들면, 제공되는 화질이나 음질이 풍요롭지 않은 전통적 아날로그 매체에 비해 색상이나 그래픽이 생생하고 선명하게 구현된 온라인 게임이나 가상환경(virtual reality)일 경우 이용자들에게 풍부하고 감각적인 정보가 전달될 것이다. 이같이 미디어를 통해 전달되는 정보로부터 경험할 수 있는 감각이 양적·질적으로 높을 경우 이 미디어가 제공하는 풍요도는 높다고 할 수 있다. 소비자는 풍요도가 높은 미디어가 제공하는 정보를 더 잘 이해하게 되며 이는 궁극적으로 소비자의 경험과 만족에 긍정적인 영향을 미칠 수 있다.

쉽게 찾아볼 수 있는 예시는 삼성동 코엑스의 대형 LED 디스플레이다. 이는 삼성전자가 제작한 국내 최대 규모의 디지털 옥외광고 조형물로 농구 경기장 4배의 크기로 제작되었다. 디지털 기술을 이용하여 실제로 바다에서 파도가 치는 것 같이 파도의 물결을 역동적이고 생동감 있게 구현한 영상 콘텐츠를 선보였다. 압도적인 전광판 크기로 소비자에게 강렬한

임팩트를 주었으며, 초고화질의 2배에 달하는 선명한 화질이 극적인 효과를 더하였다. 초대형 LED 옥외광고의 또 다른 예시는 최근 뉴욕 타임스스퀘어 내 거대 전광판에 3D 애니메이션 형태로 송출된 구글과 삼성 옥외광고가 있다. 인기 래퍼 루다크리스가 구글의 인공지능비서인 '구글 어시스턴트'에게 셀피를 찍어 달라고 주문을 하고 삼성 휴대폰이 셀피를 찍는 모습을 보여 주는 광고 영상은 커브드 스크린(curved screen) 형태로 제작된 전광판에 송출되어 착시현상을 일으키고 입체감을 느끼게 하였다. 오늘날의 디지털 옥외광고는 단순한 광고를 넘어 미디어아트 작품이나 문화콘텐츠를 선보이는 등 소비자들에게 차별화된 경험과 즐거움을 제공하고 소통하는 목적도 있다. 제주에 문을 연 몰입형 미디어아트 전시관 아르떼뮤지엄(Arte Museum)은 혁신적 신기술에 기반한 생생한 실감형 콘텐츠를 전시하며 다양한 시도를 추진하고 있다.

[그림 13-6] 뉴욕 타임스 스퀘어에서 구글과 삼성을 공동으로 홍보한 3D 애니메이션 광고 영상 예시
출처: https://sedaily.com/NewsView/26EWVXMM9V

2) 실재감

실재감(presence)이란 실제로는 미디어에 의해 매개된 환경에서 콘텐츠가 보여지고 있지만 미디어 사용자로 하여금 실제로 그 콘텐츠 안에 존재한다고 느끼게 하는 것을 의미한다. 미디어를 통해 매개된 환경이 얼마나 소비자로 하여금 실재감을 느끼게 하는지는 미디어에 대한 소비자 몰입의 정도와 경험을 이해하기 위해 중요하다. 더 나아가 이는 브랜드 몰입과 설득에 긍정적인 효과를 일으켜 소비자 경험을 극대화시킬 수 있는 것으로 알려져 있다.

더군다나 VR(가상현실), AR(증강현실) 등 몰입형 기술이 발전하면서 가상세계에서의 경험조차 현실세계의 경험처럼 느껴지도록 할 수 있다. 영어로 초월 또는 가상을 뜻하는 'meta'와 우주를 뜻하는 'universe'가 합친 메타버스(metaverse)에서는 현실을 디지털 가상 세계로 확장시킬 수 있는데 가상현실과 현실정보가 합쳐지면 현실과 가상이 혼합되는 효과를 유발하여 그 경계의 구분이 어려운 확장된 현실을 창조해 낸다. 사용자의 몰입감을 강화하기 위해 자신의 신체 움직임에 따라 반응하도록 설계된 일체형 기기나 헤드셋과 같은 웨어러블 기기를 착용하기도 하는데 기술력의 발전으로 인하여 보다 풍부한 사용자 상호작용이 가능해지고 생생하게 가상현실을 경험할 수 있게 되었다. 또한 가상공간에서는 자신이 단순한 접속자라는 개념에서 벗어나 아바타 캐릭터와 같은 시각적 영상 이미지를 통해 활동하게 되는데, 이와 같은 캐릭터에 감정을 이입하고 현실 세계에서의 자신으로 여기게 되는 동일시(identification) 현상이 일어날 수 있다. 경험 소비와 새로운 체험을 중요시하는 오늘날의 소비자는 몰입형 기술을 활용한 플랫폼이나 캐릭터, 또는 광고 등을 통하여 제품에 대한 간접경험을 보다 입체적으로 할 수 있고 자신이 실제 경험을 한 것처럼 느낄 수 있다.

미디어 이용을 통해 자신이 타인과 함께 존재한다고 인식되는 사회적 실재감(social presence)이 발생하기도 한다. SNS 환경이나 온라인 게임 등 컴퓨터로 매개된 의사소통 상황(computer-mediated communication)에서 경험하는 사회적 실재감은 물리적으로 서로 다른 장소에 있는 타인과의 의사소통과정이 서로 대면하는 상황과 비슷하게 지각되는 정도로 이해할 수 있다. 실제로 게이머들은 컴퓨터와 게임을 할 때보다 타인과 게임을 할 때 더 몰입하는 것으로 나타났는데(Cairns, Cox, Day, Martin, & Perryman, 2013), 여러 명의 플레이어가 동시적으로 공동의 목표를 가지고 게임을 진행하는 대규모 다중 접속 온라인 역할수행게임(Massively Multiplayer Online Role-Playing Game: MMORPG)과 같은 가상세계에서는 다른 플레이어의 존재를 확인하고 감정적인 친밀감을 쌓는 등 이들과 긍정적인 상호작용을 하게 되며 현실 세계에서 상호작용하는 것과 동일하게 지각될 수 있다. 이때 참여자들은 자신들이 사회적 관계에 놓여있다고 생각하게 되고 높은 사회적 실재감을 경험하게 된다. MMORPG와 같이 사회적 관계를 추구하는 게임 세계에서 다른 참여자와의 유대감을 확인하고 높은 상호작용을 수행하는 것은 게임 내 커뮤니티는 물론 게임 세계에 대한 몰입을 강화시키는 기제가 된다. 게임 내 유저들이 느끼는 깊은 정서적 유대감과 소속감을 혈맹(lineage)이라고 칭할 정도로 게임 내 유저들끼리는 강력하고 긴밀한 유대감을 가지고 있기도 한다(Badrinarayanan, Sierra, & Martin, 2015). 게임 내 구성원들의 팀워크를 활성화시키거나 집단의 공동목표달성에 대한 피드백을 제공하는 사회적 상호작용 지원 도구들을 풍부하게 지원하는 신기술을 통하여 가상공간에서의 사회적 실재감을 더욱 확장시킬 수 있다.

MMORPG 유저들은 자신들과 함께 플레이하고 가이드 역할을 하는 인플루언서나 크리에이터에게 유대감을 형성하기도 한다. 이에 따라 게임 내에서 많은 참여와 유저 간 교류를 이끌어 낼 수 있는 인플루언서들을 섭외하고 활용하려는 마케팅 수요가 급증하고 있다.

[그림 13-7] 과학, 역사, 의학 등 분야별 인플루언서들을 섭외, '집중 특강'이라는 영상 콘텐츠 협업을
진행하는 MMORPG '대항해시대 오리진' 마케팅 예시

출처: http://www.gameple.co.kr/news/articleView.html?idxno=203299

5 콘텐츠와 광고의 융합

광고의 혼잡도가 높아지면서 광고에 대한 피로감과 광고에 대한 노출을 피하는 회피 현상도 증가해 왔다. 광고 회피의 증가는 광고에 위기를 가져다주기도 했지만 맞춤형 광고 제시를 통해 정교한 타겟팅(targeting)을 가능하게 하거나 소비자 참여 유도와 권한 부여를 통해 소비자 인게이지먼트를 촉진시키는 등 광고는 미디어 환경에 적응하고 소비자의 요구에 맞추어 새로운 모습으로 진화해 왔다.

광고 회피를 줄이는 또 다른 방식으로 콘텐츠에 광고를 녹이는 방식이 활용된다. 광고가 콘텐츠와 결합한 배경은 콘텐츠와 광고의 구분을 어렵게 하여 콘텐츠 안에 녹아든 광고의 회피를 어렵게 하기 위한 목적이다. 소비자로 하여금 콘텐츠를 보며 자연스럽게 광고를 받아들이게 하는 것이다. 이와 같은 간접 광고(Product Placement: PPL)는 주로 방송이나 영화와 같은 영상 콘텐츠에 제품, 상표, 로고 등을 노출시키는 기법으로 관심을 유도해 왔으며,

간접 광고를 통해 제품이나 브랜드 인지에 영향을 미치는 것은 물론 광고 태도와 구매의도 등에 호의적인 반응을 일으키는 효과가 있다.

다만 광고와 콘텐츠 맥락과 맞지 않을 때 소비자들의 반감이 나타나기도 해 광고와 콘텐츠를 자연스럽게 연결시키는 것이 중요해졌다. 이에 콘텐츠 제작 단계부터 PPL을 염두에 두고 콘텐츠의 상황과 맥락 속에 자연스럽게 광고가 녹아들게 하는 방식이 주목을 받고 있다. 예를 들면, 극중 등장인물의 직업을 광고주 관련 직업군으로 설정하여 자연스럽게 브랜드를 노출하거나 극중 에피소드 설정으로 광고 대상을 극 속에 자연스럽게 노출하는 방식이 있다. 하지만 너무 노골적이거나 과도한 PPL은 콘텐츠의 흐름을 방해하여 이에 따른 소비자 거부 반응이 나타나기도 하며 이러한 경험이 반복되면 대상 제품은 물론 PPL 전반에 대한 반감이 커질 수 있다.

이러한 상황에서 성장하고 있는 것이 브랜디드 콘텐츠(branded content)다. 브랜디드 콘텐츠는 브랜드의 목적을 달성하기 위해 브랜드에 의해 제작된 콘텐츠를 의미하며 일방적으로 노골적인 설득 메시지를 전달하는 것이 아니라 소비자에게 가치를 제공할 수 있는 콘텐츠에 브랜드를 담아낸다. 최근 많이 활용되는 동영상 콘텐츠의 경우 소비자가 선호하는 콘텐츠 유형일 뿐만이 아니라 그들이 원하는 정보적·오락적인 가치를 제공하거나 공감, 감동 등을 줄 수 있는 스토리텔링을 포함하고 있기에 그 효과는 증대될 수 있다. 대표적인 것이 웹 드라마나 웹 예능이다. 패션 전문기업 한섬이 제작하여 유튜브 채널을 통해 공개한 웹 드라마 〈바이트 시스터즈〉는 많은 인기를 끌었고 콘텐츠에 대한 관심이 매출로 이어지자 '오징어게임'을 패러디한 '푸쳐핸썸 게임'이라는 웹 예능도 선보였다. 이와 같은 콘텐츠에는 기존의 노골적인 간접광고처럼 직접적인 의류 브랜드나 기업명을 노출하지 않는다. 이미 만들어 놓은 콘텐츠에 광고를 끼워 넣는 방식이 아니기 때문이다. 뱀파이어를 소재로 하는 흥미 요소를 부각시킨 스토리와 높은 퀄리티의 영상미를 통해 시청자로부터 공감과 관심을 받는 데 성공하였고, 극중 인물들이 한섬의 의류들을 입고 등장하며 제품이 자연스럽게 노출되었을 뿐이다. 실제로 극중 인물이 착장한 제품이 완판되기도 하고 한섬의 온라인몰 매출이 큰 폭으로 증가하였는데 콘텐츠에 대한 관심이 자연스럽게 매출로 이어졌다는 분석이다.

브랜디드 콘텐츠는 이처럼 기업이 제작 과정부터 개입해 제작되기도 하지만 방송사업자나 광고대행사 같은 전통적인 제작사에 국한되지 않고 커머스 사업자와의 협업을 통하여 제작되기도 한다. 예를 들면, 티몬이 선보인 웹 예능 〈광고천재 씬드롬〉〈찐최종.pptx〉 CJ온스타일의 웹 예능 〈유리한 거래〉〈브티나는 생활〉 등이 있다. 이들은 영상 콘텐츠를 라이브 커머스를 포함한 커머스와 연계한 사례로 라이브 커머스 방송 전 공개되어 자사 제품을 홍보할 수 있는 기회를 제공하였다. 브랜디드 콘텐츠는 때로 1인 방송 제작자(크리에이터) 또는 인플루언서에 의해 제작되기도 하는데 특히 타겟 소비자가 열광하는 크리에이터를 통하여 긍정적인 시너지의 소비자 반응을 이끌어 낸다. 인플루언들이 제작한 '내돈내산(내 돈으로 내가 산)' 콘텐츠들이 실제로는 협찬을 받거나 광고료를 받고 제작된 사실이 알려지면서 '뒷광고'가 논란이 된 바 있는데, 브랜디드 콘텐츠는 이미 광고임을 공개한다는 점에서 소비자를 기만하지 않는다는 점에서 진정성의 가치에 주목하는 소비자들로부터 환영받고 있다.

종합하면, 브랜디드 콘텐츠는 광고보다는 '콘텐츠스러운' 광고를 만들기 위한 목적으로 제작된 다양한 형식의 콘텐츠를 포괄한다고 볼 수 있다. 단순한 광고였다면 거부했을 소비자들이 가치와 공감을 주는 콘텐츠에 대해서는 직접 결정하여 능동적으로 보고, 듣고, 소비한다. 브랜디드 콘텐츠의 차별점은 소비자들의 자발적 공유와 확산으로 소비자는 자신이 가치가 있다고 판단하는 콘텐츠에 댓글을 다는 등 의견을 공유하고 자신의 네트워크를 통해 콘텐츠를 전달할 뿐만이 아니라 패러디물을 제작하는 등 적극적으로 바이럴에 참여하기도 한다. 어떤 콘텐츠가 브랜드의 정체성과 연결되어 소비자에게 거부감 없이 다가갈 수 있을지 고민하는 과정 속에서 브랜디드 콘텐츠의 영역은 디지털 플랫폼의 확장과 함께 더욱 확대될 예정이며 새로운 시도는 계속될 것이다.

[그림 13-8] 한섬이 유튜브 채널에서 선보인 웹드라마 〈바이트 시스터즈〉 예시

출처: https://www.sisajournal.com/news/articleView.html?idxno=234239

요약

1. 상호작용성이란 커뮤니케이션에 참여하는 참가자가 서로에게 반응하고 의사소통이 이루어지는 것을 의미하며, 강한 상호작용성을 구현하는 디지털 미디어의 등장으로 소비자는 능동적인 커뮤니케이션 생산자와 소비자로서의 역할 모두를 수행할 수 있게 되었다.

2. 상호작용성이 갖는 세 가지 차원의 특성을 바탕으로 변화된 소비 환경은 다음과 같다. 첫째, 커뮤니케이션 전달자와 수신자 간의 의사소통이 양방향으로 이루어진다. 둘째, 소비자가 자신이 원하는 대로 정보의 흐름을 결정하고 자발적으로 행동할 수 있는 통제권을 갖는다. 셋째, 커뮤니케이션 전달자와 수신자 간의 상호작용에서 일어나는 정보의 흐름이 동시적으로 이루어진다.

3. 상호작용이 가능한 미디어와 콘텐츠를 매개로 제품과 서비스에 대한 상호교환적이고 활동적인 소통이 이루어지는 다양한 광고의 형태를 인터랙티브 광고라고 한다.

4. 소비자는 인터랙티브 광고를 통하여 자신이 상호작용 과정을 통제하고 있다고 인식하고(지각된 통제성), 상호작용 과정에서 반응성을 느끼며(지각된 반응성), 상호작용이 개인화되어 있다고 인식한다(지각된 개인화).

5. 인터랙티브 광고가 지닌 특성은 소비자의 참여를 유도하고 광고와 기업에 대한 긍정적인 평가를 형성하는 데 기여하기도 하지만, 이와 동시에 소비자의 데이터베이스 활용에 따른 사생활 침해에 대한 우려를 높일 수 있다.

6. 소비자의 브랜드 활동 참여를 유도하고 소비자−브랜드 관계를 강화하기 위해서는 소비자 인게이지먼트의 구축이 필수적이며, 이를 위해서는 소비자와의 다양한 접점에서 소비자가 지각하는 관련성을 높여 소비자의 관여도를 이끄는 것이 핵심이 된다.

7. 소셜 플랫폼은 소비자 중심의 커뮤니티와 콘텐츠가 생성되고 확산될 수 있는 공간으로 구성원들 간의 소속감과 정체성 등을 강화시키고 소비자와 브랜드가 가치를 공동 창출할 수 있도록 동기를 부여하는 수단으로 활용된다.

8. 미디어 인게이지먼트란 소비자가 미디어에 대해 관심을 갖고 집중, 몰입하는 정도로 광고 효과에 영향을 미치는 것으로 알려져 왔다. 미디어 인게이지먼트를 강화하는 주요 요인에는 미디어 풍요도와 실재감이 존재하며, 이들을 통해 제품 및 브랜드에 대한 경험을 향상시킬 수 있다.

9. 소비자가 광고의 가치를 인식하지 못한다면, 오늘날의 광고 회피 현상은 더욱 심화될 수도 있다. 노골적으로 설득하려는 목적을 가진 광고보다는 콘텐츠와 광고의 융합 등의 새로운 시도를 모색해야 할 것이다.

참고문헌

김동태(2022). 라이브커머스에서의 소비자 간 상호작용성이 쇼핑가치 지각에 미치는 영향. 마케팅관리연구, 27(2), 27-48.

서아영, 신경식(2008). 가상협업을 위한 프로세스 모형. *Asia Pacific Journal of Information Systems*, *18*(2), 73-94.

양윤직, 조창환(2012). 광고 매체별 광고회피 수준과 요인에 관한 연구. 광고연구, (92), 355-381.

이승연, 조창환(2011). 인터랙티브 광고의 참여유형이 광고 효과에 미치는 영향: 인터랙티브 영상광고에 대한 지각된 상호작용성을 중심으로. 한국광고홍보학보. 13(4), 95-124.

Aguirre, E., Mahr, D., Grewal, D., De Ruyter, K., & Wetzels, M. (2015). Unraveling the personalization paradox: The effect of information collection and trust-building strategies on online advertisement effectiveness. *Journal of Retailing, 91*(1), 34-49

Algesheimer, R., Dholakia, U. M., & Herrmann, A. (2005). The social influence of brand community: Evidence from European car clubs. *Journal of Marketing, 69*(3), 19-34.

Badrinarayanan, V. A., Sierra, J. J., & Martin, K. M. (2015). A dual identification framework of online multiplayer video games: The case of massively multiplayer online role playing games (MMORPGs). *Journal of Business Research, 68*(5), 1045-1052.

Bombe, S., & Gierl, H. (2012). When self-referencing cues are harmful: The effect of 'for you' statements in advertisements on product attitudes, paper presented at International Conference on Research in Advertising (ICORIA), Stockholm Sweden.

Brodie, R. J., Ilic, A., Juric, B., & Hollebeek, L. (2013). Consumer engagement in a virtual brand community: An exploratory analysis. *Journal of Business Research, 66*(1), 105-114.

Cairns, P., Cox, A. L., Day, M., Martin, H., & Perryman, T. (2013). Who but not where: The effect of social play on immersion in digital games. *International Journal of Human-Computer Studies, 71*(11), 1069-1077.

Choi, D., & Kim, J. (2022). The impacts of ad skip option and ad time display on viewer response to in-stream video ads: the role of perceived control and reactance. *Internet Research, 32*(3), 790-813.

Chung, H., & Zhao, X. (2004). Effects of perceived interactivity on web site preference and memory: Role of personal motivation. *Journal of Computer-Mediated Communication, 10*(1), https://academic.oup.com/jcmc/article/10/1/JCMC1017/4614469

Cui, N., Wang, T., & Xu, S. (2010). The influence of social presence on consumers' perceptions of the interactivity of web sites. *Journal of Interactive Advertising, 11*(1), 36-49.

Daft, R. L., & Lengel, R. H. (1986). Organizational information requirements, media richness and structural design. *Management Science, 32*(5), 554-571.

Forrester (2013). How to build your brand with branded content. Forrester Research.

Gao, Q., Rau, P. L. P., & Salvendy, G. (2009). Perception of interactivity: Affects of four key variables in mobile advertising. *International Journal of Human-Computer Interaction, 25*(6), 479-505.

Liu, Y., & Shrum, L. J. (2002). What is interactivity and is it always such a good thing? Implications of definition, person, and situation for the influence of interactivity on advertising effectiveness. *Journal of Advertising, 31*(4), 53-64.

McMillan, S. J., & Hwang, J. S. (2002). Measures of perceived interactivity: An exploration of the role of direction of communication, user control, and time in shaping perceptions of interactivity. *Journal of Advertising, 31*(3), 29-42.

Pashkevich, M., Dorai-Raj, S., Kellar, M., & Zigmond, D. (2012). Empowering online advertisements by empowering viewers with the right to choose: the relative effectiveness of skippable video advertisements on YouTube. *Journal of Advertising Research, 52*(4), 451-457.

Sundar, S. S., Kang, H., Wu, M., Go, E., & Zhang, B. (2013). Unlocking the privacy paradox: do cognitive heuristics hold the key?. InCHI'13 extended abstracts on human factors in computing systems (pp. 811-816).

Van Noort, G., Voorveld, H. A., & Van Reijmersdal, E. A. (2012). Interactivity in brand web sites: cognitive, affective, and behavioral responses explained by consumers' online flow experience. *Journal of Interactive Marketing, 26*(4), 223-234.

Vendemia, M. A. (2017). When do consumers buy the company? Perceptions of interactivity in company-consumer interactions on social networking sites. *Computers in Human Behavior, 71*, 99-109.

Wu, G. (2006). Conceptualizing and measuring the perceived interactivity of websites. *Journal of Current Issues & Research in Advertising, 28*(1), 87-104.

Yang, S., & Lee, Y. J. (2017). The dimensions of M-interactivity and their impacts in the mobile commerce context. *International Journal of Electronic Commerce, 21*(4), 548-571.

Yoo, W. S., Lee, Y., & Park, J. (2010). The role of interactivity in e-tailing: Creating value and increasing satisfaction. *Journal of Retailing and Consumer Services, 17*(2), 89-96.

브랜드

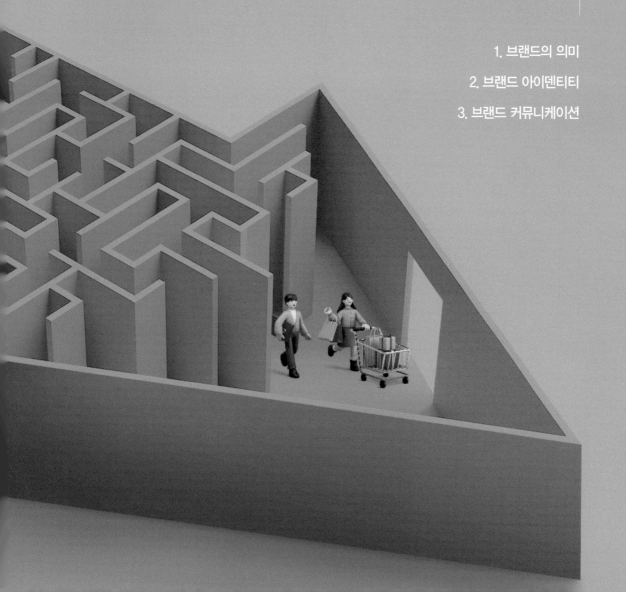

브랜드는 본래 소유를 나타내기 위한 기능에서 출발하였으나, 산업화 과정에서 자사 제품과 타사 제품을 구분하기 위한 용도로 그 쓰임새가 확장되었다. 현대에는 브랜드가 경쟁 제품과 서비스를 차별화하는 기능에서 더 나아가, 부가가치를 창출하는 중요한 요소로 기능이 더욱 확대되었다. 이제 소비자들은 단순히 물리적이거나 기능적으로 우수한 제품을 선택하는 것이 아니라, 브랜드가 지닌 심리적·상징적 의미 또한 중시하게 되었다고 할 수 있다. 따라서 동일한 기능을 가진 제품들 사이에서도 브랜드에 따라 차별화된 정체성을 부여받게 되며, 그 결과 브랜드가 제공하는 의미 자체가 소비자에게 만족감을 주고 구매 행동에 결정적인 영향을 미치게 되었다. 예를 들어, 애플(Apple)은 단순히 기술적으로 우수하거나 성능이 좋은 전자 제품을 판매하는 것 이상의 브랜드 구축 노력을 통해 소비자들에게 '혁신'과 '창의성'을 연상시키는 브랜드로 자리매김하였다. 소비자가 애플 제품을 구매하는 것은 단순히 우수한 기능을 가진 제품을 선택하는 것이 아니라, 애플이 상징하는 가치를 함께 구매하는 행위라 할 수 있다. 이처럼 브랜드 자산은 소비자들이 더 높은 가격을 지불하면서도 만족감을 느끼게 하며, 높은 충성도를 가진 고객층을 형성하게 만든다. 따라서 현대 사회에서의 브랜드 역할을 이해하고, 브랜드가 어떻게 구축되는지를 이해하는 것은 상당히 중요하다.

이 장에서는 브랜드의 정의와 기능을 구체적으로 살펴보고, 브랜드 아이덴티티를 구성하는 요소들과 브랜드 구축을 위한 커뮤니케이션, 소비자와의 관계, 소셜미디어 브랜딩 등의 마케팅 활동과 그 사례를 살펴볼 것이다.

1 브랜드의 의미

현대인들은 넘쳐 나는 브랜드의 홍수 속에서 살고 있다. 급격한 기술의 발전과 정보화로 인해 유사한 기능이나 성능을 가진 제품들이 넘쳐 나고 있고, 결국 그러한 경쟁은 더 많은 브랜드의 탄생과 소멸로 이어지고 있다. 현대 소비자들은 더 이상 제품이나 서비스를 구입하는 것이 아니다. 소비자들은 수많은 대안 브랜드 중에 특정 브랜드를 구입하고, 사용하고, 소유하며, 더 나아가 그 브랜드와 하나가 되어 가고 있다. 브랜드는 판매업자가 자신의 제품이나 서비스를 경쟁업체 기업의 제품이나 서비스와 차별화하는 기능뿐 아니라 제품의 질, 성격 혹은 특징을 신속하고 효과적으로 소비자에게 전달하고 신뢰를 주는 중요한 요소다. 브랜드는 기업, 제품 또는 서비스의 정체성을 만들어 기업의 이윤에 중요한 영향을 끼치는 역할을 하며, 현대 기업경영과 마케팅의 핵심 요소로 자리 잡았다. 기존의 제품 중심의 패러다임도 브랜드 중심의 패러다임으로 변화하고 있다.

1) 브랜드의 어원과 역사

'브랜드'의 어원은 '불에 달구어 지진다.'라는 뜻으로 사용된 고대 노르웨이어인 'brandr'라는 단어에서 유래되었으며, '브랜드'라는 단어의 사용은 약 기원전 2000년경 목장과 농장 주인들이 자기 소유의 가축에 낙인을 찍는 것에서 출발한다. 자신의 것에 낙인을 찍는 관행은 가축에서 점차 발전하여 다양한 상품에까지 사용하게 되었다. 예를 들어, 중국, 인도, 그리스, 로마, 메소포타미아 지역의 도공(陶工)들은 본인의 작품임을 표시함과 동시에 구매자가 제작자의 이름과 재료 정보, 그리고 생산지역까지 식별할 수 있도록 도자기에 낙인을 찍어 판매하였다. 이러한 브랜드의 형태는 고대 이집트의 석수(石手)들에게서도 찾아볼 수 있다. 고대 이집트의 석수들은 피라미드나 파라오의 지휘 아래 진행되던 건축 프로젝트에서 지급을 받는 수단으로 자신이 일한 돌에 자신만의 심볼을 새겼다고 한다. 이렇듯 브랜드 어원에서 출발하여 제품의 소유와 출처를 나타내는 표식 기능의 일환이 된 브랜딩의 다양한 사례는 이외에도 그리스, 이스라엘, 튀르키예, 시리아, 중세 후기의 독일 등 전 세계적으로 많이 찾아볼 수 있다.

주로 '나의 것'을 나타내기 위한 수단으로 낙인과 함께 사용되었던 용어 brand가 현재의 모습으로 사용되기 시작한 것은 산업의 발전과 밀접한 연관이 있다고 할 수 있다. 18세기 중

반부터 시작된 산업 혁명으로 대량 생산이 가능해지면서, 상표가 없는 로컬 제품들과의 차별화를 위해 생산 공장들은 운송 상자에 본인들을 식별할 수 있는 심볼, 즉 로고를 새겨 넣기 시작했다. 이후 급격하게 늘어나는 공장들과 상품들 사이에서 차별화를 통해 소비자에게 더 쉽게 각인시키기 위하여, 기업들은 특정 로고의 사용과 함께 자신의 상품을 브랜드화(branding)하기 시작하였다. 이에 따라 단순 제품 생산과 판매 외에도 브랜드 가치 창출에 대한 중요도가 높아졌으며, 사회·문화·경제적으로 많은 변화를 거쳐 오면서 마케팅과 광고에 대한 개념과 전략에서도 브랜드에 대한 관심이 크게 높아지고 있었다. 이러한 맥락에서, 그 의미와 사용이 조금씩 변화하고 발전되어 온 '브랜드'라는 용어는 1950년에 데이비드 오길비(David Ogilvy)가 '브랜드 이미지'라는 개념을 광고계에 처음으로 소개하며 조금 더 구체적으로 인식되기 시작하였고, 하나의 학문 분야로 자리매김하게 된다.

2) 브랜드의 정의와 기능

시장이나 마케팅에서 브랜드의 정의와 기능은 무엇일까? 미국의 마케팅 학회(American Marketing Association: AMA)는 브랜드를 "판매자가 자신의 상품이나 서비스를 다른 경쟁자와 구별해서 표시하기 위해서 사용하는 명칭, 용어, 상징, 디자인 혹은 그의 결합체"라고 정의하고 있다. 광고계에서 세계 최고의 카피라이터, 크리에이터로 잘 알려진 데이비드 오길비는 "브랜드는 복잡한 상징이다. 그것은 한 제품의 속성, 이름, 포장, 가격, 역사 그리고 광고 방식을 포괄하는 무형의 집합체다."라고 브랜드를 정의하였다. 브랜드가 여전히 차별화, 소유권, 표식과 같은 기능도 있지만, 현대 사회에서 브랜드는 이미 구체적이고 물리적인 제품 그 이상의 의미를 지니고 있다. 소비자들은 이제 브랜드의 상징적 의미(symbolic meaning)를 소비하는 시대가 되었다. 기술의 발달로 인해 기업 또는 제조사에 따른 제품의 기능적 차이는 점점 없어지고 있으며, 소비자들은 기능적 소비를 넘어선 기호적 소비 또는 의미적 소비를 추구하고 있다. 특정 브랜드를 구입하고 사용하는 것이 그 소비자의 사회적인 위치뿐만 아니라 라이프 스타일, 관심사, 심리상태, 그리고 성격까지 말해 주는 시대가 된 것이다.

[그림 14-1]의 루이비통(Louis Vuitton) 브랜드에서 알 수 있듯이 소비자들이 명품에 열광하며, 매장에 들어가기 위해 긴 줄을 마다하지 않고, 훨씬 비싼 프리미엄 가격을 지불하면서 특정 브랜드를 소비하는 이유는 브랜드의 기능적인 혜택(functional benefit)보다는 그 브랜드와 연합된 심리적·사회적인 상징적 혜택(symbolic benefit) 때문이라고 할 수 있다. 이러한 의미적 소비를 통해 소비자들은 자신의 실제적 또는 이상적 자아를 표출하고, 특정 그룹에

[그림 14-1] 루이비통(Louis Vuitton) 매장에 들어가기 위해 줄 서 있는 소비자들

속했다는 소속감을 느끼게 되며, 다양한 사회적 집단과 관계를 맺으며 살아가게 된다. 다시 말해, 브랜드가 소비자와 사회를 이어주는 매개체로써의 역할을 하는 세상이다.

1990년대 이후에 세계의 많은 영리단체는 물론이고, 사회단체, 정부 기관, 대학교, 지방자치단체를 비롯한 다양한 비영리단체들도 브랜드의 중요성을 더욱 강하게 인식하게 되었다. 그리고 단체뿐만 아니라 단체에서 진행하는 특정 캠페인이나 사업들도 개별적인 브랜드로서 가치를 창출하고자 브랜드 경영과 커뮤니케이션에 시간, 돈, 인력을 투자하고 있다. 예를 들어, 1946년에 전 세계 어린이를 돕기 위해 설립된 유엔기구인 국제연합아동기금은 1953년 유니세프(UNICEF)로 명칭을 변경하였다([그림 14-2] 참조). 유니세프는 전 세계적으로 가장 잘 알려진 비영리 단체 중 하나로, 장기적으로 그들의 정체성, 사회적인 영향력, 단체의 가치와 문화를 올바르게 유지하고자 새로운 패러다임의 필요성을 인식하였다. 이러한 노력의 일환으로 지속적인 브랜드 로고 변화를 통해 브랜드 아이덴티티를 확립하고 유지하고자 한다.

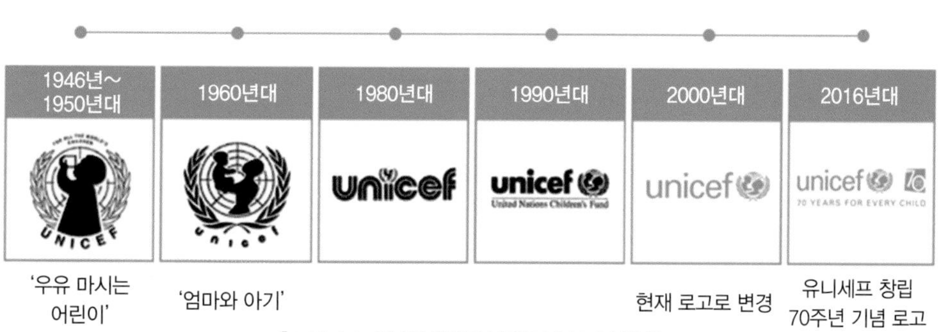

1946년~ 1950년대	1960년대	1980년대	1990년대	2000년대	2016년대
'우유 마시는 어린이'	'엄마와 아기'			현재 로고로 변경	유니세프 창립 70주년 기념 로고

[그림 14-2] 유니세프 브랜드 로고의 변화

3) 브랜드 자산

브랜드가 중요한 기업 자산이라는 인식이 확산됨에 따라 브랜드 자산 가치의 중요성 또한 확산되고 있다. 모든 기업들은 강력한 브랜드를 만들기 위해 노력하고 있다. 여기서 강력한 브랜드(strong brand)란 브랜드 자산 가치가 높은 브랜드라고 할 수 있다. 대표적인 브랜드 학자인 데이비드 아커(David Aaker, 1991)는 브랜드 자산이 브랜드 인지, 브랜드의 지각된 품질, 브랜드 연상, 그리고 브랜드 충성도로 구성된다고 주장하였다. 이 네 가지의 구성 요소는 브랜드 개발, 관리, 그리고 성과 측정에 주요 기준을 제공해 준다.

브랜드 인지는 잠재적인 구매자가 특정 브랜드를 회상 또는 재인할 수 있는 능력을 의미하며, 브랜드 네임, 로고, 광고 등에 대한 소비자의 기억으로 브랜드 태도와 선택의 토대가된다. 기존 연구 결과 브랜드 인지는 브랜드의 전반적인 인식에 영향을 미치는 것으로 알려져 있다. 특히 소비자들이 친숙하지 않거나 관여도가 떨어지는 제품을 구입할 때는 친숙한 브랜드를 선택하는 경우가 많은 것처럼 브랜드 인지는 브랜드 자산을 구축하는 데에 가장기본적인 필요조건이라고 할 수 있다. 지각된 품질은 객관적 평가가 아닌 개개인의 소비자가 지각하는 브랜드에 대한 주관적인 질적 평가 또는 연상이라고 할 수 있으며, 특히 기업의 전반적인 이윤에 영향을 미친다는 것이 경험적으로 밝혀졌다. 브랜드 연상은 소비자가 특정 브랜드를 떠올렸을 때 연상되는 다양한 지식으로, 브랜드와 관련된 제품, 사용 상황, 사람, 조직, 성격, 심볼 등을 포함하며 브랜드와 직·간접적으로 연관된 총체적인 지식이라고할 수 있다. 마지막으로 브랜드 충성도는 브랜드 가치의 중심이라고 할 수 있으며 브랜드에 대한 소비자의 호의적인 태도와 행동을 포함하는 개념이다.

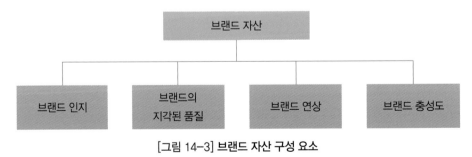

[그림 14-3] 브랜드 자산 구성 요소

출처: Aaker, D. A., & Joachimsthaler, E. (2000).

2 브랜드 아이덴티티

우리 모두는 각자의 아이덴티티를 가지고 있다. 이는 브랜드도 마찬가지다. 강력한 브랜드일수록 좀 더 명확하고 쉽게 변하지 않는 아이덴티티를 갖고 있다. 소비자들뿐만 아니라 실무자들까지도 브랜드 아이덴티티(brand identity)와 브랜드 이미지(brand image)를 비슷한 개념으로 인식하지만 둘은 다른 개념이다. 브랜드 아이덴티티는 기업이 목표로 하고 소비자들이 인식했으면 하는 이상적인 브랜드 연상이다. 기업은 시간이 흐르더라도 바뀌지 않는 브랜드 아이덴티티를 구축함으로써 소비자들에게 의미 있는 특정한 가치를 전달하고자 한다. 즉, 브랜드 아이덴티티는 기업이 전략적으로 만들어 내고 유지하고 싶은 브랜드의 이상향인 것이다. 브랜드 아이덴티티는 광고의 태그라인과도 다른 것이며 브랜드의 포지셔닝 스테이트먼트와도 다른 개념이다. 브랜드 아이덴티티는 기능적·정서적, 또는 자기표현적인 가치를 제공함으로써 브랜드와 소비자 간의 관계를 형성하는 데 도움을 준다. 따라서 브랜드 아이덴티티 수립은 소비자들로 하여금 그 브랜드에 대해서 궁극적으로 어떤 연상을 하게 할 것인가를 결정하고, 기업의 비전을 나타내는 것이며, 궁극적으로는 소비자들과의 약속을 의미한다.

반면에 브랜드 이미지는 소비자들이 다양한 직간접적 경험을 통해서 갖게 된 현재의 브랜드 연상이다. 즉, 소비자의 기억에 저장된 브랜드 연상에 의하여 반영되는 브랜드의 지각이라고 정의될 수 있다. 따라서 브랜드 아이덴티티는 소비자가 브랜드에 대해 갖게 하고 싶은 이상적인 자아(ideal self)라고 할 수 있고, 브랜드 이미지는 소비자가 브랜드에 대해 갖고 있는 실제적 자아(actual self)라고 할 수 있다. 현실적으로 거의 모든 브랜드들은 브랜드 아

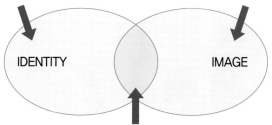

목표: 브랜드 아이덴티티와 이미지의 차이 최소화

[그림 14-4] 브랜드 아이덴티티-이미지 갭

[그림 14-5] 이니스프리 인스타그램 포스팅

이덴티티와 브랜드 이미지 사이에 차이가 있다. 그 차이는 적으면 적을수록 좋은 것이며 브랜드의 관리가 잘 되고 있다는 것을 의미한다. 따라서 브랜딩의 궁극적인 목표는 브랜드 아이덴티티와 이미지 사이의 차이를 줄여 나가는 것이라고 할 수 있다.

브랜드 아이덴티티를 잘 구축해 온 국내 사례로는 아모레 퍼시픽의 이니스프리(innisfree)가 있다. 이니스프리는 '피부에 휴식을 주는 섬'이라는 의미를 담고 있으며, 제주 녹차를 활용한 '그린티 퓨어' 라인을 시작으로 녹차와 화산송이, 한란, 왕벚나무 잎 등 다양한 제주 원료를 활용해 '자연주의 브랜드'라는 브랜드 아이덴티티를 구축해 왔다. 최근에는 제주 기반의 브랜드 가치를 유지하면서 기후변화와 환경 문제들에 적극적으로 대응하는 '에코 컨서스(eco-conscious) 뷰티 브랜드'로 브랜드 아이덴티티를 발전시키고 있다. 특히 이니스프리는 대표적인 SNS마케팅 플랫폼인 인스타그램을 효과적으로 사용하여 브랜드 아이덴티티를 관리하는 것으로 잘 알려져 있다. 최근에는 변화된 브랜드 아이덴티티를 전달하기 위하여 이니스프리에서 운영하고 있는 공병수거 프로그램을 비롯한 플로깅 캠페인 등 지속 가능한 지구를 만들기 위한 다양한 활동을 포스팅함으로써 이니스프리 소비자를 포함한 팔로워들에게 큰 호응을 얻고 있다. 여기서 주목할 점은 단순히 제품의 사진만을 올리는 것이 아니라 지속가능성과 관련된 다양한 메시지를 전달하여 상업적인 메시지를 최소화하면서 환경에 책임과 의식을 가진 친환경 브랜드 아이덴티티를 다양하게 구축하고 있다는 점이다. 이러한 소셜미디어 마케팅을 통해 많은 소비자들은 이니스프리-친환경이라는 연상(브랜드 이미지)을 갖게 되었다.

브랜드 아이덴티티는 기업에서 능동적으로 수립하고 관리할 수 있는 부분이지만, 브랜드 이미지는 소비자들의 주관적인 모든 브랜드 경험들에 의해 형성되는 것이기 때문에 광고, 마케팅 커뮤니케이션, 프로모션 등을 통해서 변화시키는 데에 한계가 있다. 예를 들어, 제품 리뷰를 비롯한 다양한 구전을 통해 소비자들이 학습하는 브랜드 경험은 브랜드 매니저로서도 어쩔 수 없는 부분이다. 또한 소비자들의 마음속에 한번 각인된 브랜드 이미지는 웬만해서는 쉽게 변화되지 않기 때문에 소비자들에게 너무 많은 것을 약속하거나 현실적으로 이룰 수 없는 브랜드 아이덴티티를 수립하는 것은 브랜딩의 시작부터 브랜드 아이덴티티와 브랜드 이미지의 간극을 갖고 시작하는 일이라고 할 수 있다.

1) 브랜드 아이덴티티 구성요소

[그림 14-6]은 브랜드 아이덴티티와 4가지 구성요소를 보여 주고 있다. 이 요소들의 효과

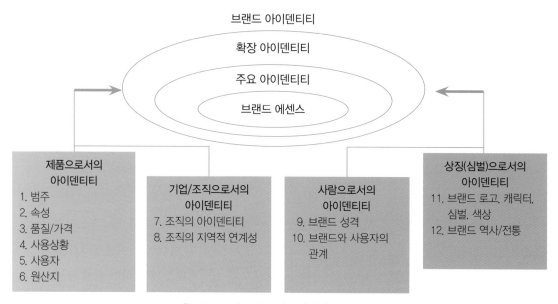

[그림 14-6] 브랜드 아이덴티티 구성 요소

출처: Aaker & Joachimsthaler (2003).

적인 조화를 통해 기업은 이상적인 브랜드 아이덴티티를 구축하고 유지할 수 있다. 브랜드 아이덴티티는 크게 핵심 아이덴티티(core identity)와 확장 아이덴티티(extended identity)로 구분할 수 있으며, 총 12개의 구체적인 브랜드 아이덴티티 요소들이 4개의 브랜딩 관점에 걸쳐서 구성되어 있다.

핵심 아이덴티티는 소비자들뿐만 아니라 조직 내에서 기업이 추구하는 브랜드의 가장 중요한 가치를 제공하는 기능을 하며, 시간이 지나도 쉽게 바뀌지 않는다. 이는 새로운 시장이나 제품, 글로벌 마켓으로 확장을 시도할 때도 동일하게 적용되어야 한다. 코카콜라의 브랜드 아이덴티티는 지속적으로 활용된 브랜드 슬로건에서도 보이는 것처럼 '언제나(Always)' '상쾌함(Refresh)' '진정한 맛(Real Thing)'이다. 이러한 코카콜라의 아이덴티티는 기업이 나아갈 방향의 기준이 되며, 제품 개발은 물론이고 모든 광고 마케팅에도 적용되는 핵심 가치로서의 역할을 한다.

확장 아이덴티티는 핵심 브랜드 아이덴티티가 포함하지 않는 모든 요인들을 포함한다. 때로는 핵심 아이덴티티가 너무 간결하거나 추상적이어서 커뮤니케이션이 쉽지 않거나 핵심 가치가 불분명할 수 있다. 확장 아이덴티티는 좀 더 구체적인 방법을 통해서 핵심 아이덴티티를 설명해 주는 역할을 한다. 예를 들어, 확장 아이덴티티는 브랜드 의인화 또는 브랜드 성격이나 로고와 같이 좀 더 구체적인 개념을 통해 코카콜라 브랜드의 핵심 가치를 소비자

[그림 14-7] 코카콜라의 의인화된 브랜드 아이덴티티

들에게 알리는 데 효과적으로 커뮤니케이션하는 역할을 할 수 있다.

2) 제품으로서의 아이덴티티

가장 기본적이고 소비자들이 쉽게 경험할 수 있는 브랜드 아이덴티티는 제품으로서의 아이덴티티라고 할 수 있다. 범주, 속성, 품질/가격, 사용 상황, 사용자, 그리고 원산지가 여기에 포함된다.

(1) 범주

브랜드가 속해 있는 상품군 또는 서비스군과 관련하여 소비자의 연상이 브랜드 아이덴티티에 영향을 미칠 수 있다. 테슬라와 테라라는 두 브랜드를 예로 들어 보자. 소비자들이 이들 브랜드로부터 연상할 수 있는 이미지에는 분명히 차이가 있으며 많은 요인들이 그 차이를 만들어 내겠지만, 그 무엇보다도 두 브랜드는 다른 두 제품군(자동차 vs. 맥주)에 속해 있기 때문에 소비자들이 인식하는 이미지에 차이가 나타날 수밖에 없다.

(2) 속성

제품을 구성하는 중요한 속성이 브랜드 연상에 큰 영향을 미치고 핵심 브랜드 아이덴티티 구축에 도움이 되기도 한다. 볼보는 브랜드 창업 후 안전도 면에서 최첨단 기술력을 보유하고, 안전이라는 제품의 속성을 이용하여 볼보가 가장 안전한 자동차라고 소비자들을 설득한다([그림 14-8-1], [그림 14-8-2] 참조). 안전이라는 볼보 자동차의 속성은 볼보 브랜드의 핵심 아이덴티티인 안전, 품질, 환경을 구축하는 데 큰 역할을 하고 있다.

[그림 14-8-1] 안전이라는 브랜드 속성을 통한 브랜드 아이덴티티 구축

[그림 14-8-2] '볼보 = 안전'이라는 프레임을 통한 아이덴티티 구축

(3) 품질/가격

가격대비 품질(가성비)을 의미하며 가격이 브랜드 인식에 미치는 영향은 매우 직접적이다. 일반적으로 소비자들은 가성비가 좋은 브랜드를 선호하기 때문에 제품의 높은 가격은 소비자 평가에 부정적인 영향을 미친다. 특히 합리적인 소비를 한다고 믿는 소비자들에게 가성비는 강력한 영향력을 가지고 있다. 하지만 때로는 비싼 가격이 브랜드 아이덴티티뿐만 아니라 매출에도 긍정적인 영향을 미치기도 한다. 가격이 높을수록 품질과 효용도 비례할 것이라는 기대를 전제로 "싼 게 비지떡" 또는 "비싼 건 제값을 한다."라는 믿음으로 브랜드에 대한 연상이 생겨날 수 있다. 이러한 브랜딩 전략은 주로 명품 마케팅과 가격 정책에서 찾아볼 수 있다. 비싼 가격을 지불하는 건 단순히 제품의 효용이나 만족도를 위해서만이 아니라 남들은 가질 수 없는 특권의식, 계급 차별화라는 소비자의 심리로부터 나오는 것이라고 할 수 있다.

(4) 사용 상황

제품이 주로 사용되는 상황과 맥락이 미치는 영향이다. 면도기 브랜드인 질레트는 당대 최고의 스포츠 스타를 모델로 기용하여 광고 캠페인을 하는 것으로 유명하다. 특히 스포츠 분야에서의 최고 스타들을 광고에서 노출시키고 있는데, 이러한 전략은 특정 스포츠 스타와 질레트와의 연상을 만들어 내는 효과도 있지만, 질레트만의 유니크한 브랜드 아이덴티티를 형성하는 데 중요한 역할을 한다([그림 14-9] 참조).

[그림 14-9] 아시아 선수로서 역대 최초로 프리미어리그 공식 베스트 일레븐에 선정된 손흥민

(5) 사용자

브랜드를 구매하고 사용하는 주 고객에 대한 연상이다. 미국의 대표적인 모터사이클 브랜드인 할리데이비슨을 즐겨 타는 바이커들, 갤러리아 명품관에서 쇼핑하는 여성 소비자들, 그리고 지금은 그 차이가 많이 줄어들긴 했지만 애플의 아이폰 사용자와 삼성 갤럭시 이용자들과 관련된 브랜드 연상은 분명한 차이가 있다.

(6) 원산지

원산지 연상(효과)은 특정 국가의 브랜드나 제품에 그 국가의 이미지가 연상되는 것을 통칭한다. 패션은 프랑스나 이탈리아, 칠레는 와인, 독일은 자동차, 콜롬비아 커피, 뉴질랜드 우유, 스위스 시계 등 원산지와 관련된 연상은 무수히 많으며 국가뿐만 아니라 지방에도 적용된다. 예를 들어, 경산 사과, 나주 배, 프랑스 보르도 지방의 와인, 제주도 갈치 등 유명한 생산지 지명이 브랜드명으로도 사용되기도 하며 원산지가 브랜드의 전반적인 질적 평가와 연상에 미치는 영향은 무시할 수 없다. [그림 14-10]의 네스카페 오리진스 광고는 원산지의 맛과 향을 그대로 담았다는 의미를 강조함으로써 원산지 효과를 브랜딩에 이용하고 있다.

[그림 14-10] 원산지를 연상시키는 네스카페 오리진스 광고

3) 기업/조직으로서의 아이덴티티

상품과 서비스를 제공하는 기업/조직의 아이덴티티도 브랜드 아이덴티티에 중요한 역할을 한다. 조직의 아이덴티티(예: 성격, 특성, 신뢰, 혁신)와 조직의 지역적 연계성이 주요 구성요소다.

(1) 조직 아이덴티티

조직 아이덴티티란 브랜드를 제조하고 생산하는 기업에 대한 아이덴티티를 의미한다. 기업의 문화, 성격, 특성 등과 관계가 있으며 소비자들은 다양한 직/간접적인 루트를 통해 경험한 기업의 아이덴티티를 바탕으로 그 기업의 브랜드를 연상하기도 한다. 예를 들어, 기업의 사회공헌(Corporate Social Responsibility: CSR) 활동이 브랜드자산 구축과 브랜드 아이덴티티, 더 나아가서는 소비자들의 구매의도에 영향을 미친다는 많은 연구 결과들이 있다. 긍정적인 기업 아이덴티티 인식은 기업 신뢰에 영향을 미치고 결국 브랜드의 신뢰도에도 긍정적인 효과를 가져올 수 있다. 국내 사회공헌 대표기업 하면 많은 소비자들이 유한양행을 떠올린다. 창업주인 유일한 박사는 평소 검소한 생활과 거액의 사회기부 등 사회 고위층에게 요구되는 높은 수준의 도덕적 의무인 '노블레스 오블리주'를 실천한 존경받는 기업인이었다. 기업에서 얻은 이익을 기업을 키워 준 사회에 환원해야 한다는 정신과 기업이익의 사회공헌 시스템의 구축은 유한양행 기업 문화의 근본이며, 이러한 기업 아이덴티티가 유한양행에서 생산하는 다양한 브랜드(예: 안티푸라민, 삐콤씨)의 아이덴티티에도 영향을 미친다([그림 14-11] 참조).

[그림 14-11] 19년 연속 존경받는 기업으로 선정된 유한양행

(2) 기업의 조직 문화

기업의 조직 문화가 브랜드 아이덴티티에 영향을 미치기도 한다. 예를 들어, 애플은 스티브 잡스라는 강력한 리더십을 가진 혁신적인 리더가 조직을 이끄는 위계조직(rank-driven organization) 문화를 가진 좋은 예라고 할 수 있다. 이는 상하관계가 중요시되는 우리나라의 대부분의 대기업에서 선택한 구조라고 할 수 있다. 반면에 같은 실리콘밸리 기업 중의 하나인 구글은 역할 조직(role-driven organization) 문화를 시작한 기업이다. 구글은 직원들을 Smart Creatives라 정의하며, 그들에게 최대한의 자유를 주고 그들이 스스로 내적 동기를 가지고 아이디어를 내고 문제를 해결하여 최고의 제품과 서비스를 만들어 내도록 한다. 구글 외에 페이스북, 트위터 등 많은 IT기업들이 이런 조직 문화를 갖고 있다. 위계 조직 문화에서는 리더가 모든 것을 종합하여 결정한 뒤 일을 분배하기 때문에 혁신적이지 않으면 브랜드 혁신을 이루어 내기 어려운 반면, 역할 조직문화에서는 개개인이 자신의 역할에 따른 목표를 정하고, 각자 최선의 성적으로 목표에 기여하는 구조이기 때문에 개개인의 조직원들로부터 혁신이 나올 수밖에 없다. 실제로 애플이 아이패드를 출시하기 전 조직 내외에서 실패할 것이라는 많은 의견이 있었지만 스티브 잡스의 강력한 리더십으로 출시를 강행했고 성공할 수 있었다. 애플이 역할 조직 문화를 갖고 있었다면, 아이패드는 시장조사 끝에 빛을 보지 못했을 것이다. 많은 소비자들이 애플의 리더인 스티브 잡스를 기억하지만 구글의 리더였던 에릭 슈미트를 상대적으로 잘 모르는 것은 아마도 이런 조직 문화로 인한 브랜드 아이덴티티와도 관련된 것일 수 있다.

4) 사람으로서의 아이덴티티

브랜드 맥락에서 사람으로서의 아이덴티티는 브랜드 성격(personality), 관계(relationship)의 두 요소로 구성되어 있다. 브랜드를 성격이 있는 사람으로 생각할 수 있다면 그 사람(브랜드)과 다양한 사회적 관계를 형성할 수 있으며, 그런 관계를 통해서 그 사람(브랜드)의 아이덴티티, 성격, 취향 등을 알아 갈 수 있는 것이다.

사람으로서의 브랜드 아이덴티티 개념은 소비자-브랜드 관계, 즉 소비자와 브랜드가 서로에게 동등한 파트너로서 공헌 및 상호작용한 결과로 생성된 결과다. 이는 관계 마케팅의 기본이 되어 지속적으로 관계를 형성 및 유지시키려 하며, 이미 오래전부터 사용되어 온 마케팅 전략 중 하나다. 사람들은 인간관계와 같거나 비슷한 규범을 바탕으로 브랜드와 다양한 관계를 시작하고 유지하며 때로는 그 관계를 끊기도 한다.

(1) 브랜드의 의인화

만약 브랜드가 사람이라면? 예를 들어, 애플이 사람이라면? 현대자동차가 사람이라면? 우리는 사람을 평가하거나 그 사람에 대해서 묘사할 때 다양한 방법, 즉 상대방의 외모, 성격, 관계, 능력 등과 같은 여러 요소들을 활용해 그 사람의 아이덴티티와 특성들에 대해서 이야기한다. 브랜드도 이러한 방법을 통해 소비자들로부터 묘사되거나 표현될 수 있으며 이는 의인화(anthropomorphism)라는 개념에 기초하고 있다. 의인화는 인간이 아닌 존재에 인간적 특징을 부여하여 인간과 견주어 해석하는 것을 의미한다. 사람들은 동물, 사물, 장소, 브랜드 등 구체적인 대상에서부터 추상적인 대상까지 다양한 인간이 아닌 존재를 의인화하는 경향이 있다. 마케팅과 소비자심리에서는 이러한 의인화를 브랜드 성격(brand personality)이라고 하며, 브랜드가 인간의 성격 요인들로 표현될 수 있다는 것을 의미한다. 브랜드 이미지와 비슷한 개념이지만 브랜드 이미지 중에 사람을 표현하는 성격 요인으로 브랜드를 표현할 때는 브랜드 성격이라고 하기 때문에 브랜드 이미지 안에 포함되는 개념으로 생각할 수 있다.

브랜드에 인간적인 특성인 성격을 부여하고 소비자들이 브랜드를 인간처럼 느끼게 하기 위해서 기업은 다양한 광고, 마케팅, 프로모션 방법들을 사용하지만 가장 대표적인 방법 중 하나는 스포크 캐릭터(spoke character)를 이용하는 것이다. 예를 들어, [그림 14-12-1]에서 보는 바와 같이 프랑스 타이어회사 미쉐린(Michelin)은 자사 제품을 홍보하는 데 캐릭터 비벤덤(Bibendum)을 이용하였고, [그림 14-12-2]와 같이 국내 하이트 진로도 두꺼비라는 가

[그림 14-12-1] 프랑스 타이어회사 미쉐린의 캐릭터 비벤덤

[그림 14-12-2] 진로의 캐릭터 두꺼비

상의 캐릭터를 이용하여 소비자들이 브랜드를 사람처럼 느끼게 하고, 친숙하게 여기도록 함으로써 더 가까운 대상으로 느끼게 하여, 결과적으로 성공적인 브랜드 신뢰와 브랜드 관계를 구축한 사례로 잘 알려져 있다.

(2) 특정 인물

이러한 가상의 캐릭터뿐만 아니라 실질적인 사람이 이러한 역할을 하기도 한다. 예를 들어, 유명인(연예인, 셀러브리티, 인플루언서)을 활용한 광고나 브랜드 홍보를 통해서 유명인의 성격이 브랜드에 전이될 수 있도록 하는 전략을 쓰기도 한다. 특히 기존에 특징이 없거나 알려지지 않은 신생 브랜드일수록 이러한 마케팅 커뮤니케이션이 효과적일 수 있다. 신생 브랜드는 소비자들의 인지도도 낮고 아직 특정 브랜드 이미지나 성격이 생성되지 않은 단계이기 때문에 그 브랜드의 유명인이 브랜드 성격에 미치는 영향은 훨씬 더 클 수 있다. 예를 들

[그림 14-13] 2019년 출시된
테라 맥주의 광고 모델 공유

어, 2019년에 출시된 하이트 진로의 맥주 브랜드 테라는 신제품으로서 대중들에게는 다소 낯선 제품이었으나, 브랜드 출시 때부터 스타 브랜드 평판이 높은 배우인 공유를 이용해 광고를 진행하였다. 일반적인 맥주병의 색인 갈색과 투명색에서 벗어나 초록색을 채택하고 병에 회오리 무늬를 통해 소비자들에게 새롭고 청량하고 느낌을 주고자 했으며, 공유라는 광고 모델을 통해 신선하며 젊고 시원한 느낌을 강조하였다.

광고 모델뿐만 아니라 때로는 기업의 대표나 CEO가 브랜드 성격에 영향을 주기도 한다. 21세기에 들어서 많은 사람들이 기업의 CEO 하면 가장 먼저 떠오르는 인물 중 하나를 꼽으라 한다면 스티브 잡스가 대표적이다. 애플의 창업자이자 매킨토시 컴퓨터를 만들고 아이폰, 아이패드, 아이팟 등을 선보이며 IT업계뿐만 아니라 우리 삶의 라이프스타일 패러다임을 바꾼 스티브 잡스는 혁신적이고 창의적인 이미지를 가지고 있고 이는 애플 브랜드의 이미지에 엄청난 영향을 주었다. 새로운 제품을 출시할 때마다 스티브 잡스는 리바이스 청바지와 뉴발란스 운동화로 자신의 에너지를 옷

[그림 14-14-1] 스티브 잡스의 프레젠테이션 변천사

[그림 14-14-2] '애플 = 스티브 잡스'

과 패션보다는 일에 집중한다는 이미지를 형성하고 프로페셔널한 스타일을 고수하면서 본인의 일관된 이미지를 대중들과 소비자들에게 보여 주었으며, 이러한 일관된 메시지는 애플 브랜드의 아이덴티티를 만들어 내는 데 결정적인 역할을 하였다. 소비자들은 애플과 스티브 잡스를 동일시하였으며 이러한 아이덴티티는 애플의 광고, 매장 디자인, 마케팅, 웹사이트 등에서도 일관되게 표출되었기 때문에 소비자들은 애플 브랜드의 성격을 더욱더 창의적이고, 혁신적이며, 트렌디하게 지각하게 되는 것이다.

(3) 브랜드 성격 5요인

스탠퍼드 경영학 교수인 제니퍼 아커(Jennifer Aaker) 교수는 성격심리학에서 개발된 인간의 성격적 성향을 일관성 있는 분류 체계로 정리한 Big Five 성격 요인을 근간으로 브랜드 성격 5요인을 개발하였다([그림 14-15] 참조). 브랜드 성격 5요인 모형은 sincerity, excitement, competence, sophistication, ruggedness로 구성되어 있다. 예를 들어, 성실한 (sincere) 성격을 가진 대표적인 글로벌 브랜드는 코카콜라를 꼽을 수 있고 국내 브랜드로는 착한 브랜드로 알려진 유한양행을 들 수 있다. 트렌디하고 열정이 넘치는(exciting) 브랜드는 레드불, 테슬라, 애플, 펩시, CJ Entertainment 등이 있다. 능력 있고 일관된 품질을 제공하는 성격을 가진 competent한 브랜드는 구글, IBM, 그리고 미국의 언론사인 Wall Street Journal 을 예로 들 수 있다. 럭셔리하고 고급스러운 성격을 지닌(sophisticated) 브랜드로는 다양한 명품 브랜드를 예로 들 수 있다. 샤넬, 루이비통, 에르메스, 구찌 등 해외 유럽의 명품 패션 브랜드를 포함하여 롤스로이스, 메르세데스 벤츠, 벤틀리, 포시즌 호텔 등 다양한 제품군의 명품 브랜드들이 이에 속한다. 마지막으로 거칠고, 남성다우며, 터프한 브랜드로는 할리 데이비슨, 지프, 말보로, 노스페이스, 디젤 등을 예로 들 수 있다.

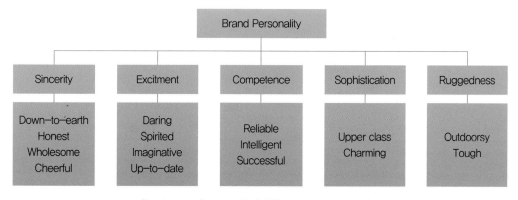

[그림 14-15] Aaker가 개발한 Big Five 브랜드 성격

그러나 모든 브랜드가 성격을 가지고 있다는 것은 아니며, 사람과 마찬가지로 한 가지의 성격만 가지고 있는 것도 아니다. 가장 명확하고 대표적인 성격이 있다는 것은 소비자들에게 브랜드 인지와 브랜드 특성과 관련된 연상이 쉽고 선명하다는 것을 의미한다. 수많은 브랜드가 범람하고 있고 기능적인 우위만으로는 시장을 차지하기 어려운 현 시장 상황에서는 브랜드 성격은 매우 중요한 이슈라고 할 수 있다. 당연하게도 소비자들이 인지하는 브랜드 성격이 브랜드가 추구하는 아이덴티티와 일치하는 경우에만 말이다. 소비자들은 일반적으로 본인들의 성격 또는 이미지와 일치하거나 비슷한 브랜드를 선호하며 구입하고 사용한다.

5) 상징(심볼)으로서의 아이덴티티

상징으로서의 아이덴티티는 브랜드의 로고, 캐릭터, 심볼, 컬러, 그리고 브랜드의 역사와 전통을 포함한다. 소비자가 왕관을 보면 롤렉스, 사과를 보면 애플, 삼각별을 생각하면 벤츠, 말을 보면 페라리를 떠올리듯이 브랜드의 상징은 이러한 신호(sign)들이 브랜드 아이덴티티와 브랜드 의미를 유추해 낼 수 있도록 디자인되어야 하며 마케팅 커뮤니케이션을 통해서 소비자들 마음속에 각인될 수 있도록 해야 한다. 예를 들어, 코카콜라 로고를 보는 것만으로도 콜라나 청량한 음료를 마시고 싶은 생각을 할 수 있고, 테슬라 로고를 보는 것만으로도 혁신적인 생각을 머리에 같이 떠올리며, 루이비통 패턴을 보는 것만으로도 고급스럽다 느끼게 할 수 있다. 이처럼 오랫동안 지속적으로 커뮤니케이션되고 잘 구축된 브랜드 심볼은 경쟁사와 차별화를 줄 수 있으며 어떤 복잡한 설득 메시지보다도 더 효과적일 수 있다.

[그림 14-16] 다양한 브랜드 상징

3 브랜드 커뮤니케이션

브랜드 커뮤니케이션이란, 광고와 같이 고객이 '브랜드'와 만나는 모든 접점에서 기업의 일방향적 메시지 발신이 아닌, 고객과의 상호작용을 통해 브랜드를 알리는 활동이다. 브랜드 커뮤니케이션의 최우선 과제는 앞에서 공부했던 '브랜드가 나타내고자 하는 것(브랜드 아이덴티티)'의 구축과 함께 '고객이 브랜드에 대해 지각하는 것(브랜드 이미지)' 사이의 교집합을 넓히는 과정이라고 할 수 있다(그림 14-4] 참조). 브랜드 아이덴티티는 모든 브랜드 커뮤니케이션의 동력으로서 작용하기 때문에 단순한 광고 문구나 브랜드 포지셔닝만으로 구축할 수 없다. 커뮤니케이션을 위한 매체는 각종 디지털 매체, 소셜미디어, 그리고 메타버스로까지 확장되었으며, 이처럼 매체 환경이 하루가 다르게 진화하고 있기에 소비자들은 그 어느 때보다도 많은 브랜드에 둘러싸여 있다. 여기서는 브랜드 아이덴티티 구축에 핵심적인 내용들에 대해 다양한 브랜드 커뮤니케이션 측면에서 살펴보고 실제로 기업들이 어떻게 커뮤니케이션을 수행하는지를 살펴보고자 한다.

1) 통합적 브랜드 커뮤니케이션

최근까지 업계에선 통합적 마케팅 커뮤니케이션(Integrated Marketing Communicatio: IMC)이 브랜드 구축을 위한 필수 전략으로 여겨졌다. 통합 마케팅 커뮤니케이션(IMC)이란 무엇인가? 초기에는 다양한 커뮤니케이션 분야(광고, 판촉, 홍보 등)의 전략적 역할을 평가하고 이들을 종합적으로 통합하여 명확하고 일관되며 최대한의 커뮤니케이션 시너지 효과를 얻고자 하는 마케팅 커뮤니케이션의 개념으로 정의되었다. 하지만 이러한 IMC의 정의는 미디어 환경, 시장 상황, 유통 구조의 변화 등의 이유로 끊임없이 진화하고 있다. IMC는 통합을 기본 개념으로 내세우면서 단일한 전략 아래 다양한 커뮤니케이션 활동들이 각각의 매체나 프로모션을 독립적으로 집행하는 것보다 훨씬 더 큰 시너지 효과를 가져온다고 주장한다. 하지만 실무에서는 기대만큼의 효과를 보지 못한 것이 사실이다.

최근 브랜드의 역할이 점점 중요해지고 있는 상황에서 IMC도 새로운 패러다임으로 진화되고 있다. 기업이 브랜드의 역할이 무엇인지를 이해하고 브랜드가치에 영향을 주는 요인들을 중시하는 상황에서 IMC의 중심에는 더 이상 제품이 아닌 브랜드가 있어야 한다고 주장하는 통합 브랜드 커뮤니케이션(Integrated Brand Communication: IBC)이 새로운 전략으로 대두되고 있다. IBC란 기업의 가장 큰 자산이라고 할 수 있는 브랜드의 가치를 창출하기 위해 광고, 홍보, 프로모션과 같은 PR(Public Relations) 분야와 IR(Investor Relation)까지 모든 커뮤니케이션 활동 등을 통합하는 홀리스틱(holistic) 커뮤니케이션 전략이라고 할 수 있다. 예를 들어, 브랜드를 처음 접하는 광고와 마케팅 커뮤니케이션에서부터 직접적인 경험이 들어가는 브랜드 패키징과 구성, 매장의 환경과 공간, 매장 직원의 서비스 및 제품 서비스 기사, 브랜드 평판과 브랜드 리뷰 등 브랜드와 소비자와의 접촉점은 다양하다. 소비자들은 이러한 소비자–브랜드 접촉과정에서 얻은 정보를 통합해서 브랜드를 인식하게 된다. 즉, 이러한 다양한 접촉을 소비자의 입장과 시각에서 이해하고 긍정적인 경험을 주려는 노력이 필요하다.

2) 소비자–브랜드 관계

1980년대 관계 마케팅의 개념이 등장하고 이를 실행할 수 있는 데이터 기술이 발달하면서 관계 마케팅은 수많은 학자와 실무자로부터 깊은 관심을 받아 왔다. 하지만 관계 마케팅에 관한 연구와 업계에서의 논의는 기업 간 거래인 B to B(Business to Business) 분야에 치중되어 있었다. 소비자심리 분야에서는 관계 마케팅을 주로 브랜드 충성도(brand loyalty: 한 번 구매한 제품을 지속해서 구매하는 경향) 위주로 크게 행동론적 접근법과 태도론적 접근법으로 양분하여, 브랜드에 대한 충성 여부와 재구매 발생 가능성 등을 다루어 왔다. 하지만 이러한 접근은 관계를 지나치게 행동적인 측면으로 봤다는 것과 인간관계를 포함한 다양한 관계에 영향을 미치는 감성적·이성적·심리적 요인들을 간과했다는 한계가 있다.

(1) 소비자–브랜드 관계 유형

1990년대 후반에 수잔 포니어(Susan Fournier)[1]가 브랜드 성격(brand personality) 기재를 토대로 실증적인 연구를 통해 '소비자–브랜드 관계(consumer-brand relationships)'라는 개념과 함께 다양한 소비자–브랜드의 관계 유형을 발표한 이후, 관계마케팅은 새로운 패러다임으로 진화하게 되었다. Fournier는 소비자들은 살아가면서 다양한 인간관계를 맺는 것처럼 브랜드들과도 관계를 형성할 수 있으며, 그런 관계를 통해 실용적인 혜택을 받는 것뿐

1) Fournier, S. (1998). Consumer and their brands: Developing relationship theory in consumer research. *Journal of Consumer Research, 24,* 4, 343-373.

〈표 14-1〉 포니어(Fournier)의 소비자 브랜드 유형과 정의

관계 유형	정의
중매결혼 (arranged marriage)	제삼자에 의해 맺어진 비자발적인 관계로 감정적인 연관 수준은 낮으나 장기간의 배타적 몰입을 동반
가벼운 친구 (casual friends/buddies)	낮은 정서적 친밀감과 드물고 비정기적인 관계, 그리고 상호작용이나 보상에 대한 낮은 기대가 특징
편의에 의한 결혼 (marriage of convenience)	신중한 선택, 만족 때문이라기보다 환경적 영향에 의해서 맺어진 장기적이고 몰입적인 관계
몰입된 파트너 관계 (committed partnership)	어떤 상황에서라도 사랑, 친밀감, 신뢰, 몰입 수준이 높은 장기적·자발적 관계, 독점적 관계가 되기 쉬움
친한 친구 (best friendship)	상호 작용성 원칙을 바탕으로 하는 자발적 관계로서 관계의 지속을 통해 긍정적인 보상이 이루어짐. 진정한 자아, 진실성, 친밀감이 특징이며 이미지, 관심사를 공유
상황에 따른 친구 (compartmentalized friendships)	다른 친구관계보다 친밀감은 낮으나 더 높은 사회적·감정적 보상, 상호의 존성을 갖고 있는 세분화되고, 특정 상황에 제한되는 지속적인 관계
친족관계 (kinship)	대대로 내려오는 비자발적인 관계
반발/회피에 의한 대응관계 (rebounds/avoidance driven relationships)	현재 가능한 파트너로부터 벗어나기 위해 모색된 관계
소꿉친구 (childhood friendships)	빈번하지는 않으나 어린 시절부터 이어 온 관계로 편안함, 안정감을 줌
구혼 기간 (courtship)	몰입된 파트너를 찾기 전의 잠정적인 관계
종속 관계 (dependencies)	대체불가능하다는 느낌에서 오는 매우 감정적, 강박적 자기 본위의 관계. 대상과 멀어지면 불안감을 느끼며, 다른 대상의 침입에도 흔들리지 않음
한번 시도해 보는 관계 (flings)	높은 정서적 보상을 받는 단기간에 한정된 관계. 몰입이나 상호작용이 전혀 없는 관계
적대적 관계 (enmities)	대상을 피하거나, 처벌을 가하려는 열망에서 비롯된 부정적인 관계
비밀 관계 (secret affairs)	매우 감정적·사적으로 맺어진 관계로 다른 사람들에게 숨기고 싶은 관계
노예 관계 (enslavements)	파트너의 요구에 의해서 비자발적으로 맺어진 관계로서, 부정적인 느낌을 가지나 상황 때문에 인내하는 관계

만 아니라 삶에 다양한 의미 부여를 한다고 주장하였다. 또한 이러한 소비자들과의 관계없이는 소위 강한 브랜드가 되기 어렵다고 하였다. 수없이 많은 대안에 둘러싸인 소비자가 특정 제품군에서 하나의 브랜드와 오랜 시간 관계를 유지하는 것은 마케팅 비용 측면에서도 매우 중요하다. 〈표 14-1〉은 포니어가 밝혀낸 소비자-브랜드의 관계 유형이다. '중매결혼 (arranged marriages)'이라는 관계 유형은 소비자들이 본인의 의사와 상관없이 시작되고 유지되는 관계이다. 예를 들어, 여성 소비자가 평생 사용하지 않았던 브랜드인데 결혼과 동시에 남편이 오랫동안 사용하고 좋아하는 샴푸 브랜드를 사용하기 시작하면서 브랜드와의 관계를 시작하는 경우라고 할 수 있다.

(2) 균형 이론의 적용

제5장의 균형 이론(balance theory)을 이용하여 소비자-브랜드 관계에 접근한다면 효과적인 브랜딩 전략의 함의를 얻을 수 있다. 예를 들어, 소비자(P)가 특정 브랜드(O)의 충성 고객이라고 가정하자. 어느 날 TV에서 그 브랜드의 광고 모델로 평소에 싫어하는 연예인(X)이 출연하는 것을 보게 된다면 이 소비자는 심리적 불균형으로 인한 인지부조화를 경험하게 될 것이다. 이러한 불균형이 지속된다면 소비자와 브랜드의 관계유지에는 부정적인 영향을 줄 것이다([그림 14-17]의 왼쪽). 또 다른 예로 소비자(P)가 브랜드 A(O)의 충성 고객인데 어느 날 브랜드 A가 소비자가 싫어하는 브랜드 B와 컬래버레이션을 하는 것을 알게 되었을 경우에도 소비자와 브랜드 A의 관계에 부정적인 영향을 미칠 수 있다([그림 14-17]의 오른쪽).

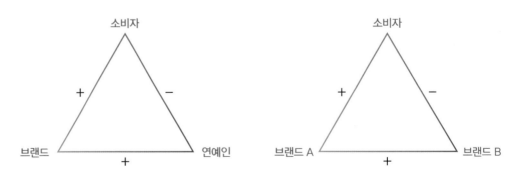

[그림 14-17] **소비자-브랜드 관계의 불균형 삼각관계**

(3) 브랜드 몰입

오랫동안 관계 마케팅에서 중요하게 다루어졌던 브랜드 충성의 한계에 주목한 몇몇 소비자 심리학자들은 몰입(헌신, commitment)이라는 개념에 주목하였다. 몰입은 특히 소비자-

브랜드 패러다임에서 중요한 개념이다. 예를 들어, 우리가 특정 브랜드의 공기 청정기를 사용한다고 했을 때, 오랫동안 그 브랜드의 공기청정기를 구독하거나 사용하는 행위는 브랜드 충성이라 할 수 있으나 그 브랜드와 심리적으로 애착이 있다거나 몰입이 있다고 보기 힘들다. 이와 달리, 어떠한 상황에서라도 '그 공기 청정기'를 사용하며 다른 대안을 생각하지 않고 그 브랜드에 대한 애착과 몰입을 유지하며 구매선택을 한다면 그것은 브랜드 몰입이라 볼 수 있다.

 이러한 미묘한 브랜드 충성과 브랜드 몰입의 차이는 별거 아닌 것이라고 생각될 수 있으나, 수많은 대안 브랜드들이 존재하는 시장 상황을 고려한다면, 브랜드 몰입이 소비자와 공기청정기와의 관계를 유지하도록 할 것이다. 이처럼 관계 지속에서 몰입을 중요한 요인으로 다룬 러스벌트(Rusbult)는 투자모델(investment model)을 개발하여, 연인 관계의 지속과 헌신(commitment)을 예측하는 세 가지 변인(관계 만족도, 대안적 관계의 질, 투자)을 제안했다. 러스벌트에 따르면 현재 관계에 대한 만족(satisfaction)이 높을수록, 대안적 관계(alternative)의 질이 낮을수록, 그리고 현재 관계를 지속하기 위해 물질적·정서적·심리적 투자(investment)가 높을수록 관계에 대한 몰입(commitment)과 지속적인 관계를 유지할 가능성이 증가하게 된다. 즉, 세 가지 요인들(만족, 대안의 질, 투자)은 브랜드 몰입을 예측하며 이로 인해 형성된 브랜드 몰입은 궁극적으로 소비자—브랜드의 관계의 질과 시간에 영향을 준다고 할 수 있다. 따라서 소비자와의 관계 구축과 유지를 위해서는 제품이나 서비스의 질을 통한 만족도를 높이는 일은 기본이지만, 그 외의 다양한 브랜드 커뮤니케이션을 통한 소비자들의 대안의 질 지각 및 관계 투자에도 여러 노력을 기울여야 한다.

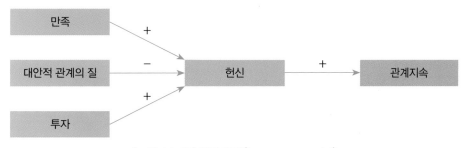

[그림 14-18] **투자 모델(investment model)**

출처: Rusbult (1980).

3) 코브랜딩

코브랜딩(co-branding) 혹은 브랜드 컬래버레이션이라 불리는 마케팅 전략은 새로운 상품 혹은 서비스를 출시하기 위해 두 브랜드가 전략적으로 제휴하는 것을 말한다. 코브랜딩은 우리 주변에서 쉽게 접할 수 있는 브랜드 커뮤니케이션 전략으로, 과거에는 브랜드 간의 코브랜딩이 주를 이루었지만, 최근에는 애니메이션 캐릭터, 예술가, SNS와 같은 미디어 채널 등 다양한 분야의 파트너와 브랜드 간의 코브랜딩도 등장하고 있다. 브랜드는 코브랜딩을 통해 파트너 브랜드의 고객을 자신의 고객으로 유치할 수 있고, 다른 분야의 브랜드와의 파트너십을 통해 새로운 시장 영역을 개척할 수도 있다. 또한 두 브랜드가 공동으로 하나의 프로모션 전략을 전개하기에 각각의 프로모션을 할 때에 비해 비용 측면에서도 경제적이다. 애플, 코카콜라, 루이비통, 나이키, 아디다스 등 이미 많은 브랜드들이 코브랜딩을 적극적으로 실행하고 있다.

코브랜딩(브랜드 간의 컬래버레이션)은 분명 많은 장점을 가지고 있는 브랜딩 전략이지만, 자칫 실패할 경우 코브랜딩에 참여한 두 브랜드 모두 피해를 보기 때문에 신중하게 접근해야만 한다. 성공적인 코브랜딩을 위해서는 파트너 브랜드 선정이 무엇보다 중요한데, 파트너 브랜드의 인지도, 기술력, 시장뿐만 아니라 소비자들이 지각하는 브랜드 이미지까지 꼼꼼하게 고려해서 자신의 브랜드와 잘 어울리는 브랜드를 파트너로 선정해야만 한다. 특히 협업하는 두 브랜드의 적합성(perceived fit)이 코브랜딩 성공에 큰 영향을 미친다. 이전 장에서 다루었던 다양한 인지균형 이론들이 두 브랜드의 적합성이 코브랜딩 성패에 얼마나 중요하게 영향을 미치는지를 잘 설명한다. 제품군의 적합성은 크게 세 가지로 볼 수 있다.

[그림 14-19] 미국의 조각가 톰 삭스(Tom Sachs, 좌)와 나이키가 코브랜딩한 Mars Yard 제품(우)
(140$ 정도에 발매되었으나, 2022년 기준 소비자들 사이에서 1,000만~4,000만 원 사이에 거래되고 있다)

[그림 14-20] LG와 메리디안의 코브랜딩

(1) 제품 카테고리 적합성

제품 카테고리 적합성이란 두 브랜드의 제품이 얼마나 기능적으로 유사하거나 어울리는지를 의미한다. 소비자들은 브랜드 간 제품 카테고리가 적합성이 높다고 지각할수록 코브랜딩에 긍정적인 태도를 보이는데, 제품 카테고리 적합성은 제품 기능, 성능이 제품 평가에 있어서 우선시되는 IT, 전자 제품에서 특히 중요하게 여겨진다. 예를 들어, 전자 제품 카테고리에 속해 있는 컴퓨터와 음향기기 브랜드가 코브랜딩을 할 때 소비자들은 두 브랜드의 제품 카테고리 적합성을 높게 지각하는 반면, 전자 제품 카테고리에 속하지 않은 스포츠 혹은 가구 브랜드 등과 컴퓨터 브랜드가 코브랜딩할 때는 제품 카테고리 적합성을 낮게 지각한다. 삼성전자가 미국의 세계적인 음향기기 브랜드 하만 카돈(Harman Kardon)과 코브랜딩을 통해 휴대폰, 노트북, TV 등을 출시하고 있고, LG전자는 영국의 하이엔드 음향 기기 브랜드 메리디안(Meridian Audio)과 코브랜딩하고 있다. 이처럼 삼성전자와 LG전자는 코브랜딩을 통해 소비자들의 지각하는 제품의 품질, 가치를 높이는 데 성공하였다.

(2) 브랜드 이미지 적합성

브랜드 이미지는 브랜드 혹은 제품과 연관된 이미지, 즉 소비자들이 해당 브랜드에 가지고 있는 추상적 개념들을 의미한다. 애플의 혁신, 젊음이나 벤츠의 럭셔리, 정교성 등이 브랜드 이미지의 예다. 브랜드 이미지는 코브랜딩을 전개함에 있어도 매우 중요하다. 두 브랜드가 가지고 있는 이미지가 일치할 때 소비자들은 일반적으로 코브랜딩에 좋은 태도를 보인다. [그림 14-21]에서 보듯이 이탈리아 고급 자동차 브랜드인 마세라티(Maserati)와 이탈

[그림14-21] 제냐와 마세라티의 코브랜딩

[그림 14-22] **구찌와 도라에몽의 코브랜딩**

리아 고급 패션 브랜드 제냐(Zegna)와 함께 2013년부터 코브랜딩을 지속하고 있다. 두 브랜드 모두 우아함과 고급스러움을 표방하며 이탈리아 특유의 장인 정신을 브랜드 이미지로 구성하고 있다. 이러한 두 브랜드의 이미지 일치는 브랜드 이미지 적합성이 높다고 이해할 수 있다. 10년이 넘는 세월 동안 마세라티 차 내부 인테리어와 굿즈를 제냐와 함께 만들며 상품을 구성한다는 것은 성공적인 코브랜딩이 다년간 좋은 성과를 수반한다는 것으로 볼 수 있다. 반면, 이러한 이미지 적합성이 맞지 않는 사례도 있다. 2021년 구찌는 아시아를 시작으로 도라에몽과 코브랜딩하여 제품을 출시하였다. 이는 아시아에서 인기 있는 IP(Intelectual Property)인 도라에몽을 내세워 아시아 및 팬층을 겨냥한 상품이었다. 그러나 일반적으로 명품을 구매하고자 하는 소비자가 고급스러운 이미지가 아닌 브랜드를 선호하기는 쉽지 않다. 해외 소비자 간 거래 웹사이트에서는 이미 구매가보다 낮은 가격에 새 제품이 거래되고 있다. 이는 브랜드 간 이미지가 적합성이 부적절한 코브랜딩 사례라고 할 수 있다.

(3) 감각 적합성

　감각 적합성이란 브랜드의 로고 모양, 색, 이름 등 소비자가 지각하는 브랜드의 감각적 속성들을 코브랜딩 브랜드가 서로 공유하는 정도다. 브랜드의 감각적 속성이란 브랜드 색, 모양뿐만 아니라 브랜드 이름의 음성학적 특징(예: 발음) 등 감각 기관을 통해 지각되는 브랜드의 모든 속성들을 의미한다. 예를 들어, 하이엔드 자동차 브랜드 벤틀리(Bently)의 로고는 날

개와 중심에 알파벳 B를 위치시켜 가로가 긴 형태로 구성하고 있다. 전투기 엔진 설계를 기반으로 한 기술적 배경이 있기 때문이 로고에 벤틀리의 감각적 속성이 있는 것이다. 재미있게도 시계 브랜드인 브라이틀링(Breitling) 또한 파일럿 위주의 시계를 만들고 날개 가운데 필기체 알파벳 B를 위치시킨 로고를 가지고 있다. 이런 경우 벤틀리와 브라이틀링의 코 브랜딩 감각 적합성은 높다고 볼 수 있다.

최근 들어 많은 브랜드가 코브랜딩-콜라보레이션을 진행할 때 브랜드 간의 최적의 적합성을 만들기 위해 감각 적합성을 높이는 방향으로 나아가고 있다. 벤틀리는 브라이틀링과 코브랜드 파트너십을 맺고 벤틀리 차량에 브라이틀링 시계를, 또한 브라이틀링 시계에 벤틀리 에디션을 출시하였다. 2003년부터 이어진 두 브랜드의 코브랜딩은 20년이 가까워진 지금까지도 유지되는 감각 적합성이 좋은 코브랜딩의 사례로 볼 수 있다.

[그림 14-23] 벤틀리와 브라이틀링의 로고 및 밴틀리 차량에 탑재된 브라이틀링 시계

4) 소셜미디어 브랜딩

소셜 네트워크 서비스(Social Network Service: SNS)란 특정한 관심이나 활동을 공유하는 사람들 사이의 관계망을 구축해 주는 온라인 서비스를 의미한다. SNS는 개인 간의 의견 교환과 정보 공유 및 사회관계망 구축에 최적화되었다는 점에서 실무적으로 마케팅에 적극 활용

되어 왔으며, 가장 대표적인 사례는 브랜딩(branding)이다. 소셜미디어 브랜딩이란 소셜미디어에 속하는 SNS를 통해 소비자들에게 브랜드에 대한 이미지와 느낌 및 브랜드 아이덴티티를 인식시키는 과정을 의미한다. 대표적인 예로는 'SNS에 브랜드 계정을 이용한 프로모션 및 브랜딩', 브랜드 관련 게시물 및 해시태그를 통한 사용자 참여 이벤트' '브랜드 계정 팔로워와의 소통을 통한 마케팅 전략' '연예인 계정을 통한 홍보 및 브랜딩' '고객의 브랜드 관련 게시물을 브랜드 계정에 소개' 등이 있으며, 이러한 소셜미디어 브랜딩의 사례는 최근 인스타그램(Instagram)에서 국내외적으로 다양하게 이루어지고 있다.

약 14억 400만 명의 사용자를 보유하고 있는 인스타그램은 사진 및 동영상 기반의 소셜미디어 플랫폼으로, 해시태그와 여러 이미지를 통해 사용자들과의 의사소통 기능을 제공한다. 인스타그램은 상품 판매에 적합할 뿐만 아니라, 수많은 콘텐츠들을 통해 잠재고객과 기존 고객들에게 브랜드 이미지를 쉽게 전달할 수 있기에 브랜딩에는 더욱 최적화된 플랫폼으로 볼 수 있다. 예를 들어, 브랜드가 원하는 제품 및 브랜드 이미지를 전달할 뿐만 아니라 게시물 자체에 구매링크를 걸어 제품 구매의 접근성 또한 높이고 있다. 최근 인스타그램 사용자가 급증함에 따라 많은 기업과 광고주들은 인스타그램을 통한 마케팅 홍보에 힘을 가하고 있으며, 이미 글로벌 기업들은 인스타그램을 통해 다양한 브랜딩 전략을 보여 왔다.

예를 들어, 2022년 9월 기준 약 2억 3,500만 팔로워를 보유하고 있는 나이키(NIKE)는 운동선수들의 활동과 일상 등 그들의 철학을 담는 게시물을 통해 프로페셔널함과 건강한 피트니스의 의미를 브랜드에 담아 보여 주며, 이러한 의미를 쫓는 잠재 고객들을 향해 브랜드 이미지를 관리하고 있다. 이와 같은 나이키의 브랜딩 전략 사례는 기업의 신제품을 홍보하는 것에 매달리지 않고, 인스타그램이라는 플랫폼의 특성을 적극 활용하여 브랜드 아이덴티티를 소비자에게 성공적으로 전달한 대표적인 사례로 볼 수 있다. 또한 MZ 고객층을 주 타깃으로 삼는 기업 중 하나인 ZARA는 인플루언서나 패셔니스타 혹은 시대 흐름에 맞는 인물들을 해당 인스타그램에 노출시켜 잠재 고객층들이 참조할 만한 코디와 이미지 등을 통해서 고객들에게 홍보하고 있다.

[그림 14-24] 나이키(좌)와 ZARA(우)의 인스타그램 브랜드 계정

요약

1. 미국 마케팅 학회는 브랜드를 '판매자가 자신의 상품이나 서비스를 다른 경쟁자와 구별해서 표시하기 위해서 사용하는 명칭, 용어, 상징, 디자인 혹은 그의 결합체'라고 정의하고 있다.

2. 아커(Aaker, 1991)에 따르면 브랜드 자산은 브랜드 인지, 브랜드의 지각된 품질, 브랜드 연상, 브랜드 충성도라는 4개의 요소로 구성된다.

3. 브랜드 아이덴티티와 브랜드 이미지는 유사하지만 구분되는 개념으로, 브랜드 아이덴티티는 기업의 전략적인 방향에 따라 소비자가 인식하길 바라는 브랜드 연상이며, 브랜드 이미지는 소비자가 다양한 경험을 통해 갖게 된 현재의 브랜드 연상이다. 이러한 점에서 현실의 브랜드 아이덴티티와 브랜드 이미지 사이에 간극이 존재할 수 있다.

4. 브랜드 아이덴티티는 핵심 아이덴티티와 확장 아이덴티티로 구분될 수 있다. 핵심 아이덴티티는 쉽게 변하지 않는 브랜드의 핵심 가치를 제공하는 기능을 하며, 확장 아이덴티티는 구체적인 방법을 통해 핵심 아이덴티티를 소비자들에게 전달하는 커뮤니케이션의 역할을 수행한다.

5. 브랜드 아이덴티티는 제품, 기업 및 조직, 인물, 성격, 상징 등의 다양한 아이덴티티를 포괄한다.

6. 브랜드 커뮤니케이션은 기업과 소비자 간 다양한 접점에서의 상호작용을 통해 브랜드를 알리는 활동으로, 브랜드 커뮤니케이션을 위해 활용하는 매체는 각종 디지털 매체, 소셜미디어뿐만 아니라 최근에는 메타버스까지 확장되었다.

7. 최근 브랜드의 역할이 주목받게 되면서 통합 마케팅 커뮤니케이션(Integrated Marketing Communication: IMC)의 진화된 패러다임으로 통합적 브랜드 커뮤니케이션(Integrated Brand Communications: IBC)이 새로운 전략으로 대두되었다. 통합적 브랜드 커뮤니케이션이란 기업의 브랜드 가치를 창출하기 위해 모든 커뮤니케이션 활동을 통합하는 전략이다.

8. 소비자와 브랜드 관계는 포니어(Fournier, 1998)가 밝힌 바와 같이 다양한 유형의 관계로 존재할 수 있으며, 소비자들은 여러 유형의 인간관계를 맺는 것처럼 브랜드들과도 다양한 관계를 형성하고 그 관계를 통해 실용적인 혜택뿐만 아니라 삶에 의미를 부여하게 된다.

9. 코브랜딩(Co-branding)은 새로운 상품이나 서비스 출시를 위해 두 브랜드가 전략적인 제휴를 맺는 것을 의미한다. 이 전략은 협업하는 두 브랜드의 제품 카테고리, 이미지, 감각적인 적합성이 높을 때

성공 가능성이 크다고 할 수 있다.

10. 소셜미디어 브랜딩이란 SNS를 통해 소비자들에게 브랜드에 대한 이미지와 느낌, 브랜드 아이덴티
    티를 인식시키는 과정을 의미한다.

참고문헌

Aaker, D. D. (1991). *Managing brand equity: Capitalizing on the value of a brand name*. Free Press; Maxwell Macmillan Canada; Maxwell Macmillan International.

Aaker, J. L. (1997). Dimensions of brand personality. *Journal of Marketing Research, 34*, 347-356.

Fournier, S. (1998). Consumers and their brands: Developing relationship theory in consumer research. *Journal of Consumer Research, 24*, 343-373.

Rusbult, C. E. (1980). Commitment and satisfaction in romantic associations: A test of the investment model. *Journal of Experimental Social Psychology, 16*, 172-186.

소비자 심리학
찾아보기

저자 소개

김재휘Jaehwi Kim (제8장)
중앙대학교 심리학과 학사
동경대학교 사회심리학 전공 석사
동경대학교 사회심리학 전공 박사
전   LGAd 마케팅연구실 R&D 팀장
     동경대학교 및 고베대학교 객원교수
현   중앙대학교 심리학과 교수(소비자광고심리학 전공)

이병관Byung–Kwan Lee (제2장, 제3장)
서울대학교 심리학과 학사
서울대학교 대학원 언어심리학 전공 석사
University of Texas at Austin 광고학 석사
University of Texas at Austin 광고학 박사
현   광운대학교 산업심리학과 교수

김지호Gho Kim (제1장, 제4장)
중앙대학교 심리학과 학사
중앙대학교 산업및조직심리학 전공 석사
중앙대학교 소비자광고심리학 전공 박사
현   경북대학교 심리학과 교수

강정석Jungsuk Kang (제6장, 제7장)
고려대학교 심리학과 학사
고려대학교 소비자광고심리학 전공 석사
고려대학교 소비자광고심리학 전공 박사 수료
University of Connecticut 마케팅커뮤니케이션 전공 박사
전   SK텔레콤 부장
     DDB Korea 차장
현   전북대학교 심리학과 교수

성용준Yongjun Sung (제14장)
Iowa State University 학사
University of Georgia 석사
University of Georgia 박사
전　University of Texas at Austin 교수
현　고려대학교 심리학부 교수

부수현Su Hyun Boo (제10장, 제11장)
중앙대학교 심리학과 학사
중앙대학교 소비자및광고심리학 전공 석사
중앙대학교 소비자및광고심리학 전공 박사
현　경상국립대학교 심리학과 교수

임혜빈Hye Bin Rim (제5장, 제12장)
연세대학교 신문방송학과 학사
연세대학교 인지과학 전공 석사
The Ohio State University-Columbus 심리학 전공 박사
현　광운대학교 산업심리학과 교수

김은실Eun Sil Kim (제9장, 제13장)
연세대학교 사학과, 신문방송학과 학사
University of Texas at Austin 광고학 전공 석사
University of Texas at Austin 광고학 전공 박사
전　University of Florida 광고학 전공 교수
현　이화여자대학교 심리학과 소비자광고심리 전공 교수

소비자 심리학
Consumer Psychology

2025년 2월 20일 1판 1쇄 인쇄
2025년 2월 25일 1판 1쇄 발행

지은이 • 김재휘 · 이병관 · 김지호 · 강정석 · 성용준 · 부수현 · 임혜빈 · 김은실
펴낸이 • 김진환
펴낸곳 • ㈜ 학지사

04031 서울특별시 마포구 양화로 15길 20 마인드월드빌딩
대표전화 • 02-330-5114   팩스 • 02-324-2345
등록번호 • 제313-2006-000265호

홈페이지 • http://www.hakjisa.co.kr
인스타그램 • https://www.instagram.com/hakjisabook

ISBN 978-89-997-3323-9 93180

정가 29,000원

출판미디어기업 학지사

간호보건의학출판 **학지사메디컬** www.hakjisamd.co.kr
심리검사연구소 **인싸이트** www.inpsyt.co.kr
학술논문서비스 **뉴논문** www.newnonmun.com
교육연수원 **카운피아** www.counpia.com
대학교재전자책플랫폼 **캠퍼스북** www.campusbook.co.kr